新编
宋瓷笔记

刘涛 著

生活·讀書·新知 三联书店

Copyright © 2022 by SDX Joint Publishing Company.
All Rights Reserved.

本作品版权由生活·读书·新知三联书店所有。
未经许可，不得翻印。

图书在版编目（CIP）数据

新编宋瓷笔记／刘涛著．—北京：生活·读书·新知三联书店，
2022.5
（细节阅读）
ISBN 978 – 7 – 108 – 07104 – 0

Ⅰ.①新… Ⅱ.①刘… Ⅲ.①瓷器（考古）– 研究 – 中国 – 宋代 Ⅳ.① K876.34

中国版本图书馆 CIP 数据核字（2021）第 036241 号

特邀编辑	吴　彬
责任编辑	王　竞
装帧设计	薛　宇
责任校对	张　睿
责任印制	张雅丽

出版发行　生活·讀書·新知 三联书店
　　　　　（北京市东城区美术馆东街 22 号 100010）
网　　址　www.sdxjpc.com
经　　销　新华书店
制　　作　北京金舵手世纪图文设计有限公司
印　　刷　天津图文方嘉印刷有限公司
版　　次　2022 年 5 月北京第 1 版
　　　　　2022 年 5 月北京第 1 次印刷
开　　本　720 毫米 × 880 毫米　1/16　印张 35.5
字　　数　400 千字　图 864 幅
印　　数　0,001 – 4,000 册
定　　价　168.00 元

（印装查询：01064002715；邮购查询：01084010542）

目 录

序　　　扬之水

考古与名物

宋金过渡时期的瓷器　2
吕氏家族墓地出土的耀州窑瓷器　31
"尚食局"款定瓷再议　44
定窑刻花小识　55
淄博窑的绞胎、三彩与黑釉凸线　65
考古学视阈中的宋辽金瓷器　74
纠谬献疑丛札　89
"金代红绿彩寒山拾得像"小识　101

癫狂社鼓枕上观　116

青白瓷香篆盘小记　125

宋元时期的瓷香炉　138

传世宋瓷别记　183

"皇帝万岁"铭瓷器与华化佛教　216

宋代官窑的经济话题　229

史实与人事

龙泉贡瓷寻踪　242

龙泉归来话哥窑　253

五大名窑·传统瓷学·陶瓷史著　263

"官钧"研究的前前后后　279

陈万里与钧窑研究　300

怀冯先铭先生　308

玩家刘新园　316

鉴赏与考察

芙蓉出水　错彩镂金：宋瓷与明清瓷审美说略　326
书房中的宋瓷　359
宋瓷上的乾隆题诗　375
黑盏·天目·茶文化　385
"窑变"与钧瓷之美　411
三只眼睛看古瓷：答《三联生活周刊》贾冬婷　421
钧瓷·粉彩：答《三联生活周刊》丘濂　438
小艺术与大课题：答《读创/深圳商报》夏和顺　449
豫中古窑寻踪：古窑遗痕之一　459
访青瓷故乡：古窑遗痕之二　506
闽北宋瓷行旅：古窑遗痕之三　534

后　记　556

序

扬之水

与刘涛兄订交垂廿载,其间关于古陶瓷的讨论,如果认真记录下来,大约也可成"陶问"一小册。曾写过几则稍涉陶瓷的文字,便很受惠于作者的《宋辽金纪年瓷器》——此书如今已蔚然名著。不过作者似乎很少以陶瓷专家自许,却每每笑言"我是中文系出身",颇有几分自豪的样子,尽管近年中文系已不再格外受宠。我明白此言意在表明他命笔为文之际,从来有着对文字的追求,也因此他的文章教人爱读。

宋瓷与清瓷的比较,是人们经常涉及的话题。宋瓷雅,清瓷俗,似乎是多数人的看法。当然这也是我的认识:工巧易致,气韵难及。清官窑仿古,未免得其表,不得其里,终难臻于古之精髓。当然问题绝非这样简单。收在书中的《芙蓉出水 错彩镂金:宋瓷与明清瓷审美说略》一篇,对此贡献了许多精彩的意见,虽然题为宋瓷与明清瓷的对比,内容却远不止此,技术与艺术,经济利益与社会风气,文人趣味与帝王意旨,千头万绪无不有关于陶瓷的审美,不算多的文字,却简明扼要阐发透彻,实不啻一部陶瓷小史。

对所谓宋代五大名窑之一钧窑的关注,也是我听作者谈得最多的问题。与此相关的文章这里收了三篇,每一篇都是坚苦探究而来的心得之言。其中《"官钧"研究的前前后后》,是这一研究个案的回顾,却也不妨视为作者治学之路的一个缩影。不过我从不以为他是一辈区区悾悾的苦学之士，虽有着求索未知的坚韧。平日所见，多是从容潇洒之态，看他以迟缓的语速推送出谦和诚恳的微笑，每教人想到"儒雅君子"。如此问学，想必别有一种悦畅。《宋瓷笔记》向吾人传递的也正是如此之悦畅。

最近一次见面，是三年前同往五羊城观展。一路讨论了很多有意思的问题，以至于归来仍觉兴犹未尽，因为还有不少疑问欲讨教。读宋诗，见有北宋吴则礼《同王子和过张氏小园》一首，诗曰："永夏追凉得午阴，扶藜仍有小丛林。应怜老子腰脚健，可是禅房花木深。卷帘高竹与佳色，隐几黄鹂供好音。更遣惊人十样锦，并浇宿昔江湖心。""十样锦"句，自注云："张氏有定州变窑茶瓯，名十样锦。"此"变窑"，可是指"窑变"？"十样锦"，莫不指以釉色幻异之不同而合成的茶瓯一套？今读收在书中的《"窑变"与钧瓷之美》，不觉又忆及此诗此注，承望刘涛兄有以教我。

甲午端月初十

考古与名物

宋金过渡时期的瓷器

释义与回顾

所谓"宋金过渡时期",在中国古陶瓷研究中只是一个习用词语而非严格的学术概念,没有明确的时间界定,本文所给出的时间起讫,大抵为北宋覆亡至金代中期的"大定明昌之治"(一一二七——一一九六),共历近七十年。因时局剧烈动荡和社会巨大变迁,北方关内地区的窑业在这一时期发生某种断裂或转型(倘若把"过渡期"改为"转型期",定义上则可能更为准确),各地窑业发展的不平衡以及瓷器品种和风格的嬗变,使得这一时期的瓷器呈现出复杂多元的样态。近二三十年来,在宋金瓷器的分期断代研究上,虽已做了大量工作,取得一些重要进展,但面临的问题依然不少,"宋金同器"的现象仍普遍存在。因此,这一课题的研究将是长期而艰巨的。本文虽然试图通过对考古资料的梳理,进一步揭示宋金过渡时期瓷器的面貌和特点,并对面临的一些问题进行分析探讨,但由于条件所限,也只能作出一个粗浅的提要。下面先对北宋末年北方窑业做一简要回顾。

大致从神宗到徽宗的半个多世纪(一〇六八——一一二六)里,在王安石变法革新的历史大背景下,全国窑业进入了一个快速发展阶段,北方窑业尤为兴盛,各大窑场(窑区)或主要品种的瓷器生产整体达到历史最好水平。

定窑与山西白瓷　产品以白瓷为主的定窑,烧造规模不断扩大,除中心窑区涧磁岭外,邻近的燕川、野北以及北镇等地也相继创烧或复烧[1]。产品精粗并作,既有细瓷,也有质地较粗的产品和所谓"化妆白瓷"(器坯表面施白化妆土以改善其外观的品种)。刻花白瓷开始较多出现(图1),流行直到金中晚期。产品驰名南北,除满足北方地区需求外,也销往辽地和南方市场。与之相呼应,太行山西麓东临河北井陉一带、晋中南以及辽地雁北地区的白瓷生产也很活跃。位于汾河谷地的介休窑,自北宋早期就开始烧造白瓷,产品多样,富有特色。此时介休窑的细白瓷,无论透光度和白度,都普遍优于定窑。其中的印花品种,装饰题材丰富,印纹清晰并富有层次,工艺水平更不在定窑之下。产品较多进入辽地,并销往关中及京畿地区(图2),与定窑白瓷的流布区域有一定交叉[2]。而今学界通常将介休、霍州、浑源等地的山西白瓷一概纳入定窑体系,其实从器物类型、装饰风格和装烧技术等方面观察,宋金时期山西地区的白瓷大抵是自成系统的(南北又各有不同)。产品的"差异化"或说特色化,往往也是各大窑场参与市场竞争、扩大营销的一种自觉。

耀州窑与河南青瓷　位于关中的耀州窑也是一个资源和技术雄厚的区域性中心窑场。耀州窑产品以青瓷为大宗。此时青瓷釉色以青中闪黄的"橄榄青"为特色,尤重装饰,刻花与印花皆臻佳妙,特别是刻花装饰富有浅浮雕效果,最能代表耀州瓷的工

1　秦大树、李鑫、高美京《定窑的历史地位及考古发掘新收获》,见《定窑:优雅的白瓷世界——窑址发掘成果展》,页54—68,大阪市立东洋陶磁美术馆二〇一三年。
2　关中地区北宋蓝田吕氏家族墓地出土白瓷,原认定为定窑产品,后经进一步甄定,部分当为介休窑产品。

图 1　定窑白瓷刻花牡丹纹盘　江阴夏港出土

图 2　介休窑白瓷台盏一副　元祐八年（一〇九三）　蓝田吕氏家族墓地 M2 出土

图3　耀州窑青瓷刻花牡丹纹碗　甘肃环县博物馆藏　　　图4　清凉寺窑青瓷刻花牡丹纹盘　窑址出土

艺水平（图3）。耀州窑也是一个外向型窑场，北宋中晚期是其产品流布最广的一个时期，市场从周边地区扩大到山东及长江中下游地区[3]。河南青瓷历史上受到越窑特别是耀州窑的深刻影响。北宋中晚期，汝窑（主要包括宝丰清凉寺、鲁山段店、汝州严和店等）、宜阳窑、新安窑和内乡窑等都开始烧造青瓷，主流产品追仿耀州窑青瓷（图4）。约在宋徽宗时期，汝窑（清凉寺窑）奉命烧造"新窑器"（图5）[4]，即供御青瓷。不难发现，这种青瓷明显带有一些南方越窑秘色瓷的影子，比如釉质乳浊、色调浅淡（秘色瓷釉色多青绿或青灰），碗、盘等器物大圈足以及足根外撇等细部特征，都与秘色瓷相似（图6）。借助于科学测试手段的"科技考古"也证实，在北方青瓷中，唯有这种汝窑青釉的化学成分与越窑青瓷最为接近[5]。因此，这种汝瓷亦可称为"秘色类汝瓷"。"新窑器"的出现，对河南青瓷的发展产生深远影响。

3　张凯《五代至元耀州窑青瓷的阶段性特征及流布研究》，吉林大学硕士学位论文，二〇一八年。
4　成书于宣和六年的徐兢《宣和奉使高丽图经》中有"越州古秘色，汝州新窑器"之说。
5　李家治等《中国古代陶瓷科学技术成就·中国南北方青瓷》，页146—161，上海科学技术出版社一九八五年。

图5 汝窑青瓷盘 清凉寺窑址出土

图6 越窑青瓷刻莲瓣纹盘 大英博物馆藏

图7 段店窑珍珠地划花缠枝花纹长方枕 河南偃师出土

图8 豫中窑场剔花缠枝花纹罐 河南沈丘出土

图9 定窑剔褐花牡丹纹梅瓶 瑞士玫茵堂藏

磁州窑类型瓷器　典型的磁州窑类型瓷器品种，此一时期主要见有珍珠地划花、剔刻花和白地黑花等。珍珠地划花主要流行于北宋中晚期（图7），此时生产这一品种的窑场，除豫中西部的登封曲河、新密西关、鲁山段店、宝丰清凉寺和新安城关以及河北磁州观台外，可能还包括晋中的介休、交城等。深圳望野博物馆藏有一件景祐二年（一〇三五）刻款珍珠地划花塔式瓶（参看页228图10）[6]，工艺风格与其他地区的不同，据传出自晋中，故可能为当地产品。剔刻花是磁州窑类型瓷器最早出现的品种之一，北宋时期这一品种的流行大抵可分为早、晚两个阶段。早期以新密西关窑、登封白沙窑和曲河窑等胎地剔刻白花（入刀较深，今又有"深剔刻"之称）为代表（图8），年代集中在十世纪后半至十一世纪初，即北宋早期；晚期则以磁州、焦作和介休等胎地剔刻白花、胎地与白地剔刻黑（赭）花为代表，年代集中在十一世纪末至十二世纪初，也就是北宋晚期。定窑和井陉窑等以生产白瓷为主的窑场此时也开始生产磁州窑类型的剔刻花产品（图9）。白地黑花作为一个较成熟品种出现当在北宋早中期，不过当时可能还只是一个区域性产品，产地主要集中在晋中及吕梁地区，如介休、交城和兴县（西磁窑沟）等窑址都已发现这一时期的白地黑花（包括赭花、柿色花等）瓷器[7]。近年辽宁康平辽墓出土两件白地黑（褐）花梅瓶（图10），有学者认为其年代不晚于辽中期，也很可能为山西地区产品[8]。这一考古发现，使得人们对白地黑花起源问题又有了新的认识[9]。北宋晋中地区除白地黑花外，还有赭地白花，可谓白地黑花的姊妹品种（图11）。进入十二世纪后，白地黑花在整个北方地区趋于流行。国内外公私收藏中见有一类白地黑花瓷器，以叶形枕居多（图12），亦有各式瓶、罐、钵等。而几乎所有制品都有一个共同特征，即

6　刘涛《珍珠地·白地黑花·红绿彩》，《收藏》二〇一五年第四期，页54—65。
7　一种观点认为，吕梁山中南段五代北宋时期的窑业技术很可能源自黄堡窑的技术辐射，其赭彩（包括柿色彩）与黄堡窑的赭彩和绘黑花相类。参见鑫海《"黄堡窑剧变"与山西吕梁山中南段地区五代北宋窑业技术源流的探索》，二〇一九年中国古陶瓷学会河津年会论文。
8　吉林大学考古学院彭善国、深圳博物馆郭学雷等持这一意见。
9　在此之前，学界的主流观点是：白地黑花起源于北宋末而盛行于金代中后期。

图 10 康平张家窑林场辽墓出土白地褐花缠枝花纹梅瓶和白地黑花畋猎纹梅瓶

图 11　介休窑赭地白花卷叶纹注碗一副　泰华古轩藏　　图 12　磁州窑白地剔黑花喜鹊登枝图叶形枕　日本东京出光美术馆藏

　　装饰上绘黑花与剔刻等工艺手法结合（故又称"白地剔刻黑花"），工艺普遍较精细，纹饰典雅华贵。这类品貌出众的制品中，包括一些最著名的磁州窑类型瓷器，如日本东京白鹤美术馆藏龙纹梅瓶、美国堪萨斯州纳尔逊·阿尔金斯艺术博物馆藏"刘家花瓶"等。其具体产地当在磁州观台一带，年代或属时风奢华的徽宗之世。当然，要确证这一点，还有待更多的证据。

　　黑釉、酱釉与黄釉印花　北宋中晚期，黑釉与酱釉广为烧造，以茶盏多见。黑釉中又出现酱彩以及仿南方建窑油滴、兔毫一类。定窑的上品黑釉与酱釉，胎骨细白、釉面光亮、造型俊俏，遂有磁州、焦作等地仿烧，尤以焦作当阳峪窑的酱釉见胜，精者堪与定窑媲美（图 13）[10]。黄釉印花是主要流行于黄河以北地区的一种高温色釉品种，介休、榆次、井陉、磁州观台与冶子以及淄博博山等窑场都有烧造。釉色棕黄、姜黄或青黄，纹饰常见团菊和缠枝牡丹等，多为叠烧，碗、盘内底见有涩圈（图 14）。

10　根据当阳峪窑考古发掘资料，它的仿定"细胎酱釉瓷"在第一期（宋神宗元丰年至钦宗时期）大量出现，第二期（金代前期）质量下降，数量减少。参刘岩《河南修武当阳峪窑分期研究》，北京大学考古文博学院硕士学位论文，二〇〇五年。

图 13　当阳峪窑酱釉盏　窑址出土

图 14　黄釉印花缠枝花纹碗　太原西郊出土

北宋中晚期以来,这种黄釉印花与耀州窑类型的印花和刻花青瓷,大体形成以黄河为界的"南青北黄"格局[11]。只是,可能由于质地普遍粗厚,这一品种长期为我们所忽视,或多误作金元制品。

11　于陆洋《北方地区宋金瓷器断代问题研究》,见《两宋之际的中国制瓷业》,页 125—136,文物出版社二〇一九年。

复苏与繁荣

从北宋覆亡至金代"大定明昌之治",金由"海内用兵,宁岁无几"的征伐动乱年代进入"投戈息马,治化休明"的稳定繁荣时期,北方地区窑业也逐渐复苏。但各地发展不平衡:黄河以南的北宋京畿之地,在宋室南渡后,经济社会遭受极大破坏,大批百姓死于战乱或被迫外迁,直到大定初年,一些地方仍未恢复到正常状态。而其他地区,包括今河北、山东、山西、豫北以及关中等,受战争破坏和影响程度相对较小,窑业也因此得以较快恢复。自熙宗以来,金廷令大批"猛安谋克"户南徙中原,与汉人杂处。人口的迅速增长,内需与外销的不断扩大,有力推动了窑业的发展与繁荣。

金代定窑与山西白瓷 定窑在海陵王和金世宗时期已全面恢复并有新的发展。此时定窑已大量采用能够有效提高工效和产量的支圈组合式覆烧技术,与此相适应,器物坯体更薄,印花装饰风行开来[12]。考古编年资料显示,那种具有典型定窑风格的"满印"(即印纹细密繁缛并布满碗、盘内壁)瓷器开始较多出现于大定年间(图15),而与此同时,成熟于北宋末年的刻花装饰仍风头不减(图16)。产品除满足北方市场需求外,还通过榷场贸易或"走私"等渠道销往南宋。官方也有一定数量的定烧。新近发掘的张家口太子城金代中后期城址,出土"尚食局"刻款定窑白瓷十八件,进一步证实我关于"尚食局"定瓷多为金代产品的推断[13]。定窑所在的河北(金代河北西路)是金人入主中原后重点经营地区,海陵王迁都燕京(一一五三)后,国家财赋的消费与生产地都集中在河北、山东一带。这是定窑以及井陉、临城等河北窑场入金后,特

---

12 支圈组合式覆烧法与模制成型工艺(成型与印花装饰是同步完成的)之间有着密切联系,即覆烧技术要求的器坯标准,正可通过模制成型工艺达到;而模制的碗、盘等器坯,一般坯体更薄,为防止在焙烧中变形,也就不得不使用覆烧法。定窑的覆烧法有多种,支圈组合式覆烧只是其中较先进的一种。北宋时期,定窑的所谓"芒口"瓷器,可能更多是采用盘、钵式垫具覆烧而成(即器坯按大小规格不同由下而上叠放在盘、钵式垫具上)。这种覆烧法与模制成型工艺之间并无必然联系。
13 a. 刘涛《"尚食局""尚药局"铭定瓷年代再认识》,见《宋辽金纪年瓷器》,页161—168,文物出版社二〇〇四年。b. 参本书《"尚食局"款定瓷再议》一文。

图 15　定窑白瓷印花双鱼纹碗　庆元五年（一一九九）　南京江浦章氏墓出土

图 16　定窑白瓷刻花莲花纹盘　绍兴二十六年（一一五六）南京张保墓出土

宋金过渡时期的瓷器

图 17　霍州窑白瓷盘　明昌三年（一一九二）墨书款　山西侯马出土　　图 18　雁北窑场白瓷花口折沿盘　正隆四年（一一五九）前后　大同云大一号墓出土

别是自海陵王以来空前兴盛的一个重要原因。只是，在生产规模不断扩大的同时，定瓷质量却出现整体下滑趋势。如原料制备上已不如北宋精良，白瓷釉面粉白者少见而普遍闪黄，不甚光亮；新出现的一类灰青釉产品，胎色灰白或灰褐，胎体变厚，釉面也往往浑浊无光。晋中南地区优质白瓷的烧造，金中晚期以来以霍州窑等为引领。霍州窑的细白瓷，过去认为年代较晚（盛烧于元代），但根据侯马出土的一件明昌三年（一一九二）墨书款霍州窑细白瓷盘而知（图 17），这类产品在大定时或已有之。该窑的细白瓷，釉色粉白，与介休窑和定窑都不同。雁北地区原属辽国的浑源、大同和怀仁等几个主要窑场都有细白瓷生产。大同地区辽、金墓葬中出土的白瓷盘、盏，多见内底遗有一周支钉痕者，有的颇为细密匀称，装烧上很有特点（图 18）。考古资料显示，金代中晚期，北方各地的仿定产品开始较多出现[14]。由于地缘相近，太行山西麓的

14　这里所谓"仿定白瓷"特指在器物类型、装饰技法和装烧技术等方面以定窑为追仿对象的细白瓷。北方地区的井陉、临城、平定、盂县、磁州、鹤壁和焦作等都有此类产品。

平定窑和盂县窑等都受到定窑的影响。只是目前相关的考古资料不多，对其产品还很难形成清晰完整的印象。

金代耀州窑青瓷 从考古资料观察，金代耀州窑的烧造规模当不在北宋之下，产品销往金境大部分地区，南宋和西夏境内也有出土[15]。产品仍以青瓷为主，北宋中晚期较多烧造的黑釉、酱釉则明显减少。在传统的刻花、印花青瓷之外，新创月

图19 耀州窑青瓷刻花缠枝花纹碗 正隆四年（一一五九）大同陈庆夫妇墓出土

白釉品种。南宋周煇《清波杂志》卷五中论耀州窑瓷器有"白者为上"之说，其所指即应为这类青瓷。月白釉等高品质的耀州窑瓷器在金中都遗址多有发现，有的出自女真贵族和金朝高官墓，推测其部分可能来自地方进奉。豆青釉青瓷特别是刻花品种尚存北宋余韵，并不乏堪与前代比肩制品，但工艺水准整体呈逐渐下降趋势，如器坯加工一般不如北宋精细，胎骨普遍粗厚，釉色泛黄，刻印花纹也趋于简化（图19）。

金代河南青瓷 宋金时期河南青瓷相继出现三个主要品种，即耀州窑类型的豆青釉青瓷、秘色类汝瓷和钧瓷。其产地主要集中在黄河以南、黄淮平原以西的浅山区。如前所述，在入金后一个相当长的时期内，黄河以南窑业发展水平可能远不及黄河以北地区。这里窑业的复苏，只能是在人口较快增长、经济开始好转的大定年间。再度兴盛的窑业，较北宋有了显著变化，就青瓷来看，豆青釉虽仍有烧造，但耀州窑类型的刻花与印花青瓷却几不复见矣；秘色类汝瓷分化为两类，一类沿袭北宋汝窑，只是

15　同注3。

釉色更加浅淡，或以青绿为主，釉的玻璃质感较强，形制也与汝窑不尽相同，出现一些新式样。清凉寺窑址二〇一一年至二〇一六年发掘出土的"类汝瓷"和张公巷窑址出土的青瓷都属于此类，其烧造活动可能存在官方背景，特别是置于汝州城下的张公巷窑更应如此。另一类则蜕变为天蓝、天青或豆青等釉色的"汝钧"，并进一步演变为一个独立的品种，即后世（明清）所谓的"钧瓷"，自金末以来大量烧造并影响到黄河以北的鹤壁（包括相邻的安阳善应）、焦作当阳峪、磁州观台、平阳龙祠以及雁北地区等众多窑场。有的"汝钧"制品无论在形制、釉色还是装烧工艺上都追仿北宋秘色类汝瓷，或为官方定烧之物。至于"类汝瓷"和"汝钧"的烧造年代，过去主流观点倾向于金早中期，甚至有的学者认为可早到北宋末年，然而现有的考古资料却并不支持这种观点。

金代磁州窑类型瓷器　黄河以北及山东地区：剔刻花仍复流行，以焦作当阳峪和磁州观台等窑场的胎地剔刻白花（包括篦划花）、胎地与白地剔刻黑花以及黑地剔刻白花（俗称"剔黑留白"）见长（图20、图21）。雁北地区的浑源窑、大同青磁窑等则以黑釉剔花为特色（图22）；北宋流行的珍珠地在山西河津、乡宁等窑场还有烧造，考古编年资料显示，这一品种的年代主要集中在金中后期（图23）；三彩（包括黄、绿等单色釉器）大量出现，釉彩明艳，釉下剔刻或印花，焦作、磁州、淄博、鹤壁、河津以及晋中地区等窑场多有烧造（图24、图25），特别是焦作窑的三彩烧造最具规模和影响，如那种主要流行于世宗、章宗时期的剔刻花三彩枕（造型以腰圆形为主，亦有长方和如意形等），或为当年的品牌产品，行销于黄河南北及山西、河北、山东部分地区[16]，今亦多见于海内外公私收藏（图26、图27）；素地上绘黑花成为主流品种，以单纯水墨效果的绘画和文字为特色，大定明昌前后的产品或以磁州和晋

16　已知焦作窑此式三彩枕的流布地区主要包括晋东南、豫西、豫北、冀东和鲁西等。参刘辉《宋元陶瓷枕的考古学研究·低温釉枕》，吉林大学博士学位论文，二〇一九年。

图20 白地剔黑花缠枝牡丹纹枕 美国芝加哥美术馆藏

图21 剔褐花忍冬纹枕 皇统三年（一一四三）款 中国国家博物馆藏

图22 大同青磁窑黑釉剔花梅瓶 大定四年（一一六四） 山西大同西环路墓出土

图23 河津窑珍珠地划花牡丹纹枕 正隆五年（一一六〇）款 日本静嘉堂文库美术馆藏

图24 焦作窑三彩花叶纹盒 皇统三年（一一四三） 林州赵处墓出土

图 25　河津窑三彩莲花纹枕　明昌元年（一一九〇）墨书款　美国哈佛大学艺术馆藏

图 26　焦作窑三彩莲花纹枕残件　明昌六年（一一九五）墨书款　许昌王勇提供

图 27　焦作窑三彩剔花牡丹纹枕　日本坂田五郎旧藏

图 28　白地黑花牡丹纹罐　皇统三年（一一四三）
林州赵处墓出土

图 29　磁州窑白地黑花折枝花纹盘　山东冠县私人藏

南窑场为翘楚（图 28、图 29）。长治的白地黑花、黄褐釉黑花以及黑花加粉工艺等尤具新意和特色（图 30、图 31）；绞胎承北宋之余绪，在焦作、榆次（或还包括淄博博山）等窑场还有烧造（图 32），后渐被工艺难度较小的绞釉（绞化妆土）取代。绞釉的出现不晚于海陵王时期（图 33），焦作和长治是其主要产地。需说明的是，上述窑场地缘相近，其中焦作与长治、河津等晋南窑场在金代同属河东南路，关系密切，工艺上相互借鉴、取长补短，因而它们的产品也就有更多的共性。黄河以南地区大定明昌以来，与黄河以北地区大抵同步，原有的珍珠地划花大为减少以至停烧；白地黑花烧造以新密窑沟、禹州扒村和鲁山段店等为中心（图 34、图 35）。老牌窑场段店在北

图30 长治窑白地黑花三教会棋图枕 大定十八年（一一七八）款 美国费城博物馆藏

图31 长治窑白地黑花加粉山水图枕 长治市博物馆藏

图32 绞胎钵 正隆六年（一一六一）大同徐龟墓出土

图33 长治窑黑花绞釉荷鸭图虎枕 贞元三年（一一五五）款 长治出土

图34 窑沟窑白地黑花满池娇纹八方枕 大定二十五年（一一八五）墨书款 河南博物院藏

图35 豫中窑场白地黑花草叶纹瓶 郑州大象陶瓷博物馆藏

宋时已有黑花产品，纹饰以各种花卉或西域风格的卷草为主。三彩出现一类色调明艳并局部施加赭彩和黑彩的制品，主体装饰多见划花人物等（图36），鲁山段店窑址以及叶县文集遗址、鲁山杨南遗址等都发现有此类遗存[17]。器物年代可能大都偏晚，相关的断代信息集中在金代末年。器物局部施加赭彩和黑彩的三彩在黄河以北焦作地区也有生产，烧造年代或略早于黄河以南地

17 过去有学者认为此类三彩是黄河以北济源"勋掌窑"产品，而今已基本可排除这种可能性。根据实地调查，所谓的"勋掌三彩窑"可能并不存在。

宋金过渡时期的瓷器

区，二者的联系值得关注。

金代黑釉与黄釉印花 黑釉中的酱彩、油滴和兔毫等北宋流行品种，仍于此时普遍烧造，茶盏亦多仿建窑，在山西怀仁的一座金墓中，就同时出有南宋中后期的"供御"建盏和当地的仿建盏（图37、图38）。金朝饮茶更成常俗，无论汉人还是女真人都有此好。黑釉凸线是此时期最富特色的新创品种之一，焦作、磁州、鹤壁、淄博以及黄河以南豫中诸窑都多有烧造（图39）。年代相对明确的黑釉凸线见有金大安二年（一二一○）博山神头镇墓出土的双系罐，而根据相关考古资料，这一品种的创烧时间应不晚于大定时期（参看页65《淄博窑的绞胎、三彩与黑釉凸线》一文）。黄釉（棕黄、姜黄等）印花或已远不及北宋时期流行，仅见定窑和淄博窑等少数窑场烧造。定窑的这一品种多与白瓷印花同纹同式，芒口覆烧（图40）。淄博博山大街窑则多见折沿盘和小盏，纹饰以花鸟、游鱼、瑞兽等为主，风格与定窑同类产品相近。

图36　豫中窑场三彩划花婴戏图长方枕　济源勋掌村出土

图 37　山西窑黑釉兔毫盏　正隆六年（一一六一）
汾阳东龙观 M3 出土

图 38　怀仁金墓出土黑釉茶盏：左图（上下）是建窑"供御"茶盏，右图（上下）是山西窑场仿建窑盏

宋金过渡时期的瓷器

图 39　淄博窑黑釉凸线纹花口瓶　博山出土

图 40　定窑褐釉印花碗　内蒙古敖汉旗出土

变化与转型

（一）定窑、耀州窑等产销不断增长　在特定历史时期，定窑（包括井陉等）发展的一大动力或来自金、宋榷场贸易。根据文献记载和实物观察，南宋景德镇的青白瓷生产呈逐渐下降趋势，质量也明显不如北宋时期[18]。金、宋之间官方的榷场贸易始于熙宗皇统元年（一一四一）绍兴和议之后[19]，而在金朝经济社会最稳定繁荣的大定明昌时期更为空前兴盛。榷场贸易是国家财税收入的重要来源，因此定窑等扩大生产以增加外销也就必然得到官方的鼓励与支持。耀州窑的情形或与之相似。此外，焦作等中原窑场也有产品输入长江中下游地区。宁波天封塔地宫出土的绍兴十四年（一一四四）焦作当阳峪窑白地黑花小瓶，为熙宗皇统年之前的产品。瓶上所饰纹样，在今焦作地区称为"蝌蚪纹"，此为金代当阳峪窑白地黑花瓷器特色纹饰。地宫年代仅晚于绍兴和议三年，而上距靖康之变也只有十五年。

（二）三彩流行并有创新　三彩烧造在北宋时期曾长期陷于低潮，在整个十一世纪北宋考古编年资料中，三彩十分少见。可能一直到北宋末年的徽宗时期，情况才有较大改变，河南中部的宝丰清凉寺、鲁山段店以及山东淄博大街等窑场都开始烧造三彩（图41、图42）。金世宗大定后，三彩烧造更趋广泛。与唐三彩相比，金代三彩更多进入社会生活，装饰形式更加多样，釉彩也更加丰富明艳。三彩继唐三彩后又再度盛烧，这是一个值得思索的历史文化现象。

（三）白地黑花广为流行　装饰以水墨效果的绘画和文字为主，除白地黑花外，还出现赭、绿、孔雀蓝诸色中低温釉黑花以及黑花加粉（以白粉和褐彩点缀花纹）等，风格多样，充满浓厚的生活气息和时代特色，成为磁州窑类型瓷器最具代表性品

18　刘新园《蒋祈〈陶记〉著作年代考辨·景德镇陶瓷》，一九八一年《陶记》研究专刊，页5—35。
19　"绍兴和议"划定金、宋疆界，双方各在边境城镇设置榷场以"互市"。除官方规定的榷场外，金、宋边境还存在一些私贩出入的贸易场所。

图41　豫中窑场三彩"崇宁重宝"纹枕　　　　　　图42　豫中窑场三彩划花牡丹纹枕　洛阳白马寺出土
左：私人藏品　右：清凉寺窑址出土

种之一。

（四）**山西和山东地区窑业空前繁荣**　相对于北宋而言，金代关内各个地区窑业都有新的发展，只是时间上或有先后。原本窑业规模相对较小的山西和山东等地区，由于社会相对安定，窑业得以较快复苏并进入一个空前繁荣阶段。特别是山西地区，金中期以来人口骤增，极大刺激了窑业发展。

（五）**瓷器中契丹－女真文化与外来文化因素的融入**　受契丹－女真文化影响的器物见有酒具，如单柄杯（图43）、海棠形托盘等。单柄杯有的带鋬手，其形制可追溯到九世纪及十世纪输入的中亚粟特地区的金银器。大抵十一世纪中叶以来流行于辽地。海棠形托盘更多见于辽代中晚期三彩等制品。而工艺技术，从西亚伊斯兰地区输入的瓷器品种则有大定时期开始出现的孔雀蓝釉（图44），或还包括可能滥觞于大定或明昌年间的红绿彩等。

（六）**"不薄雅素，更喜富丽"工艺美感形态的确立**　金王朝的建立者女真人原本是文明程度较低的一个部族，入主中原前，在生活方式上就深受汉人的影响，建立金国后,经熙宗改制,更全盘"汉化"。因此,宋金过渡时期乃至整个金代瓷器,虽呈现出复杂多元的样态,但总体上还是北方汉民族制瓷工艺传统的延续和发展,同样带有鲜明的宋文化特性和"中原"风格,与"宋瓷"密不可分。只是相对于北宋瓷器而言,"不薄雅素,更喜富丽"的工艺美感表现得更为突出。这一工艺美感形态的确立,大抵是在大定明昌时期。

余论与小结

综上可见,宋金过渡时期北方关内地区的窑业又有新的发展和繁荣。金代瓷器的考古编年资料,包括纪年墓葬、窖藏、遗址出土瓷器资料以及带有纪年款识的瓷器资料等,相对丰富。纪年瓷器的年代,集中于世宗、章宗时期。世宗以前的瓷器,较少发现。因此有学者认为,从公元一一二七年靖康之变到一一五三年金朝海陵王迁都的近三十年间,很可能由于战争的破坏,中

图43 耀州窑月白釉单柄鋬手杯 大定二十四年(一一八四)丰台乌古伦窝伦墓出土

图44 孔雀蓝釉黑花长颈瓶 大定三十年(明昌元年,一一九〇)大同阎德源墓出土

宋金过渡时期的瓷器

原地区的陶瓷生产基本中断[20]。这一推测是四十年前作出的，虽较笼统而未能区分不同地区经济社会以及窑业发展的不同情况和特点，但目前来看似仍无大谬。根据考古资料观察，即或是在当时经济社会相对安定的黄河以北等地区，窑业发展可能也经历了一个较为低落的阶段。窑业的复苏或从熙宗皇统年绍兴和议（一一四一）及金、宋之间设置榷场以"互市"后得以加快，而全面振兴则到了大定明昌时期。在五十余年的时间里，关内各地窑业的发展相继进入繁荣期，除原有的白瓷、青瓷和黑釉瓷等继续生产外，流行于整个金元时代的瓷器品种如白地黑花、三彩、孔雀蓝釉、绞釉、黑釉凸线和红绿彩等，也大都盛烧或滥觞于这一时期。在人口持续大量增长，经济文化全面勃兴的历史大背景下，关内地区窑业大体完成了复苏与转型，而步入一个新的繁荣发展阶段。

宋金过渡时期瓷器研究的一个重要课题是钧瓷。然而，作为这一课题核心的钧瓷源流与年代问题却至今依然云遮雾罩扑朔迷离。如前所述，秘色类汝瓷在金代分化为两类。一类沿袭北宋汝窑，即如清凉寺窑址二〇一一年至二〇一六年发掘出土的"类汝瓷"和张公巷窑址出土的青瓷；一类则蜕变为"汝钧"，也就是早期钧瓷。关于这两类瓷器的年代，过去学界一般认为在金代早中期或北宋末年。然而随着新的考古资料的发现，我们看到所有年代可考的早期钧瓷均出自金代末年及其以后的墓葬和窖藏（图45）；清凉寺窑"类汝瓷"和张公巷窑青瓷的年代亦大抵可推定为金代末年（图46—图49）[21]。这样就产生一个问题：自北宋覆亡以降的大约超过四分之三世纪里，河南青瓷究竟是怎样一种状况？我们知道，当年陈万里在《中国青瓷史略》一书中提出的"钧窑代汝而起"之说，而今几乎已成为学界共识。根据其内在逻辑，我们

20　赵光林、张宁《金代瓷器的初步探索》，《考古》一九七七年第五期，页461—471。
21　a. 于陆洋系统梳理了早期钧瓷和"类汝瓷"考古资料，并对其年代问题做了探讨。参于陆洋《关于早期钧瓷产地与年代问题的再思考》，《中原文物》二〇一九年第四期，页90—97。b. 秦大树认为张公巷窑出土的鹅颈瓶、盏托、平底盘等青瓷都具有金元时代特点，其烧造年代大体在金代后期到元代前期。参秦大树《宋代官窑的主要特点》，《文物》二〇〇九年第十二期，页59—75。c. 张公巷窑青瓷长方形盘（清凉寺窑"类汝瓷"也有此式盘）与西安金正大三年（一二二六）李居柔墓出土的耀州窑青瓷长方形盘形制相同，年代也应相近。故我认为张公巷窑青瓷年代大抵为金代晚期。

图45 钧瓷碗　正大三年（一二二六）西安李居柔墓出土

图46 类汝瓷盘　清凉寺窑址出土

图47 类汝瓷盘　叶县文集遗址出土

图48 张公巷窑青瓷长方盘　台北古香斋藏

图49 耀州窑青瓷长方盘　正大三年（一二二六）西安李居柔墓出土

似可这样理解：钧瓷取代汝瓷，是通过对汝瓷的仿烧实现的；早期钧瓷与汝瓷在烧造时间上即或不是同时也应相距不远。如果不是这样，那么这个观点恐怕也就很难成立了。其实，陈万里在他的另一篇文章中也认为"钧瓷开始露头角于汝窑极盛时代"（《禹州之行》）。据此我们还可作出一个判断：如果早期钧瓷是仿北宋汝窑的产物，那么它出现的时间就不可能在金代末年。当然也存在另一种可能，即"钧瓷代汝而起"实际发生在金代末年而非更早的时间，也就是说，早期钧瓷并非直接源自北宋汝窑，而是与金代末年清凉寺窑"类汝瓷"及张公巷窑青瓷存在更亲近的关系，其情形正如今天的考古资料所显示的那样。

时空问题，是考古学的一个基础性问题。这个问题不解决，一切的推理和建构都可能了无意义。宋金过渡时期瓷器研究的重点，就是解决瓷器的断代问题，特别是解决宋金易代之际那些具有过渡性质瓷器的断代问题。像定窑的刻花、覆烧芒口印花，北方地区广为烧造的黄釉印花，磁州窑类型中的白地黑花、绞胎和三彩，或还包括早期钧瓷等，都可能属于这类过渡性质的瓷器品种。对此，我们应予以更多的关注。

二〇一九年七月初稿，二〇二〇年二月疫情禁足中改定

深圳博物馆郭学雷、南开大学历史学院于陆洋对本文提出修改意见并提供研究资料，特此致谢！

吕氏家族墓地出土的耀州窑瓷器

吕氏家族墓地位于今陕西蓝田五里头村北面坡地上。据报道,二〇〇五年冬,其中一座古墓被盗(墓主吕至山,葬于北宋政和元年,公元一一一一年),盗走一批铜器、玉石器和陶瓷器等。由于已知该墓地可能是北宋蓝田望族吕氏祖茔,此案遂引起有关部门高度重视。案件侦破后,被盗文物得以追缴。其后,陕西省考古研究院对墓地进行了历时四年的考古调查和发掘,共清理墓葬二十九座及家庙遗址等。在出土的七百余件(组)各类随葬物品中,耀州窑等瓷器数量最大,品种也较丰富。这批瓷器或出自纪年墓,或与其他带有年款的器物如石器、铜器、砚台等伴出,加之墓地起讫年代较明确,故具有重要的考古断代编年价值[1]。这批瓷器的发现,可说是近十年来中国陶瓷考古最重要的成果之一。这一成果不仅丰富了耀州窑等瓷器品种及其纪年谱系,亦为我们认识和复原北宋文

---

1 a. 陕西省考古研究院《陕西蓝田县五里头北宋吕氏家族墓地》,《考古》二〇一〇年第八期; b. 张蕴《陕西蓝田北宋吕氏家族墓园考古发掘与研究》,见陕西省考古研究院等编著《异世同调——陕西省蓝田吕氏家族墓地出土文物》,中华书局二〇一三年。

人士大夫及世家望族的日常生活情态提供了某些不可或缺的细节要素，因而值得深入研究。

从墓志纪年判断，吕氏家族墓地的起讫时间，上溯熙宁七年（一〇七四），下迄政和七年（一一一七），共四十三载。而出土的耀州窑等瓷器，其时代特征与墓地年代似也大抵相合，即多属十一世纪后半至十二世纪初（北宋中晚期）流行器或代表性品种。如其中的梅瓶（有高、矮两式）、花口瓶、花口碗、折腹盘、台盏、托盏、盖碗（直壁墩形）、渣斗、瓜棱钵、瓜棱注碗（注子与温碗之合称）以及球形熏炉等，都具有典型的北宋中晚期风格。当然，由于墓主生前家境丰裕，爱好古物而多有蓄藏，故如同在墓中发现西周至汉唐铜器的情况一样，随葬瓷器中也有个别年代较早的制品。除大家都已留意到的那件年代或属五代、宋初的淡青釉龙首流青瓷执壶外（图1），还有一副青瓷托盏（图2），年代也有可能略早于墓地上限，应为十一世纪前半叶（北宋中早期）制品。盏为瓜棱式，造型与内蒙古奈曼旗辽开泰七年（一〇一八）陈国公主墓出土的耀州窑青瓷盏完全相同[2]。

刻花（指"浅刀"刻花），是耀州窑青瓷最富声誉的装饰工艺之一，约出现于五代及宋初，其源头可能会追溯到越窑青瓷。不过，刻花作为耀州窑青瓷的主流装饰工艺之一并形成特色，却是在北宋中晚期。吕氏家族墓地出土的刻花青瓷（图3—图6），为数不少，其中可分精、粗两类。鉴于同一墓葬的相同器物中亦有精、粗之分，故可基本认定它们属同一年代制品；精、粗两类产品之间，并不存在刻花工艺由低级向高级嬗变的关系。从M2（疑为吕大临墓。葬于元祐八年即公元一〇九三年）、M20（吕大忠墓。葬于元符三年即公元一一〇〇年）和M29（吕至山墓）等出土的瓶、罐、钵等刻花青瓷看，其精者刀法圆熟，线条流利，图案生动，刻花工艺相当成熟，

---

2 张柏主编《中国出土瓷器全集》4，图36，科学出版社二〇〇八年。

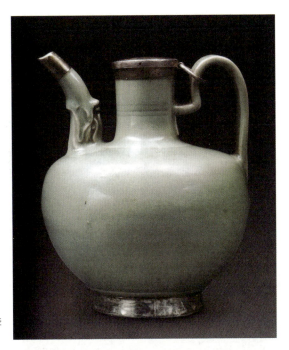

图 1　耀州窑淡青釉龙首流青瓷执壶
　　　吕氏家族墓地出土

图 2　耀州窑青瓷托盏一副
　　　吕氏家族墓地出土

  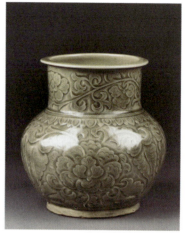

图 3　耀州窑青瓷刻花牡丹纹梅瓶　元祐八年（一○九三）吕氏家族墓地 M2 出土

图 4　耀州窑青瓷刻花牡丹纹花口瓶　吕氏家族墓地出土

图 5　耀州窑青瓷刻花牡丹纹罐　元符三年（一一○○）吕氏家族墓地 M20 出土

图 6　耀州窑青瓷刻花牡丹纹盒　吕氏家族墓地 M5 出土

图7　金代耀州窑青瓷刻花莲纹盘　　　　　　　　　图8　耀州窑酱釉葵口盘　政和七年（一一一七）
日本东京国立博物馆藏　　　　　　　　　　　　　　吕氏家族墓地 M12 出土

可说已达到或接近这一品种的历史最高水平。我过去曾推测，耀州窑刻花工艺臻于纯熟完美，大约是在十一世纪末至十二世纪前半叶，即北宋末年至金中前期[3]。而今看来，这个推测或无大谬。只是，根据吕氏家族墓地的新发现，我们似可更有底气地推断，耀州窑刻花工艺经不断演进，而造极于北宋晚期；金代中期以后这一工艺固然仍复流行并有精彩表现，但整体上已呈颓势，可说是强弩之末了。比如说，刻花的纹饰已普通趋于简化（图7），而北宋则更为丰盈鲜活。其实，事不孤有，除刻花外，北宋以来耀州窑的其他主要品种如印花青瓷以及酱釉（图8）、黑釉（包括油滴、兔毫、酱斑）等，也都盛烧于北宋晚期。宏观地看，大致从神宗到徽宗的半个世纪，也是中

3　刘涛《宋辽金纪年瓷器·耀州窑》，页23，文物出版社二〇〇四年。

图9　耀州窑淡青釉银釦盘　吕氏家族墓地出土

图10　耀州窑淡青釉花口金釦碗　吕氏家族墓地出土

图11　耀州窑淡青釉花口银釦碗　吕氏家族墓地出土

图12　耀州窑淡青釉刻花瓜棱银釦钵　吕氏家族墓地出土

国窑业——特别是中原地区窑业异常活跃和高度繁荣时期。

在可能出自吕至山墓的耀州窑青瓷中，有几件镶金、银釦的淡青釉制品，格外引人注目。这些所谓"釦器"，多是成对（组）出土，造型端秀、釉色清亮，工艺更加精细，与普通的耀州窑青瓷明显不同（图9—图12）。过去人们谈论定窑时有种说法，给覆烧的定瓷镶上金银釦，主要是为了弥补"芒口"缺陷。而这批耀州窑青瓷并非覆烧，因而也就不存在"芒口"。显然，镶金嵌银在这里只是出于彰显贵重与奢华的需要。这与其造型和釉色的考究，表现出同一追求。陕西文博界同人认为，这些"釦器"的烧造应与等级制度或贡奉制度有关[4]。我认同这个意见。从历史上看，"釦器"总与贡器有关。据史料记载，宋立国后，苟安一隅的吴越国曾多次向宋廷贡奉"釦金瓷器"；宋初贡御的定瓷中也有所谓"金装定器"。朝廷对金银"釦器"的使用亦曾有明确限制。《续资治通鉴长编》卷一一九载，景祐三年（一〇三六）八月己酉诏："非三品以上官及宗室、戚里之家，毋得用金釦器具，用银釦者毋得涂金。"耀州窑虽无"釦器"记载，过去似也未曾发现其实物，但耀州地方官府向宫廷进贡瓷器却是有据可查的史实。早期不说，北宋中后期就至少有两次，时间分别为神宗元丰（一〇七八——〇八五）和徽宗崇宁（一一〇二——一〇六）年间。而这两个时间，也都与吕氏家族墓地的年代相合。由此看来，上述淡青釉"釦器"的来源，或与当时耀州窑进贡有关。从五代越窑的情况看，贡器通常是按"官样"烧造的，贡窑往往还要接受官府"置官监窑"。南宋庄绰《鸡肋编》在谈到龙泉窑贡器生产时也有"宣和中，禁庭制样须索，益加工巧"的说法。虽然，从《中兴礼书》等文献上看，"制样须索"的器物均属仿古祭器，但毋庸赘言，对瓶、盏、盘、盂等"燕器"（食具）的烧造，无论造型还是釉色，官府也一定会有不同于一般民用器的标准和要求。总之，"燕器"同样非寻常之物，这大概也就是吕氏家族墓地出土淡青釉"釦器"有别于普通耀州窑青瓷的原因了。至于贡器是如何进入吕家的，这个问题似乎也不难解释。由墓志及随葬品所刻铭文得知，吕至山为吕大观之子。大观早亡，事迹不详，然其"兄弟之既多且贵而皆贤者"。如老二吕大防（一〇二七——〇九七），身居高位多年，哲宗时官至尚书左仆射兼门下侍郎，与刘挚等几位宰执同掌国政，常受到皇帝赏赐；老六吕大

---

[4] 陕西历史博物馆《金锡璆琳——蓝田吕氏家族墓出土文物》，页10，三秦出版社二〇一三年。

临（一〇四二——一〇九〇），则以博学多识名世。他精通六经，对金石学也深有研究。他编纂的《考古图》收录古铜器、古玉器两百余件，并详加考订。哲宗时期以来古器物方面的收藏与研究成果，对后来包括官窑瓷器在内的宫廷礼器或官家用物的形制设计当有直接影响。我们知道，约在神宗元丰年间（一〇七八——一〇八五），宫廷祭器如簠、簋、尊、豆等已由过去的金铜器改用陶瓷器了[5]。这个情况在吕氏家族墓地出土瓷器中或已有所反映。如M9（吕英墓）出土的耀州窑青瓷簋（图13），即仿自西周青铜器。此物与彼物（釦器），虽工艺有别，但都应属皇家及臣僚用物。那么，它们之间会不会存在某种关联？再说回吕至山。此人生前有一个文散官（有官名而无职事）承议郎的头衔，家中也多有蓄藏。他墓中除淡青釉"釦器"外，前面已提到的五代、宋初龙首流青瓷执壶（釉色同样清淡，口沿及足根等处也镶有银釦）以及三足歙砚、菊瓣形双龙纹白石盘等，也都应是等级较高、"为世之珍"的官家用物。

　　探究这几件淡青釉"釦器"的来源，或还有一个线索。宋人叶寘《坦斋笔衡》记载："本朝以定州白瓷器有芒，不堪用，遂命汝州造青窑器，故河北唐、邓、耀州悉有之，汝窑为魁。"由此可知，在当时宫廷指令汝州烧造青瓷的同时或稍后，耀州等地也有与之相类的产品了。而根据成书于宣和六年（一一二四）的徐兢《宣和奉使高丽图经》中"越州古秘色，汝州新窑器"的说法，还可推知，汝窑奉命烧造"新窑器"的时间应距宣和朝不远。有学者认为是在北宋哲宗至徽宗年间。这个时间段与吕氏家族墓地的年代也大抵相合。据此推测，上述淡青釉"釦器"很可能就是耀州窑烧造的与汝窑相类的产品，套用徐兢之言，也可说是耀州窑的"新窑器"。作为地方贡瓷，这种"新窑器"既不同于耀州窑普通青瓷，也与直接奉宫廷之命烧造的汝窑青瓷有别（二者在形制、釉质与釉色以及支烧工艺等方面均不同），独具特色，令人耳目一新。除吕氏

---

[5] 李焘［宋］《续资治通鉴长编》卷二九二；《宋史》卷九八"礼志一"。

图13　耀州窑青瓷簋　吕氏家族墓地 M9 出土

家族墓地外,"新窑器"遗存也应有一定数量,而今的民间收藏中即不难发现同类制品。当然,它的甄定与确认,还有待更多的考古学证据。

不过,也有学者认为这几件淡青釉"钿器"可能为北宋中期以前制品,应是吕氏家传之物[6]。耀州窑早期青瓷中,确有一类淡青釉制品,釉色有天青、豆青等。前面提到吕至山墓出土的那件龙首流青瓷执壶,就应是五代或宋初的淡青釉制品。只是根据考古资料观察,这几件同样出自吕至山墓的淡青釉"钿器",无论在造型、装饰还是支烧工艺上,都与耀州窑早期青瓷明显不同而更接近于北宋中晚期制品。比如那件在"钿器"中唯一带有刻花装饰的瓜棱钵,相同或类似造型不仅见于其他北宋晚期耀州窑刻花青瓷[7],而且在同期的汝窑(清凉寺)、鲁山段店窑和定窑等制品中也都有发现(图14—图16)。至于那种颇具耀州窑特色的"浅刀"刻花装饰,如前所说,更是盛

6　王小蒙《耀州窑天青釉瓷考》,《考古与文物》二〇一九年第二期,页 95—103。
7　陕西省考古研究院《陕西蓝田县五里头北宋吕氏家族墓地》,图二:2,《金锡璆琳——蓝田吕氏家族墓地出土文物》,页 153。

图 14　汝窑素烧瓜棱钵　清凉寺窑址出土

图 15　段店窑青瓷刻花瓜棱钵
郑州大象陶瓷博物馆藏

图 16　定窑白瓷刻花莲花纹瓜棱钵
大定十七年（一一七七）　通县石宗璧
墓出土

图 17　建窑黑釉兔毫盏　吕氏家族墓地 M5 出土

行于北宋中晚期。

吕氏家族墓地出土瓷器中，除关中地区宋元墓葬、窖藏等习见的耀州窑青瓷外，亦有少量定窑、介休窑白瓷（参看页 4 图 2）[8]，景德镇窑青白瓷，建窑黑釉瓷以及耀州窑酱釉、黑釉瓷等。这些瓷器按用途可分为食具、茶具、酒具[9]、香具以及花器[10]、祭器等，基本属日常用器。各类器皿及其配套组合，包含丰富的历史文化信息，呈现出一个时代社会生活的某些方面和特点。比如茶具，数量较大、配套完整，几乎件件精美。其中不仅有耀州窑制品，还有当时市场等级更高也更为"宜茶"的建窑黑釉瓷等。据史料记载，建窑的黑釉兔毫盏大抵从北宋中期以来成为"斗茶"用盏之上品，至徽宗时更为宫廷所用。目前北方各地出土建窑黑釉盏的报道似不多见，吕氏家族墓地 M5 出土的兔毫盏（图 17），由于年代相对明确，可说是迄今这种瓷器在北方地区最重要的考古发现。值得注意的还有与建窑密切相关的耀州窑黑釉窑变茶盏，如 M12（吕大圭墓。葬于政和七年，公元一一一七年）出土的"红油滴"盏（图 18）等。"红油滴"品种，可能受到建窑"鹧鸪斑"的直接影响（今日视之，这个品种似更多

8　吕氏家族墓地元祐八年 M2 出土的介休窑白瓷台盏，原误认为定窑产品。

9　除瓶、注碗、台盏等外，M20 出土的耀州窑青瓷刻花牡丹纹高领罐（页 34 图 5）也应属酒器。此罐造型原是仿自突厥式器物，亦即辽代金银器皿的流行样式。参扬之水《辽代金银器中的汉风》，见《奢华之色：宋元明金银器研究》，页 233—258，中华书局二〇一二年。

10　如花口瓶。此类瓶除插花外，亦用来祭祀。山西平阳稷山马村五号金墓门楣砖雕即有花口瓶插花的形象。《平阳金墓砖雕》，图 11、图 77，山西人民出版社一九九九年。

图 18　耀州窑黑釉"红油滴"盏　政和七年
（一一一七）吕氏家族墓地 M12 出土

见于山西、河南和河北等地区金代制品。因此，M12 出土品对于北宋北方地区黑釉茶盏的断代具有重要的标尺作用）。这些别具意趣和特色的茶具似可表明，在墓主人生前，饮茶不仅已成为日常生活的一部分，而且在饮茶上已相当趋时，对茶具的选用也相当讲究。

  从文献和出土实物来看，两宋时高品质的瓷器尽管已很贵重，但它们受重视的程度似乎还不能与金玉等珍稀材料制作的器皿相比，更未成为珍玩之属。其实，莫说瓷器，即使是北宋时已风气大盛的三代礼器（古铜器、古玉器等）集藏，对于像吕氏家族这样的文人士大夫阶层而言，也是为了整理传统礼乐而非"炫美资玩"。正如吕大临《考古图》序言中所言："……非敢以器为玩也。观其器，诵其言，形容仿佛，以追三代之遗风，如见其人矣。以意逆志，或探其制作之源，以补经传之阙亡，正诸儒之谬误。天下后世之君子有意于古者，亦将有考焉。"瓷器真正成为珍玩，或说瓷器鉴赏开始形成风气，还是明代以后的事情。

二〇一五年八月初稿，二〇一九年十月改定

"尚食局"款定瓷再议

尚食局是中国古代自北朝（北齐）以来多数王朝宫廷内专掌"供御膳羞品尝之事"的机构。带有"尚食局"款的瓷器，仅见定窑白瓷，品种为碗、盘等食器，通常以印花或刻花装饰，纹样以摩羯和花卉为主，均为芒口覆烧，款识多为烧前阴刻，也发现少量印文者（参看页52图13），器物面貌大抵介于北宋和金代之间。而从文献看，北宋末徽宗朝和金代都曾设有尚食局等内廷机构，这样就出现一个问题：这种具有官方背景的"尚食局"款定瓷究竟是北宋还是金代制品，抑或分属北宋和金两个朝代？这个问题关乎古代宫廷食官制度、窑政制度沿革以及定窑工艺演变，值得关注。

我曾在十多年前写过一篇探讨"尚食局"款定瓷年代问题的小文，通过对当时已发表的数十件"尚食局"款定瓷的观察分析，得出与固有观点相左的结论，

图1 "尚食局"款刻花龙纹碗　定窑涧磁遗址出土　　　　图2 "尚食局"款印花摩羯花卉纹碗残片　定窑遗址出土

即这些早年出土的"尚食局"款定瓷均应为金代烧造,而非过去一直认为的北宋制品[1]。此后,随着一些新材料的发现,我的这一观点似也有了更充分的证据。这些新材料主要包括:

(一)涧磁、燕川窑址出土"尚食局"款碗、盘十八件　二○○九年九月至二○一○年一月,河北省文物研究所和北京大学考古文博学院等单位对定窑遗址进行了第三次考古发掘,在涧磁和燕川两大窑区又出土了"尚食局"款瓷器,计有破碎的碗、盘共十八件。碗可分为深曲腹和斜腹两型,盘可辨器型者仅见折腹一种。多有装饰,刻花或印花,纹样有龙、摩羯和花卉等。"尚食局"款均为烧前阴刻,刻花器横刻于碗、盘外口沿下,印花器则直刻于圈足内。根据地层和遗物特征判断,这些瓷器的年代可分为北宋晚期、金代前期和金代后期三个时期(图1、图2)。其中十六件为金代制品[2]。就我所见,这些窑址出土的"尚食局"款定瓷,多数釉面灰黄,并不同程度存在着形体扭曲、修坯草率、釉面"落脏"和圈足粘沙等缺陷,质量普遍不高。这与过

1　刘涛《"尚食局""尚药局"铭定瓷年代再认识》,见《宋辽金纪年瓷器》一三,页161—168,文物出版社二○○四年。
2　黄信《论定窑"尚食局"款瓷器的分期问题》,《文物春秋》二○一九年第四期,页40—48。

去发现的情况相同。

（二）俄罗斯滨海地区金代遗址出土"尚食局"款定瓷碗一件　俄罗斯滨海地区，金代属速频路（恤品路）。今该地区不少古遗址都出土了中国古代陶瓷器，品种有定窑白瓷、钧釉瓷、景德镇青白瓷和磁州窑类型瓷器等，其中以金代定窑白瓷所占比例最高。这里发现的"尚食局"款定窑白瓷为一件印花碗残器，出自阿纳耶夫斯克古城遗址一处明确的金代房址。此碗可复原，敞口曲腹，内印摩羯和花卉等。芒口覆烧，圈足内刻"尚食局"（图3）[3]。

（三）张家口太子城遗址出土"尚食局"款碗、盘十八件　二〇一七年五月至二〇一八年十二月，河北省文物研究所等单位对位于张家口市崇礼区的太子城遗址进行了考古发掘，确认该遗址为金代皇家行宫，年代为金中后期。该遗址共出土"尚食局"款碗、盘残片十八件，全部为印花制品，纹样为摩羯和花卉等。碗、盘类型与上述窑址出土者近似，碗分深曲腹和斜腹微曲两型，盘除折腹外，亦见浅曲腹型。芒口覆烧，圈足内刻"尚食局"（图4、图5）。主持发掘的黄信先生认为，这十八件瓷器以及迄今已知所有定窑遗址以外出土的"尚食局"款瓷器，其年代均应为金代后期[4]。

（四）郑州大象陶瓷博物馆藏"尚食局"款定瓷印花碗一件　深曲腹，腹壁弧度较小，近于直口，口径16厘米。碗心模印摩羯，周围印牡丹、荷花等。芒口覆烧，圈足内刻"尚食局"。釉面光润，白度较高，印文也较清晰，唯器坯烧成时略有变形（图6）。

这些新发现的"尚食局"款定瓷材料，为我旧文观点提供了更有力的支撑。当然，金代"尚食局"款定瓷的确认，并不意味着排除了北宋同样有"尚食局"款定瓷烧造的可能性。在第三次定窑遗址发掘中，也出土了年代可能早到北宋晚期的"尚

3　彭善国《俄罗斯滨海地区出土定窑瓷器的探讨》，《考古》二〇〇七年第一期，页79—86。
4　同注2。

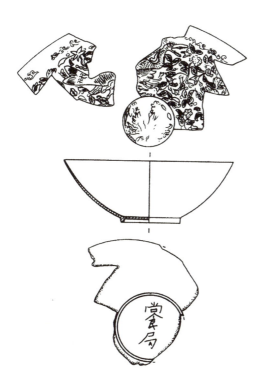

图4 "尚食局"款印花摩羯花卉纹碗残片 太子城遗址出土

图3 "尚食局"款印花摩羯花卉纹碗残件及线图 俄罗斯滨海地区阿纳耶夫斯克古城遗址出土 采自《俄罗斯滨海边疆区女真文物集粹》,页18,文物出版社二〇一三年

图5 "尚食局"款印花摩羯花卉纹碗残件 太子城遗址出土

图6 "尚食局"款印花摩羯花卉纹碗
郑州大象陶瓷博物馆藏

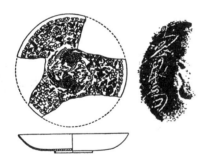

图7 "尚食局"款印花摩羯花卉纹盘及铭文拓片
定窑涧磁遗址出土

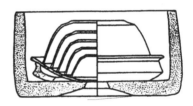

图8 定窑盘形垫具覆烧示意

食局"款瓷器（参看页 45 图 1）。我的上述认识，也只是根据当时还较为有限的考古材料提出的，或属局部的、阶段性的而非整体的、最终的结论。考诸史籍，宋廷正式设殿中省并下置包括尚食局在内的六尚局专掌供奉之事，是在徽宗崇宁二年（一一〇三），钦宗靖康元年（一一二六）废置，尚食局等存在时间约达二十四年之久。有学者发现文献中即有徽宗大观三年（一一〇九）中山府（定窑所在地）向六尚局供奉"中山府瓷中样矮足裹拨盘、龙汤盏一十双"的记载，并认为二十世纪六十年代涧磁村定窑遗址出土的一件"尚食局"款印花摩羯花卉纹盘（图 7）即为徽宗时期的贡瓷[5]。这件"尚食局"款定瓷盘，圈足内刻"尚食局"。徽宗时期中山府（定窑）曾向宫廷供奉瓷器的记载，当是可信的。不过，这件"尚食局"款印花摩羯花卉纹盘是否就是徽宗时期的贡瓷，似乎还难以定论。这件定瓷盘之所以被判定为徽宗时期制品，据称是因为"内口沿为如意云头带饰"，而这种如意云头带饰在山西介休窑址出土的北宋晚期印花模上出现较多。然而，在俄罗斯滨海地区金代遗址出土的"尚食局"款定瓷碗的内口沿下，同样可见这种如意云头带饰——从线图来看，只是刻纹有些草率而已。不仅如此，在太子城金代中晚期皇家行宫遗址出土的"尚食局"款瓷器以及郑州大象博物馆藏"尚食局"款瓷器上，也都可见到内口沿下的如意云头带饰（参看图 6）。由此看来，这种如意云头带饰并非北宋所独有而可能从北宋晚期一直沿用到金代中晚期。这样，它也就不能作为北宋定瓷断代的绝对标尺。

其实，在"尚食局"款定瓷断代上能够起到标尺作用的，可能更是定窑所发明的一项先进的覆烧技术——支圈组合覆烧法的广泛应用。前面已提到，现已发现的所有"尚食局"款定瓷均为芒口覆烧。我们知道，宋元时代的芒口覆烧，大抵分垫钵（盘）覆烧和支圈组合覆烧两种（图 8—图 11），定窑和南方的景德镇窑等都如此。垫钵

---

5 刘淼《对"尚食局"铭定瓷的一点思索》，《文物天地》二〇〇六年第一期，页 73—75。

图9　定窑套碗　韩国国立中央博物馆藏

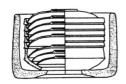

图10　定窑钵形垫具与支圈组合覆烧示意

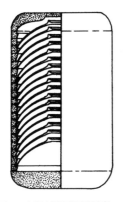

图11　定窑支圈组合覆烧示意

（盘）覆烧约出现于北宋中期，文献中所说北宋时那种口沿"有芒不堪用"的定窑白瓷，应当就是用这种覆烧法生产的。不过，由于垫钵（盘）只可承装大小不同规格的器物坯件，且承装数量较少，相对而言，这种覆烧法的应用还是受到一定限制。而支圈组合覆烧则可承装规格一致的坯件，大幅度提高窑室装载密度，因而在窑业兴盛的金代／南宋时期广为流行。据报道，在二〇〇九年至二〇一〇年定窑遗址发掘中，支圈遗存始见于北宋晚期地层，而大批集中出土却是在金代地层中。由此证实，定窑的支圈组合覆烧法普遍应用于窑业最为繁盛的金代。起初以支圈与匣钵配套装烧为主，后经改进以层层叠压而形成圆柱体的支圈代替匣钵（参看图11）。

垫钵（盘）覆烧和支圈覆烧两种方法，由于使用的窑具不同，与之适应的器坯造型及其工艺处理自然也各不相同。以碗为例：垫钵（盘）覆烧一般最适合装烧直口弧壁碗（参看页48图8），而支圈覆烧则要求碗坯的造型必须是敞口弧壁或斜壁以及矮圈足。再一个，支圈覆烧与模制成型 - 印花装饰之间有着更密切的关系。即支圈覆烧要求的规格一致的器坯标准，正可通过模制成型工艺达到，而模制成型与印花装饰又可同步完成。这也正是定窑印花瓷器之所以多为支圈覆烧产品的根本原因。由此观察便不难发现，"尚食局"款碗、盘多数都是敞口曲腹或斜腹的，这种造型的碗、盘最有可能采用支圈覆烧法烧成。这也就是说，它们更有可能是支圈组合覆烧法盛行时期——金代的制品。

关于"尚食局"款定瓷烧造的具体时间，我在过去的讨论中曾根据金代实行中原官制改革的进程推测，其年代上限应不早于官制改革大体完成的熙宗时期（一一三五——一一四九）。对这个问题，而今犹可再议。前面已提到，在历次窑址发掘出土的"尚食局"款等宫廷用瓷质量普遍不高，而再从传世器和其他出土遗物看，这的确不是个别现象。故宫博物院藏有一件年代断定为金代的"尚食局"款印花盘（图12）[6]。侈口、弧壁、矮圈足，口径23.2厘米，芒口覆烧，口沿镶银釦（似为明清时补镶），印纹亦是摩羯、花卉，口沿处为如意云头带饰，无论造型、尺寸还是纹饰都与一九六〇年代涧磁窑址出土的"尚食局"款盘几近一致，二者当属同一年代制品。按说，作为宫廷用瓷，质量上至少应不低于一般商品瓷才是。而令人诧异的是，此盘带有"过烧"引起的器坯变形、釉面起泡等明显缺陷，存在更严重的质量问题。这恐怕也是故宫博物院将其判定为金代制品的一个重要原因吧。另据北京古陶瓷研究者白庆林介绍，在北京金中都遗址范围内，近年也出土不少"尚食局"款定瓷（图13）。这些定瓷多数胎质灰白，釉面暗淡且不够纯净（落脏），外壁多见竹丝刷痕，工艺质量与金代定窑的一般商品瓷相当，有的甚至不如[7]。

6　故宫博物院《定瓷雅集——故宫博物院珍藏及出土定窑瓷器荟萃》，图116，故宫出版社二〇一二年。
7　白庆林《北京出土"尚食局"铭定瓷》，《文物天地》二〇一〇年第三期，页99—101。

图 12 "尚食局"款印花摩羯花卉纹盘 故宫博物院藏

图 13 "尚食局"款瓷器残片 北京金中都遗址出土 北京白庆林提供

"尚食局"款等宫廷用瓷为何如此缺乏质量保障呢？对此，我们只能从当时生产和消费两方面查找原因。从窑址发掘情况看，生产这类瓷器的地点不止一处，即使是在集中出土这类瓷器的地点，也还同时出土了"胎釉粗劣，制作草率"的民用类产品，其比例约占三分之一左右。有学者据此推测，这类宫廷用瓷可能是由许多窑户分别承烧的；这些分散的窑户同时还从事一般商品瓷的生产[8]。定窑的这种供御体制，与北宋晚期生产相对集中的汝窑明显不同。我们知道，贡瓷也带有某些商品性质，即它要在赋税或交换中实现一定价值。虽然我们还不能确知宫廷是通过何种方式获取这种瓷器的，但产品本身已充分显示，它们的生产成本必定是相对低廉的。这也就是说，当时瓷器的供需双方，在生产或消费资金上都可能相当吃紧，才不得不放松对产品质量的要求。这种情况当然有可能发生在国库日益亏空的徽宗时期——实际上从文献看，六尚局设立后，就可能因为"劳民费财"而饱受诟病。供奉物品的置办也曾被朝廷下令裁减或叫停，如"大观三年，罢诸路州军见贡六尚局供奉物名件四百四十余，存者才十一二，减数十二，停贡六"[9]。不过，我们似乎更有理由相信，这种情况出现在定瓷质量普遍下滑的金代，包括上述涧磁窑址出土的印花摩羯花卉纹盘以及故宫博物院藏品等在内的多数"尚食局"款定瓷应是金人入主中原后承平未久、国势尚弱时期的制品，其具体时间或不早于金世宗大定年间（一一六一——一一八九）。从金代定窑的考古编年材料看，世宗之前，定瓷绝少发现，这似乎表明经战争破坏的定窑当时尚未恢复到正常状态。

综上所述，似可小结如下：

一、新材料进一步证实，现已发现的"尚食局"款定瓷可能多为金代制品。

二、金代"尚食局"等署理内廷事务机构的设置，是金人入主中原后实行汉官制

---

8 韩立森《定窑的研究、发掘与收获》，见大阪市立东洋陶磁美术馆编《定窑：优雅的白瓷世界——窑址发掘成果展》，页23—26，大阪市立东洋陶磁美术馆二〇一三年。

9 《宋史》卷一七九《食货志·会计》。

改革的一部分。熙宗时期，金已大体完成了这项改革，宫廷制度深受宋王朝影响。这从"尚食局"款定瓷的烧造，即可见一斑。

三、"尚食局"款定瓷多为支圈组合覆烧法烧造，而这一盛行于金代的覆烧法，或可成为"尚食局"款定瓷断代的重要标尺。

四、根据文献记载，北宋徽宗时期即有"尚食局"款定瓷烧造，尽管由于"劳民费财"，数量可能不会太多。有学者认为，一九六〇年代涧磁村定窑遗址出土的"尚食局"款印花摩羯花卉纹盘即为徽宗时制品，而本文则推测该盘以及面貌相似的故宫博物院藏品更有可能是金中期之物。

二〇一六年五月初稿　二〇一九年十二月改定

定窑刻花小识

刻花是定窑最基本的装饰技法之一。宋金之际定窑的刻花，多以刀之侧锋行刻，并往往与划、篦划结合，线条流利而富于变化，纹样也愈显灵动鲜活（图1、图2）。刻花更见于同时期耀州窑、汝窑（临汝窑）以及南方的越窑（图3）、龙泉窑、景德镇窑等制品，可说是一种风靡南北、极富时代特色的装饰技法。

根据定窑考古编年资料，出有这类刻花定瓷的墓葬或遗址，年代大都集中在十二世纪后半至十三世纪前半之间，亦即金代中后期。我十多年前曾做过统计，在当时已发现的有确切纪年和年代相对明确的二十余座金代及南宋墓葬、遗址中，出有这类刻花定瓷的数量之多，占到总数的三分之二以上[1]。因此我断言，刻花是金代定窑盛行的一种装饰手法。而随着新的考古资料发现，这一认识也在不断深化。二〇一〇年发掘的河南安阳北宋宣和七年（一一二五）韩治夫妇合葬墓

---

1 刘涛《宋辽金纪年瓷器·定窑》，页11，文物出版社二〇〇四年。

图1 定窑白瓷刻花莲花纹折沿盘 北京顺义出土
首都博物馆藏

图2 定窑白瓷刻花莲花纹碗 开城出土
韩国国立中央博物馆藏

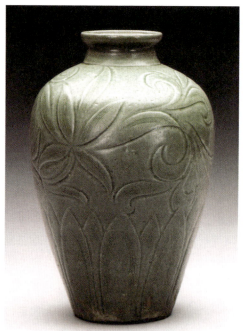

图3 南宋初越窑（寺龙口）青瓷刻花莲花纹梅瓶
采自《昆山片玉》

出土的一件定窑白瓷刻花莲花纹梅瓶（图4）[2]，胎骨坚致，釉色滋润，刻花精美，虽已残破不全，却仍值得特别重视。这件来源可靠的纪年定瓷，具有很高的考古断代编年价值。据此排比，大英博物馆、瑞士玫茵堂刻花梅瓶（图5、图6），台北故宫博物院刻花玉壶春瓶等旧藏定瓷（图7、图8），都具有相同的工艺面貌，可大抵断定为北宋同一时期制品而纳入定窑编年谱系。我们也因此可以更有底气地说，定窑的这种刻花工艺至少在北宋末年已臻纯熟，金代更是风头不减，广为流行。

莲花是定窑刻花装饰的主要题材之一。拙著《宋辽金纪年瓷器》定窑一章中，为突出显示莲花装饰在定窑断代上的标尺作用以及对同时期南方瓷器的影响，特将相关图版资料辑为一组。然而，当时却未加详察，人云亦云地将莲花认作了萱草，后经同事郭学雷指拨而憬然。其实，莲花抑或萱草，只须稍加留意，便不难分辨，尽管这"逸笔草草"的莲花与花瓣细长劲挺

图4　定窑白瓷刻花莲花纹梅瓶　河南安阳韩治夫妇墓出土

2　河南省文物局《安阳韩琦家族墓地》，图二五：1，彩版五二，科学出版社二〇一二年。

图 5　定窑白瓷刻花梅瓶　大英博物馆藏　　　　图 6　定窑白瓷刻花梅瓶　瑞士玫茵堂藏

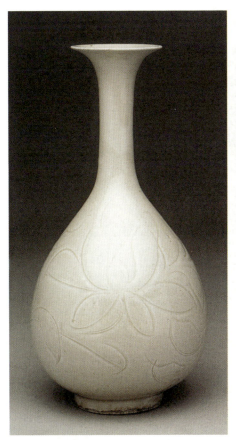 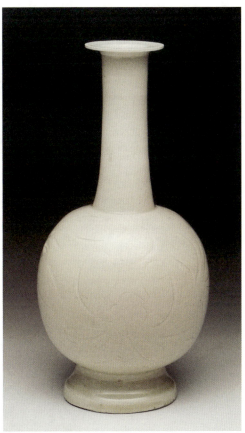

图 7　定窑白瓷刻花莲花纹玉壶春瓶　　　　　　图 8　定窑白瓷刻花长颈瓶　香港喜闻过斋藏
台北故宫博物院藏

定窑刻花小识

图 9　定窑白瓷刻花莲花纹折沿盘　故宫博物院藏

图 10　莲花图　内蒙古敖汉旗南塔乡下湾子 5 号墓壁画

的萱草确有几分相像。莲花之所以被误判，盖因其纹样只取花瓣，且工艺手法极为简括之故。而在同类莲花纹刻花定瓷中，亦见花叶并茂者（图9），花瓣同样简约，叶子却阔大如盖，莲之特征十分显著。这种花叶并茂的莲花形象也见于辽墓壁画（图10）[3]。两种画法不同的图案适可互证。

二〇一七年十月八日

补记一

  安阳韩治夫妇合葬墓处于家族墓地中，历史上曾遭盗掘，破坏严重。根据发掘报告，瓷器出自墓室填土中，皆为碎片。定窑瓷器有刻花梅瓶（两件）、六曲花口折腹盘、划花缠枝莲纹钵和黑釉碗。此外还出土有白地黑花碗残片等。关于该墓出土瓷器的来源和年代问题，我与南开大学历史文化学院博士研究生于陆洋交换过意见。他认为，这批瓷器因出自墓室填土，应有不同的来源，年代也不尽相同。比如那种白地黑（褐）花、内底画涡纹的碗应为元代后期彭城或长治地区制品（图11、图12），在河南沁阳沁河码头遗址中多有出土（图13），考古报告中将其年代断定为明[4]。而韩治夫妇墓出土者，很可能是墓葬在后世再次被盗掘时混入的。因此，定窑瓷器的年代也可能晚于宣和七年。于陆洋的说法，证据较充分，无疑是值得重视的。不过，对那几件定窑瓷器，我却有些不同意见。从已复原的几件看，造型、装饰及胎釉特点都与韩治夫妇墓年代相合。如相同式样的折腹盘在陕西蓝田吕氏家族墓地和河南林州刘朝宗墓（政和二年）等北宋晚期墓葬中多有出土，弧腹广口钵更是北宋中晚期典型器式。再从韩氏家族墓地的起讫时间看，该墓地在北宋晚期前后使用约六十年之久，北宋覆亡

3 内蒙古敖汉旗博物馆《敖汉文物精华·辽墓壁画篇》，页261，内蒙古文化出版社二〇〇四年。
4 沁阳市文物局等《沁阳沁河码头与沉船田野考古发掘报告》，中州古籍出版社二〇一八年。

图 11　白地黑花涡纹碗残片　河南安阳韩治夫妇墓填土中出土

图 12　白地褐花涡纹碗　北京私人藏　　　图 13　白地褐花涡纹碗残片　沁阳沁河码头遗址出土

后，韩氏后人南迁，墓地终止使用。这样从不同视角观察，我们就有理由断定，那些定窑瓷器均应出自韩治夫妇墓，即为徽宗宣和七年（一一二五）之前定窑产品。

二〇一九年七月六日

补记二

定窑刻花莲花纹还可再议。定窑萱草之名,最早见于明清典籍。《陶说》卷二引谷应泰《博物要览》云:"定器有划花、绣花、印花三种,多因牡丹、萱草、飞凤三种,时造式多工巧。"《景德镇陶录》卷六亦载:"(定窑)土脉细腻,质薄,有光素、凸花、划花、印花、绣花诸种,多牡丹、萱草、飞凤花式。"具体到纹样来看,定窑刻花"萱草",花瓣细长,叶片弯卷,与多数萱草属植物确有几分相似。今有学者从植物学角度观察比较,也进一步确认定窑这种刻花纹样为萱草,或将其中一并刻有"萱草"和荷叶者认定为"莲荷萱草纹"。其实,定窑这种刻花——无论是萱草还是莲花,都经过了艺术化加工(适当的变形、简化)而非严格的写实纹样。如原产我国的黄花萱草,叶基生成丛,大多花开六瓣;莲叶为盾圆形,花朵多在十五至二十瓣之间

图14 敖汉羊山二号辽墓出土定窑碗"满花"纹样　　图15 北京金皇陵出土定窑碗"满花"纹样

（单瓣种）。这些植物特征都与定窑等刻花纹样有所不同。就现有资料观察，定窑的这种纹样，花朵四至九瓣不等，而以七瓣居多。因此，仅凭花叶样貌似乎还难以确认它就是萱草。至于"莲荷萱草纹"的说法，或也难以自圆其说。我们之所以将这种纹样判定为莲花而非萱草，理由其实很简单，即在一个花叶并茂的纹样中，花与叶本应为同一植物，而不大可能出现花为萱草、叶为莲荷的情况。既然纹样中的荷叶是一目了然的，那么花之属性自然也就昭然若揭了。

定窑刻花莲花纹的流行跨越宋、金两个不同朝代，前后也经历了一个由繁而简的演变过程。考古资料初步显示，北宋晚期，纹饰多以花叶并茂的"满花"布局（图 14）；至少在海陵王和大定时期，仍具北宋面貌和水准（图 15）。

二〇二一年五月二十日

淄博窑的绞胎、三彩与黑釉凸线

宋金时期的淄博窑，主要包括淄川磁村、坡地和博山大街等几个窑场。淄博窑虽偏离中原窑业的核心地区，但仍算得上一个工艺技术水平较高的窑场。宋金时期北方陶瓷的流行品种，这里几乎都有烧造。不过，由于考古及研究工作相对滞后，今天我们对淄博窑的认识还很不够，它的产品在断代上可能还存在一些盲区。现就淄博窑较有特色的绞胎、三彩和黑釉凸线三个品种的烧造年代问题，谈点看法。

绞胎和三彩主要为博山大街窑产品。从现有资料看，淄博窑绞胎以各式碗、钵为主（图1—图4），造型与装饰似兼具宋金（南宋）不同特点，如有的器口加饰白边，即日本人所谓的"白覆轮"，此为北宋晚期到金代中原地区一种较流行的"仿银釦"装饰，常出现在黑釉碗盏等瓷器上；有的为束口，口下饰乳钉一周。束口盏为南方建窑黑釉茶盏的一种基本式样，是

图1　淄博窑黄釉绞胎钵　博山出土

图2　淄博窑黄釉绞胎鼓钉钵　山东省博物馆藏

图3　淄博窑黄釉绞胎鼓钉碗　博山出土

图4　淄博窑绞胎碗　博山出土

图5　当阳峪窑绞胎钵　采自《中国当阳峪窑》

专为点茶设计的，主要流行于南宋中晚期。不过，北宋器物中也有个别束口的，如北宋中晚期耀州窑和河南中部窑场等都有烧造的一种柳斗杯。乳钉装饰则多见于南宋至元明时期南方制品，如赣州窑和吉州窑的黑褐釉乳钉罐（或为茶器）、龙泉窑和景德镇御窑厂的青瓷盆托等。因此从造型和装饰上看，淄博窑绞胎器或包括两个不同历史时期的制品，也就是说，在今天人们普遍认定为金代的淄博窑绞胎器中，可能还包含了部分北宋晚期制品。只是目前我们还很难将它们作出明确区分。

　　与中原核心地区窑场相比，淄博窑一些产品在造型和釉彩装饰方面更具区域特点，这当然也就在一定程度上增加了它们在断代上的困难。比如就目前所见，淄博窑绞胎器多为二次烧成，即器坯先经高温素烧，再施黄、绿等色釉（以铅做助熔剂的色釉）低温烘烤，这一工艺特点与宋金时期绞胎的另一重要产地焦作窑（当阳峪窑、矿山窑等）就有所不同。焦作窑绞胎器多为一次性烧成的高温透明釉制品（图5），而表面施以黄、绿低温色釉者所见甚少。淄博窑绞胎器的二次烧成工艺与三彩相同，这也就表明，当地的绞胎与三彩关系密切，二者的烧造年代必有交叉，或为同一年代制品。那么，这个年代是宋还是金，抑或跨越宋、金两朝？

　　淄博窑的三彩（包括单色的黄、绿釉等），类别丰富，既有枕、壶、瓶、罐、炉、盏、盘等日用类器物，也有各种人物、仙佛和动物塑像等。人物塑像中仕女衣着华丽，有的手执团扇，体态婀娜多姿（图6）。还有一种主体形象为狮子和人物的器物（图7、图8），也很有特色。关于这种器物的用途，目前说法不一。有人说是香炉，有人说是灯台，也有人认为其中一种"狮子驮莲"者，当为文殊菩萨像的底座。究作何用，看来还有待进一步考证。值得研究的，还有这种塑像中人物的衣冠。比如"狮子驮莲"像，驮狮人头戴的尖顶帽，就可能透露出一些很有价值的历史文化信息，为我们判断

图 6　淄博窑三彩仕女像　深圳私人藏

图 7　淄博窑三彩狮形器　博山出土

图 8　淄博窑黄釉狮形器　博山出土

图9　山西侯马金墓砖雕像　　　　　　　　　　　图10　焦作元墓砖雕俑

它的年代提供了重要参照。据查证,这是一种源于女真的帽式,元明文献中称"幔笠"(缦笠),今天人们则多以沈从文先生定名的"瓦楞帽"称之。大约从金代晚期开始,"幔笠"在中原地区的汉人中流行,后又被蒙古人接受[1],河南焦作元墓即出有头戴"幔笠"的灰陶人物俑(图9、图10)。这样即可证实,淄博窑这种狮子人物三彩制品的年代应不早于金代晚期。

金代无疑是淄博窑三彩发展的鼎盛时期。淄博窑还烧造一种单色的低温釉制品,以黄、绿等色釉的碗、盘为主。淄博当地金代瓷器窖藏、墓葬以及城市遗址中都有出土,光素无纹者居多,也有少量印花制品,印纹见有人物、瑞兽、游鱼等(图11—图12)。装烧方式多样,主要有三叉支垫和包釉支烧等。后者器物底部(内底或外底)釉面上遗有三眼细小如芝麻粒似的钉痕。整体看来,器物规整端庄,制作精细考究,造型特

1　张佳《"深檐胡帽":一种女真帽式盛衰变异背后的族群与文化变迁》,《故宫博物院院刊》二〇一九年第二期,页21—39。

图 11　淄博窑黄釉盘　临淄窖藏出土

图 12　淄博窑黄釉印花人物盘　博山陶瓷琉璃博物馆藏

图 13　淄博窑三彩孩儿擎莲枕　博山出土

图 14　淄博窑三彩印花麒麟纹枕　博山大街出土

图 15　淄博窑三彩狮子炉盖　博山陶瓷琉璃艺术博物馆藏

点及工艺作风或近似同时期的定窑和钧瓷（指类汝钧瓷）。显然，这种产品不同于普通民用器。至于它的烧造是否像有人推测的那样存在官方背景，或还值得研究。我们说淄博窑是技术较先进的窑场，这种先进性在它复杂多样的装烧技术上即可见一斑。磁村窑的覆烧芒口白瓷，装烧上还较多使用定窑形式的支圈。种种迹象显示，淄博窑历史上可能深受定窑等技术先进的窑场影响。根据器物类型比较，淄博窑黄、绿等低温釉制品的烧造年代应为金代晚期。具体产地，可能仍在低温釉技术深厚的博山地区。这样或可初步认定，这种单色的低温釉产品与上述狮子人物塑像等三彩产品的烧造年代大抵相同。

那么，淄博窑三彩中有无北宋制品呢？虽然目前尚无纪年资料佐证，但不难发现，淄博窑三彩器中有些带有明显的北宋风格特征，如淄博当地出土的孩儿擎莲枕、印花麒麟纹长方枕、印花钱纹银锭形枕、龙首细流葫芦形执壶以及狮子熏炉等（图13—图15）。参照纪年器，并与中原核心地区产品做一横向比较，我们可将它们的年代大抵判定在北宋晚期。可能正如我们的推测，淄博窑的三彩与绞胎一样，烧造年代都跨越了宋、金两个朝代。

宏观地看，在三彩、绞胎的烧造年代上，淄博窑与中原核心地区窑场应是基本同步的。三彩烧造在北宋时期曾长期陷于低潮，在整个十一世纪北宋考古编年资料中，三彩十分少见。可能一直到北宋末年的徽宗时期，情况才有较大改变。京畿附近的宝丰清凉寺、鲁山段店等窑场都开始烧造三彩。黄河以北焦作、磁州等窑场的三彩烧造或也始于这一时期。金世宗大定时期后，三彩烧造更趋广泛。焦作窑绞胎的烧造年代，根据当阳峪窑遗址的考古发掘资料和器物类型特点推断，也应以北宋晚期为盛[2]，其烧造规模可能比博山大街窑更大，产品也更丰富。入金后，绞胎在焦作窑以及山西

2　依据考古发掘成果并经比对相关材料，可将当阳峪窑烧造历史分为四期，第一期即北宋后期（宋神宗元丰至钦宗时期）。参刘岩《河南修武当阳峪窑分期研究》，北京大学考古文博学院硕士学位论文，二〇〇五年。

图 16　黑釉凸线执壶　昔阳金墓出土

图 17　淄博窑黑釉凸线执壶
博山陶瓷琉璃艺术博物馆藏

榆次孟家井窑等或仍有烧造，后渐被工艺难度较小的"绞釉"所取代。

　　黑釉凸线被认为是淄博窑最具代表性的品种，磁村等主要窑场都有烧造。这一品种在鹤壁集、磁州观台与冶子、焦作当阳峪以及黄河以南豫中诸窑产品中也较为多见，只是淄博窑的特色在于凸白线，而鹤壁集等其他窑场的凸线则多为黄褐色[3]。年代相对明确的淄博窑黑釉凸线瓷器，见有金大安二年（一二一〇）博山神头镇墓出土的一件双系罐（参看页 83 图 19）。这个时间已是金代末年。而根据北京地区的一则考古资料可知，这一品种开始烧造的时间应在金大定时期。北京通县一金墓出有三件黑釉凸线小罐，墓主下葬时间为大定十七年（一一七七）或其前后不久[4]。此外，山西昔阳一座金墓出土的一件黑釉凸线执壶（图 16），亦可作为判断这一品种烧造年代的依据[5]。与此

3　鹤壁集窑等黑釉凸线瓷器多先在器坯上施一层含有铁分的"护胎釉"，然后再堆贴线条。而淄博窑黑釉凸线瓷器则不施"护胎釉"，线条就直接堆贴在素坯上。
4　北京市文物管理处《北京市通县金代墓葬发掘简报》，《文物》一九七七年第十一期，页 9—15，图一八：4，封三：5。
5　山西省考古研究所等《山西昔阳松溪路宋金墓发掘简报》，《考古与文物》二〇一五年第一期，页 20—33。简报中推断此墓年代为金中后期至蒙元初期。

壶同出的还有白瓷、黑釉、白地剔褐花和绿釉等一批瓷器，其造型与装饰都具有金中期特征，特别是其中两件白地剔褐花枕，参照同一类型的纪年器，更可大抵断定为海陵王到世宗时期产品[6]。据此似可进一步推定，该墓葬及其出土遗物的年代很可能不会晚于大定时期。根据考古资料，从器物形制上观察，黑釉凸线瓷器中较为多见的执壶（图17）和花口瓶等，有的年代明显偏早，也应不晚于大定时期。而如同上述大安二年墓出土的那种双系罐，则有可能是这一瓷器品种的一个晚期类型，流行或一直到蒙元时期。

二〇二〇年二月二十九日

己亥年秋赴山东考察学习，承蒙聊城李振路、任保镇，淄博李升荣、冯立波等同人悉心指教，谨表谢忱！

---

[6] 已知带有墨书纪年的同类型白地剔花枕有三件，年代均在大定晚期之前，分别为中国国家博物馆藏皇统三年（一一四三）白地剔花忍冬纹枕、故宫博物院藏大定八年（一一六八）白地剔花牡丹纹枕、香港私人藏大定十八年（一一七八）白地剔花菱形开光忍冬纹枕。

考古学视阈中的宋辽金瓷器

公元十世纪初至十三世纪后半叶，中国历史上前后承递或同时并存着辽、宋、西夏、金等几个王朝。这三百多年间，在不断壮大的北方部族的挤压下，中原王朝的势力范围日蹙，而各民族间的武力争逐和文化融合，却也有力地推动了经济社会的变革与发展（按经济史学者的说法，这一时期中国经历了"市场结构的革命"），中国社会因此发生了深刻而巨大的变化。就赵宋王朝而言，最显著的变化，莫过于工商业的蓬勃兴起、城市的空前繁荣和长江流域及东南地区经济的普遍快速增长。宋代的经济发展水平和富裕程度超过了以往中国历史上任何一个朝代。在这一王朝未被蒙古势力颠覆之前，中华文明在许多方面都处于巅峰阶段。契丹之辽、女真之金等，则在新兴的农业和工商业的基础上逐步"汉化"。

在这样一个历史大背景下，我们不难理解宋辽金窑业高度发达与繁荣的现象了。在国计民生中，窑业虽算不上举足轻重的行业，但由于其产品为日常生活所需，因此它的经济性质、生产规模、行销状况、工艺技术水平以及产品的时代面貌，也能直接反映出社会生活的某些重要变化。宋辽金时期，已有更多的窑场发展出独立的手工业，即专业化的生产单位。它们基本与农业相分离，摆脱了家庭副业的从属地位，融入商品市场。由于统治集团对独立手工业已不能完全予取予求，官营手工业不断壮大与完善。文献与考古资料初步证实，由朝廷或地方官府直接经营的窑场，即真正意义上的"官窑"，也在宋代出现。窑业分布广泛，而在市场经济规律的作用下，一定地域内的窑业又趋向集中，相继形成一个个在规模、产量和工艺技术上领先的窑业中心。随着贸易的扩大，一些名窑产品和具有特色的产品大量流向本地以外的市场，并远销海外，其工艺技术也随之传播他乡；因战争造成的大规模人口迁徙，也在一定程度上增进了民族之间、地域之间窑业的交流以及某些生活方式的融通。宋辽金窑业的高度发达与繁荣，从物质文化层面凸显出特定历史时期中国社会的巨大变迁。若论产品的丰富多样，文野的分流与交融，以及文化品格上的民族化、本土化倾向，宋辽金陶瓷也尤为突出，而这些都深刻反映出时代的特点。因此我们说，在中国陶瓷发展史上，宋辽金堪称黄金时代。

　　宋辽金陶瓷，也是研究者最关注的领域之一。一些研究课题，早已成热点。研究中的某些"预设""前提"（或谓"共识"）甚至可追溯到"传统瓷学"。如至今通行的哥窑宋代说、钧窑宋代说以及"五大名窑"说（这里指"柴汝官哥定"，今人所谓"宋代五大名窑"正是由此脱胎而来）等。肇端于明初而兴盛于清季民国的"传统瓷学"，由于对象主要是历史上的名窑佳器，更多带有寻宝、鉴赏的意趣，因而它只是零散的知识，并未形成系统完整的学科；同时由于历史局限，它的某些观点和说法于今也已陈旧和过时。比如在哥窑、钧窑等瓷器年代的认知上，存在明显偏差；而所谓"五大名窑"说，由于柴窑传说无法证实，哥窑面目模糊不清，也就更不能成立。进入二十世纪后，随着西方近代考古学的引入，古陶瓷研究才走出故纸堆，开辟了一个个新领域。在考古资料大量积累的基础上，通过考古学的方法，初步建立起古陶瓷的时空架构。这方面的成果，可以举出创建于二十世纪后半期的"窑系"说。这一学说以具有共同时代背景、工艺传统、器物特征及其发展变化和相互影响的典型器物群作为分类的基础，将宋元窑业大略划分为六个瓷窑体系，即定窑系、磁州窑系、耀州窑系、钧窑系、景德镇青白瓷系和龙泉窑系等（中国硅酸盐学会编《中国陶瓷史》）。今天看来，这种划分或不免有失粗率，亦不甚合理。如由于受当时认识所限，未能充分注意到各相关窑场在烧造年代、地域空间，特别是工艺技术等方面的差异，因而在某些窑场的具体归属上就容易出现歧义（这个在后面还要细说）。不过，"窑系"说在时空关系背景上勾画出的宋元窑业的发展轮廓，还是大体明晰准确的，值得充分肯定。时空架构——特别是时间架构的建立，可说是考古学对古陶瓷研究的一大贡献。在此基础上，古代陶瓷史学以及古陶瓷器物、古陶瓷工艺、古陶瓷美术研究等始得以真正起步。

  陶瓷史研究，不同于一般的历史研究。由于文献资料的缺失，它须更多地依据考古资料，并借助考古学的一些方法，实证地复原历史。因此我们说，陶瓷史学必须建立在考古学的基础之上。史学对研究对象的年代有着更严格的要求，而纪年瓷器正可提供从时间上观察窑业发展的尺度，因而它在陶瓷史学中的作用也就显得尤为突出。纪年瓷器可分为两类：一类是纪年款瓷器，一类是纪年墓葬以及其他类型纪年遗存出土瓷器。前者提供的是器物的绝对年代，符合史学对年代绝对性的要求；而后者由于提供了器物年代的下限，同样也不失为可靠的断代标尺。我们有时会看到这样一种情况：对纪年墓等出土瓷器的时间判断，有时会较大地偏离墓葬纪年，即把器物的产生提早一个相当长时间。这一做法，或可作出某种合理的解释，但实际上可能往往受制于"经验"而存在误断。如对河北定州北宋太平兴国二年（九七七）静志寺塔塔基出土的刻花莲瓣纹碗等耀州窑青瓷，曾有人"先入之见"地认定为五代产品。而从与之同出的金银器、定窑白瓷等来看，塔基遗物以太平兴国二年新建地宫时奉纳的物品为大宗（在此之前开启地宫的时间是唐昭宗龙纪元年，即公元八八九年），有的银器和瓷器上还带有"太平兴国二年造记"等题记，表明它们是为"供奉舍利"而特制的。耀州窑青瓷当和其他多数出土品一样，生产年代与新建地宫的时间相同或相近。

随着纪年瓷器的不断发现，某些窑口或品种的纪年瓷器已自成序列，并出现了一些"断代标准器"和对断代具有重要参照作用的器物（图1—图26），这就便于我们从时间上更系统、准确地把握中国陶瓷发展的历史，并有助于澄清研究中的一些模糊观念和认识。具体到宋辽金陶瓷来说，在分期断代研究上，过去虽做了大量工作，但遗留的问题也还不少。如对定窑覆烧瓷器（指采用支圈组合式覆烧法烧制的印花、刻花等品种），"磁州窑类型"白地黑花、刻划花、珍珠地、绞胎、红绿彩、孔雀蓝釉等品种的发展过程，未有一个较全面细致的梳理；耀州窑青瓷在北宋早期和宋金转折时期的表现，南方越窑、龙泉窑系统的刻花青瓷在南宋的发展状况，北宋建窑黑釉瓷的面貌等，也都不够清楚。今天我们的工作，恐怕更多的是要将研究加以细化和深化，期求以更丰富的材料和更全面的认识，对过去的一些结论和观点予以补充或修正，从而把研究推向一个新阶段。像上面提到的一些问题，通过对纪年资料的爬梳整理，都是不难发现一些线索并作出某种解答的。更有一些学者早已开始了探赜索隐工作且取

图 1　定窑白瓷净瓶　北宋太平兴国二年（九七七）河北定州静志寺塔塔基出土

图 2　定窑白瓷炉　辽重熙二十二年（一〇五三）北京丰台王泽夫妇合葬墓出土

图 3　定窑白瓷印花碗　南宋庆元元年（一一九五）南京江浦老山黄悦岭张同之墓出土

图 4 越窑青瓷刻花卷草莲瓣纹熏炉 北宋咸平元年（九九八）款 浙江台州黄岩头陀灵石寺塔铁函出土

图 5 越窑青瓷线刻宴乐图注碗一副 辽统和十五年至二十九年（九九七——一〇一一） 北京西郊韩佚夫妇合葬墓出土

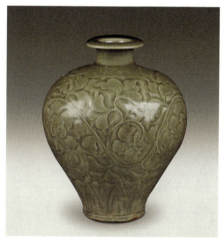

图 6 耀州窑青瓷刻花盖罐 北宋天禧三年（一〇一九） 西安邮电学院新校区李宝枢夫妇合葬墓出土

图 7 耀州窑青瓷刻花缠枝牡丹纹瓶 北宋元祐八年（一〇九三） 陕西蓝田吕氏家族墓地 M2 出土

图 8　耀州窑青瓷单柄錾手杯　大定十七年（一一七七）
北京丰台石宗璧墓出土

图 9　潮州窑青白瓷刻花莲瓣纹炉
北宋熙宁二年（一〇六九）　广东潮州
羊皮岗石室出土

图 10　景德镇窑青白瓷注碗一副
北宋元祐二年（一〇八七）　安徽
宿松吴正臣夫妇合葬墓出土

图11 三彩舍利函 北宋咸平元年（九九八）款
河南新密法海寺塔塔基出土

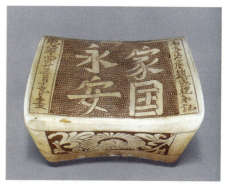

图12 段店窑"家国永安"珍珠地划花枕 北宋熙宁四年
（一〇七一）款 大英博物馆藏

图13 珍珠地划花牡丹纹枕 金正隆五年（一一六〇）款
日本静嘉堂文库美术馆藏

图14 黑花荷鸭图虎枕 金贞元三年（一一五五）款 山西长治郝家庄金墓出土

图 15　磁州窑白地黑花芦塘浴凫图枕　金泰和元年（一二〇一）款
日本静嘉堂文库美术馆藏

图 17　红绿彩花鸟纹碗　金泰和元年（一二〇一）款
日本安宅公司藏

图 16　豫中窑场白地黑花缠枝莲花纹梅瓶　宝祐五年
（一二五七）　江西瑞昌冯士履墓出土

图18 黑釉酱斑瓶 北宋靖康二年（一一二七）江西婺源张氏墓出土

图19 黑釉出筋双系罐 大安二年（一二一〇）山东淄博博山神头镇金墓出土

图20 吉州窑黑釉剔花一枝梅纹瓶 庆元五年（一一九九）江西宜春南宋墓出土

图21 吉州窑褐花缠枝莲纹炉 嘉定二年（一二〇九）江西南昌县南宋墓出土

图22 建窑黑釉兔毫敞口式盏 北宋元丰七年（一〇八四）江苏淮安世纪佳苑基建工地田政墓出土

图 23　建窑黑釉兔毫束口式盏　庆元元年（一一九五）
南京江浦老山黄悦岭南宋墓出土

图 24　吉州窑木叶盏　开禧二年（一二〇六）
江西上饶南宋墓出土

图 25　龙泉窑青瓷鬲式炉　南宋咸淳四年（一二六八）
浙江德清城关吴奥墓出土

图 26　龙泉窑青瓷刻花莲瓣纹碗　德祐元年（一二七五）
浙江丽水三岩寺金桥头南宋潘氏墓出土

得显著成果，如秦大树等人的白地黑花和红绿彩瓷器研究等，在资料考辨、分期断代等方面都有新的发现或突破。

宋辽金陶瓷研究目前面临的最具挑战性的课题之一，是钧窑瓷器的断代。这一课题早已引起国内外一些学者的关注。如前所说，钧窑在明清文献中即被当作"宋窑"，及至当代，又跻身"宋代五大名窑"（定汝官哥钧）之列。二十世纪后半期国内有关单位通过对禹州神垕、钧台等窑址的考古调查和发掘，也将钧窑的始烧年代定为北宋。这一观点至今为文物考古界普遍守持。然而细察之，就会发现这一观点缺乏令人信服的证据，基本上是根据明清说法又加上一些推测的成分敷衍而成。钧瓷作为历史上曾经盛行一时的瓷器品种，存世数量众多，但在金晚期以前的纪年墓葬和其他类型的纪年遗存中，却至今不见踪影。目前已知所有出土钧瓷的纪年墓葬等，年代都已进入十三世纪（图27）。在近几十年的考古调查、发掘以及研究中，也始终未发现其他能够证明钧瓷始烧于北宋的可靠证据和线索。其实，这一"反常"现象本身就可能已隐含了事实的真相。我在《钧窑瓷器源流及其年代》等文中，通过对钧瓷源流的追溯、对钧窑兴起的历史背景的分析以及对钧瓷典型器的排比研究，系统阐述了这样一个观点：钧瓷的产生、发展与汝瓷有着密切关联，即它可能是在对汝瓷的仿烧中逐渐形成的一个瓷器品种；它的成熟应不晚于金中期，而早期有些器物（即所谓"汝钧"）的年代或可早到北宋末年；早期钧瓷应是小规模生产的，其大量烧造并普及而成为北方地区有影响的瓷器品种，当在金元时期。

这里还要提到"窑系"说。我在近年的研究中，基本回避了"窑系"这一概念，而借用考古学"类型"以代之。作为考古学概念，"类型"比"窑系"有着更科学系

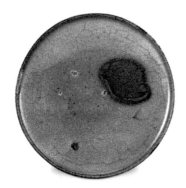

钧瓷紫斑盘

钧瓷鼎式炉

钧瓷长颈瓶

图 27 山西大同元至元二年（一二六五）冯道真墓出土钧瓷

统的涵盖。实际上，窑系的划分也是以器物"类型"为基础的，问题在于，一个器物"类型"往往并不能反映和代表一座窑场产品的全貌。比如，诸多以产品多样化取胜的综合性窑场，像中原地区的鹤壁、修武当阳峪、鲁山段店、宝丰清凉寺、禹州扒村、新安城关等，既生产"磁州窑类型"瓷器，也同时烧造与定窑或耀州窑、钧窑等面貌相同的产品。对这样的窑场，究竟该如何归类？况且，"类型"也不能不受地域、时间以及工艺技术的限制而一味俱收并蓄。我在《吉州窑》一文中，以褐花瓷器为例，通过对其工艺源流、装饰特点、流行年代以及与北方地区"白地黑花"的关系的探讨，发现这一品种在南方地区是独立开发、自成系统的。根据纪年瓷器观察，吉州窑褐花瓷器的流行年代与北方地区磁州窑类型的白地黑花瓷器大致相合，二者之间应存在某种联系，但在工艺技术及装饰等方面，它们却是河井不犯、泾渭分明的，看不出"血缘"关系，更看不出所谓南下的磁州窑工匠参与吉州窑烧造活动的迹象。因此，将吉州窑划入"磁州窑系"的做法，也就有"拉郎配"之嫌。同样的例子，或还能举出"耀州窑系"（该窑系地域空间更广，甚至包括了广州西村窑和广西永福窑）。

当然，我并不否认南北之间可能存在着的窑业交流。越来越多的考古资料显示，在民族分裂的宋金时代，南北的窑业交流并未中断，反而由于北方人口的大量南迁和贸易的日益频繁，这种交流——特别是北方瓷器对南方的影响更为显著。只是，南北的窑业交流一般只发生在局部的、表面的较浅层次上。这是由于南北窑业分属不同的技术系统：南方制瓷原料主要采用瓷石，而北方多采用黏土；南方瓷器多在平焰龙窑中烧成，烧窑多用柴，北方瓷器则是在传统的半倒焰马蹄窑中烧成，烧窑多用煤；在装烧技术等方面，南北也往往各有不同。因此，它们之间的交流可能更多表现在器物品种、功用以及产品美化等方面。在社会大背景下，这种交流反映了南北社会生活的密切联系和时代的消费风尚,而并不是简单的谁模仿谁的问题。地域性与时代性一样,都是我们在区分不同类型陶瓷时应首先考虑的因素,所以不宜笼统地归纳某些产品的特点便去涵盖南北、囊括东西。

在陶瓷史研究上,纪年瓷器提供了由微观入手进而达到宏观把握的可能性。当然,一柱毕竟难以擎天。况且,在考古和研究的一些过渡性环节上,纪年瓷器尚存在缺环。我关于这个课题的研究也因此留有"空白"或须进一步论证、补充之处。囿于识见,研究中存在的其他疏漏、纰缪亦在所难免,还请读者不吝指教。

二〇〇三年五月

本文为《宋辽金纪年瓷器》(文物出版社二〇〇四年)一书的导言,标题为后加。

纠谬献疑丛札

拙著《宋辽金纪年瓷器》（文物出版社二〇〇四年）出版已逾十个年头，今借修订之机，将其中一些"硬伤"和疑点胪陈如下：

（一）"元丰四年"当属误读 《"磁州窑类型"瓷器》一章中收录一件故宫博物院藏所谓"元丰四年"款红绿彩盖碗（图1）。该碗最早被当作"后加彩"发表于叶佩兰撰文、台湾艺术图书公司出版的《五彩名瓷》一书。对于此器，因无旁证，我起初未敢遽信，故曾请故宫博物院陶瓷组蔡毅帮助查明来源并核对年款，惜因实物一时查找无着，未能如愿。二〇〇四年底，时任景德镇陶瓷考古研究所所长的刘新园专赴故宫博物院查访此器，得见实物。据刘先生相告，这件盖碗的彩绘并无任何破绽，不可能是后加彩；腹部开光内的四字款识，似是非是，"元丰四年"当属误读。盖碗是一九五三年入藏的"流散文物"，原物主是北京

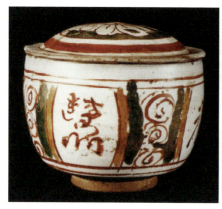 

图 1 红绿彩盖碗 故宫博物院藏

的一位古董商,名叫夏锡忠,器物入账时名下即已标明"元丰四年"。看来,"元丰四年"最初可能为夏锡忠所定。但缘何而定,已不得而知。今有深圳博物馆的研究者认为,从文字结体、行笔来看,"元丰四年"四字与道家符箓文字"云篆"颇为相似[1]。

(二)"泰和三年调玉烛"诗句无关器物纪年 在《"磁州窑类型"瓷器》一章文后辑录的纪年瓷器中,明显失察误断的还有日本私人藏白地黑花诗文长方形枕(图2)。该枕枕面开光内书有七言绝句:"唐虞礼乐岁元新,齐鲁中书有大臣。泰和三年调玉烛,衣冠万国拜王春。"此枕被当作"泰和三年"纪年器而出现,国内最早似见于一九八七年出版的《上海博物馆集刊》第四期《陶瓷枕略论》一文。其后,《观台磁州窑址》等书,也将此枕作为纪年器而收录[2]。《观台磁州窑址》主要编写人之一、北京大学文博学院秦大树现已察觉此枕非纪年器。他在与我交流时认为,枕上七言诗

---

1 郭学雷《红绿彩瓷创烧年代再认识》,见深圳博物馆编《中国红绿彩瓷器专题学术研讨会论文集》,页2,文物出版社二〇一一年。
2 北京大学考古系等《观台磁州窑址》附录三《磁州窑系纪年器物辑录》,文物出版社一九九七年。

图2　磁州窑白地黑花长方形枕　日本私人藏

系前人所作,因此"泰和三年"不能视作瓷枕的制作时间。根据造型和装饰特点推断,此式枕的年代应不早于十四世纪。至于诗文来源,承中国社会科学院文学研究所扬之水帮助查检,知其出自赵秉文《滏水集》卷八,题以《和子约立春》。作者赵氏系金大定二十五年进士,曾任礼部尚书等职。

（三）穿带瓶非契丹器式　穿带瓶是辽境出土陶瓷中较常见的一类器物。《辽代瓷器》一章中,将穿带瓶视为契丹式器物,认为它是对中原陶瓷器式加以改造而成（图3、图4）。果真如此吗？吉林大学考古学院彭善国对穿带瓶做了专门研究。他从分析辽境出土陶瓷穿带瓶入手,对比晚唐五代时期同类器物,梳理其形制源流,并参考其他学者的研究成果,得出结论:"……最迟在九世纪,越窑、长沙窑、邢窑、黄堡（耀州）窑、巩县窑等窑场,都可见穿带瓶踪迹。十世纪之后,穿带瓶仅发现于北

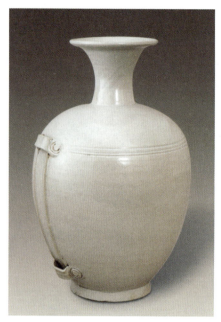 

图 3　邢窑白瓷穿带瓶　会同五年（九四二）　　　　图 4　白釉绿彩盘口穿带瓶　辽宁阜新出土
阿鲁科尔沁旗耶律羽之墓出土

图 5　"太平戊寅"款　青瓷洗及底部刻款与垫烧痕　美国波士顿美术馆藏

方地区，且以辽境内出土相对集中，其形制也渐趋统一为盘口长颈的造型。这种穿带瓶在十世纪末期之后就基本消失了。辽陶瓷中的穿带瓶，在内地自有其形制的渊源，而且有些就是来自内地窑场，并非有些学者认为的是适合游牧民族生活的契丹式器物。"³这个结论是从深入研究中得来的，当然更可凭信。而我当年的说法，虽也有所据，但肯定未加细察深究，结果失之大谬。

（四）"太平戊寅"洗或为民国仿品　《越窑》一章附图中见有"太平戊寅"款越窑青瓷六件（即图5-2上海博物馆藏刻花莲瓣纹盘口罍、图5-4故宫博物院藏瓜棱执壶、图5-5上海博物馆藏划花双凤纹盒、图5-6日本大阪逸翁美术馆藏划花菊花纹盒，以及彩图31上海博物馆藏鸡首盖执壶、彩图32美国波士顿美术馆藏洗等）。其中波士顿美术馆藏青瓷洗（图5），或疑似现代（民国）仿品。已故学者冯先铭早在一九九〇年代初即著文指出这一点⁴。其理由是，该洗以泥坨支烧的方式与越窑条状的支烧方式不同。这一看法得到台湾学者谢明良的赞同。由此及彼，谢明良进而还对上海博物馆藏划花双凤纹盒（谢称"细线划花双鹤纹盒"，图6）提出质疑，认为该盒在构图及线条刻划上都存在疑点，与波士顿美术馆藏洗一样，或均属后世仿品——甚至是同一作坊之物⁵。

（五）"千兔毫"与兔毫盏实不相干　《建窑》一章所附《两宋时期有关黑釉茶盏诗词摘编》，录有魏了翁诗句："秃尽春窗千兔毫，形容不尽意陶陶。可人两碗春风焙，涤我三升玉色醪。"扬之水指出，这里的"千兔毫"是指兔毫笔，与所谓兔毫盏实不相干。此教言也。古诗中相同例句，还见有李白的"书秃千兔毫，诗裁两牛腰"（《醉后赠王历阳》）等。

（六）"寿成殿皇后阁"款确为南宋宫廷镌刻而非清代所为　附论《钧窑瓷器源流

3　彭善国《试析辽境出土的陶瓷穿带瓶》，见《辽金元陶瓷考古研究》，页37—48，科学出版社二〇一三年。
4　冯先铭《仿古瓷出现的历史条件与种类》，见《故宫博物院院刊》一九九四年第一期，页11—19，图五。
5　谢明良《台湾海域发现的越窑系青瓷及相关问题》，见《台湾史研究》第十二卷第一期，页140—142，"中研院"台湾史研究所二〇〇五年。

图 6　青瓷线刻双凤纹盒　"太平戊寅"款　上海博物馆藏

图 7　汝窑盘"寿成殿皇后阁"刻款　　　图 8　定窑盘"寿成殿"刻款

图 9 定窑碗"寿成殿"刻款 杭州私人藏

及其年代》一文,将一件故宫博物院原属清宫旧藏的汝窑盘刻款与同样为清宫旧藏的"官钧"刻款相比较,认为前者"寿成殿皇后阁"刻款(图 7)带有清刻痕迹,即与后者"养心殿""重华宫"等刻款同出自清宫造办处匠师之手。传世的"寿成殿"刻款瓷器,另见有两件。一是英国维多利亚和阿尔伯特博物馆藏汝窑盏托[6];一是台北故宫博物院藏定窑白瓷折沿盘(图 8)[7]。这两件刻款只有"寿成殿"三字,字体特征与故宫博物院藏汝窑盘十分相似。此外,杭州也有"寿成殿"或与"寿成殿皇后阁"相关的定瓷和汝瓷残片出土(图 9)[8]。由此可看出这些瓷器之间原本存在的密切关系,即它们曾经同为南宋宫廷寿成殿或该殿皇后阁用器。从而也证实,其款确为南宋宫廷镌刻而

6　柯玫瑰《英国维多利亚和阿尔伯特博物馆的一件汝窑盏托》,见中国古陶瓷研究会编《中国古陶瓷研究》第 7 辑,页 109—112,紫禁城出版社二〇〇一年。

7　a. 台北故宫博物院编辑委员会编辑《定窑白瓷特展图录》,图 87,台北故宫博物院一九八七年;b. 蔡玫芬主编《定州花瓷:院藏定窑系白瓷特展》,图 Ⅱ-55,台北故宫博物院二〇一四年。

8　胡云法、金志伟《定窑白瓷铭文与南宋宫廷用瓷之我见》,见上海博物馆编《中国古代白瓷国际学术研讨会论文集》,页 290,上海书画出版社二〇〇五年。

非清代所为。其实，只须稍加用心，便不难发现"寿成殿皇后阁"刻款与"官钧"刻款还是有很大不同的，不能归为一类。而我当年的判断，实在是过于轻率了。

（七）宋三彩还是清三彩？ 《吉州窑》一章图8-12三彩鞍形枕（图10），在宋元南北瓷枕中显得十分另类。据相关报道，该枕出自江西吉水南宋嘉熙元年至宝祐二年张宣义墓，为吉州窑产品。而今细察之，该三彩枕在来源、产地以及年代上都存在明显疑点，或不足凭信。吉水张宣义墓为当地农民发现而未经考古发掘，墓内所出文物有的曾一度落入农民之手。三彩枕据称出自此墓，然它却未能像其他文物一样由吉水当地管理部门收缴，而是流散他乡，藏于距出土地百余公里之遥的丰城县文物陈列所内。对此，似无人查究并作出说明。另者，三彩枕被认定为吉州窑产品，相关报道也未能提供任何证据。实际上，根据我多年留心观察，这种鞍形瓷枕在吉州窑以及其他宋元窑场产品中似从未发现过，倒是有越来越多的证据显示其为清代之物。考古资料中见有两件，均出自四川清代墓葬（宜宾高明村同治年间墓和新津老虎山清代墓）[9]，造型及釉彩与所谓吉水张宣义墓出土者完全相同；深圳等地的民间收藏中亦可见之，其中除三彩外，还有青花、粉彩等制品（图11、图12）。

（八）吉州窑绿釉枕流行于何时？ 上述奇例，或非孤有。安徽潜山县太平村北宋乾德四年（九六六）潘氏墓，据称也出有一件吉州窑瓷枕[10]。该枕绿釉，形近椭圆，枕面刻划蕉叶纹，底部压印"吉"字（图13）。这类绿釉枕是吉州窑富有特色的产品，造型除椭圆外，更见八角形和变体如意头形，装饰手法以划花、印花为主，纹饰有蕉叶、莲花、水波等，而以划花蕉叶最为多见。枕底通常压印窑户名号，如"舒家记""陈家印置""刘家印号"等。已发现的纪年器见有两件，一是宣和三年沈格夫妇合葬墓出土的八角形枕，一是淳熙年间樟树临江镇寒山墓出土的变体如意头形枕（图14）。

9　刘辉《宋元陶瓷枕的考古学研究·低温釉枕》，吉林大学博士学位论文，二〇一九年。
10　李丁生《安徽潜山县太平村北宋潘氏墓》，《考古》二〇〇八年第十期，图二：1。

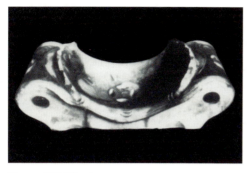

图 10　三彩鞍形枕

图 11　三彩鞍形枕　深圳私人藏

图 12　粉彩鞍形枕　网络照片

图 13　吉州窑绿釉划花蕉叶纹枕线图

图 14　吉州窑绿釉划花蕉叶纹枕　淳熙年间
（一一七四至一一八九）樟树临江镇寒山墓出土

据此约可推知,绿釉枕的流行年代在北宋中晚至南宋时期。对这一认识,江西学者的研究以及最新的窑址考古成果也都予以支持[11]。那么,北宋初年潘氏墓出土的绿釉枕能够改变这个认识吗?我们注意到,该墓与上述张宣义墓有着相同的遭遇,即在清理前破坏较严重,部分随葬器物也曾一度落入民工之手。此外,从墓志记载看,该墓历史上曾有过迁移,现墓葬与初葬地相距十余公里,只是迁葬时间不明。这样,有关该墓的报道以及对出土器物年代的判断也就可能存在失误。

(九)吉州窑有菩提叶茶盏吗? 吉州窑木叶盏,其所用木叶多为桑叶(图15),这是早有定论的。而为何选择桑叶,过去人们似乎关注不多。近年深圳学者对此做了较深入研究,认为茶盏饰以木叶,有可能是借此手法来营造"茶百戏"之幻象。而之所以选择桑叶,是因为桑叶或为菩提叶的替代品,佛经中即有寺院供养诸菩萨像前的菩提叶可以桑叶替代之说。在佛教中,桑树是仅次于菩提树的灵性之树,桑木、桑籽、桑叶等有祛病消灾之效,而且根据荣西《吃茶养生记》所载:"茶与桑并服,贵重无高下,二俱仙药之上也。"宋代诗人陈与义亦有"柏树解说法,桑叶能通神"之句,同样是说桑叶的养生作用。因此,在桑树广为种植而菩提树不大适宜生存的江西吉州地区,以桑叶替代菩提叶来装饰茶盏也就顺理成章了[12]。而拙著《吉州窑》一章中,引用其他学者关于吉州窑木叶盏有的使用菩提叶的说法,如今看来,由于缺乏实证,或难采信也。这个说法出自《中国科学技术史·陶瓷卷》第七章。为证实这个说法,该书还以今韩国陶艺家使用菩提叶成功仿烧出吉州窑木叶盏为例。此例当然可信,只是它并不能证实过去。吉州窑木叶盏有无使用过菩提叶的问题,还是要从当年的实物中寻找答案。

此外,拙著中可能还存在其他不少纰漏。有的已承蒙学友指正,如北京大学考古

---

11 a. 陈定荣《吉州窑瓷枕及早期窑口考》,见《考古》一九八三年第九期,页834—853; b. 张文江等《吉州窑遗址近几年考古调查发掘的主要收获》,见《中国国家博物馆馆刊》二〇一四年第六期,页17—45。

12 参深圳博物馆等编《禅风与儒韵:宋元时代的吉州窑瓷器》中郭学雷、黄阳兴论文,文物出版社二〇一二年。

图15　吉州窑黑釉盏木叶贴花

图 16 "至和三年"款白地剔花缠枝菊纹叶形枕　台湾郭良蕙旧藏

图 17 "至和三年"款褐釉划花凤纹叶形枕　原英国大维德中国艺术基金会藏

图 18 "嘉泰三年"款白地黑花草叶纹瓶　美国纽约大都会博物馆藏

文博学院秦大树、深圳望野博物馆阎焰等都认为，台湾郭良蕙旧藏"至和三年"款白地剔花缠枝菊纹叶形枕（图16）、英国大维德中国艺术基金会（已并入大英博物馆）藏"至和三年"款褐釉划花凤纹叶形枕（图17）、美国纽约大都会博物馆藏"嘉泰三年"款白地黑花草叶纹瓶（图18）等，在纹饰、款识或造型等方面都存在明显破绽，当属走了样的晚清民国仿品。

二〇一六年三月

"金代红绿彩寒山拾得像"小识

深圳望野博物馆藏有一尊双人造型的金代红绿彩塑像,笑呵呵的一对儿,相依而立:一人头绾双髻,身着黑边绿袍,一手搭在同伴肩上;一人散发披肩,着绿边红袍(红彩已褪),颈下戴念珠,手臂张开作拍手状。二人眉飞色舞,活脱脱一副快活相。望野先生认为,这两人可能就是"和合二仙"(图1)[1]。

一般认为,和合二仙是唐代高僧寒山、拾得的化身。笑面童子,披发或丫髻,一持荷花,一捧圆盒,象征夫妻百年和(荷)合(盒),并有招财之意的二仙像,常见于传统绘画、雕刻、陶瓷、刺绣、剪纸和木版年画等,已为人们喜闻乐见。不过,这是清代"封圣"后的二仙形象[2],已基本程式化了。那么,先前的二仙是怎样的面目,望野博物馆这尊金代的红绿彩人物塑像是不是和合二仙呢?

图1 金代红绿彩寒山拾得像
深圳望野博物馆藏

1 望野《精彩》,图9,页22、23,文物出版社二〇〇九年。
2 清雍正《御选语录》卷四:雍正十一年敕封寒山为妙觉普度和圣寒山大士,拾得为圆觉慈度合圣拾得大士。另,清翟灏《通俗编》(无不宣斋本)卷十九"和合二圣"条记:"今和合以二神并祀,而万回仅一人,不可以当之。国朝雍正十一年封天台寒山大士为和圣,拾得大士为合圣。"

寒山拾得的两个主要形象——禅僧和道教仙人

今天所知最早的寒山拾得画像,约出自唐末五代。晚明书画鉴赏大家李日华《六研斋二笔》卷二所记五代诗僧贯休绘"梵隆十散圣",其六即为寒山拾得。两宋之交著名学者吕本中似也见过"寒山拾得唐画",还为之赋诗曰:"君不见寒山子,蓬头垢面何所似?戏拈挂杖唤拾公,似是同游国清寺……"[3] 吕氏笔下的寒山形象,在宋本《寒山子诗集序》(托名唐贞观年台州刺史吕丘胤所作)中更为具体:"(寒山子)状如贫子,貌悴形枯","桦皮为冠,布裘破敝,木屐履地"。较早的寒山拾得像,可能还包括"天台三圣图"(寒山、拾得与另一隐居天台山国清寺的丰干禅师被后人合称"天台三圣"或"国清三隐")、"四睡图"(寒山、拾得、丰干交头枕虎而睡)等。南宋禅僧绍昙《天台三圣图赞》记:"寒山两手执卷,拾得一手握帚,一手指点,相顾作商量势。丰干倚杖立其傍。"[4] 通过这些记载,我们看到的寒山、拾得大抵是两个放浪形骸的禅僧形象。

宋元文人画中的寒山、拾得,也大体是这个形象。传世的这类作品数量不少,其中以下列几幅最负盛名:

南宋·梁楷《寒山拾得图》(传)[5],采用"减笔"和泼墨大写意画法,人物容貌寝陋,神态却从容潇洒,具有灵动飘逸的禅画特色(图2)。

元·因陀罗《寒山拾得图》,款记"佛慧净辩圆通法宝大师壬梵因宣授汴梁上方佑国大光教禅寺住持";元末禅僧楚石梵琦题赞:"寒山拾得两头陀,或赋新诗或唱歌。试问丰干何处去,无言无语笑呵呵。"[6] 画中寒山、拾得蓬头赤足,席地而坐于一古树下,谈笑风生。拾得"一手指点,相顾作商量势"(图3)。绍昙《天台三圣图赞》

---

3 《东莱先生诗集》卷三《观宁子仪所藏维摩寒山拾得唐画歌》,《四部丛刊续编》六四。
4 其后赞词曰:"满地埃尘弗扫除,无端商校泼文书。灼然拄杖能行令,不到丰干放过渠。"见《希叟绍昙禅师广录》卷七,《卍续藏经》第一二二册,页317,台北新文丰出版公司一九七五年。
5 川上泾等《水墨美术大系》第四卷:梁楷·因陀罗,图39,日本讲谈社一九七五年。
6 川上泾等《水墨美术大系》第四卷:梁楷·因陀罗,图20。

图2　梁楷《寒山拾得图》（传）
日本 MOA 美术馆藏

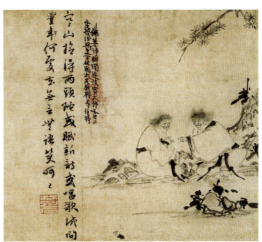

图3　因陀罗《寒山拾得图》
日本东京国立博物馆藏

所记适可与之对读。

元·颜晖《寒山图》《拾得图》（传）[7]，我们见到的其他二仙像，寒山、拾得一般都是同时登场，而这幅则将他俩分开来画。画中二仙形象，除了拾得挂了把扫帚、二人狂笑中透出"鬼气"（颜晖擅画释道人物，尤工"鬼画"，有"八面生意"之誉）外，其他与望野博物馆藏红绿彩人物塑像大体相若（图4）。

以上所举文字和绘画，或出自佛教文献，或具明显的禅宗背景和色彩，总之，统属佛教系统。而在这个系统之外，较早期的寒山拾得形象资料似乎还比较少见。不过，约在明中晚期，一个新的寒山拾得形象——更具吉祥意味的"和合二仙"形象开始较多出现，除绘画外，更见于瓷器、雕刻等工艺品。

二〇〇六年香港苏富比秋季拍卖会拍品中有件明嘉靖官窑青花群仙祝寿图葫芦瓶（图5），其上腹所画四位仙人中，寒山凌波戏水，拾得携帚而坐，人物形态亦庄亦谐。相同器物还见有大英博物馆藏品等[8]。这类群仙荟萃、充满浓烈道教色彩的瓷器在嘉靖后期集中出现，应与其时"道教皇帝"嘉靖本人不理朝政而潜心修道大有关系。四仙行乐的画面，透露出一个信息：寒山拾得的世俗形象可能已发生变化，即由过去的禅僧衍化为道教仙人，或者说已具有亦僧亦仙双重身份。这个特点的二仙像，一直流行到清季民国（图6、图7）。在清宫旧藏的一件竹雕留青仙人图臂搁上，踩着山海间升腾起的一片祥云，寒山、拾得相亲相伴，款款而行（图8）[9]。只不过这已是"封圣"后的二仙形象，他们手中开始出现荷花、圆盒这两样标志性的道具。

故宫博物院藏有一件"同舟共济"竹雕（图9）[10]，表现寒山、拾得同乘一叶莲瓣舟

---

7 《海外藏中国历代名画》第四卷，图78、图79，湖南美术出版社一九九八年。
8 《东洋陶磁》第五卷《大英博物馆》，图198，日本讲谈社一九八〇年。
9 朱家溍编著《明清室内陈设》，图68，紫禁城出版社二〇〇八年。
10 《中国美术全集》工艺美术编11，竹木牙角器，图6，文物出版社一九八八年。四川省博物馆也藏有一件朱稚征"和合二仙"竹雕笔筒。

图 4　颜晖《寒山图》《拾得图》（传）　日本东京国立博物馆藏

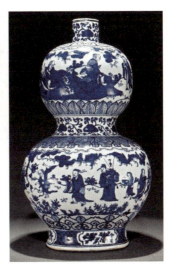

图 5　嘉靖官窑青花群仙祝寿图葫芦瓶　香港苏富比二〇〇六年秋拍第 0918 号拍品

图6 商喜《四仙拱寿图》局部
台北故宫博物院藏

图9 朱稚征竹雕寒山拾得像 故宫博物院藏

图7 康熙五彩四仙图瓶展开图 采自匡时国际拍卖有限公司二〇〇六年春拍图录

图8 竹雕留青仙人图臂搁
故宫博物院藏

快活前行的情景。拾得坐在船头，双手紧握扫帚代桨划水；寒山坐于船尾，手持一柄蕉扇。二人身披道袍，含笑自若。此件刻有"三松"款的竹雕，当出自明隆庆、万历年间著名竹雕艺人朱稚征（号三松）之手。

或行走云际，或凌波戏水，或同舟共济，以上寒山拾得像的特点或说隐喻，似乎都集中在一个"行"字上。这容易让人联想起古代的另一位"和合之神"——万回。元刘一清《钱塘遗事》卷一"万回哥哥"条谓："万回哥哥者，不问省部吏曹市肆买卖及娼妓之家，无不奉祀，每一饭必祭。其像蓬头笑面，身着彩衣，左手擎鼓，右手执棒，云是和合之神，祀之可使人在万里外亦能回家，故名万回。"明田汝成《西湖游览志余》卷二十三沿袭此说，只是补充道"今其祀绝矣"。

这个和合之神，据说历史上确有其人。万回原是唐玄宗时代的一个异僧，因其兄"戍役安西，音问隔绝"，父母日夜伤心牵挂，遂往边关探望，万里之遥，朝发夕返。宋时尊为"和合之神"，或正因其"守孝道尽人伦"之故。明清时，虽"其祀绝矣"，"和合以二神并祀，而万回仅一人，不可以当之"[11]，但其时的一些寒山拾得像可能仍带有万回哥哥的影子，有的寓意或也由过去单纯的"孝悌"延伸到更具宗法意义的"尊君敬上"，即由一家之和扩大到"天下"之和（上举"嘉靖官窑青花群仙祝寿图葫芦瓶"或为实例）。这也就是说，早在清代"封圣"前，寒山拾得像就已含有"和合"之意了，只是这个"和合"与后来的不完全等同而已。

明清时代，随着禅宗渐趋衰微，文人画中的寒山拾得形象也有了变化，禅僧和道家仙人两种面貌开始混同出现。如蒋贵《寒山拾得图》（图10）[12]，衣衫褴褛、怀揣一帚的拾得尚保留了禅画中的落拓癫狂形象，而寒山则头戴幞头，身披素衣，手提茶壶，一派仙风道骨。如果不是有拾得相伴，这个美髯公怕是没人敢认的。

11　见注2《通俗编》引文。
12　《海外藏中国历代名画》第五卷，图168。

图 10　蒋贵《寒山拾得图》　美国普林斯顿大学美术馆藏

图 11　嘉靖青花罐上的寒山拾得像　黄清华提供

图 12　《新编目连救母劝善戏文》明万历十年高石山房郑氏自刻本

图 13　康熙五彩盒上的寒山拾得像　采自 Michael Butler 等《顺治瓷器》

综上可知，历史上的寒山、拾得有两个主要形象：一是禅门逸僧，一是逍遥自在而又和顺体贴的道教仙人。前者多见于唐末五代至宋元佛教文献以及具有禅宗背景的文人绘画等，后者则更见于明中晚期以来吉祥意味渐浓的瓷器、雕刻、版画等工艺图像；前者带有社会主流文化的色彩，后者则融入更多民间信仰和世俗伦理的成分——道教与民间信仰本来就水乳交融。当然，这两类形象或互有融通，可谓"似僧非僧，非僧亦僧；似道非道，非道亦道"。从画史上看，元明时代的文人画家普遍参禅悟道，无论山水还是人物，笔下总是带有浓浓的"合一三教"（儒、释、道）情结。此外，作为道教俗神的寒山、拾得，在民间长期流传中，也因各地文化与风俗的差异而被赋予不同的功能，具有多重面目。在有些地方，他们既是和合之神，又是驱疫逐魔的天师和招财利市的仙官（图11—图13）[13]。正是因为集多种道法于一身，才最终造就了这一为民间共同尊崇的神灵。

望野博物馆那尊金代红绿彩人物塑像如果真的是寒山、拾得，那么它属于哪一类呢？

红绿彩寒山拾得像求证

一九六九年，河南洛阳发掘出土一件金代三彩枕（图14）[14]。此枕束腰长方形，如银锭。值得注意的是，枕腰部四面各刻有一首北曲小令，其中下款写明"词寄《庆宣和》"的一首，是写寒山、拾得的，这可能是迄今所能见到的最早与二仙相关的资料了。无独有偶，式样、釉彩与之相合并刻有同一首《庆宣和》的瓷枕，在首都博

13　元明时，随着财神赵公明声望日隆，作为其部将的和合二仙也逐渐沾上了财气，成为招财利市的仙官，在一些地方，特别是商品经济较发达的江南一带广受尊崇。参阅曾志巩《江西南丰傩文化》下篇《南丰傩探索》第五章，页505，中国戏剧出版社二〇〇五年。作为财神，寒山拾得形象与传说中的另一位财神——刘海颇为相似，如图12万历十年版画所示。图中蟾做跳跃状，人物撒钱于地，这似乎也都直接受到"刘海戏蟾""刘海撒钱"之传说及其图像的影响。

14　黄明兰《一对金代北曲三彩枕》，《中原文物》一九八七年第一期，页38。

图14　金代三彩划花曲文枕　洛阳博物馆藏

物馆[15]和日本松冈美术馆[16]还各藏一件,想必它们共有一个出处,即金代洛阳附近某窑口。

《庆宣和》文字不多,却活现出人物风貌:

寒山拾得那两个,风风磨磨,拍着手,
当街上笑呵呵,倒大来快活。
　　　　词寄《庆宣和》

这不就是望野博物馆那两个红绿彩人物的写照吗?

倘若判断无误,这可是一个我们还比较陌生的寒山拾得形象啊!

会不会是巧合?

当然,红绿彩寒山拾得像这两个人物不够"风风磨磨"[17],反倒显得有些乖巧,用今

15　《首都博物馆藏瓷选》,图51,文物出版社一九九一年。
16　《东洋陶瓷名品图录》(松冈美术馆),图40。相关介绍见注14所揭文。
17　应为"疯疯癫癫"之意。在古汉语中,风与"疯"通假;磨与"魔"同。早期汉译佛经将梵文mrar译为"磨"(承黄阳兴博士示教)。

天的话说，属于那类"甜俗"的艺术形象。但除此之外，还有疑义吗？披道袍戴佛珠，与宋元绘画中寒山、拾得相同的发式、相同的衣着，这都已清楚地显示出人物身份，而拍着手、笑呵呵的模样又与三彩枕上《庆宣和》词的描写相符。这难道会是巧合？

至于其年代，我们还可从以下相关的三个方面考察。

一、红绿彩：这是中原地区创烧的一个瓷器品种。见有纪年者，以金泰和元年为最早。现发现的所有金代红绿彩纪年器以及考古发掘品，年代都集中在金中晚期[18]。根据郭学雷先生的最新研究，金章宗朝是红绿彩烧造的高峰期，今天所见到的绝大多数高品质的红绿彩瓷器，都应出自这一时期[19]。望野博物馆这尊红绿彩人像，制作精美，时代特色鲜明，亦当属章宗朝遗珍，殆无疑义。

二、束腰长方形枕：根据考古资料可知，这一式样的瓷枕，约出现于北宋中晚期，有纪年可考的，见有山西壶关下好牢村北宋宣和五年墓出土的一件黄釉网格纹束腰长方形枕[20]。金代中晚期仍复流行，而以三彩多见。考古资料中，见有河南叶县文集遗址金中晚期地层出土品等[21]。

三、北曲：金元时代北方散曲、戏曲（杂剧）作品及其所使用的各种曲调，统称北曲。在诸宫调的基础上，吸收唐宋大曲及当时北方民间流行乐曲，以筝、琵琶等弦索乐器伴奏，采用北方俚曲演唱，是当时民间的一项主要娱乐，或有点类似今天的流行歌曲、卡拉OK。金章宗时期，在北方少数民族音乐、歌词的影响下，声律、词语均发生很大变化的北曲渐趋定型，风行民间。

可见，三者年代都集中在同一个时间段——金中晚期。这难道也是巧合？

其实，就连这尊人物塑像笑呵呵的乖巧模样，也是个中有因，值得说道一番的。

18　我曾对二〇〇三年前出土和传世的金代红绿彩瓷器做过统计（见《宋辽金纪年瓷器》，分类表四《金代红绿彩瓷器简表》，文物出版社二〇〇四年），其中一件"明昌七年"的红绿彩芦雁图盘（山西侯马董氏合葬墓出土），原以为是已知年代最早的红绿彩瓷器，然经郭学雷先生核实，该器入土时间应晚于明昌七年。参阅郭学雷《红绿彩瓷器创烧年代新探》（待刊）。

19　同注18郭学雷文。

20　王进先《山西壶关下好牢宋墓》，《文物》二〇〇二年第五期，页42，图23。

21　王利彬、王龙正《一幅金代农村集镇的生活画面——河南叶县文集遗址》，《文物天地》二〇〇九年第六期，页91。

寒山拾得为何一副乖巧相

我们发现，望野博物馆那两个红绿彩人物不但是寒山、拾得，而且是已被包装成神仙的寒山、拾得了。弄清这一点，先要读懂三彩枕上的那首写寒山、拾得的小令；而要读懂这首小令，枕上另外的三首也就不能不读。

> 一曲延（筵）前奏玉箫，五色祥云朱顶鹤，
> 长生不老永逍遥。
> 　　　　词寄《赏花时》

> 人成百岁七十多，受用了由它。捻指数，
> 光阴急如梭，每日个快活。
> 　　　　词寄《庆宣和》

> 生辰日，酒满杯，只吃得玉栖（楼）沉醉。
> 落梅风，将来权当礼，每一字满寿千岁。
> 　　　　词寄《落梅风》

如果单看写寒山、拾得的那首，可能还弄不大明白，"倒大来快活"的二仙[22]，究竟为何快活，在这里他们又是一个什么角色？可整组看，就都清楚了。寒山、拾得的快活，是"长生不老"，是"玉楼沉醉"；他们是在为俗世说话，扮演的是民间偶像的

22　宋元北方俗语。倒大，有非常、多么之意；来，语助词。

角色;他们的笑,也已不再是"笑杀世间人"的傲笑和狂笑,而是善解人意、乖巧讨好的嬉笑和媚笑。

逍遥快活,是金元曲的基调。唱道情,唱警世,唱山水林泉之趣,唱男女缱绻之情,无不带有娱乐性。像晚明和今天的中国一样,那也是一个"娱乐至死"的时代。"钻入安乐窝闲快活","倒不如快活了便宜","这一搭快活且到老"……在这个"快活"不绝于耳的曲坛上,我们不但看到元好问、董解元、关汉卿、王实甫、马致远、张养浩等当世文人,而且看到了寒山、拾得这一对来自大唐的高僧。

这不是冒渎神灵吗?

哪里,这只是请他们走下神坛。神灵亲近众生,必先下神坛;自己不下,最终也会被"请"下。否则,高高在上,谁会理他?说起来,寒山、拾得虽做了大半辈子"白日游青山,夜归岩下睡"的隐士,但他们也并非不食人间烟火。你看他们的诗,不少都是讽世劝俗之作,而且"信手拈弄,直写胸臆",不避俚语俗句,浅近易懂。因此,胡适在《白话文学史》中称他们是初唐为数不多的白话大诗人。他们也有"迂腐""世故"的一面,寒山诗中有些描写亲情和少女的篇章,洋溢着对人间美好事物的热爱。他在诗中甚至还向市井小民传授致富之道,更体现出一种儒家的民本思想和世俗关怀[23]。而道家的社会理想也正是"甘其食,美其服,安其居,乐其俗"。

至迟到唐末五代,寒山、拾得已被视为有德高僧,"稽首文殊,寒山之士;南无普贤,拾得定是"[24]。但这并不妨碍道家来"挖墙脚",以壮大自己的势力。其实,从早期史料看,寒山最初可能就是以修道者的面目出现的,或者说他本来就有着多重面目。在道家那里,他是"喃喃读黄老"的隐士;在佛家眼中,他又是"吾心似秋月"的禅师[25]。后来他才被彻底拉入佛门。要说"挖墙脚",那也是佛家在先。道家再"挖"

23　参阅项楚《寒山诗注(附《拾得诗注》)》,中华书局二〇〇〇年。
24　宋本《寒山子诗集序》(四部丛刊景宋本《寒山子诗集》)。注23所揭书附录有收。
25　五代前蜀道士杜光庭《仙传拾遗》(此书已佚)已将寒山编入仙籍。《太平广记》卷五五"寒山子"条引《仙传拾遗》称:"大历中,(寒山)居天台翠屏山,……好为诗,每得一篇一句,辄题于树间石上。有好事者,随而录之,凡三百余首。多述山林幽隐之兴,或讥讽时态,能警励流俗。桐柏征君徐灵府序而集之,分为三卷,行于人间。十余年(转下页)

过来，自然也在理。望野博物馆那尊红绿彩寒山拾得像证实了这一点——只要机会一来，比如在金代全真派大盛之时，道家就会出手。这一次，他们打着儒、释、道"三教圆融"的旗号，唱起"释道从来是一家，两般形貌理无差"的高调，不伤和气地又把寒山请了回来。

鲁迅说："人往往憎和尚，憎尼姑，憎回教徒，憎耶教徒，而不憎道士。懂得此理者，懂得中国大半。"[26] 人们为何"不憎道士"？这大概就是因为道家善于利用民众崇神拜鬼的心理，不断地将世俗精英请入教门，尊为神仙，而这些神仙（道士）经过重新包装后又更是一身的世俗烟火气，容易亲近。

在望野博物馆所藏的红绿彩人物塑像中，多见释、道人物，特别是道家神仙，如文昌帝君、东岳大帝、淑明皇后、赵公元帅、西王母以及钟离权、吕洞宾等[27]。道教是个"泛神"的宗教，神灵众多，除了地位最显赫的尊神（三清四帝等）外，还有俗神和神仙。俗神是流传于民间而为道家所奉祀的神，如为人们敬慕的英雄神关帝（关羽）、文化神文昌等。神通广大且长生不老者，便是神仙了，如汉族始祖黄帝，"寿八百而无衰容"的彭祖，"女仙领袖"王母娘娘，以及翻江倒海、各显神通的"八仙"等。道家就是靠这些神仙管理着世俗生活的方方面面。祖师爷（老子）专抓道德修养，文昌帝主管功名利禄，关公负责治病除灾、驱邪避恶，兼管招财进宝、庇佑商贾等。凡需要的，都会有神仙来管；神仙不够，去请就是了。

那么，道家请来的寒山、拾得，又属哪路神仙呢？如前所说，历史上寒山、拾得的面目是多重的，而且是因时因地不断变化的，身为道家仙人，恐怕也很难定其一尊。当初，佛家拉他们入伙，还分别给了一个文殊、普贤菩萨的名分。有一种传说：

（接上页）忽不复见。"徐灵府，唐代著名道士，他与杜光庭都曾隐居天台山。对寒山其人，余嘉锡有论："为僧为道不可知，试就其诗以求之，宣扬佛教，侈陈报应者，固指不胜屈，而道家之言，亦复数见不鲜。"见《四库提要辨证》卷二〇集部一《寒山子诗集二卷，附丰干拾得诗一卷》，中华书局一九八〇年。

26　鲁迅《而已集·小杂感》。
27　望野博物馆以外的红绿彩人像收藏中，还见有关公、毛女等。见张杨、王悦勤《怡红秀绿——宋金红绿彩俑》，页336、340，河南人民出版社二〇〇七年。

文殊、普贤本是一对亲兄弟，后又成为释迦牟尼佛的左、右胁侍菩萨。一个司智慧，一个司理德、行德；一个明辨是非善恶，一个"愿行广大，功德圆满"。寒山、拾得能成为这两个菩萨的化身，想必他们也是多有因缘。而后来道家又请寒山、拾得归队，可能也是看中了这一点。佛家讲"因缘和合"，道家讲"阴阳和合"，重的都是"和合"二字。作为俗神（后步步升仙），寒山、拾得身上也因此会融入更多的世俗情怀，如安时处顺、知足保和、乐天知命（这也是道教——特别是金代全真派的主张），其中当然也就有兄弟相和、夫妻相爱之意。

回头再看那尊红绿彩人物塑像，我们便容易理解，寒山、拾得为什么是一副笑呵呵的乖巧模样了。

二〇〇九年九月三日完稿

本文参考文献、图像资料搜集承深圳市文物管理办公室黄阳兴博士、深圳市文物考古鉴定所黄清华先生、洛阳博物馆刘航宁先生大力协助，特致谢忱！

癫狂社鼓枕上观

在二〇一四年第四期《收藏》杂志上,我曾简要介绍了一件深圳望野博物馆藏北宋"崇宁元年"(一一〇二)款珍珠地划花枕(图1)。其枕面刻划社鼓图,

图1　北宋段店窑珍珠地划花社鼓图枕　崇宁元年(一一〇二)墨书款
深圳望野博物馆藏

前侧开光内剔划扁菊纹,底部墨书"崇宁元年闰六月二十二日买记酒关囗"。类型相似并同样带有纪年款的,还见有北宋"熙宁四年"(一〇七一)枕(参见页81图12)。此枕为大英博物馆收藏,枕面中央刻双钩体大字"家国永安",两边分刻"元本冶底赵家枕永记　熙宁四年三月十九日画"。而今已知,"元本赵家"瓷器出自河南鲁山段店窑,此款应是当地一家历史悠久、实力雄厚的著名制瓷作坊的名号。在段店窑址出土的刻有此款或类型相同的珍珠地划花瓷器中,还发现有"元符三年"(一一〇〇)和"政和三年"(一一一三)梅瓶等。现有纪年器的年代集中在北宋神宗到徽宗时期。根据大英博物馆"熙宁四年"枕和窑址资料,我们不仅可将望野博物馆"崇宁元年"枕确定为段店窑产品,而且还可在海内外公私收藏的珍珠地划花瓷器中排比出一批段店窑(或其邻近窑场如清凉寺)产品。由此亦可进一步推知,北宋中晚期是珍珠地划花瓷器生产的极盛期;在豫中一带窑场中,除我们早已熟知的登封曲河外,段店也是珍珠地划花瓷器的一个重要产地。

　　望野博物馆的"崇宁元年"枕无疑是段店窑珍珠地划花瓷器中的佼佼者。它最吸引人眼球的是枕面上刻划的社鼓图。该图以写实手法勾勒出了几个社日里击鼓起舞的癫狂男儿形象,线条灵动、形神毕肖,极富艺术感染力。

　　社日是中国古代祭祀土地神的日子。"社"本义即为土地之神,亦指社祭场所。社日起源于周朝,自汉代起社祭分春秋两次,一般在立春、立秋后的第五个戊日。春社祈谷,秋社报神。而无论春社秋社,内容与形式上都离不开献祭祈福、欢聚宴饮、鼓乐歌舞。宋代是社日最为兴盛时期。北宋"诗老"梅尧臣在《春社》一诗中以他特有的古淡之笔描绘出了这样一幅风情画:

> 年年迎社雨，淡淡洗林花。
> 树下赛田鼓，坛边饲肉鸦。
> 春醪酒共饮，野老暮相哗。
> 燕子何时至，长皋点翅斜。

田鼓，即农家用于祭社和催耕之鼓。望野博物馆藏枕上刻划的就应是这种鼓。鼓悬于胸前，击打时手桴并用或是其特点。当然，祭社之鼓可能不止一种。晋南（今临汾地区）金墓砖雕中所见者，鼓腔极浅，单面蒙皮，似宜一手相持一手敲击（图2、图3）。此外还有腰鼓（图2上右二者）。祭社那天，人们在赛过田鼓、迎过社神之后，将供奉的肉食丢一些给社坛外的神鸦享用（宋金时北人喜鸦声而恶鹊声），而自己也开始分配食物，吃肉喝酒，嬉闹取乐，直至深夜。正可谓："随分盘筵供笑语，花间社酒新篘。踏歌起舞醉方休。"（朱敦儒《临江仙》）

社日是农家的节日，是民间的一场盛大庆典和狂欢。长年辛苦劳作的农民们，从稼穑中解脱出来，连妇人们也停用针线，以各种方式祈福迎年，兴高采烈，热闹非凡。这一情景更表现在杨万里的《观社》一诗中：

> 作社朝祠有足观，山农祈福更迎年。
> 忽然箫鼓来何处，走杀儿童最可怜。
> 虎面豹头时自顾，野讴市舞各争妍。
> 王侯将相饶尊贵，不博渠侬一饷癫。

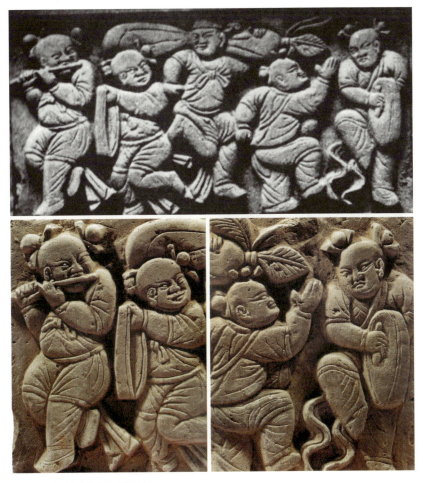

图 2　山西侯马金墓社火瓜田乐砖雕

图 3　山西新绛南范庄金墓社火砖雕

你看，祭社的箫鼓忽然响起，而迎着鼓乐奔跑的儿童更是天真可爱、夺人目光。同为南宋大诗人的陆游也有这样的诗句："坎坎迎神鼓，儿童喜欲颠。"(《社日》) 社日更是孩子们的节日，他们可不光是跟在大人后面看热闹，也有自己的游戏，比如人人都可参与的斗草。南宋田园诗人范成大有诗曰："社下烧钱鼓似雷，日斜扶得醉翁回。青枝满地花狼藉，知是儿孙斗草来。"(《四时田园杂兴之五》) 老少自顾，各得其乐。而晋南金墓一组所谓"竹马戏""扑旗子"等内容的砖雕（图 4、图 5），反映的也可能正是社日里孩子们的游戏或是他们参与的祭赛活动。在中国的传统节日和民俗活动中，儿童往往扮演着重要角色。这也是中国农耕社会特有的一种习俗，或与"求子"有关。

图 4 侯马金墓社火竹马戏砖雕

图 5 侯马金墓社火扑旗子砖雕

回到上引杨万里的诗境，再看那厢：有人戴着假面具（扮出滑稽相）顾影自怜，野外和集市的歌舞竞相表演，各擅胜场。范成大诗曰："轻薄行歌过，颠狂社舞成。"（《上元纪吴中节物俳谐体三十二韵》）此句自注又云："民间鼓乐谓之社火，不可悉数，大抵以滑稽取笑。"像这类滑稽取笑的形象，在晋南金墓砖雕以及同时代的白地黑花等瓷器上都可见到，如"瓜田乐""乔夫人"等（图6、图7）。望野博物馆藏社鼓图枕上的人物，表情滑稽、动作夸张，其中最右边穿花衣、系头巾而手舞足蹈者（见116页图1），也应是乔装妇人的形象。胜日寻芳，山乡观社，眼前的一切，多让人开心啊！诗人最后不禁感叹：那些王侯将相尽管身份尊贵，却也无法获得"渠侬"

图6　新绛金墓社火砖雕

图 7　金代瓷枕上社日里嬉戏的童子　河南王勇、冯志刚提供

（方言"他""他们",指山农）享有的这份欢乐时光!

有学者对中国传统庙会及娱神活动中表现出来的"狂欢精神"做过深入研究,认为这种"狂欢精神"在进入文明社会之后,经历了从"娱神"到"娱人"的变化。"在这一变化中,庙会狂欢的调节器作用十分明显:远古社会宰牲以谢神,变成庙会游神期间的大吃大喝,满足久违了的食欲需要;原始的歌舞仪式和群众狂欢,变成后代的各种集体娱乐形式,以满足压抑已久的声色本能;伦理道德对男女、服饰、举止、交往的诸多限制,也在宗教信仰的借口下被冲破……可以说,在文明社会的大背景之下,理性活动特别是被扭曲了的理性活动,需要非理性的活动加以调节,非理性的形式中可以潜涵着一种理性的目的。"这种狂欢也因而具有心理调节、社会控制安全阀以及维系社会组织、增进群体凝聚力的良性功能（赵世瑜《中国传统庙会中的狂欢精神》）。

社日的欢乐,早已离我们远去（在我国少数边远地区,社日风俗还有部分存留）。礼失而求诸野,望野博物馆的这件珍珠地划花枕,作为年代明确的原始图像资料,不但具有重要的研究价值,而且还是一件精美的艺术品,因而更为难得,弥足珍贵。

二〇一五年元月一稿,二〇一九年七月二稿

深圳望野博物馆阎焰、郑州中原古陶瓷标本博物馆冯志刚、许昌友人王勇提供研究资料与参考意见,特此致谢!

青白瓷香篆盘小记

一痴迷古陶瓷又嗜好香事的台湾友人藏有一件青白瓷，此器扁圆呈盒状，盖子镂刻精细，中心为花朵图案，四周密布小圆孔，子母口，小平足，内底坦平，釉色白中闪青，口径8厘米，高2.2厘米（图1）。器物完整，只是釉面剥蚀较严重。朋友介绍说这是宋代白舍窑（窑址在江西南丰）制品，可能是香具，只是具体用途——熏香还是盛放香料散发香气（如香囊），还说不准。

我也有香好，像这种造型的瓷器，过去还从未见到过，这更引起我的兴趣。其实，与朋友一样，这件东西给我的第一感觉也是香具，因为我发现它盖上镂刻的花纹与宋代青白瓷熏炉上的很相似（图2），此外我还有些模糊印象，后世的铜香具中好像也有类似制品。果然，这个印象很快就得以证实，在一本新出的香具图集《澄怀观道》中，我发现了几件晚清以来的铜制香篆炉[1]。造型有方、长方和圆形，盖上有凿空的花纹篆字，器身均分三层，可说是组合而成（图3）。据介绍，这种香篆炉当时是专用来焚芸香的，又称芸香炉。因芸香有"藏书辟蠹"之效，故这种炉多用于书房。晚清时由江苏南通雅士丁月湖创制。器身分三层的，通常下面两层盛放香末和香铲等小工具，上层则用来置放篆模并打篆焚燃。这种铜香具，当然也有非组合的，南通私人藏的一件由丁月湖亲自设计的"竹报平安"炉即是（图4）[2]，而我随后在另一位嗜香的友人那里见到的一件亦如此。这件从古董市场淘来的铜香具同样为晚清制品，口径8.7厘米，高3.9厘米。焚燃香篆时，香烟由盖上一个凿空的变体篆字"寿"中散出（图5）。无论形制还是尺寸，它都更接近于台湾友人的青白瓷藏品。近年来，随着"香文化"的升温，这种焚爇香篆之具又有制售，其规格不一，铜、瓷、木漆等材质均有。看来，香具的演变也是渊源有自的。我因此想到，假如台湾友人的青白瓷藏品能确认为宋代香具的话，那即可证实，晚清以来花样翻新的香篆炉（盘），至少一部分还保留了传统形制，其源头可追溯到两宋甚至更远。

在接下来的考证之前，有必要先说说香篆。

香篆，又称香印，是用模具把香末压印成特殊的图案或文字，然后点燃，烟火回旋往复，连绵不断。由于形似篆文，故名香篆。唐代已很流行，用于寺院诵经计时；也有以此修密法者，即将香末印成种子字（密教中表示佛和菩萨诸尊真言的梵字）之形，然后视香炉为法界，参佛问法。香篆循序焚爇，即为真实之理显现；燃尽，则代表万法归空。依此观修者，可获现世安稳、无碍之福报，如莲花般受人敬爱。两宋以降，香药大量进口，随着禅宗和道家思想的兴盛，香事更加普及。在大都会，"打香印"作为专门技艺，已有了某些职业化性质，开始向有需要的人家提供上门服务，成

1　吴清、韩回之《澄怀观道：传统之文人香事文物》，页134—136，上海科学技术出版社二〇一四年。
2　扬之水《印香与印香炉》，见《香识》，图4·5，人民美术出版社二〇一四年。

图1　北宋白舍窑青白瓷镂空香篆盘
台北谧院藏

图2 北宋景德镇窑青白瓷熏炉镂空罩盖
台北谧院藏

图3 晚清三层铜香篆炉 上海私人藏

图4 晚清"竹报平安"铜香篆炉 南通私人藏

图5 晚清铜香篆盘 深圳私人藏

为店家营销的一部分。南宋吴自牧《梦粱录》卷十三"诸色杂货"条中记："供香印盘者，各管定铺席人家，每日印香而去，遇月支请香钱而已。"香篆作为一种古法与古意也更多进入文人士子的日常生活和心灵世界。这在两宋诗词中多有反映，如欧阳修"愁肠恰似沉香篆，千回万转萦还断"（《一斛珠》）、"珠帘半下香销印，二月东风催柳信"（《玉楼春》）；又如刘子翚"午梦不知缘底破，篆烟烧遍一盘香"（《次韵六四叔村居即事十二绝》）；还如陆游"耿耿残灯夜未央，负墙闲对篆盘香"（《夜坐》）、"却掩柴荆了无事，篆盘重点已残香"（《秋日徙倚门外久之》）等。文人吟唱中的香篆，似乎总是与一种平淡落寞的心境相关。

上引诗句中，陆游提到了"篆盘"，刘子翚的"篆烟烧遍一盘香"，意思更明了。盘，即是当时一种专用的焚爇香篆之具。那么此盘是何模样，台湾友人那件所谓宋代青白瓷香具以及后世同样的制品会不会就是这种盘呢？

唐宋时期香篆盘的图像和实物资料确乎少见，但我们还是找到以下数例：

一是日本京都正仓院藏的"唐物"。此为柏木黑漆制品，或成一组，包括三只平底盘及一对金箔彩绘莲花座（图6）。奈良国立博物馆编印的《第四十二回正仓院展》文物图集中对此介绍说：其中一盘内底上刻"蕨形"沟槽，"沟槽从一端开始，像迷宫一样蜿蜒曲折至另一端结束"。"该模版被认为是香印专用模版"，也就是香篆模子。这可能是今天已知最早的香篆盘实物了，尽管其实际用法至今似乎还限于"猜想"[3]。

二是两幅罗汉图像。这两幅图像都出自南宋"陆信忠画坊"[4]，均为不同版本的系列

3　据奈良国立博物馆编《第四十二回正仓院展》（奈良国立博物馆一九九〇年）文物图集介绍，通过X射线观察发现，正仓院所藏的三只平底盘均取自同一块木料。图集中所示的一只平底盘与香篆模盘（本文图6）相比较，尺寸略大，刚好能扣在香篆模盘上。据此猜想，香篆的焚燃方法是将香末填入模版沟槽内，香末燃尽后，扣上平底盘并翻转过来，这样槽内的灰烬便全部倒入平底盘中。可以说这只平底盘是收拾香灰用的（以上译自图集藏品说明）。正仓院香篆模很特殊，模版的花纹形态是非透空的沟槽，与文献记载的"镂花香印"及其遗物不同，故此上引图集说明中申明对该模用法的介绍仅为"猜想"。不过，经我请教香行专家而知，只要模版沟槽有一定深度，并在填入香末前敷一层细细的香灰，这样的篆模（包括木漆材质的）还是可用来焚香的。

4　陆信忠可能是南宋庆元府（宁波）一家专画道释题材的作坊名号，其绘制的《十六罗汉图》等应是当时一种流通量很大的通俗宗教美术品。德国研究东亚艺术史的汉学家雷德侯（Lothar Ledderose）对"陆信忠画坊"有专门研究，参阅雷德侯著、张总等译《万物：中国艺术中的模件化和规模化生产》，页225—247，生活·读书·新知三联书店二〇〇五年。

图 6　唐柏木黑漆平底盘与金箔彩绘莲花座　日本京都正仓院藏

图7　南宋陆信忠《十六罗汉图·宾度罗跋罗堕阇尊者》局部　美国波士顿美术馆藏

画《十六罗汉图》中的一幅,现分别藏于美国波士顿美术馆和日本相国寺[5]。画中一尊者(罗汉)在两位弟子的陪侍下于庭院几前坐定,展卷诵经,而他面前另一小几上置一香篆盘,一侍者手里捏着一根火捻,似正要点燃。两幅画面大抵相同,只是在香篆盘等细节描绘上略有出入。波士顿美术馆藏画上的香篆盘有盖,画中盖子凿花透空,呈金属光泽,或为银制,盘身呈红色,似朱漆制品(图7)[6]。而相国寺藏画上的香篆盘则无盖,盘内模版上的图案中可见"香花"二字,盘身亦似髹以朱漆(图8)[7]。前者基本形制接近于台湾友人的青白瓷藏品,后者则与日本正仓院那件带有沟槽的"唐物"相似。当然,这类香篆盘在实际使用中都可能配有罩盖,原本或无不同。

5　内容几近相同的两幅图像中,波士顿藏品有题跋,尊者为"第一位宾度罗跋罗堕阇尊者",而相国寺藏品无题跋,在相关出版物(如浙江大学版《宋画全集》)中,尊者则称为"第三尊者迦诺迦跋厘堕阇尊者"。

6　据美国波士顿美术馆官方网站:https://www.mfa.org/collections/object/the-first-lohan-pindolabharadvaja-25381,二〇一八年四月八日。

7　浙江大学中国古代书画研究中心编《宋画全集》第七卷第三册,页225,163—3,浙江大学出版社二〇一〇年。

图 8　南宋陆信忠《十六罗汉图·迦诺迦跋厘堕阇尊者》局部　日本相国寺藏

三是一件三彩器。这件瑞士玫茵堂藏"辽三彩镂空雕花四足香盒"[8]，口径 13.5 厘米，高 7.1 厘米（图 9）。其与台湾友人的青白瓷藏品不仅材质相类而且形制与尺寸也十分近似，二者无疑为同一种功能的器具，即香篆盘而非盛放香料的盒子。事不孤有，无独有偶，这个发现更令我们兴奋不已。我认为，该三彩器工艺上具有鲜明的地域特点与时代风格，当为当阳峪窑北宋晚期或金代制品，而与辽代无关，也明显有别于同时期北方其他地区的三彩制品。据我所见，此类特点的三彩器在今河南焦作地区的当阳峪窑址及其邻近的矿山窑址等多有出土，器类有盘、碗、炉、瓶、罐、盒、枕等。另据河南当地古陶瓷研究者陈北朝、蓝普生相告，他们在焦作地区见到过形制和镂刻工艺与玫茵堂藏品相同的三彩制品（图 10），只是数量极少而已。

8　See Regina Krahl，Chinese Ceramics from the Meiyintang Collection，Vol.1，P.174，no.308.

图9　北宋/金当阳峪窑三彩镂空雕花香篆盘　瑞士玫茵堂藏

　　通过上例，我们对唐宋时期的香篆盘或可窥见一斑，同时也可基本认定，台湾友人的青白瓷藏品同样是香篆盘。两宋时期的香篆盘，木漆、陶瓷及各种金属的皆应有之，苏轼曾以"银篆盘"连同"新合印香"赠予胞弟子由[9]。瓷制的更当多见。两宋制瓷业发达，当时的香炉——特别是日常生活用炉即以瓷制的为主，而釉色淡雅且质地精良的青白瓷香炉似乎更为人们所喜爱而大量烧造，行销南北。香篆盘的形制或也不止一种，而与上述《十六罗汉图》以及青白瓷和三彩相同或类似者，当时可能最为流行，并作为一种基本形制与样范而为后世所承。以盘形香具焚香篆，有学者指出是方便"出脱香印"，也就是"打香篆"时容易摆弄，在香末把篆模填实后，模子可用手轻轻提起，干净利落地与香末脱离[10]。这种解释当然不错，只是或可稍加补充。焚香篆与所谓"隔火熏香"不同，前者是在铺平夯实的香灰上用篆模将香末压印成型，后者则是先将烧透的香炭入炉埋于香灰中，然后以银叶或玉片等"隔火"置香；前者"打底"一般只需浅浅一层香灰即可，后者"埋香"则要求香灰必须有足够的量和厚度才行。所以，在香具选用上，前者以盘形或其他浅腹的为好，后者则以腹部（炉膛）阔深的更宜。

9　见苏轼《子由生日，以檀香观音像及新合印香银篆盘为寿》，《全宋诗》册一四，页9493，北京大学出版社一九九三年。
10　同注2，页90。

今日焚香篆，除用盘形香具外，更多的是用炉。炉的式样不一，以小型的为主。其实，以上述角度观察，不难发现，宋元以来的香炉中原本就有一类适合焚爇香篆的，像今天焚香篆多用的筒（奁）式、簋式炉等，阔口矮足，给人感觉稳稳当当，就非常合适。又如，还是在我这位台湾友人的青白瓷藏品中，有几件浅腹直口并附镂空卍字罩盖的香炉，过去以为此类只是普通熏炉，而今看来也可能是专门的焚爇香篆之具（图11、图12）。

已知盘形香具是唐宋以来焚香篆的主要用具，那么是不是所有盘形香具都是用来焚香篆的呢？却也未必。湖北武昌龙泉山明楚昭王墓出有一种铜器[11]，浅盘形，折沿弧腹，圈底近乎坦平，凿花透空罩盖，盖拱起呈半球形，盘内置铜匙一把、铜箸一双，口径8.3厘米，通高5.1厘米（图13）。该墓发掘简报中称"炭炉"。而有学者根据明高濂《遵生八笺》中有类似香具的记载，认为该器正是适合用来"烧印香的香炉"[12]。从盘中置铜匙和铜箸看，该器无疑是香具。只是，香篆炉的判断可能有误。这个判断忽略了一个细节，即炉内所置的那双铜箸。铜箸是在炉中添置和夹拨香炭的专用工具，一般只在"隔火熏香"时使用；而焚燃香篆的专用工具是香铲，并不需要铜箸。因此，该器还应是熏香炉而非香篆炉。其实，从这只炉的盖子看，它似乎也是专为熏香而设计的。如前所述，"隔火熏香"要求香灰必须有足够的量和厚度，这样如使用盘形香具熏香，"起灰"时盘内香灰就要由四周向中心堆起，最后堆成的形状，近似一个三角锥形[13]。由于堆起的香灰高出口沿许多，所以香炉的罩盖就必须是拱起的。

至此，问题或已清楚。不过在作出结论之前，还有两三个与青白瓷香篆盘直接相关的问题可能需要面对。其一，盘中为何没有香篆模子？其二，盘子直径只有8

---

11 湖北省文物研究所等《武昌龙泉山明代楚昭王墓发掘简报》，《文物》二〇〇三年第二期，页11，图一二。
12 同注2，页91。
13 这种"起灰"方法即使今天在"品香炉"中熏香时也很常见。

图10 北宋/金当阳峪窑三彩镂空香篆盘残片 焦作私人藏

图11 北宋景德镇窑青白瓷镂空卍字炉 台北谧院藏

图12 北宋景德镇窑青白瓷镂空卍字兽面三足炉 台北谧院藏

图13 明铜熏炉 武昌龙泉山明楚昭王墓出土

图14 北宋白舍窑青白瓷镂空熏炉盖残片 窑址出土

厘米,与正仓院直径超过20厘米的黑漆盘和波士顿美术馆《十六罗汉图》中的那件相比,尺寸何以如此之小?其三,它真是宋代白舍窑制品吗,窑口和年代判断的依据何在?第一个问题很简单,宋洪刍《香谱》"香篆"条云:"镂木以为之,以范香尘为篆文。"香尘即香末。此话是说当时香篆的范模以木制成,而木制的范模一般很难长久保存,这毋庸赘言。第二个问题也容易解释。简单讲,寺院焚香与士人燕居焚香,对香具的需求自然不同。对此,扬之水有现成说法:"设于寺院为公众所用者(指香炉。下同),自然不以雅为标准,且尺寸不会太小;设于桌案为士人所用者,当求古朴典雅或清俊秀逸,尺寸一般不大。"[14] 第三个问题稍嫌辞费。白舍窑青白瓷与景德镇同类产品比较,最大特点是釉色偏白。此外还有一个明显不同,即白舍窑使用的垫饼含铁分低,故烧成时器物底足不会被垫饼析出的铁分"污染",胎色较匀净,而景德镇窑正相反,由于垫饼多以含铁分高的紫金土制成,器物烧成后多呈"米糊底"。由此观察,友人这件青白瓷香篆盘的工艺特点与白舍窑更接近。考古发现也证实,白舍窑北宋时期也确有这种盖子镂空的青白瓷香熏一类的产品(图14)[15]。至于年代问题,已知白舍窑烧造青白瓷的时间,大抵是在北宋早期到元初,与景德镇同步。而景德镇青白瓷的考古资料已明确显示,这种镂刻的青白瓷熏炉主要流行于北宋中晚期[16]。

14 扬之水《香事之韵》,《文明》二〇一四年第三期,页8,文明杂志社。
15 江西省文物考古研究所编著《江西南丰白舍窑——饶家山窑址》,彩版三八、8,文物出版社二〇〇八年。
16 据我统计,截至目前共有十座两宋时期纪年墓葬、遗址出土青白瓷镂刻熏炉十一件。年代最早为北宋嘉祐七年(一〇六二),最晚为南宋绍兴三十二年(一一六二)。其中北宋纪年墓葬、遗址八座(包括辽代一座),出土青白瓷镂刻熏炉九件,计有:嘉祐七年(一〇六二)都昌陈显墓一件,熙宁四年(一〇七一)镇江章岷墓一件,辽大康七年(一〇八一)敖汉白塔子墓一件,元祐七年(一〇九二)全椒张之纪墓二件,元祐八年(一〇九三)蓝田吕氏家族墓地二号墓一件,大观二年(一一〇八)桐城贾君墓一件,辽天庆五年(一一一五)易县净觉寺舍利塔地宫一件,政和六年(一一一六)合肥包绶墓一件。

最后结论是：这件台湾友人藏青白瓷在器物功能设计上就是专门的香篆盘，胎釉及装烧工艺上更具白舍窑青白瓷特征，烧造年代当在香事兴盛的北宋中晚期。这种形制与镂刻工艺特点的香篆盘在当时南、北方地区均有烧造；明清以来部分同类制品应与之保有某种渊源关系。

二〇一八年四月

日本瑞穗银行张倩女士、深圳博物馆黄阳兴博士大力襄助，谨致谢忱！

宋元时期的瓷香炉

瓷香炉何以流行

宋元时期香炉的一个显著变化，是材质上由陶瓷更多取代了金属，并趋于小型化多样化。这个变化的背后，有其内在的和社会的原因。

中土的香料本以香草类为主，如兰、蕙、桂、椒、艾、芷、茅等。用香方式一般是香材的混合或单品焚烧，用于祭祀、祛秽，并与食用、医用混之。汉代之后，香料则多由南海、印度和波斯地区输入，以树脂类和木类为主，前者如龙脑、苏合、乳香等，后者如沉香、檀香等，香气比那些香草更浓郁，香品也由天然而渐"假人力而煎和成"，有了香粉、香膏等。香粉和某些香料的碎粒可直接在火炭上焚燃，也可以再进一步加工成香丸、香饼等，放入炭炉中熏炙或焚爇发香。随着佛教的传入以及道教的兴盛，香事的发展也进入一个以佛寺道观礼供神祇为中心的新阶段。

　　传入中土的龙脑、苏合等香料多为脂类,更须借助炭火焚燃才能发香,故两汉以来一种新式香炉广为流行。其炉膛呈半圆形,圆锥形盖上镂出山峦、人物、鸟兽、草木、云气之状,下承汤盘。其设计理念来自道教所传说的东海"博山"仙境,故名"博山炉"。南朝梁吴均诗云:"博山炉中百和香,郁金苏合及都梁。……玉阶行路生细草,金炉香炭变成灰。"(《行路难》)由此可见,这种炉用香或以"合(和)香"为主;亦可推知,当时炭火熏香还没有出现如后来那样将木炭埋于灰中以调控"火气紧慢"的做法,因而尽管已有防止炭火过旺的设计,如炉膛下无进气孔而使得通风不畅,但在熏香时仍会出现因炭火直接与炉壁接触而导致香炉过热的现象。若用的是陶瓷香炉,炉体就很可能因耐不住高温而炸裂。故此,以此法熏香,金属器当优于陶瓷器。

　　以灰覆火以调控"火气紧慢"的做法,在唐宋时期十分流行。隔火熏香即为此法之一。先将特制的小块香炭烧透,埋入香炉灰中,在香灰中间探火孔,放上"隔火",即云母片或银片等,再把香饼或香丸置于"隔火"上,以微火熏灸,让香味舒缓发散[1];也有不用"隔火"的,香丸、香饼或香木(小块或碎粒)直接置于灰堆之上,香炭透过灰层"煎香"[2]。从古代图像资料看,这种用香法当时也很流行,特别是在使用鹊尾炉、行炉和尊式炉等熏香时更为多见(图1,参看页151图30)。只是此法更讲究堆灰的松紧和炭火的控制,操作难度更大[3]。以灰覆火,可有效避免香炉过热的现

1　"不文不武火力匀,……但令有香不见烟。"(杨万里《烧香七言》)这在宋代文人看来是隔火熏香的一种最佳状态。不过,释道用香却并非一味追求"不见烟"。在印度佛教礼仪中,香供养是信众希望对佛的祈愿能借由香烟而到达佛的世界。道教修行的目的是成仙。佛教初入中土,佛被视为神仙的同类,而神仙与云气相伴,故神释道用香中的"烟",已"若烟非烟",而是佛界仙境的象征。唐宋释道画像中,也多见香炉中烟气袅袅的情景。日本学者注意到这个现象。参看肥田路美《云气纹的进化与意义》,见颜娟英、石守谦主编《艺术史中的汉晋与唐宋之变》,页155—176,北京大学出版社二〇一六年。
2　[宋]洪刍《香谱》卷下"熏衣法"条云:"汤炉中烧香饼子一枚,以灰盖,或用薄银碟子尤妙。置香在上熏之,常令烟得所。"
3　今之"香席"品香也多用此法。参刘良佑著《香学会典》八《香席演仪》图表二,页136,台湾中华东方香学研究会二〇一一年。

图 1　北宋敦煌藏经洞绘画地藏菩萨图局部
建隆四年（九六三）　大英博物馆藏

图 2　北朝铜鹊尾炉　定州静志寺塔地宫出土

图 3　南朝青瓷鹊尾炉　深圳私人藏

象，因此是瓷香炉得以取代金属香炉而广泛流行的必要条件。

隔火熏香等用香法早在唐以前就已出现，其最先使用的香炉之一，是南北朝时期开始流行的鹊尾炉（图2、图3）。由于用香方式的改变，对香炉的构造和功能也有一些新的要求。比如炉膛要有一定深度，能容纳"埋火"所需足够量的香灰，体形上要轻巧，便于手持和移动，此外还要有较好的防烫功能。这样，一种有柄可执的香炉就出现了[4]。此类炉多为铜等金属材料所制，炉身呈杯形，手柄尾部向下弯折，手执时可防烫，置于几案又可起到平衡炉身的作用。作为佛教法器，鹊尾炉主要用于行香礼佛和供养，做法事时由导师和尚所执[5]。佛教行香法器始见于公元前一世纪前后犍陀罗地区，中国鹊尾炉则从犍陀罗地区佛寺流行的长柄香炉演变而来[6]。唐宋时期，在鹊尾炉等长柄香炉的基础上，衍生出新的香炉类型——无柄行炉。其多为瓷制，功用与鹊尾炉大抵相同。行炉是最早大量烧造的瓷香炉类型之一。鹊尾炉等长柄香炉到行炉的演变，就是香炉材质上由瓷更多取代金属的过程。

与隔火（灰）熏香几乎同时流行的，还有香篆。香篆又称香印，是用模具把香末压印成特殊的图案或文字，然后点燃，烟火回旋往复，连绵不断。唐宋时，香篆多用于寺院诵经计时。香篆由于是在铺平的香灰上压印花纹，焚燃时产生的热量相对较低，所以也适合使用陶瓷材质的器具。现已发现的两宋时期的"篆盘"，即多为瓷制品。

宋元时期的瓷香炉一般体积都不大，之所以如此，固然有烧造工艺技术方面的原因，但主要还是为适应用香方式变化之故。当时最为流行的隔火熏香和香篆两种方式都不宜在大空间中使用，这样自然也不便使用体积较大的香炉。高坐具的普及，也要求香炉的大小合乎相应的合理尺度。用香方式以及社会生活方式的变化，决定了香炉

---

4 周嘉胄（明末清初）《香乘》引《法苑珠林》："香炉有柄可执者曰鹊尾炉。"
5 佛教认为香为佛使。《大宋僧史略》卷中《行香唱导》记："经（指佛典《贤愚经》）中长者请佛，宿夜登楼，手秉香炉，以达信心。明日食时，佛即来至。故知香为信心之使也。"参看赞宁撰、富世平校注《大宋僧史略校注》，页73，中华书局二〇一五年。
6 林梅村、郝春阳《鹊尾炉源流考——从犍陀罗到黄河、长江》，《文物》二〇一七年第十期，页63—74。

的材质、造型、体积、功能与空间设置。

宋元时期瓷香炉的大量出现，当然还有两个重要的前提条件：一是香事的空前兴盛。文献记载，两宋时香料大量输入，经市舶司输入多达百余种，关税收入成为国家的主要财源之一。部分香品如乳香等由政府专卖，民间不得私自交易。政府库存香料供过于求时，也会拿出一部分，代替铜钱"博易他物"，"以籴军饷"。香料大量流入市场，香事广泛进入社会生活。二是制瓷业的高度发达和繁荣。宋代由于对外贸易不断拓展，致使铜钱大量外流，"钱荒"严重，铜材料短缺，国家屡禁民间用铜制作生活用器，故制瓷业得到鼓励而很快发展繁荣起来。

释道用炉

宋元瓷香炉，以释道用炉为主体。其类型多样，而同一类型之下，式样又不尽相同。举其要者如下：

行炉 唐宋时期，在鹊尾炉等长柄香炉的基础上，衍生出新的香炉类型——无柄行炉，功用与鹊尾炉大抵相同，即多用于行香等法事活动（图4—图6）。行炉是最早大量烧造的瓷香炉类型之一。鹊尾炉等长柄香炉到行炉的演变，亦即香炉材质上由瓷更多取代金属的过程。"行炉"之名系由"行香"而来，虽是今之俗称，但颇形象贴切。此式炉，南北形制与装饰明显不同。北方多宽折沿，喇叭座，装饰以剔刻和彩绘为主（图7、图8）；南方多直口和撇口，折沿者通常也较北方细窄，花瓣形多层台座，腹部装饰以刻划花或堆塑出具有浮雕效果的莲瓣最富特色（图9、图10）。浮雕莲瓣又有深浅不同，即分浅浮雕和高浮雕两类。前者较多见，南方各地均有烧造；后者则

图 4　唐黑釉行炉　宿州出土

图 5　唐经幢构建线刻帝后礼佛图拓片局部
陕西汉唐石刻博物馆藏

图 6　荥阳宋墓壁画唱经图中的行炉

图 7　北宋耀州窑青瓷刻花蕉叶纹行炉
郑州大象陶瓷博物馆藏

图 8　金长治窑白地黑彩赭花行炉
深圳望野博物馆藏

图 9　北宋青瓷褐彩浮雕莲瓣行炉
深圳翰熙博物馆藏

图 10　北宋景德镇窑青白瓷行炉
台北谧院藏

图 11　北宋潮州笔架山窑青白瓷浮雕莲瓣行炉　窑址出土

图 12　北宋潮州笔架山窑青白瓷浮雕莲瓣行炉　窑址出土

图 13　北宋白舍窑青白瓷浮雕莲瓣炉残片　窑址出土

以潮州笔架山窑制品为代表。其工艺特点，莲瓣层叠，饱满遒劲而极富张力，品种以青白瓷为主（图11、图12）。据我所见，景德镇湖田窑、南丰白舍窑和龙泉金村窑等也有高浮雕制品（图13）。韩国国立中央博物馆藏有几件高浮雕莲瓣青白瓷行炉，原认定为景德镇制品，如今看来更似潮州笔架山窑制品（图14）。高浮雕莲瓣装饰，早在南北朝隋唐时期已广为流行，佛教建筑、造像及器用（如南北各地均有发现的青瓷莲花尊等）上都很常见。只是北宋瓷器上的高浮雕装饰自成一类，风格别具。根据考古资料观察，行炉在北宋最为盛行；北宋之后仍有少量烧造，主要集中在北方地区。为适应行香需要，行炉一般不大，通常高度都在10厘米左右；也有形制如同行炉而体形硕大者，有的高度甚至达30厘米左右。根据古代图像而知，这种炉应为供炉，使用场合和地点相对固定（图15）。器身由矮变高，炉膛由大变小，可说是行炉形制

图 14　北宋青白瓷浮雕莲瓣行炉
韩国国立中央博物馆藏

图 15　山西沁县宋墓砖雕上的行炉（拓片）

变化的一个基本规律[7]。南宋中期以来，以商周秦汉青铜鼎、簋、樽、鬲等为母型的仿古香炉广为流行，并成为释道主要用炉。鹊尾炉—行炉—仿古炉，这一演变轨迹与佛教的本土化进程并行不悖。

尊式炉　此式炉与上述行炉同为礼佛供养用炉，却长期被误作渣斗或酒杯[8]。多为外翻花口、束颈、鼓腹、圈足。北宋时期主要流行于北方地区，已知定窑、耀州窑、磁州窑以及豫中窑场等均有烧造，今以耀州窑青瓷和酱釉瓷遗存相对多见（图16—图20）。器形源自商周青铜尊，而作为礼佛供养用炉，形制与装饰上更融入一些佛教文化因素，如六曲莲叶形口、刻花蕉叶纹、贴花联珠璎珞纹、堆塑罗汉像等。台北故宫博物院藏南宋李嵩《罗汉图》中绘有式样相似的尊式炉（图21）。其流行年代，当

7　孟耀虎《话"行炉"》，微信公众号"晋物志"，二〇一八年九月十四日。
8　从形制上看，这类尊式炉与宋元时期流行的一种广口、束颈、扁圆腹的渣斗（或为茶器的一种，即盛放茶渣之器）确有几分相似，以致有些很难区分。只是据我观察比较，二者至少有三方面不同：渣斗的高度通常在10厘米左右（多在10厘米以下），而尊式炉的高度大都在12厘米至15厘米之间；尊式炉多有装饰，且装饰内容与佛教有关，如蕉叶、莲瓣、联珠、莲叶形口以及罗汉等，而渣斗很少装饰；尊式炉主要流行于北宋北方地区，渣斗则主要流行于宋元南方地区。

图 16　北宋耀州窑刻花蕉叶牡丹纹尊式炉　铜川出土

图 17　北宋耀州窑青瓷刻花蕉叶纹尊式炉　美国耶鲁大学艺术陈列馆藏

图 18　北宋耀州窑酱釉尊式炉　台北谧院藏

图 19　北宋定窑白瓷尊式炉　河北私人藏

图 20　北宋巩义窑绿釉贴花联珠纹力士尊式炉　台北谧院藏

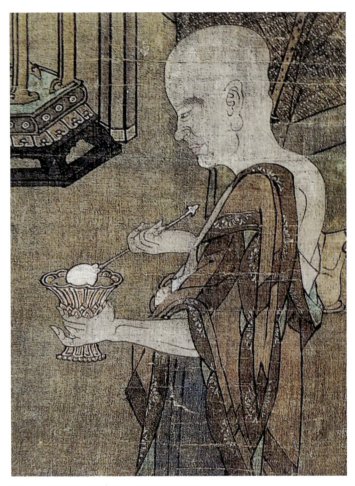

图 21　宋李嵩《罗汉图》局部　台北故宫博物院藏

图 22　五代宋初越窑青瓷刻花莲瓣纹杯式炉　杭州出土

图 23　北宋繁昌窑青白瓷刻花螺旋纹杯式炉　镇江出土

图 24　北宋潮州窑青白瓷刻花莲瓣纹杯式炉　采自《宋代笔架山潮州窑》

与行炉大抵相同。此炉或为巩义芝田窑的低温色釉贴塑尊式炉，颇具北宋早期风格，而耀州窑刻花青瓷炉则明显带有北宋中晚期特点[9]。

杯式炉[10]　此式炉以南方青瓷、青白瓷多见（图22—图25），形制与装饰上与南方的行炉也更接近，如多敞口，少折沿，炉身喜用刻划莲瓣为饰，二者间的关系不言而喻。北方地区则见于汝窑供御青瓷（图26）等。苏州虎丘北宋建隆二年（九六一）云岩寺塔，以及同为建隆年间建成的东阳中兴寺塔等，都出有此式陶炉或铜炉（图27—图29），宋元释道绘画中也见有此式炉，从台北故宫博物院藏《应真图》

图 25　北宋景德镇窑青白瓷刻花莲瓣纹杯式炉　台北鸿禧美术馆藏

9　绿釉尊式炉，其上联珠朵花纹及联珠璎珞纹贴花，与北京密云辽代冶仙塔地宫出土的一件绿釉"杜家"刻铭净瓶装饰大抵相同。有迹象显示，此件"杜家"净瓶也有可能为巩义芝田窑或其邻近窑口制品。冶仙塔始建于辽重熙八年（一○三九），"杜家"净瓶当为其时或稍早时期制品。耀州窑青瓷刻花工艺主要流行于北宋中晚期到金代，以北宋晚期最为风盛。

10　也有学者将行炉定名为杯式炉。在以往的研究中，似只有浙江的学者将这种杯式器确认为香炉。参董淑燕《唐宋时期的香具与佛事》，见浙江省博物馆等编《香远益清：唐宋香具览粹》，页 8—45，中国书店二○一五年。

宋元时期的瓷香炉

图26　北宋汝窑青瓷杯式炉　窑址出土

图27　北宋陶杯式炉　建隆二年（九六一）苏州虎丘云岩寺塔出土

图28　北宋铜香炉　建隆二年（九六一）东阳中兴寺塔地宫出土

图29　南宋银香炉　绍兴十四年（一一四四）宁波天封塔地宫出土

中"手试火气"之细节,更可看出此式炉与行炉的密切关系(图30)。

多足炉 唐代金属炉中的典型式样,其渊源可追溯到南北朝甚或更早,一般由镂空的盖、折沿直腹炉体和兽足(足上端为兽面,足根为兽蹄)组成。兽足有六足、五足、三足之分,而以五足者多见。从出土实物和古代图像资料看,体形较大,多为寺院道场供器。陕西扶风法门寺地宫出土两件金属五足炉,体形硕大,装饰华美,尽显皇家寺院用器的气派。入宋之后,直到北宋中晚期,此式炉仍复流行,只是形制与装饰趋于简化,体形变小,材质上金属也多被陶瓷取代。南北及西蜀地区均有烧造。出土者多数无盖或失盖(图31—图34)。

图30 元《应真图》局部
台北故宫博物院藏

球形炉(香毬) 宋人称"香毬",原指南北朝隋唐以来流行的金银材质的球形炉。这种炉"巧智机关,转而不倾",扶风法门寺地宫等都有出土。宋人又以"香毬"指称古铜器中一种球形三足香炉,赵九成《续考古图》卷三即有著录,香炉附有承盘,"凡熏香先着汤于盘中"。形制与之几乎完全相同的铜香毬,今见有巩义出土的东汉制品等(图35)。而瓷香毬则主要流行于北宋时期。有的造型仿汉代铜香毬式样(图36)。顶盖镂空雕花,除三足者外,还见有平底、圈足、喇叭形高足等(图37—图41)。此式瓷炉,今多以"镂空香熏"名之。考古纪年资料中,最早一例,见于北宋早期咸平元年(九九八)越窑青瓷香毬(参看页79图4)。而较多出现,却是在北宋中晚期。已知耀州窑、汝窑、介休窑和景德镇窑等南北窑场都有烧造,今以景德镇

图32　北宋耀州窑青瓷刻花五足炉　窑址出土

图33　北宋青白瓷五足炉　泗阳出土

图31　北宋定窑白瓷五足炉　太平兴国二年（九七七）定州静志寺塔地宫出土

图34　南宋成都琉璃厂窑褐釉五足炉　建炎四年（一一三〇）款　采自《巴蜀古陶瓷大观》

图 35　东汉铜香熏　巩义出土

图 36　北宋景德镇窑青白瓷博山香熏
台北谧院藏

图 37　北宋景德镇窑青白瓷透雕
缠枝花卉香熏　南京江浦出土

图 38　北宋景德镇窑青白瓷透雕香
熏　元祐八年（一〇九三）蓝田吕
氏家族墓地 M2 出土

图 39 北宋越窑青瓷透雕卷草香毬 深圳汉昆博物馆藏

图 40 北宋汝窑青瓷透雕香毬残件 清凉寺窑址出土

图41　北宋介休窑白瓷透雕花卉香毬　台北谧院藏

宋元时期的瓷香炉

青白瓷遗存相对多见。

狮子炉 在佛教中，狮子（又称"狻猊"）代表"法力"，亦为佛陀释迦牟尼的化身。狮子形象或随佛教东传而为更多中国人所认识，狮子造型的香炉最初也必与佛事有关。把盖顶做成蹲伏状狻猊样子的香炉，最早见有晚唐制品，入宋后广为流行，时人或称"出香"。与普通香炉相比，狮子炉的设计增加了炉盖的高度，有效控制了气体流量，从而可使香火在"阴燃"状态下持续更长时间[11]。北宋时期的狮子炉，炉体下半部分多以模印、刻划和贴塑等手法做成莲花状。年代明确的早期制品还较少见。中晚期制品，则主要见有两类。一类以所谓"汝官"（即汝窑供御青瓷）为代表。南宋周密《武林旧事》

图 42　北宋汝窑青瓷狮子炉盖　二〇一七年香港国际古玩展永宝斋展品

卷九所列张俊进奉高宗的礼单中有汝窑"出香一对"，而"汝官"遗存中也确有狮子"出香"，其完器造型或近于故宫博物院藏《维摩演教图》中的狮子香炉（图 42、图 43）。《维摩演教图》传为北宋名士李公麟的作品，图中人物器用皆以白描手法勾勒，当为写实之作。此外，清凉寺窑址还发现有龙和鸳鸯香炉残件（图 44、图 45），造型特征与狮子炉相近。而所有这些器物又都可在北宋末年由官方颁行的《营造法式》中找到相似的"雕木"图样（图 46）。可见此类香炉之营造，皆有"法"可依，

11　陈敬［宋］《陈氏香谱》卷三《香品器》"香炉"条："香炉不拘银、铜、铁、锡、石，各取其便用。其形或作狻猊、獬豸、凫鸭之类，计其人之当作。头贵穿窿，可泄火气。置窍不用大，都使香气回薄，则能耐久。"

图 43　北宋李公麟（传）《维摩演教图》局部　故宫博物院藏　　　　　　　　《维摩演教图》局部中的狮子炉

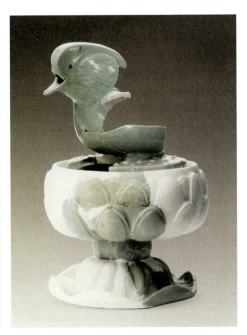

图 44　北宋汝窑青瓷龙形炉残件　清凉寺窑址出土　　　图 45　北宋汝窑青瓷鸳鸯炉残件　清凉寺窑址出土

宋元时期的瓷香炉

此法又显然与当时社会的制度文化有着密切关系。无独有偶，同一类型的狮子炉亦见于浙江慈溪上林湖地区越窑青瓷制品（图47）。另一类或以景德镇青白瓷和吉州窑绿釉等见胜（图48、图49）。宋元时期，南北各主要窑口都有狮子炉烧造（图50—图53），但从遗存现况看，景德镇青白瓷制品相对多见，工艺水平也较高。与汝窑不同，青白瓷等制品下半部分，多作行炉式样，有的其实就是在行炉上加了只狮盖而已。南宋以来，随着仿古炉的兴起，狮子炉下半部分多以古鼎形式出现，时代风格为之一变（图54）。宋元时期，这类以灵禽瑞兽为主要造型特征的香炉，还有鸭（图55、图56）、甪端等。

图46　北宋《营造法式》卷三十二雕木作制度图样中的龙、狮、鸳鸯

图47　北宋越窑青瓷狮子炉　浙江省博物馆藏

图48　北宋景德镇窑青白瓷狮子炉　山东新泰出土

图49　南宋景德镇窑青白瓷狮子炉　台北谧院藏

图50　北宋吉州窑绿釉狮子炉　元祐二年（一〇八七）宿松吴正臣夫妇墓出土

图51　辽定窑白瓷狮子炉盖　重熙十三年（一〇四四）朝阳北塔地宫出土

图52　北宋耀州窑青瓷狮子炉　宁夏固原出土

图 53　北宋邛窑褐釉狮子炉
邛窑古陶瓷博物馆藏

图 54　元龙泉窑青瓷狮子鼎式炉
韩国新安海底元代沉船出水

图 55　北宋景德镇窑青白瓷香鸭
美国芝加哥美术馆藏

图 56　北宋景德镇窑青白瓷鸳鸯炉
瑞士玫茵堂藏

仿古炉

宋元时期香炉的又一个明显变化,是仿古炉的流行。正如南宋赵希鹄所言:"今所谓香炉,皆以古人宗庙祭器为之。"[12]仿商周秦汉青铜器,在北宋晚期的定窑、耀州窑、汝窑(宝丰清凉寺)和景德镇窑等已见端倪,只是这类制品中香具似乎还并不多见。如故宫博物院所藏的那种汝窑樽(图57),仿战国秦汉酒樽式样,其在当时是否专用的熏香之具,或还值得研究。而其他香具,如前面提到的球形炉等,则为汉代以后式样。仿古香炉较多出现并日趋小型化,确乎是在宋廷南渡之后。我们只需将北宋汝窑与一脉相承的南宋官窑做一对比,即会清楚地看到这个变化。南宋时期的瓷樽已普遍用于香事,这在同时期的绘画以及诗文中都能得到印证(图58)。南宋官窑的香炉除樽式外,还增加了鼎、簋、鬲等仿古类型与式样,而在同时期的景德镇、吉州、龙泉以及闽粤、西蜀等地南宋窑场,此类仿古炉也大量烧造。南宋香炉的这个变化,起因或为两宋之际影响深远的复古运动。复古运动即礼制改革,反映在礼器制作上,即要求仿效三代样制,使之更合乎古礼。南宋官窑烧造的仿古炉,与其他祭祀礼神之器一样,多是从本朝重新颁布的《宣和博古图》取样,形制严整,注重内在品质,以体现古礼"尚质贵诚之义"。而与官窑的简素与古雅不同,民用器则往往更显得清新俊丽。考古编年资料显示,南宋晚期至元代仿古炉烧造最为兴盛,一些典型品种如龙泉窑"厚釉"仿古炉,吉州黑釉、花釉(玳瑁等)和釉下彩绘仿古炉,以及北方钧釉、三彩、白地黑花、孔雀蓝等仿古炉,都盛烧于这一时期。特别是龙泉窑青瓷仿古炉,产量大、品质优,且新式样迭出,不仅行销各地,还输出朝鲜、日本等国。这一时期"龙泉风格"已高度成熟,滋润犹如美玉的粉青、梅子青等"厚釉"青瓷,将中国青瓷

12　赵希鹄《洞天清禄集·古钟鼎彝器辨》。

图 57 北宋汝窑青瓷樽 故宫博物院藏

图 58 南宋林庭珪、周季常《五百罗汉图》局部
日本京都大德寺藏

图59 南宋官窑素烧樽式炉 郊坛下窑址出土

图60 南宋龙泉窑青瓷贴花樽式炉 咸淳元年（一二六五）绍兴环翠塔地宫出土

的釉色之美推向极致。仿古炉的社会功能与陈设空间不断扩大，从宗庙祭祀庆典、佛寺道观礼神到士人文会雅集、读经参禅、深居燕闲，再到市井细民的日常香供，成为宋元社会生活中通用的香炉类型。

樽式炉 筒形，直壁较短，平底之下三足。唐代北方白瓷中已见式样相似的制品，但如前所述，可能到了两宋之交，才演变为专门的焚香之具，南宋更成为流行炉式，尤以南宋官窑、龙泉窑等制品最为多见（图59、图60）。北宋末到金代，北方不少窑场也都有烧造（图61、图62）。时人或以"奁"或"奁炉"相称[13]。宋元以来，这种筒形炉中亦见圈足或平底而非三足者（图63、图64）。为示区别，这类炉似径称"筒炉"为宜[14]。

鼎式炉 最常见的仿古炉式。宋代士大夫喜用古鼎烧香，这在宋人诗词和绘画中多有反映。如"覆火纸灰深，古鼎孤烟立"（郑刚中《焚香》），"无风古鼎香烟直，未午空庭树影迟"（叶茵《偶成》），"琢瓷作鼎碧于水，削银为叶轻如纸"（杨万里《烧

---

13 奁本为梳妆用的镜匣或盛物之器。《后汉书·光烈阴皇后纪》："（帝）从席前伏御床，视太后镜奁中物，感动悲涕，令易脂泽装具。"《南史·王彧传》："方与客棋，思行劫竟，敛子内奁毕。"

14 宋元时期景德镇烧造的各式香炉中即有"桶子"。蒋祈（南宋人。一说元代）《陶记》："炉之别：曰貌、曰鼎、曰彝、曰鬲、曰朝天、曰象腿、曰香奁、曰桶子。"

宋元时期的瓷香炉 163

图 61　金定窑白瓷樽式炉　长沙南宋墓出土

图 62　南宋吉州窑黑釉点彩樽式炉　台北谧院藏

图 63　北宋龙泉窑青瓷刻花莲瓣纹筒炉　政和二年（一一一二）
镇江冲照大师墓出土

图 64　南宋景德镇窑青白瓷深剔刻莲花纹筒炉
深圳宝光艺术藏

香》）等。形制多为圆鼎式，双耳三足，有的带盖（图65—图69）。窑址考古资料显示，定窑在北宋晚期可能已有模印兽面纹的仿古鼎式香炉烧造（图70），相仿制品在同时期高丽青瓷中即有发现（图71）。

鬲式炉 最早似见于南宋官窑制品。而纪年资料显示，南宋末至元代最为流行。龙泉窑、景德镇窑、吉州窑以及赣州窑等均有烧造（图72、图73），以龙泉青瓷尤为多见，也最富特色。龙泉"厚釉"鬲式炉，善于利用釉层厚薄、釉色浓淡的变化，在器物腹、足间及颈下起棱而凸显出胎色（即所谓"出筋"），胎骨有隐有现，形体丰腴而又有棱角，器物也因此显得更富神采。金元时期，北方流行一种形制介于鼎和鬲之间的香炉，平口或折沿，束颈鼓腹，下承三足，只是多数足根短小（即所谓"乳

图65　南宋官窑青瓷鼎式炉　老虎洞窑址出土

图66　南宋龙泉窑青黄釉鼎式炉　台北谧院藏

图 67　金耀州窑青瓷贴花鼎式炉　蓝田窖藏出土

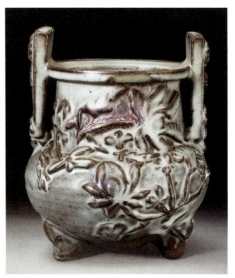

图 68　元钧瓷贴花鼎式炉　故宫博物院藏

图 69　元孔雀蓝釉黑花鼎式炉　台北谥院藏

图 70　北宋／金定窑白瓷模印兽面纹炉残片　窑址出土

图71 十二世纪前半高丽青瓷模印兽面纹鼎式炉 日本大阪市立东洋陶磁美术馆藏

图72 南宋龙泉窑青瓷鬲式炉 遂宁窖藏出土

图73 元吉州窑黑釉仿剔犀卷草纹鬲式炉 台北鉴院藏

图 74　金耀州窑青瓷三足炉　日本松冈美术馆藏

图 75　元钧瓷三足炉　济南出土

图 76　金／元绞釉三足炉　台北谧院藏

图 77　南宋官窑青瓷龙耳簋式炉
郊坛下窑址出土

足"），腹下也无分裆。主要见有耀州窑青瓷、河南青瓷（即此时豫中西部窑场烧造的一种青釉瓷器，今又有所谓"绿钧"之称）、钧釉以及磁州窑类型瓷器等（图74—图76）。今习称"三足炉"，以区别于鬲式炉。

簋式炉 古称"彝"或"彝炉"等。最早似见于南宋官窑制品，元代流行，龙泉窑多有烧造（图77、图78）。台北故宫博物院清宫旧藏中有一件"宋定窑牙白弦纹簋式炉"（图79），形制与南宋官窑簋式炉略有不同。南宋者皆无盖，而清宫旧藏的那件从口沿以及整个器物设计来看，原本可能是有盖的。联系陕西蓝田北宋吕氏家族墓地出土的耀州窑青瓷簋（图80），有理由认为这种带盖的瓷簋更可能是作为宗庙祭器而非香炉烧造的。

香篆盘（炉）的发现

根据宋代诗文所记，"篆盘"为当时一种专用的焚爇香篆之具。只是实物遗存一直未能得以确认。我曾从台北谧院所藏的一件白舍窑青

图78　南宋龙泉窑青瓷龙耳簋式炉
遂宁窖藏出土

图79　北宋定窑白瓷龙耳弦纹簋式炉
台北故宫博物院藏

图80　北宋耀州窑青瓷龙耳弦纹簋式炉
蓝田吕氏家族墓地出土

宋元时期的瓷香炉　　169

白瓷入手（参看页127图1），通过文献、图像与实物之互证，从而证实该藏品即为北宋中晚期专用"篆盘"。此后，我又陆续搜集到一些实物与图像资料，其中深圳翰熙博物馆收藏的一件景德镇窑青白瓷透雕花卉香篆盘（图81），形制、尺寸与透雕装饰，都与台北那件相若，只是年代相对偏晚，或为南宋晚期制品。此外，还有两个新的发现和认识：

其一，狮子炉中亦有香篆具。台北谧院藏炉中，有件景德镇窑青白瓷狮子戏毬炉（图82）。与我们通常所见到的狮子炉不同，该器下部，也就是炉体部分呈盘形，与上面提到的那件白舍窑香篆盘相似，亦为浅腹、子母口、内底坦平，不同的只是平底下有三矮足。显然，这件炉体为盘形的狮子炉，更适宜于焚爇香篆之用[15]。这是继白舍窑青白瓷香篆盘被确认后，我们在台北谧院藏炉中的又一重要发现。其实，两宋的香篆具中，除这种"金猊"外，可能还有"金鸭"等。宋人诗词中即有相关内容。如刘过"金鸭香浓喷宝篆，惊起雕梁语燕"（《贺新郎·春思》）、张敬斋"金鸭亭亭书云篆，散非烟，南极真仙至"（《贺新郎》）等。

其二，香篆盘有多种式样。从目前已确认的瓷篆盘来看，都是配有同一材质的罩盖的（平面镂空透雕或狮子形等）。因呈扁圆形，所以也可称为"香篆盒"。不过，宋元以来也有一类无盖或罩盖用金属材料制成的香篆盘，如日本奈良正仓院所藏唐代黑漆香篆盘（参看页130图6）以及宋元佛画中多有描绘的朱漆香篆盘等。台北故宫博物院清宫旧藏中有件清乾隆"御制香盘词铜香盘"亦为此类（图83）。此盘椭圆形，口沿平折饰回纹，平底下四云头足，盘心长方框内即乾隆"御制香盘词"，周围饰浮凸西番莲四组。乾隆词曰："竖可穷三界，横将遍十方。一微尘，法轮王，香参来，鼻观望。篆烟上，好结就卐字光。"此盘自然为焚爇香篆之具。而在宋元瓷器中，

---

15 香篆与隔火熏香两种用香方式对香具有不同要求："前者是在铺平夯实的香灰上用篆模将香末压印成型，后者则是先将烧透的香炭入炉埋于香灰中，然后以银叶或玉片等'隔火'置香；前者'打底'一般只需浅浅一层香灰即可，后者'埋香'则要求香灰必须有足够的量和厚度才行。所以，在香具选用上，前者以盘形或其他浅腹的为好，后者则以腹部（炉膛）阔深的更宜。"参本书《青白瓷香篆盘小记》。

图 81　南宋景德镇窑青白瓷透雕花卉香篆盘
深圳翰熙博物馆藏

图 82　南宋景德镇窑青白瓷狮子戏毬炉　台北鸿禧美术馆藏

图 83　清乾隆御制香盘词铜香盘　台北故宫博物院藏

也有类似制品，如仍为清宫旧藏的金代"霍窑莹白三足承盘"等（图84）。有专家认为"此器当为使用香篆或香饼的香具"。不过，这个恐怕还不好如此简单了断。根据文献、图像和实物资料看，该盘更有可能是香炉或其他器用的承盘。赵九成《续考古图》卷三"香毬"图下附文云："凡熏香先着汤于盘中，使衣有润气，即烧香烟着殿而不散，古博山炉之类皆然。"《陈氏香谱》卷三《香品器》"香盘"条亦记有："（香盘）用深中者，以沸汤泄中，令其气蓊郁，然后置炉其上，使香易着物。"美国芝加哥美术馆藏北宋青白瓷香鸭，即配有承盘（见图55）。江阴南宋墓出土的铜香鸭，承盘为三足，与上举清宫旧藏霍窑白瓷者相似（图85）。而在南宋佛画中，也见有此式承盘（图86）。可见，这种三足盘更有可能是做承盘之用。当然，从造型设计上看，此式盘用来焚爇香篆也是不成问题的。宋元瓷器中，在"香篆盒"之外，应当还会有这种盘形篆具存在。图像资料显示，在香篆广为流行的宋元时期，漆木篆盘即有多种式样，除圆形篆盘外，还发现了花口制品（图87）。

图84　金霍窑白瓷三足承盘　台北故宫博物院藏

图 85　南宋铜香鸭与承盘　宝祐二年（一二五四）吉水张宣义墓出土

图 86　南宋陆信忠《十六罗汉图》中的香炉与承盘　日本相国寺藏

图 87　南宋金大受《十六罗汉图》中的花口香篆盘　日本东京国立博物馆藏

特殊设计与用途的瓷香炉

隔热炉 瓷香炉中有一种主体部位为复层结构的，内层为炉膛，外层镂空或透雕，既能透气散热又有装饰效果（图88—图92）；另有一种则是在炉身之外再加一透雕的围栏式托座，手持时可避免直接触碰炉膛（图93、图94）。这两种炉都应是出于隔热防烫的目的而设计的。我们知道，瓷香炉的隔热性能虽然较好，但如果香火过旺，也会因为表面烫手而给使用者带来不便。特别是那种常常要捧在手中的行炉，更是如此。不过，可能由于制作上较费工力，隔热炉似乎并不大流行。就今日所见，北宋耀州窑制品相对较多，而其他如定窑、介休窑、繁昌窑以及南宋官窑等只有零星发现。除行炉外，还有多足、樽式等不同形制。镂空炉中，还有单层的，推测内之炉膛或为金属所制，熏香时置于炉中（图95）。耀州窑复层行炉中，有的配有莲花座，整器体形硕大，如台北谧院所藏的一件，通高近40厘米，炉体部分高约25厘米左右。而普通行炉的高度，鲜有超过20厘米的。如前所说，这种体积超常者应做供炉之用，其外壁的透雕或也主要是出于装饰目的而为之。

香花两用炉 鼎和樽造型的瓷器，是宋元仿古香炉中的主要品种。不过，我们也发现，在这两种仿古瓷炉中（均为龙泉窑青瓷制品），有的底部正中开有如人的手指般粗细的泄水孔（图96、图97）。显然，此乃莳花种草而为之。已有学者注意到这个现象[16]。其实，同一种造型的器物兼具其他用途，或前代器物被人们借作他用，这在古代生活中很寻常。举一个与行炉相关的例子：江西南丰曾巩墓出土一件北宋元丰七年款铁器（图98），造型与同时期一类行炉几乎相同，而器身上却自铭"中书舍人曾公灯"。如此"一器二用"者，在当时或许不是个例。至于那种开有泄水孔的香炉，适

---

[16] 牟宝蕾《奁炉小考》，《华夏考古》二〇一三年第四期，页114—119。另，底部开有泄水孔的元明时期的龙泉窑樽式炉等，历史上也曾较多输往日本。据日本大阪市立东洋陶磁美术馆小林仁先生相告，这种炉除用作花器外，体积较大者，还在茶道中用来放置汤瓶。

图 88　北宋耀州窑青瓷透雕复层行炉　美国旧金山亚洲艺术博物馆藏　　图 89　北宋耀州窑青瓷透雕龙纹复层行炉　窑址出土　　图 90　北宋耀州窑青瓷透雕复层五足炉　铜川出土

图 91　南宋官窑青瓷透雕复层樽式炉　老虎洞窑址出土　　图 92　北宋耀州窑青瓷透雕花卉复层炉　美国安思远旧藏

宋元时期的瓷香炉

图 93　北宋越窑青瓷刻花莲瓣纹行炉
上海松江出土

图 94　北宋介休窑白瓷透雕行炉
采自《三晋窑火》

图 95　北宋青白瓷透雕花瓣行炉　深圳翰熙博物馆藏

图 96　元龙泉窑青瓷八卦纹香花两用樽式炉
新安海底元代沉船出水

图 97　元龙泉窑青瓷花香两用炉　台北谧院藏

图98 北宋曾巩铁灯 元丰七年（一〇八四）款 南丰曾巩墓出土

图99 北宋赵佶《听琴图》中插花古鼎 故宫博物院藏

可兼作花器，而如果将泄水孔堵上，它就仍是香炉[17]。当时兼作花器的，还有铜鼎。宋徽宗《听琴图》中那只用来插花的古鼎，即为一例（图99）。金代定窑印花瓷器上也有古铜器插花的纹饰（图100）。高濂《遵生八笺》卷十一"燕闲清赏笺上"记：上古铜器中"觚、尊、罍，皆酒器也。三器俱可插花"。只是，以古铜器插花，可能并非仅仅是为了显示清雅，也有插花自身的需要。张谦德《瓶花谱》"品瓶"条谓："古铜瓶、钵，入土年久，受土气深，以之养花，花色鲜艳如枝头，开速而谢迟，或谢则就瓶结实。"

线香炉 线香的出现，目前可以认定的时间是在元代。线香在使用上更便捷也更

---

[17] 这种香炉中有一部分的泄水孔在烧窑时即被瓷泥做的饼状物堵上，但经对实物上手观察发现，堵塞处往往刻意留有缝隙，作为花盆使用时仍有泄水透气之用。

经济。它的出现逐渐改变了用香方式，传统的香具也随之发生变化，如小型的香插、香筒开始出现。深圳翰熙博物馆藏有几件元代龙泉窑青瓷香插，鼓式造型，内底中心竖立一细孔管状插座，口径 9 厘米、高 5 厘米左右（图 101）。明清以来香插则多见盘形以及荷叶、竹节等仿生造型者。

带座炉 宋元图像和墓葬出土瓷器中，常见"三供"，即"一炉二瓶"器物组合（图 102—图 104）。这是佛教"香花供养"传统礼仪的一种发展延续。宋元以来，常作"神祠"用器。其中带有托座者，今日所见多为墓葬出土，可能是专供丧祭之用。这种带托座的炉、瓶，形制又可分两类：一是连体式，即炉、瓶与托座连接成型；一是分体式，炉、瓶与托座分别烧制，组合而成。根据考古资料可知，"三供"约出现于十二世纪前半的宋金之交，而盛行于元明。定型后的"三供"，带座香炉多为连体

图 100　金定窑白瓷印花博古纹盘
台北故宫博物院藏

图 101　元龙泉窑青瓷鼓式线香炉　深圳翰熙博物馆藏

图 102　元代版画中的"三供"　采自《新刊全相平话五种》

图 103　元龙泉窑青瓷"三供"　大德六年（一三〇二）　杭州鲜于枢墓出土

图 104　元景德镇窑青花"三供"　萍乡出土

式,且以鼎式炉为主,瓶则多带双耳[18]。

结　语

　　宋元时期的香炉有两个显著变化:一是材质上由陶瓷更多取代了金属,并趋于小

18　张谦德《瓶花谱》"品瓶"条在谈到插花用瓶时有"忌有环,忌成对,像神祠也"之语。此谓"神祠"供瓶"有环(耳)""成对"。

型化多样化，日常生活用炉大量增加。其主要原因是用香方式以及社会生活方式的变化。从用香方式看，"以灰覆火"可有效避免香炉过热现象，从而也使得瓷香炉取代金属香炉成为可能；二是仿古炉广为流行，定于一尊。两宋之际的复古运动，对仿古炉的兴起和发展，起到了极大的推动作用。仿古炉广泛进入社会生活，成为通用的香炉类型，其形制并为后世所承。这也正如扬之水所言："香炉在两宋集大成，传统式样也多在此际完成它最后的演变，并且新创的形制几乎都成为后世发展变化的样范。"[19]

二〇一八年十一月完稿

---

19 扬之水《两宋香炉源流》，见《香识》，页79，人民美术出版社二〇一四年。

传世宋瓷别记

传世宋瓷来源

今天所见的传世宋瓷,多为清宫旧藏的宋代"五大名窑"——汝、官、哥、定、钧的制品,主要藏于故宫博物院和台北故宫博物院等少数几个博物馆。清代皇廷在接收前朝遗物的基础上,搜奇罗珍,庋藏甚丰。宫中传世品,照说该是流传有绪的,但就宋瓷来看,也不尽然。清宫的宋瓷,其定名多半在乾隆年间。据《内务府奏销档》记,乾隆时内府瓷器库收藏的宋元明三代瓷器,"排列数十架,色色具备"。不排除一部分为接收明朝宫廷旧藏的可能性,但更多的恐怕还是当朝所集。我们知道,康熙、雍正、乾隆都是"好古"之君。《万寿盛典初集》载,康熙皇帝六十大寿时,臣下上寿的瓷器几乎囊括了宋元以来各大名窑制品。雍正时,宫廷内务府曾派人搜寻历代名窑器,收

图1 《雍正十二美人图·鉴古》 故宫博物院藏

图2 汝窑青瓷水仙盆（底刻乾隆诗） 台北故宫博物院藏

集到的就有"宋窑"精品,经御批后,有的送景德镇御窑厂依样仿制。这个情况在造办处的档案里是有记载的。故宫博物院藏《雍正十二美人图·鉴古》博古格上的陈设中,就有号称宋代名窑之首汝窑的水仙盆和三足洗(图1)。已知完好的汝窑水仙盆,今仅存五件,除日本大阪市立东洋陶瓷美术馆一件外,其他四件均藏于台北故宫博物院(图2)。它们当然都是清宫旧藏,其中应含有美人图上的那件无疑。今藏于故宫博物院的汝窑青瓷孤品三足洗(图3),也很可能就是美人图上的那件。该洗实为残器,三足均被磨掉一截。由此即可辨出,今存之实物与画上所描摹的,自是一物。此外,美人图中"美人"背后的一只天青色花瓣形盏托,也应是汝瓷或是与汝瓷一脉相承的南宋官窑制品。大英博物馆藏有一件这样的汝窑青瓷盏托(原大维德基金会藏品),在今已发现的河南宝丰清凉寺汝窑遗址和杭州老虎洞"修内司"官窑遗址中也

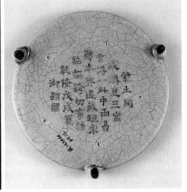

图3　汝窑青瓷三足洗(底刻乾隆诗)　故宫博物院藏

出土有式样、釉色相同之物（图4）。清宫的宋瓷入藏时虽都经过甄审，宫中自有内行的翰林词臣，只是蔽于陈见，当时在窑口与时代上张冠李戴，甚至认假为真的事也是常有的。如现藏台北故宫博物院的南宋官窑青瓷印花龙纹洗，在乾隆年间制作的辑录宫中古瓷的图册《珍陶萃美》中即被误作汝窑制品（图5）。溥仪及其眷属被逐出宫后，"清室善后委员会"清点宫中藏品，发现不少都未登记造册，年代、名称及来源不明。"善后会"中专家少，外行多；即便是"专家"，也大抵为老派的古董鉴赏家，如曾被袁世凯派往景德镇监烧"洪宪瓷"的郭葆昌等。这样，在鉴别、定名方面，疏失自然难免。刘北汜先生《故宫沧桑》一书中提到，中华人民共和国成立后的头十年间，故宫博物院对院藏物品重新清理造册，在过去被认为是赝品、次品而编入另册的瓷器中，竟又发现不少宋代名窑珍品，如哥窑葵瓣洗、龙泉窑青瓷弦纹炉等。

  关于近现代以来宋代名窑瓷器的传世情况，故宫博物院资深专家耿宝昌先生谈道："历史上发现的官、哥窑传世品多系在皇家后裔与权贵之手，故宫博物院藏宋官窑圆洗来源于皇裔桂月汀，葵花式洗、温器等，常出自天津、上海、扬州、苏州及山东地区，也多系清皇裔或姻亲之家、官宦巨贾之门，包括故宫和上海博物馆所藏均来源于此。"（《刍议宋官窑青瓷》，台北《中华文物学会一九九一年刊》）故宫博物院成立后，不少国内外人士捐赠文物，其中也有一定数量的传世宋瓷（图6、图7）。起步较晚的上海博物馆（创建于一九五二年）和香港艺术馆（创建于一九六二年），其办馆的一个重要基础就是民间收藏，而且不少藏品出自收藏世家。如上海博物馆收藏的传世汝瓷，八件中有四件为晚清金石、书画大家吴大澂旧藏（系由吴大澂侄孙吴湖帆转让，图8）。吴大澂曾任陕西学政、广东巡抚、河道总督、湖南巡抚等职，中日甲午战争中因拒敌不力被革职，后以出售书画古玩为生。他的古物收藏涉猎甚广，钟鼎彝

图 4　汝窑青瓷盏托　宝丰清凉寺汝窑遗址出土

图 5　南宋官窑青瓷印花龙纹洗（附清乾隆《珍陶萃美·宋汝窑蟠龙洗》）　台北故宫博物院藏

图 6 南宋官窑菱花式洗 张子厚捐 故宫博物院藏

图 7 哥窑青瓷弦纹瓶 孙瀛洲捐 故宫博物院藏

图 8 汝窑青瓷盘 吴大澂旧藏 上海博物馆藏

器、碑碣玺印、玉器书画，无所不精。他也收藏古瓷，尤以宋瓷为多，故其斋号"百宋陶斋"。香港艺术馆所藏汝窑青瓷洗（图9），为香港著名收藏鉴赏家、敏求精舍会员罗桂祥生前捐赠。罗先生曾于一九八一年和一九九四年两次向香港政府捐赠藏品，包括六百件茶具（借此创建了茶具文物馆）、二十余件历代重要陶瓷器等。其中最引人注目的便是这件汝窑青瓷洗。该洗是罗先生一九八〇年由伦敦苏富比拍卖行拍得，也是一件流传有绪之物。从原藏家手记看，此洗最初得于北京琉璃厂，其底原刻乾隆皇帝诗一首，后因惧祸，才雇工将其镶去。显然，这件东西曾属宫中之物。

宋代汝窑、官窑等瓷器，原主要是为宫廷生产的；定窑等其他地方名窑也有"贡器"生产，一些瓷器珍品还会由臣僚馈送宫中。邵伯温《闻见录》记："仁宗一日幸张贵妃阁，见定州红瓷器，帝问曰：'安得此物？'妃以王洪宸所献为对，帝怒曰：'尝戒汝不得通臣僚馈送，不听何也？'因以所持柱斧碎之……"周密《武林旧事》也记有清河郡王张俊向高宗进奉汝瓷一事："绍兴二十一年十月，高宗幸清河郡王张第，供进御筵节次如后。……清河郡王臣张俊进奉……汝窑：酒瓶一对、洗一、香炉一、香合一、香球一、盏四只、盂子二、出香一对、大奁一、小奁一。"这些沉重易损的瓷器在随宫室的辗转流徙中完好地保存下来，实属不易，也因之倍加贵重。清宫收藏的宋瓷中有刻铭文者，如"奉华""寿成殿"铭汝瓷，"奉华""凤华""禁苑""聚秀"铭定瓷，以及刻有"殿"字的官窑瓷器等，据考它们均为南宋宫廷珍藏之物。这些或许曾为徽宗、高宗等宋代帝王及其妃嫔们珍用的瓷器，历经数百年改朝换代、物是人非的世事沧桑，最后落入乾隆皇帝之手，其间必有几多曲折几多聚散，但无论遭际如何，它们始终为权贵所有，只是少数人手中的"秘玩"而已。明末时，陈贞慧在《秋园杂佩》中说："窑器，前朝如官、哥、定等窑，最有名，今不可多得

图 9　汝窑青瓷洗（附原藏家手记一折）
罗桂祥基金捐　香港艺术馆藏

矣。"董其昌说:"可使一瓷盘……几倍黄金之价,非世俗所知也。"(《骨董十三说》)

从文献上看,仿烧宋代官窑瓷器,大抵始于元末。据孔齐《至正直记》所记,元至正年间,杭州市面上出现一种"哥哥洞窑器",其"绝类古官窑,不可不细辨也"。明清两代至民国,更是赝造不绝。光绪年间曾任江西按察使的柯逢时,在就景德镇陶务给皇上的奏折中说:"往臣尝见署中陈设珍玩,于尊、罍、鼎、彝之属,及宋元之旧制,皆有伪作,假者几可乱真。"其实,早在雍正、乾隆时,这类在工艺上几可乱真的瓷器已不稀见并被宫廷收藏(图10、图11)。对此,乾隆皇帝也有察觉,他在一首《咏官窑碗》的诗中就感叹宋代官窑"真伪况居半"。

自二十世纪五十年代以来,田野考古、借助于科学检测手段的"科技考古",不断有新发现,大大扩展了人们的视野。传世和流散宋瓷中似是而非者,或是在窑口和时代上张冠李戴者,已有不少真相大白,各家博物馆对此也陆续做了修正。对藏品"正本清源",应是博物馆学术研究工作的一部分,同时也关系到博物馆的声誉。一个负责任的博物馆,不但要保证藏品的真实可靠,而且在定名、断代以及内涵考释等方面也要尽可能地做到准确无误。只是现有的考古发现、研究成果和科学检视检测水平,还不足以为此项工作提供更多支持。

官窑理念与作风

文献记载的北宋汴京、南宋修内司和郊坛下三座官窑,如今只有郊坛下官窑的面目是基本清楚的。过去有人怀疑修内司官窑的存在,认为它不是窑场而是内廷机关。近年来,在杭州凤凰山、九华山一带出土了一些"具备了南宋官窑主要特征"的瓷

图 10　明仿宋官窑青瓷三孔瓶　台北故宫博物院藏

图 11　清仿宋官窑贯耳瓶　故宫博物院藏

片,并发现窑具和窑床等遗迹。当地不少学者认为这可能就是修内司官窑遗址。

过去认为,郊坛窑产品质量较差,不能与修内司窑和北宋汴京官窑并论。通过考古发掘,发现其产品有精、粗两类,并非全都粗劣。郊坛窑可分早、晚两个时期。早期效仿北宋汝窑的施釉和装烧工艺,即一次上釉后支烧成器,釉层较薄,釉色以青中泛青灰者居多。器物种类多样,既有盘、碟、盒、洗等饮食器皿和文房用具,也有鼎式炉、奁式炉、鬲式炉、簋式炉、贯耳瓶、胆瓶、盘口长颈瓶、六棱瓶、八棱瓶、花口瓶、觚、尊等祭器和陈设器,其中一些盘、洗、炉等的器形与汝窑相同。后期制品采用多次上釉的方法增加釉层厚度,釉质如玉,色多粉青。器物种类与前期基本相同,只是前期常见的三足盘、六棱瓶、八棱瓶等少见或停止烧造,而碗、盘、洗、鸟食罐等日用器与文房用具有所增加,造型更趋优雅。

有学者认为,早期的郊坛窑属民窑,即所谓临安窑;后期的郊坛窑就是文献中所记载的青器窑,即官窑。其后期阶段取代了修内司官窑,为宫廷烧造高级瓷器。这种推测不无道理。宋代宫廷所需之物,单靠官营手工业是无法满足的,于是往往指令地方造作。在官营手工业发达的北宋时期即如此,如东京绣作曾"皆委之间巷市井妇人之手,或付之尼寺,而使取直焉"(《宋会要·职官》二九之八,《文绣院》)。命汝窑烧造瓷器,亦为一例。早期郊坛窑烧制"官样"产品,可能就属这种情况。南宋初年,宫室渡江甫定,宫内所需各类器用的造作必不可少,且需求甚大;此时宫室尚能克勤克俭,即如祭祀活动也一概从简。高宗曾说:"事天贵质,若尚华丽,非禋祀本意也。"(《宋史》卷一百四十九,《舆服一》)在此情况下,"袭故京遗制",在修内司设窑,并命临安窑依样烧造,以补充修内司官窑产量之不足,这是顺理成章的。

郊坛窑址出土的三足盘、洗、奁式炉、鬲式炉、鼎式炉、簋式炉、八棱瓶、贯耳壶等器物标本，可谓典型的"官样"制品。形制严整，以"用"为度，即使是陈设器，也给人一种平实、收敛的感觉。这就是官窑瓷器的作风。通观传世官窑以及汝窑器，剔除少数后世仿品中乖张奇异者，我们也会感受到这种作风。

如果将传世官窑器以及郊坛官窑器标本与北宋汝窑器做一对比的话，会发现官窑陈设类制品明显增多。这大概是由于朝廷南渡后祭祀活动从简，过去以铜铸造的礼器多改用陶瓷器的缘故。陶瓷器的形制，与铜铸礼器一样，皆"出于礼图"。宋代学人郑樵《通志略》记："祭器者，古人饮食之器也。今之祭器，出于礼图，徒务说义，不思适用，形制既乖，岂便歆享？"又说"《礼图》者，初不见形器，但聚先儒之说而为之。是器也，姑可以说义云耳"。宋代理学盛行，讲究礼乐制度，故商周时代象征统治权力和礼制的青铜器、玉器受到重视。宋代词人叶梦得《避暑录话》云："宣和间内府尚古器，士大夫所藏三代、秦汉遗物无敢隐者，悉献于上，而好事者复争寻求，不较重价，一器有值千缗者。利之所趋，人竞搜剔山泽，发掘冢墓，无所不至，往往数千载藏一旦皆见，不可胜数矣。"另据蔡绦《铁围山丛谈》所记，大观初年，宫廷所藏古器已有五百余件，而到政和间，宫中的古器收藏已超过六千件。而且"时所重者三代之器而已，若秦汉间物，非殊特盖亦不收"。在收藏的基础上，研究之风也颇为兴盛。早在仁宗时就有了官修的古器图录，即《皇祐三馆古器图》，惜已佚。哲宗时相继出现两部《考古图》，作者分别为李公麟和吕大临。李著早已无存，但其序言的部分文字在《籀史》中得以传留，主要内容也在《铁围山丛谈》等宋人笔记中有所记载。李公麟在序言中说：

圣人制器尚象，载道垂戒，寓不传之妙于器用之间，以遗后人，使宏识之士,即器以求象,即象以求意,心悟目击命物之旨,晓礼乐法而不说之秘,朝夕鉴观,罔有逸德,此唐虞画衣冠以为纪,而使民不犯于有司,岂徒炫美资玩,为悦目之具哉!

这段话的主要意思是说,观象制器并非是为了"悦目""资玩",而是"载道垂戒"。相同的表述也见于吕大临《考古图·序》:

……非敢以器为玩也。观其器,诵其言,形容仿佛,以追三代之遗风,如见其人矣。以意逆志,或探其制作之源,以补经传之阙亡,正诸儒之谬误。天下后世之君子有意于古者,亦将有考焉。

"以意逆志"(以自身的理解去推测制器本意),这是宋人对古代制器传统的一个基本认识;也可说是我们理解宋代官窑瓷器设计理念的一个关键词。

吕大临《考古图》收录当时宫廷及私人所藏古铜器和古玉器二百余件,加以编类整理,每器皆摹绘图形、款识,记录尺寸、容量、重量和出土地、收藏处等。宋代的古器物著录,还有徽宗敕撰、王黼编纂的《重修宣和博古图》(效李公麟《考古图》),著名词人李清照的丈夫赵明诚所著《金石录》等。古器物的收藏和著录对包括官窑瓷器在内的宫廷礼器的形制设计当有直接影响(图12、图13)。据《中兴礼书》卷九载,绍兴十五年前后修内司官窑烧制的陶瓷祭器,就是根据《宣和博古图》和《三礼图》等制成的。这也是"袭故京遗制"。迄今身世不明的北宋汴京官窑姑且不提,同样为宫廷生产的汝瓷中即可见到与《宣和博古图》所载相同的器物了(图14)。当然,

图12 政和鼎(铸铜) 台北故宫博物院藏

图13 南宋官窑与《重修宣和博古图》器物对比

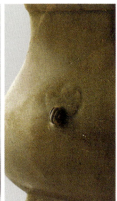

汉兽耳方壶　　　　方壶　宝丰清凉寺汝窑遗址出土　　　　方壶局部

汉素圜壶　　　　壶　宝丰清凉寺汝窑遗址出土　　　　壶局部

图 14　汝窑与《重修宣和博古图》器物对比

陶瓷礼器的造型及装饰要适应陶瓷工艺的特点及技术水平。如所仿商周青铜器中的鬲、鼎、尊、觚、壶等，仅取其适用形制，繁复琐屑者则不予采纳或加以改造。这类寓以"制度法象、圣人精义"的瓷器，显然与当时的制度文化、精神文化有着密切关系。它们以特定的形式，反映出一个时代上层文化的某些特点。

"宋钧"与卢钧

按时下说法，二十世纪七十年代中期对河南禹州钧台窑遗址的考古发掘，基本解决了清宫旧藏等传世"官钧"的窑口、时代问题。但"官钧"以外的情况，如钧瓷的起源及其在金、元以后的历史，目前仍不很清楚。从清宫旧藏以及钧台窑遗址出土器物看，"官钧"主要是各式花盆（图15、图16）。其造型别具一格，不同于一般宋

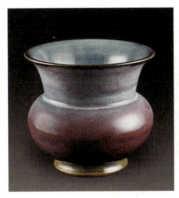

图15 钧瓷玫瑰紫釉渣斗式花盆
故宫博物院藏

图16 钧瓷紫红釉葵瓣式花盆　日本出光美术馆藏

图17 《雍正十二美人图·对镜》
故宫博物院藏

器（今有学者故此认为"官钧"年代应为元末明初而非北宋）。通体施釉，釉色多为所谓玫瑰紫、海棠红以及天蓝、月白等，釉面通常见有棕眼和长短不一的蚯蚓走泥纹。底部多刻汉文数字（由一至十）。紫红色等窑变色釉，汗漫晕散，极为绚丽。与一般被用作陈设的宋代名窑器不同，"官钧"花盆在清宫中为实用器，多用来养花或作为"假花盆景"摆设。从器底刻铭看，它当年被配发到养心殿、重华宫、建福宫花园（建于乾隆五年，由此大抵可知刻铭应在乾隆年间）、瀛台等宫苑各处。《雍正十二美人图·对镜》中即可见之（图17）。这说明，入清后"官钧"花盆的存世量还相对较多，在宫中可能也不像汝窑、官窑那么金贵。传世"宋钧"中，更有"民钧"，如国内外许多博物馆都有收藏的碗、盘、把杯、盏托、执壶、长颈瓶、三足炉、枕等。釉色有天青、天蓝和月白，也有深浅不一的灰、黄、绿等。釉面鲜见蚯蚓走泥纹。少数带有紫红色斑或以紫红釉书写文字，此为人工"点彩"而成，与窑变色釉浑融一体的"官钧"迥然不同（图18、图19）。这类民窑的"宋钧"遗存，在今禹州西南的神

图18　钧瓷天蓝釉碗　日本静嘉堂文库美术馆藏

图19　钧瓷天蓝釉紫斑碗　汝州汝瓷博物馆藏

垕以及汝州（原临汝县）北乡的大峪、南乡的蟒川等地窑址多有发现，其年代可能包括宋、金、元不同时期。汝州一些年代较早的钧釉制品，胎釉兼有钧瓷与汝瓷两者的特点，因而今又被称为"汝钧"（参看页282—页283图2—图9）。

钧瓷存世量大，品种、风格多样，除禹州及邻近地区制品外，更有蒙元以来北方各地的仿品。前些年，我在内蒙古包头得到几枚当地窑址出土的"元钧"残片，拿给禹州的钧瓷艺人看，他们都认作自己本地的制品了。这也难怪。今内蒙古、山西、河北以及河南北部诸窑口的钧釉瓷器，固有某些地方特点，如浑源等雁北窑口之"黑足"（有的碗盘圈足露胎处涂以化妆土，烧成后呈黑褐色），鹤壁、当阳峪等豫北窑口之"黑骨"（有的胎骨灰黑）及"雪花釉"（釉面密布雪花似斑点）等。但总体而言，就凭我们目前的认识水平，对庞杂的中原及北方各地的钧釉瓷器，恐怕还是很难细加区分的（图20、图21）。这提示我们，今华北一带出土的蒙元时代的钧瓷，可能多为当地或邻近地区生产而并非都是"本窑"（禹州等河南中西部窑口）产品。明清以来

图20　钧瓷天蓝釉紫斑碗　大同市西郊出土　　　　图21　钧瓷天蓝釉菱口碗　河北深州出土

的仿钧瓷器，则主要出自景德镇御窑厂，以雍正时期制品最具水准（图22）。我们知道，雍正皇帝嗜古，曾多次谕示景德镇御窑厂仿烧钧瓷。雍正七年春，为重现古钧之美，掌管景德镇御窑厂的唐英委派幕友吴尧圃（画家兼制瓷名家）前往钧窑故地"均州"（其时已更名"禹州"）探访并赋诗送行："此行陶冶赖成功，钟鼎尊罍关国宝。玫瑰翡翠倘流传，搜物探书寻故老。……陶熔一发天地秘，神工鬼斧惊才雄。文章制度虽各别，以今仿古将毋同。"（唐英《暮春送吴尧圃之均州》，据《陶人心语》）就在吴尧圃此行的第二年秋，御窑厂成功地仿烧出了钧釉瓷器（炉十二件），颇令一向挑剔的雍正皇帝满意。此后，御窑厂仿钧釉品种不断增多。雍正十三年，唐英于《陶成纪事碑记》中罗列"岁例贡御"的五十七种色釉，钧釉一项即包括"仿内发旧器梅桂紫（玫瑰紫）、海棠红、茄花紫、梅子青、骡肝马肺五种外，新得新紫、米色、天蓝、窑变四种"。"内发旧器"，显然是指朝廷下发的作为仿烧样品的古钧器。至于景德镇御窑厂仿烧钧釉的成功，与吴尧圃"搜物探书寻故老"的均州之行究竟有无关系，抑

图22　雍正仿钧窑菱花式花盆一副　台北故宫博物院藏

图23 清末钧瓷天蓝釉碗、盘 台北故宫博物院藏

或当时钧窑故地有无"玫瑰翡翠"之流传，我们还说不清楚。

晚近以来钧瓷的复苏，约始于清末民初。据传，光绪二十八年（一九〇二），为给刚从西安"逃难"回京的慈禧太后庆寿，禹州知州曹广权曾在州衙内设窑烧造钧瓷上贡。贡瓷计有盘、碗、瓶、壶、碟、盏、炉、尊、洗和五供具等十三种七十五件，天青和天蓝釉色，工艺甚是精美（晋佩章《钧窑史话》）。这个传闻是否属实，好像还无人究索。而清宫旧藏中，确实有批原称"河南窑"的钧瓷，共九十余件，均为天蓝釉色的碗、盘等（图23），过去存放在养心殿库房，据说也是清末入宫的（蔡和璧《清朝唐英时期的钧釉烧造》《陶瓷探隐》）。养心殿前殿的东暖阁，曾是东太后慈安、西太后慈禧"垂帘听政"之所。从这些情况看，它们可能正是当年禹州的贡瓷，为慈禧庆寿的说法或并非空穴来风。相同或类似的"清钧"，在今河南民间藏品中亦时见之。只是，这类钧瓷似乎不像传说的那么精美，器形及工艺更多带有"元钧"味道，品貌平平，不及"宋钧"远甚。

傅振伦先生在《钧窑琐谈》（未刊稿，此据晋佩章《钧窑史话》）一文中说，一九三五年十一月在伦敦开幕的中国艺术国际展览会，其中一个展厅陈列的全是钧瓷，有中国送展的，更有国外藏品（欧美人士热衷中国古陶瓷。据说在这个展览会筹备之初，中、英双方在文物展品的选择上就存有分歧。中方看重书画，英方则偏爱陶瓷。最终陶瓷入选三百五十余件，超过书画一倍以上。此次展会除中国官方选送的展品外，英方还根据自己的喜好从欧美和日本公私收藏机构另行选择了相当数量的中国文物展品）。二十世纪三十年代前后，与欧美收藏时尚遥相呼应，禹州神垕镇也有卢氏光东、光华兄弟等人仿钧。卢家仿钧约始于光绪年间，卢光东（一八九〇——一九七七）、卢光华（一八九四——一九五五）等为卢家第三代艺人。陈万里先生《禹州之行》（《文物参考资料》一九五一年第二期）中也记有："清光绪末年禹县的神垕有卢某仿烧钧器，其子光彰亦均能烧造。"据传，卢家仿钧颇有"宋钧"味道，被中外人士购去，当作真品收藏。晚近以来，"卢钧"的影响很大，只是未见有人做专门研究，其不同时期产品面貌还不是十分清楚。我在河南看到过一些据称是晚清民国时的"卢钧"，也许所见有限，感觉与传说的有所出入。所见鸡心罐、三足炉、玉壶春瓶、梅瓶、胆瓶数种，小巧隽永，却不同古制，有的则带有明显的近现代风格特征。色釉以五彩交融或不同彩色有序分布者多见（图24）。这类高温窑变色釉品种，

图24　卢钧梅瓶　采自《中国历代钧瓷釉色》

显然受到"官钧"的影响；亦有单色釉一类，诸如天蓝、月白、孔雀蓝、碧绿及"加彩"（多见蓝釉紫斑）等。蓝釉系列者，以氧化钴入釉，釉色虽较匀净，但玉质感不强，格调上有失古朴。据说是用风箱小窑炉烧制（故卢钧又称"炉钧"），每窑只能烧一二件，所以器物一般都不大，产量也有限。这类钧瓷直到二十世纪五六十年代还有烧制。其中一些制品，胎骨细白（当地称"鸡骨白"），有的底足涂一层淡薄的"护胎釉"（烧成后多呈酱色。当地老艺人又称"釉毛"），釉薄且光彩较露。这些特征均与"宋钧"迥然不侔。

"仿定"种种

历史上，定窑的名气很大，各地仿品也多，因此有"定州花瓷瓯，颜色天下白"（刘祁《归潜志》）之说。"定州花瓷"，一般认为是指定窑的印花瓷器。北宋中晚期到金代，印花及刻划花渐成定窑白瓷装饰主流（图25、图26）。各地仿品也多见"花瓷"（图27—图30）。印花装饰的盛行，或与芒口覆烧技术的推广应用密切相关。定窑的覆烧法多种多样，最先进的一种，是自创的支圈组合式覆烧法。装烧时，一坯一圈，层层相叠，覆置于桶形匣钵中入窑焙烧。这种覆烧法与模制成型工艺（成型与印花装饰同时完成）又是相互配套的，即装烧要求的器坯标准，正可通过模制成型工艺达到；而模制的碗、盘等器坯，一般坯体更薄，为防止在焙烧时变形，不得不使用覆烧法。由于这一技术适合装烧规格相同的坯件，便于标准化操作，从而可有效提高产品的单位产量和工效。只是，产品带有先天缺陷，即器物口沿处无釉露胎而形成粗涩的"芒口"。

图25　定窑白瓷印花荷塘鸳鸯纹盘
美国芝加哥美术馆藏

图26　定窑白瓷刻花牡丹纹大碗
台北故宫博物院藏

　　宋辽金元北方地区的仿定窑场，如井陉窑、龙泉务窑、平定窑、磁州窑、鹤壁窑、当阳峪窑等，如今产品面貌已大抵清楚。总体来看，各窑场仿定虽都有较为精细的产品，但由于原料及工艺的原因，质量上还是普遍不及定窑。特别是那些"磁州窑系"窑场的仿定或类定产品，由于缺乏优质瓷土，多在坯上挂白化妆土，以提高白度，改善产品外观。南方（包括今江淮地区）的仿定窑场，文献记载得较多，如宿州、泗州、吉州、景德镇、临川、南丰、象山、德化以及地处蜀地的彭县等。南宋周煇《清波杂志》记："煇出疆时，见燕中所用定，色莹净可爱。近年所用乃宿、泗近处所出，非真也。"宿州和泗州都处于宋、金对峙的前沿地带，当南北之要冲。泗州（今江苏

图 27　平定窑白瓷印花庭院小景盘
山西平定冠山镇金墓出土

图 29　景德镇窑青白瓷印花盘　深圳博物馆藏

图 28　磁峰窑双鱼花卉纹碗模　彭州磁峰窑址出土

图 30　吉州窑素胎印花碗　吉州窑址出土

盱眙）更是重要的"榷场"所在地。在贸易往来中，作为"老牌"的名优产品，定瓷也得以大量进入宋土。根据考古资料观察，长江流域的江苏、浙江、江西、安徽、湖南、四川等地，都已发现金代定瓷遗存。不过，如周煇所说的宿、泗一带仿烧定瓷的情况，一直未得到证实。上列诸多窑场中，如今除发现彭县窑、吉州窑和景德镇窑仿定具有一定规模和水准外，其他窑场，或尚未发现窑址，或只发现在装烧技术、装饰手法等方面借鉴定窑的情况，至于大量系统仿烧的情况尚不明了。

清宫旧藏中，有一些原称定窑后被郭葆昌改定为吉州窑或宿州窑的白瓷制品，如"南宋吉州窑牙白划花莲花龙耳兽环壶"（图31）、"南宋吉州窑灰白印花天禄流云图方洗"（图32）、"金宿州窑莹白印花回纹蒲槌瓶"等。这些制品均入选一九三五年在伦敦举办的中国艺术国际展览会。从展览著录中看，有的似具定窑面貌，但多数从器形、纹饰上更具明清风格，窑口亦非定窑。台北故宫博物院已对其中一些做了修正，如将"划花莲花龙耳兽环壶"改定为宋定窑制品（拙见以为或属金代定瓷），将"灰白印花天禄流云图方洗"改定为明景德镇制品。吉州窑仿定，今天所见资料较少，窑址已出为数不多的碗、盘等白瓷，其器形和印花装饰都与定窑相似，只是胎质稍粗，釉面呈乳白色，印花纹饰一般也不如定窑清晰。

文献上还曾提到元代霍州的戗金匠彭均宝、明代吴门（苏州）人周丹泉这两位仿定名手。彭均宝

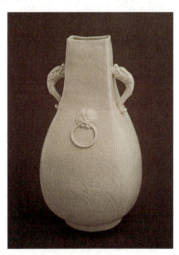

图31　牙白划花莲花龙耳兽环壶
台北故宫博物院藏

图 32　灰白印花天禄流云图方洗
故宫博物院藏

善制折腰盘，周丹泉仿所谓"定窑文王鼎炉""兽面戟耳彝炉"等，都可乱真。清宫旧藏中也有一批经郭葆昌考定的"彭窑"白瓷，其中有"牙白划花双螭杯"等。此器折腰形，类似渣斗，带暗花。彭窑可能就是今人所称的霍窑，窑址已在山西霍州陈村发现，不过所出遗物中，未见此类器物。周丹泉的传世之作，有件"娇黄锥拱饕餮鼎"，现藏台北故宫博物院（蔡和璧《陶瓷探隐》）。而其最负盛名的仿定白瓷制品，则无遗物可与文献互证。清姜绍书《韵石斋笔谈》记此人"巧思过人"，每于景德镇"仿古式制品，以眩耳食者，纹款色泽，咄咄逼真，非精于鉴别，鲜不为鱼目所混"。他仿

图33 《校注项氏历代名瓷图谱》中的宋定窑仿古文王鼎

制的定窑鼎与真品较之，"无纤毫疑义"，令人真假莫辨。不过，此书取之野史，多以小说笔体书之，恐难尽信。

北宋抑或金元，定窑有无烧造过周丹泉所仿的文王鼎，或其他类似的仿古礼器，在今天可能还是个未解之谜。郭葆昌《校注项氏历代名瓷图谱》图一即为"宋定窑仿古文王鼎"（图33）。图解云："鼎仿《宣和博古图录》中款式，此鼎出自内府，制作之工，雕文之细，如牛毛茧丝然，抑且鼎式方正端平，毫无敧斜高下缺损之病。而色泽晶莹如羊脂美玉，真定器之上乘，应为诸窑鼎彝之冠也，惜乎世多不见。余获观于

晋府宫中。"我们知道,这部《图谱》不大靠谱,当是假托明末收藏大家项元汴之伪书。不过,它好像也不是一点参考价值都没有。就拿文王鼎来说,同样饰有兽面与出戟的定窑白瓷,在河北曲阳定窑遗址竟也有出土(图34)。虽然由于发现的定瓷残片过小尚不足以辨识完器之面目,但仍可断定,此乃定窑仿商周青铜礼器制品无疑。无独有偶,这类仿古器也见于汝窑遗物(图35),而《图谱》中同样收有风格相类的汝瓷觚(图36)。

　　清宫旧藏的定瓷,有两件"柳编"制品,一件"莹白印纹柳编鱼篓瓶"(图37),一件"莹白印纹柳编杯"(图38)。据说当年郭葆昌任故宫博物院瓷器审查委员的时候,对这两件瓷器倾慕不已,常对人说,若能以柳斗杯饮三杯老酒,平生之愿足矣。不过,今天已可断定,这两件瓷器不是宋代之物,亦非定窑制品,实为明清时期景德镇所制(冯先铭先生认为是清景德镇御窑制品。也有人认为年代或早到元、明)。其"柳编"装饰是仿宋代制品(图39、图40),但器式及工艺却相去甚远。景德镇仿定窑,

图34　定窑白瓷兽面纹炉残片　曲阳定窑遗址出土

图35　汝窑素烧器残片　宝丰清凉寺汝窑遗址出土

图36 《校注项氏历代名瓷图谱》中的汝窑蕉叶雷纹觚

图 37　莹白印纹柳编鱼篓瓶　清宫旧藏　　图 38　莹白印纹柳编杯　清宫旧藏

南宋至元有划花、印花白瓷等品种，多见碗、盘、洗等小件器；采用覆烧法，口部无釉；胎骨细白，但釉面多白中偏青，接近青白釉。这大概就是文献中所说的"南定"。清雍正、乾隆时的仿定品种，传为青田石粉作胎，质地疏松，釉面微显橘皮状，并开细小纹片，但釉质"不减古釉，花样精致过之"（清·佚名《南窑笔记》）。御窑仿定制品，"只仿粉定一种"（唐英《陶成纪事碑记》），在器形、装饰上不拘泥于宋器，因而新奇式样迭出，带有鲜明的宫廷格调和时代风貌（图 41）。上述两件"柳编"白瓷，或为雍乾御制欤？

一九九九年七月初稿，二〇一二年十月二稿，二〇二〇年六月十日校订

图 39　定窑白瓷柳斗杯　北宋太平兴国二年（九七七）
定州静志寺塔基地宫出土

图 40　登封窑白地刻花柳斗钵　郑州博物馆藏

图 41　清仿定窑双鱼纹盘
瑞士鲍尔旧藏

"皇帝万岁"铭瓷器与华化佛教

《收藏家》一九九三年第二期《天童寺藏明末清初三件纪年铭青花瓷器》一文，介绍了一件明崇祯八年青花炉。该炉腹部饰双龙、火焰、海涛等，正面直书"皇帝万岁万岁万万岁"，背面题记中有供奉人姓名及年款（图1）。

"皇帝万岁"铭瓷器，还见于故宫博物院藏清顺治十一年青花云龙海水纹净水碗。该碗配有"海灯座"，腹部正面题"皇帝万岁万万岁"，亦为直书，双龙纹饰与上述那件略同（图2）。净水碗为佛前供器，用于贮水或净手。

此外，在古玩市场及近年印行的古陶瓷图册中，"皇帝万岁"铭陶瓷器也偶可见到。我经眼的，有桶式炉、三足炉（图3）、筒瓶、牌匾等。其中除在郑州一家古玩店见到的一面牌匾为法华制品（其可能出自山西地区窑口）外，余者皆为景德镇青花瓷器。

图 1　崇祯八年青花炉　浙江鄞县天童寺藏

图 2　顺治十一年青花云龙海水纹带座净水碗　故宫博物院藏　　图 3　万历青花云龙纹炉　采自穆青等《明代民窑青花》

以上所举一应佛前之供，其年款或造型、装饰特点皆表明年代大都集中于明末清初。从现已发表的资料看，似未见其他时期有这类陶瓷器的报道。不过，根据一件窑址标本可知，"皇帝万岁"铭瓷器至迟北宋时已有之。一九九一年，我到河南鲁山段店窑址考察时，收集到一枚珍珠地划花瓷器残片（图4），其上黑彩划刻，以曲线与直线构成长方形边框，框内刻铭"皇帝万岁"；两边各饰一组花卉，纹样四周密布珍珠点。瓷片呈圆弧状，横长15厘米。珍珠地划花品种，宋金时流行于中原一带窑场，当时的密县西关窑、登封曲河窑、鲁山段店窑、宝丰清凉寺窑和新安城关窑等都有烧造。已知纪年器中年代最早者，为大英博物馆藏北宋"熙宁四年"（一〇七一）铭长方形枕（参看页81图12）。据此并参照段店窑同类产品推断，上述标本的年代约为北宋中晚期，完器很可能是当时段店窑产量较大的瓶。该窑这类瓶的造型多为小口颀身，有橄榄形和所谓"鸡腿瓶"等多种（今统称为"梅瓶"）。

　　"皇帝万岁"铭集中出现在明末清初的佛门器用上，似已表明它与佛教有关。那么，同样带有此铭的北宋瓷瓶与佛教有无关系呢？上海博物馆收藏的一件瓷瓶，似可帮助我们解答这一问题。这件可能为金代河南禹州扒村窑产品的黑地白龙纹瓶，上书"正八"二字（图5）。"正八"即佛教核心教义中的"八正道"——正见、正思维、正语、正业、正命、正精进、正念、正定，意谓八种通向涅槃解脱的正确方法或途径。此瓶显然与佛教有一定关系。我们知道，这种小口颀身瓶，宋人称"经瓶"或"长瓶"，为储酒器。至于带有佛教印记的这种瓶作何之用，我们似乎还说不大清楚。但有学者推测，这种瓶除用作储酒外，还有可能用来贮水。它容积较大，使用时便于抱取，做贮水器也是很合适的。故宫博物院藏有一批这样的北宋黑釉瓶，其中一件刻"天威军官瓶"字样。冯先铭先生认为它们是天威军（他推测为一地方军政机构）的

图4　北宋珍珠地划花"皇帝万岁"铭梅瓶残片
河南鲁山段店窑址采集

图5　金代黑地白龙纹梅瓶　上海博物馆藏

公用器，主要用途可能是贮水（《故宫博物院院刊·建院七十周年特刊》，一九九五年）。其实，不管是贮水还是储酒，这种瓶进入佛家生活都是很有可能的。戒酒虽是佛教基本戒律——"五戒"之一，但佛教徒亦非绝对不可饮酒。在特定场合或特殊情况下饮酒，往往还是被允许的，比如有节制地饮用药酒或以酒作药引等，就不算犯戒；对原本嗜酒，出家后因戒酒而病瘵不调的僧尼，也可适当照顾。唐宋时期，由"圣僧"信仰衍生出以酒供养僧人的习俗颇为流行，部分密教仪轨中也有以酒供祀者（僧人须饮下供奉之酒）。部分僧人不仅饮药酒，还饮一般的酒（参阅刘淑芬《唐、宋寺院中的丸药、乳药和药酒》《中古的佛教和社会》，上海古籍出版社二〇〇八年）。在我国古代，佛教徒中的"酒仙"好像并不少见。杜甫《饮中八仙歌》云："苏晋长斋绣佛前，醉中往往爱逃禅。"苏晋信佛，却仍好酒，常常因醉酒而遁世参禅。《西游记》《水浒传》等古典小说中更有不少出家人饮酒的描写，虽说唐僧师徒饮的多是所谓"素酒"（酒精度较低的酒，如米酒或葡萄酒之类的甜酒），但总归也在违禁之列。"素酒"之于"荤酒"（《水浒传》中鲁智深则不忌"荤酒"），并无本质不同；硬作区分，就好像宋时嗜酒的僧人称酒为"般若汤"一样，不过是"自欺"罢了，或从正面来理解，其意是在调和佛界与世俗——酒戒与口腹之欲关系而已。

　　回头再来讨论铭文与佛教的关系。

　　"万岁"为我国语言文字中独特的政治性专有词汇，自秦汉以来，随着皇权的确立和加强，"万岁"逐渐成为最高统治者的代名词。宋人高承《事物纪原》中说："燕七国时，众所喜庆于君者，皆呼万岁，秦汉以来，臣下对见于君，拜恩庆贺，率以为常。"至北宋时，"万岁"已完全为皇帝所垄断专用。由此可见，那些佛门器用之上的"皇帝万岁"铭，或都是对当时最高统治者——皇帝的"拜恩庆贺"之词。

问题在于，佛教的本旨是出世，主张出家修行，落发为僧，唯佛陀是尊，何以礼敬王者，从俗同呼"皇帝万岁"，佛教与皇帝——皇权究竟是一种什么关系？

对中国佛教历史稍有了解的人都知道，佛教自两汉从印度传入中国后，是依附黄老道术发展起来的。那时，由于对来自异域的佛教尚缺乏认识，一般人都以本土固有的宗教思想——其时盛行的黄老方术思想来解释和理解佛教，把佛教当作黄老道术的一种。佛陀与黄老并提，这种局面持续了一个多世纪。魏晋以来更以老庄解释佛教，称佛教为"释道""佛道"，称沙门为"道人"。佛教中尊崇的"佛"，当时人们理解的就是中国人所奉祀的"神"。《后汉书》卷八十八《西域传》载："世传明帝梦见金人，长大，顶有光明。以问群臣，或曰：'西方有神，名曰佛'。"旧署后汉牟融之名的《理惑论》说得更清楚："佛者，谥号也。犹名三皇神，五帝圣也。佛乃道德之元祖，神明之宗绪。"（此书收入南朝梁僧佑《弘明集》卷一。有关作者及年代，异说纷纭）可见，早年人们所理解的佛，其实就是黄老方士们所供奉的神仙；而为佛徒山呼万岁的"皇帝"，可能最初也是指"三皇五帝"，甚至"谥号"为"佛"者，后来才衍化为"人王"，或"亦佛亦王"。在北朝的佛教造像题记中，就可见到对帝王及其幕僚的谀辞了，如现藏于美国明尼波利斯艺术博物馆的一尊北周观世音石像题记"仰为皇帝、□□、皇□、国公、群聊（寮）百司，四方归服，五谷丰熟，□民安俗"（《文物天地》一九九〇年第三期）。有些石刻和器物上的铭文，还特意在"皇帝"前面加上"当今"二字，以明确所指。此外，在北朝的佛教造像中，还出现了以帝王为化身的"等身像"。佛教与皇权开始融为一体。在中国古代社会，始终是皇权至上；皇权专制体制是历史运转的中枢，皇权统治思想渗透到社会肌体的每个细胞。佛教也只有依附皇权才能生存发展。

在古代印度早期佛教中，伦理道德学说占有很重要的地位。上举"八正道"，就是用来规范人们的思想道德的。而佛教伦理与我国儒家伦理又多有共通之处，如佛教所讲的慈悲忍让，即与儒家仁爱、宽恕、谦让等道德规范基本相通。但也有矛盾的地方，如佛教的"出世"与儒家的"入世"就相互排斥。为消解这一矛盾，佛教就要重新阐释自己的主张。东晋高僧慧远认为，佛教的教化有"在家"与"出家"之别。前者应是奉法的"顺化之民"，理应讲忠孝之道，"辄先奉亲而敬君"；后者虽"遁世则宜高尚其迹"，不应致礼于王者，但如能"一夫全德（得涅槃正果），则道洽六亲泽流天下。虽不处王侯位，亦已协契皇极在宥生民矣"（《沙门不敬王者论》）。这就是说，无论处俗弘教还是出家修行，对于虔诚的信徒而言，都可以最终做到忠孝两全。之后，天台宗从"二谛圆融"思想出发，肯定了儒家所维护的礼法制度。天台宗创始人智𫖮说："礼，法也，各亲其亲，各子其子，君臣撙节，若无礼者，则非法也。"又说："人王至上，即是世间第一义悉檀。"（《法华玄义》）经过这样的阐释，佛、儒伦理便融会贯通了。

唐代是佛教由出世到入世的一个重要转折点。当时的佛教宗派，更加注重调和中国本土文化，以避免与当时社会政治伦理观念相冲突。惠能所创立的新禅宗在这一方面更是有了"突破性或革命性"发展。统治者出于巩固政权的需要提倡和扶植佛教，却也出于同样的需要限制甚至毁灭佛教，"法难"在历史上屡有发生。"三武一宗灭法"（三武是北魏太武帝、北周武帝和唐武宗，一宗是周世宗），对佛教的打击极大。因此，即如前所言，佛教为了生存发展，很自然地要依附于皇权，将皇帝比作佛，并依世俗方式颂之，以争取最高统治者的保护和支持。到了宋代，佛教日益世俗化，其与儒、道二家的关系更加融洽，三教合流，共助王政之教化。宋元明清历代统治者，对佛教总的来说是维护的。天水一朝从前代灭佛的经验中认识到，佛终不可灭，而其教义又有利于巩固自己的统治，所以宋太祖登基后不久即下诏："诸路州府寺院，经显德二年停废者勿复置，当废未毁者存之。"（《续资治通鉴长编》卷一）太宗、真宗等曾多次招请和剃度僧侣，组织翻译佛经并编撰僧史僧传，对各地寺院也屡加赏赐。仁宗对佛陀更是尊崇有加："三皇掩质皆归土，五帝潜形已化尘。夫子域中夸是圣，老君世上亦言真。埋躯只见空遗冢，何处将身示后人。唯有吾师金骨在，曾经百炼色长新。"（重庆大足宝顶山《三圣御制佛牙赞》碑文）这里对佛陀的尊崇已远在三皇五帝和夫子老君之上了。大宋皇帝的此等"功德"颇能笼络人心，在佛徒"皇帝万岁"的咏颂之中也实在包含感恩戴德之意。

"皇帝万岁"更多见于历代佛教造像、绘画、建筑、法器（钟、铃等）和经卷上。一九七六年河南荥阳大海寺遗址出土一尊北宋元丰四年行化释迦牟尼石立像，其基座上题刻："惟佛示菩提相，蕴慈悲愿，作天人师，救众生苦……愿自身清吉，家道荣昌，灾祸清除，福寿延永。"最醒目的是榜首四个大字"皇帝万岁"（图6，《文物》一九八〇年第三期）。南宋范成大《吴船录》，在记述他游谒峨眉山白水普贤寺见闻时写道："经帟织轮相铃杵器物，及'天下太平''皇帝万岁'等字于繁花缛叶之中，今不复见此等织文矣。"经卷上多见刻"皇帝万岁"牌位者，如明刊本《销释真空扫心宝卷》、清代《重刻观世音菩萨本行经简集》（宋天竺普明禅师编集）等。

当然，随着佛教的日益本土化和世俗化，佛与儒、道二家进一步合流，佛教已不再需要过多借助皇权来发展壮大自己的势力，"皇帝万岁"的咏颂也不再像过去那般狂热（上引《吴船录》中，对寺院经帟上"皇帝万岁"等字样纹饰，即有"今不复见"之说）。佛教与"皇帝"及上层统治集团的关系中也融入更多道德伦理的

图 6　北宋"皇帝万岁"碑文拓片

成分——上举明末清初的"皇帝万岁"铭瓷器，或正反映了这种关系。佛教不断地接受、利用中国的文化价值观念，并根据社会政治经济环境改造、调整自己，虽屡经挫折却能代代传承，说明它有很强的适应力和韧性。余英时先生在《士与中国文化》一书中也曾讨论过佛教伦理"入世转向"问题，他的结论是："宗教并不能真正离俗世而存在，故任何宗教都有其俗世史的一面，佛教当然不可能是例外。"（上海人民出版社一九八七年，页457）在这方面，"皇帝万岁"铭瓷器可说是一个小小的例证吧。

一九九九年十二月初稿，二〇一一年九月二稿，二〇二〇年六月三稿

附 注

《天童寺藏明末清初三件纪年青花瓷器》一文，根据崇祯八年青花炉题记中"喜奉炉瓶一付（副）"字样，将该炉定名为"炉瓶"，并认为是寺庙供香客饮水用器。这样定名和解释似有误。"副"是指成套的东西，"炉瓶"则为香炉、花瓶的缩写。广东省博物馆藏有一件同样造型的青花炉，其题记中即明确写成"喜奉香炉花瓶一副"（《广东省博物馆藏陶瓷器选》图一三七）。

附录一　新发现的北宋"皇帝（王）万岁"铭纪年瓷器

近年发现两件完整且有纪年的北宋"皇帝（王）万岁"铭瓷器，简介如下：

"皇祐二年"珍珠地划花塔式瓶　高34.5厘米，颈部刻铭一周："皇祐二年七月二十三日博士史兴一愿皇王万岁重臣千秋文武百僚常居禄位"（图7）。北京古道艺术

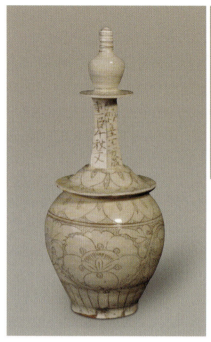
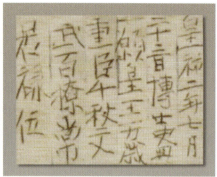

图7 "皇祐二年"珍珠地划花塔式瓶及铭文
北京古道艺术品有限公司藏

品有限公司藏,收入由翟氏有限公司制作的二〇一二年香港国际古玩展"场刊"。

"皇祐三年"白瓷枕　束腰方形,枕面刻不规则的水波纹。长约17厘米,高9厘米。两端分别刻:"国泰人安　皇帝万岁""皇祐三年"。"中华古玩网"二〇〇八年十一月上传,似为私人藏品。

这两件瓷器,或也与佛家有关。前者状如喇嘛塔,自是佛器,即供奉舍利之用(喇嘛塔多作舍利塔和僧人墓塔);后者为消夏寝具,普通人可用,佛家自然也可用。

珍珠地划花瓷器,过去所见纪年器中年代最早者为大英博物馆藏"熙宁四年"

（一〇七一）铭长方形枕。而今这一年代已被"皇祐二年"（一〇五〇）盖瓶刷新。

二〇一二年十二月五日

附录二　近年经眼的"皇帝万岁"铭陶瓷

北宋灰陶狮子熏炉（图8）。由炉膛和狮纽炉盖两部分组成，通高25厘米，炉盖刻铭一周："皇帝万岁侍中千秋炉烟暧叇岁稔田稠"。郑州大象陶瓷博物馆藏。

北宋段店窑珍珠地划花如意形枕（图9）。枕面珍珠地开光内刻铭"皇帝万岁"，旁侧饰莲花纹。刻铭与上文所示段店窑址发现的梅瓶残片上的如出一辙，枕墙剔刻缠枝菊纹亦与段店窑同类制品相同。开封市博物馆藏。

此外，深圳望野博物馆也有一件相关藏品，即北宋景祐二年（一〇三五）款珍珠地划花塔式瓶（图10）。此为组合器，状如喇嘛塔，顶部刻铭一周："奉为皇王□□□家国永安景祐贰年拾月□日"。山西征集。主体部分造型与工艺与前面介绍的"皇祐二年"瓶大体相同，知其或为同一地区产品。只

图8　北宋灰陶"皇帝万岁"铭狮子炉
郑州大象陶瓷博物馆藏

图 9　北宋段店窑珍珠地划花"皇帝万岁"铭如意形枕
开封市博物馆藏

是,由"景祐二年"瓶推知,"皇祐二年"瓶原本亦为组合器,塔顶以下缺失。而更值得注意的是,"景祐二年"瓶年代更早,珍珠地划花瓷器纪年被再次刷新。

二〇二〇年六月五日

图 10　北宋景祐二年款珍珠地划花塔式瓶
深圳望野博物馆藏

宋代官窑的经济话题

据文献和考古资料推知，我国古代由中央政府直接设立、专门或主要为宫廷生产瓷器的"官窑"，约出现于北宋末年。相关记载最早见于南宋叶寘《坦斋笔衡》和顾文荐《负暄杂录》[1]。两书所记大同小异，可视为同源史料。兹录《笔衡》如下：

> 本朝以定州白磁器有芒不堪用，遂命汝州造青窑器，故河北唐、邓、耀州悉有之，汝窑为魁。江南则处州龙泉县窑，质颇粗厚。政和间，京师自置窑烧造，名曰官窑。中兴渡江，有邵成章提举后苑，号邵局，袭故京遗制，置窑于修内司，造青器，名内窑。澄泥为范，极其精致，油色莹彻，为世所珍。后郊坛下别立新窑，比旧窑大不侔矣。余如乌泥窑、余杭窑、续窑，皆非官窑比。若谓旧越窑，不复见矣。

[1] 两书均已失传，相关内容分别收入元人陶宗仪《南村辍耕录》（卷二九）和《说郛》（卷一八）。

在京师官窑设置之前，定窑和汝窑先后奉命烧造贡瓷。此外，史料中还可见到北宋时越州、耀州等地土贡瓷器的记载。北宋前期，宋廷设有"瓷器库"。"瓷器库在建隆坊，掌受明、越、饶州、定州、青州白瓷器及漆器以给用，以京朝官三班内侍二人监库。宋太宗淳化元年七月诏瓷器库纳诸州瓷器，拣出缺纹数目等第科罪。"[2] 库中瓷器，有些是常贡品，如越窑瓷器，有些可能是地方官为买好朝廷主动送纳的，而更多的还应是宋廷以诏敕形式宣索而由地方"上供"（上贡）获取[3]。这一时期的贡瓷，从咸平三年（一〇〇〇）河南巩义宋太宗元德李后陵出土的越窑"秘色"瓷和定窑"官"款白瓷等，即可略见一斑（图1、图2）。宋代的"贡窑"，一般都是当时较知名的民间窑场，它们除生产贡瓷外，主要产品还是民用商品瓷。而且它们生产的贡瓷，一部分次品也会作为商品进入市场流通。譬如，宋人周煇《清波杂志》说汝窑"惟供御拣退，方许出卖……"，目前在汝窑究竟是贡窑还是官窑（中央或地方官府自置窑场）的问题上，学界还有不同认识。但从周煇所记汝瓷"供御拣退"后还可出卖的情况看，其属性显然不是官窑。官窑作为官营手工业的一部分，基本上是自然经济性质的，即产品直接进入官方消费过程，而不投入市场。

官窑设置的时间，文献记载是在北宋末政和间（《负暄杂录》则记为"宣政间"）。宫廷为何要"自置窑烧造"，难道只是为了显示所谓"风雅天子"的高雅趣味和皇家的豪奢尊贵吗？从传世和出土的汝窑以及南宋官窑瓷器看，器类主要包括祭器以及日用的食器、酒器、茶器、香器、花器等。宫廷置窑烧瓷，显然还是为了满足自身不断增长的对高档瓷器的需求。瓷器属耐用消费品，若无大量日常所需，宫廷恐怕是不会无视成本而自行烧造的。宋代在服饰、宅室、交通工具和器用等方面，虽都有严格限制，"俾间阎之卑，不得与尊者同荣；倡优之贱，不得与贵者并丽"[4]，但在商品经济的

2 《宋会要·食货》五二之三七。
3 "上供"是指地方财赋应上缴中央的那一部分。对此，中央有权支配。"上供"可以是钱币、金银、珍宝，也可以是粮食、布帛和土特产等。唐宋时期，宫廷消费品即主要来自"上供"。
4 《宋史》卷一五三《舆服志》。

图1 越窑青瓷线刻云鹤纹套盒
北宋咸平三年（一○○○）巩义太宗元德李后陵出土

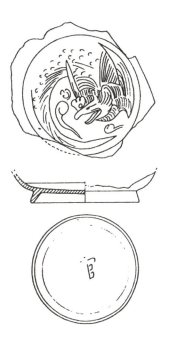

图2 定窑白瓷"官"款划花凤纹盘残件
北宋咸平三年（一○○○）巩义太宗元德李后陵出土

冲击下，等级制的某些规定不断被僭越。真宗时，"京师士庶，迩来渐事奢侈，衣服器玩，多镕金为饰，虽累加条约，终未禁止"[5]。前面已提到，汝窑被宫廷拣退者可以出卖。宫廷瓷器库的拣退品，由"行人估价出卖"[6]亦是如此。可见，瓷器的官、民界限，在宋代社会生活中可能并不像我们意想的那么森严。

宋廷对手工业的依赖性是很大的，这可从两方面看出：其一，宋代官营手工业高度发达。宋代官营手工业是隶属政府的各式手工作坊、场务等，主要生产宫廷、军队

---

5 《续资治通鉴长编》卷六八，大中祥符元年二月。
6 《宋会要·食货》五二之三七。

以及各级官府所需物品。宋廷设有工部,而直接的管理则由政府另设少府监、将作监、军器监职掌,这些机构都有各自管理的手工作坊。主要服务于宫廷消费以及宫廷对外活动的生产部门,如少府监下属的文思院、绫锦院、染院、裁造院和文绣院等,都有相当规模。文思院掌管的多是金银犀玉等工巧之物制作,以供皇家舆辇、册宝、法物等器服之用,此外还有绣作、缂丝作、裁缝作、藤作、丝鞋作等,作坊多达三四十个。庞大的官营手工业构成一个较完备的生产体系,通过它们,宋廷基本可满足其生活消费及部分军事所需。其二,宗戚、官僚以及宫中嫔妃、宫女、宦官等人数日益膨胀。北宋初期,宗室人数甚少,不过数百人而已,至北宋末,增长数十倍。靖康之祸,尽管大批宗室沦为金朝的阶下囚,逃到南方的宗室人数仍不少。据宁宗嘉定三年统计,当时,吏部"四选"官员"名籍"共三万八千余员,而宗室补官者加"宗女夫"共四千二百余员[7]。虽然宋廷对宗室有种种禁约,但其加官晋爵者,政治地位及经济收入往往高于一般官僚。对此,司马光有论:"宗戚贵臣之家,第宅园圃,服食器用,往往穷天下之珍怪,极一时之鲜明。惟意所致,无复分限。以豪华相尚,以俭陋相訾。"[8] 宋朝官员的人数,随着官僚机构的膨胀也愈来愈多,真宗时有官一万余员,仁宗皇祐年间,增为两万余员,至北宋末达四万一千余员,而且还未将高层的文臣武将包括在内[9]。到南宋时,尽管辖地丧失五分之二,官员冗滥之弊却沿而未改。宋代官员的收入,除俸禄外,还有茶酒厨料、薪蒿炭盐诸物之给,中高级官员的收入相当丰厚,使其完全居于养尊处优的地位。如此庞大的宗亲官僚阶层,对高档消费品的需求之大,是不难想见的。就瓷器而言,如果再加上祭祀、陈设和礼送等用瓷,所需就更为惊人。这正是宋代官窑产生的一个重要原因。

至此,前面讨论中所隐含的一个问题就不能再回避,即宋廷为何要舍弃汝窑。据陈

---

[7] 《建炎以来朝野杂记》乙集卷一四《嘉定四选总数》。
[8] 《司马文正公传家集》卷二五《论财利疏》。
[9] 参看朱家源、王曾瑜《宋朝的官户》,见《宋史研究论文集》,页7,上海古籍出版社一九八二年。

万里先生的考证,汝窑奉命烧造宫廷用瓷的时间,大概介于哲宗元祐元年(一〇八六)至徽宗崇宁五年(一一〇六)约二十年间[10]。这个时间仅比官窑的出现略早一点。既然汝窑工艺精良(《坦斋笔衡》中有"汝窑为魁"之评价),那么弃此而另立新窑,这作何解释呢?汴京官窑遗址迄今尚无发现,传世品中所谓汴京官窑瓷器也就无法从窑址上取证。古代文献中虽谈到汴京官窑,但惜乎不详。于是有学者开始怀疑它的存在,认为文献中"京师自置窑烧造"的所谓官窑,实指汝窑;"京师"是指朝廷而非汴京。汴京不具备建窑烧瓷的自然条件,如没有烧瓷的主要资源瓷土和燃料等;宫廷曾先命汝州烧造贡瓷,而后自置官窑烧造,即所谓的"官汝窑"[11]。然而问题似乎没这么简单。正如不少历史疑案一样,这或许也是一个"既不能信其必有,也不可证其必无"的案例。虽有难以消释的疑点,但也有无法推翻的"信据"。就这个话题,不妨稍加展开。

首先,《坦斋笔衡》中那段记载,文义贯通,条理、概念清楚,京师分明是指置窑地汴京无疑(否则,"袭故京遗制,置窑于修内司"一句即与上文乖违矣)。其次,京师自置窑烧造有一定的基础和条件。汴京一带素有烧窑传统,官营手工业中的东、西窑务,即是专门烧造砖瓦等建筑材料的生产机构。景德四年,东、西窑务曾一度停废,而置务于河阴(今河南荥阳北),大中祥符二年,因修玉清昭应宫,复置东窑务于陈留(今开封东南),同时在京城西复置西窑务。窑场中有瓦匠、砖匠、装窑匠、火色匠、青作匠、合药匠等不同分工。在京窑务岁用柴六十万束,"与石炭(煤)兼用",其煤炭是从河北的怀州(州治在今河南沁阳)九鼎渡、武德镇收市,然后用船运到京城[12]。官办的广备指挥所下属生产机构中,亦有砖作、瓦作、青窑作等。可见,早于徽宗百十年前,京畿地区的官营窑业在烧造砖瓦的同时,就已有"青窑器"的生产了。其实,在窑业具有相当基础和规模的京城一带,通过从邻近的京西、河北等地

10 陈万里《汝窑之我见》,《文物参考资料》一九五一年第二期。另,叶喆民根据文献中有关河南宝丰及汝窑所在地大营镇历史沿革的记载推测,汝窑的鼎盛期大体在元祐元年至宣和末年,即哲宗、徽宗时期。参见叶喆民《汝窑廿年考察纪实》,《中国陶瓷》一九八七年第六期。
11 李辉柄《宋代官窑瓷器》,页16—27,紫禁城出版社一九九二年。
12 参看周宝珠《宋代东京研究》第五章,页328,河南大学出版社一九九二年。

调运制瓷原料、差雇窑工而烧造，并非难事。今天某些陶瓷产地因本地原料告缺或本来就不产原料，依靠从外地购运，依然能够生存和发展。谈到这个情况，或有必要做一提醒：按今天城市学家的说法，北宋东京是一个正在向"近世化"都城转变的"超级大都市"，或可称为一架"巨型商业机器"。城市功能的转变，意味着商品经济已取代皇权政治而成为决定城市发展的主要动力。在文献记载"京师自置窑烧造"的北宋末年，东京的城市人口已高达一百五十万左右[13]。而且至迟从仁宗时开始，宵禁与坊制日渐废弛，店铺和手工作坊遍布各个角落，就连平日庄严肃穆的皇家寺院大相国寺，也变成了每月八次开放的集市，整座城市弥漫着浓厚的商业气息。因此我们有理由相信，维系这架巨型商业机器强力运转的各个部件及其整体机能自是相当完备和灵活的。由此看来，所谓"汴京不具备建窑烧瓷的自然条件"的疑虑，是不是有点多余？再次，汴京官窑瓷器多已失散或混迹于汝瓷之中亦未可知。靖康之难，宋室南逃，覆巢之下无完卵，船运物资悉被金兵掠走，官窑瓷器大都散失。而北宋东京城也早已深陷黄河泥沙之下，官窑及其遗物被发现的可能性自然很小[14]。这样解释或不悖情理。当然，汴京官窑瓷器的湮没无闻，或有另一种可能，即其传世器与汝瓷相混而难以甄定。一九八〇年代以来，开封本地即有人仿制所谓北宋官窑瓷器，而有的则直接从当今仿古瓷基地河南禹州引进技术人员以及制瓷原料和烧成技术。据当年考察过开封仿官瓷器烧造的禹州著名钧瓷艺人晋佩章先生相告，开封仿官水准虽不如禹州，但也有佳者，其与禹州仿品不相上下，难以区分。由今及古，假若汴京官窑从汝州引进原料、技术和工匠而就地烧造，那么也就有可能造成"官汝不分"的情况。从上引《坦斋笔衡》的记载来看，两宋官窑在器物成型工艺上的一个共同点就是"澄泥为范"（即以陶范成型），而这一工艺的直接源头可追溯到汝窑（图3、图4）。再将汝瓷与今

13　程子良、李清银《开封城市史》，页89，社会科学文献出版社一九九三年。
14　历史上开封城曾七次被淹，其中明崇祯十五年和清道光二十一年的两次特大水患，更使开封城遭受灭顶之灾。经考古实测，北宋东京城遗址距今地表约八米至十米深。

图3　汝窑陶模残件　宝丰清凉寺汝窑遗址出土　　　　图4　汝窑青瓷碗（模制）　宝丰清凉寺汝窑遗址出土

天面目已基本清楚的杭州郊坛下南宋官窑瓷器加以比较，也会发现后者无论在形制、釉色还是装烧技术上都直接受到前者的影响（图5）。这样就不难推知，处于汝窑与南宋官窑之间、工艺技术上承汝窑的汴京官窑，产品特征也一定与汝窑相近，"官汝不分"是完全可能的。总之，汴京官窑问题并不简单，不可轻易否定它的存在。在庞大的宗亲官僚阶层挥霍无度的北宋末年，京师自置窑烧瓷，是不足为怪的。而舍弃汝窑的问题，或许也可从经济方面寻得答案。

　　大致从唐代中期以来，手工业的发展出现了一个显著变化，这就是独立手工业发达起来了，如制瓷、冶炼、造船、绫绢织纴刺绣等等，都已出现专业化的作坊，

图5　南宋官窑青瓷盘
杭州郊坛下窑遗址出土

它们与农业相分离，摆脱了家庭副业的从属地位。入宋以后，独立手工业更是得到飞快发展。独立手工业纯属商品生产，它的生产资料、生活资料以及劳动力，不能用经济的强制手段去取得，而只能通过市场来解决。在当时的社会中，勋戚贵胄和达官贵宦，没有市场也能一样奢侈地生活，而那些地位卑微的民间工匠却离不开市场，不进行交换便无法度日。实际上，在商品经济发达的唐宋，统治者对独立手工业已不能完全予取予求。独立手工业是国家的重要税源，因此也受到政府的扶持和保护。史料中有关这方面的实例不少，如自宋真宗大中祥符九年起，朝廷发内藏库钱高价收购京东绸绢，"时青、齐间绢直八百，绸六百，官给绢直一千，绸八百，民极以为便。自是绸绢之直日增，后数岁遂皆倍于昔时"[15]。官府的这种优待，目的还是为了培育税源，增加收入。在国计民生中，制瓷虽算不上举足轻重的行业，但其产品为日常生活所必需，因此为历朝统治者所重视。特别是唐宋时，"钱荒"严重，铜材料短缺，国家屡禁民间用铜制作生活用器，故制瓷业得到鼓励，很快繁荣起来。北宋两京周围，窑业最为发达；地处京师腹地的今河南省中部一带，更是窑口密集，形成一个规模惊人的瓷区。在宝丰清凉寺与鲁山段店之间，瓷窑连绵数十里，故当地至今还流传有"清凉寺到段店，一天进万万（贯）"的民谚。瓷器生产和交易也是政府的税源之一。山西介休洪山镇源神庙内立于北宋大中祥符元年的源神庙碑，碑文谈及此地瓷业之盛，碑阴题名者有"瓷窑税务任韬、前瓷窑税务武忠"[16]。据方志记载，五代末期，定窑所在地已有政府派出的瓷务税使[17]。宋元丰五年，官府在饶州景德镇设"瓷务博易务"[18]，这个机构也可能兼收商税[19]。查阅南宋蒋祈《陶记》有关税收的记载，当时景德镇瓷业的税收达十余种之多。"官籍丈尺，以第其税"，"兴烧之际，按籍纳金"。税金征收于烧窑之前，窑炉越长税金越多。这一税制导致景德镇传

15　《续资治通鉴长编》卷八六，大中祥符九年正月壬申。
16　吴连城《山西介休洪山镇宋代瓷窑址介绍》，《文物参考资料》一九五八年第十期。
17　《重修曲阳县志》卷六《山川古绩考》，光绪三十年刊本。
18　《宋史》卷一八六《食货志》。
19　《岭外代答》中有钦州城博易官征税的记载。见《岭外代答》卷五《财计门》："……博易官止收吾商之征。"

统的龙窑不断缩短,以减少因烧窑失败所带来的损失。宋代财政收入常计以贯、担、匹、两,夏秋两税绝大部分以粮食布帛等实物折纳,并非纳钱。政府所需的民间手工业品,常以"和买"取得。《宋史》卷一七五《食货志》称:"宋承前代之制,调绢、䌷、布、丝、绵,以供军需,又就所产折科、和市,……诸州折科、和市,皆无常数,唯内库所需,则有司下其数供足。"折科是将赋税折变成䌷、绢等缴纳;和市(和买)是由官府按价直接向民间购买。官营手工业所用原料也由过去强令地方进贡而改为向民间和买了。对于一般民营窑场而言,瓷器赋税也很可能多以实物折纳。所谓"贡瓷",本质上即属于实物税。其赋税方式,应是由地方官府自"民产"中购买后折变为地方赋税的一部分供奉朝廷。

既然贡瓷也带有某些商品性质,那么它就要在赋税和交换中实现一定的价值。汝窑"内有玛瑙为釉",部分产品"澄泥为范",工艺极精;其"薄而细润,透釉处微现'铜骨'"的天青釉的烧成,是一个技术较复杂的过程,须选取优质原料配釉并控制好每个烧成阶段的温度、气氛以及冷却过程的变化。从明清以来景德镇和河南等地的仿烧情况看,汝瓷最难仿,比仿定、耀、钧等瓷器的难度大得多。清凉寺汝窑遗址发现后,我曾两次前去考察。遗址上各类青绿釉(豆青)、白釉、黑釉、钧釉和三彩等瓷器破片随处可见,只有天青釉汝瓷标本极难觅得,而且它可能被发现的范围很小。在河南省文物考古研究所先后三次对汝窑遗址进行的考古发掘中,天青釉汝瓷发现也较少,大量出土的还是其他各类民用瓷。这一切似足以表明,汝窑天青釉产品由于工艺复杂,产量可能不高,故难以满足宫廷大量需求;或还由于它生产成本高,价值不菲,朝廷或地方官府也不便大批征购。在徽宗即位后,由于奢侈浪费,财政上很快就陷入困境,一年的全部财赋收入只能供八九个月的支用。即如政和间户部侍郎范坦所言："户部岁入有限，支用无穷，一岁之入，仅了三季，余仰朝廷应付。今岁支遣，较之去年又费百万。"[20] 为此，朝廷不得不采取一些开源节流措施，如崇宁五年一度下令裁减政府机构，大观三年又取消各路州军贡品四百四十余种[21]，等等。在这样一个背景下，中央政府于京师自办窑务，招募可能包括汝窑工匠在内的民工，役使厢军兵士，为宫廷烧制瓷器，以弥补汝窑等贡瓷的不足，也就不难理解了。我推测，官窑设置之后，汝窑一时并未被完全取代，而是在生产民用瓷的同时，继续烧造一部分贡瓷。正像定窑"失宠"后，仍为宫廷机构"尚食局""尚药局"等烧造瓷器（时间约在北宋末年，图6），并未完全停止"上供"一样。

在封建社会中，官营手工业与民间手工业这两种性质不同的经济，常常是互为消长的。官营手工业是统治阶级赖以存在的经济支柱之一，其生产资料、生活资料均来自官府的贡赋（图7），产品直接进入官方的消费过程，而不投入市场。因而可以说，官营手工业基本上是自然经济性质的。宋代官营手工业在用工上有个特点，就是大量役使士兵。官营手工业的工匠来源复杂，大致分为军匠、征发匠和招募匠三类，此外还有部分罪犯充役。宋代实行募兵制，军队靠赋税养活。禁军供战守，厢军供杂役。厢军的俸给极低，基本上只有极少的口粮而无俸给，唯给酱菜钱和食盐而已[22]。而凡役作、工徒、营缮等，均由厢军承担，厢军实际上是被雇用的廉价劳动力。在技术性的专门作坊中，他们一般从事辅助性的劳动。瓷器生产，工序较繁，《天工开物》在谈到明代景德镇制瓷情况时说"共计一杯之工，过手七十二，方克成器"。在辅助性劳作中，诸如粉碎和淘洗瓷土、搬运坯件、运送燃料、装窑出窑等，是相当繁重的。南宋修内司，领有雄武兵士千余人，掌管皇城内宫省垣宇的修缮。有学者推测，修内司官窑之所以要设到修内司营中，是为了让雄武营兵士提供力役。基于同样的原因，代

---

20 《宋史》卷一七九《食货志·会计》。
21 《宋史》卷一七九《食货志·会计》载："大观三年，罢诸路州军见贡六尚局供奉物名件四百四十余，存者才十一二，减数十二，停贡六。"
22 《宋史》卷一九四《兵制·廪禄之制》。

图6　定窑白瓷"尚药局"款刻花龙纹盒　杭州出土
浙江省文物考古研究所藏

图7　南宋官窑"大宋国物"垫饼
杭州郊坛下窑遗址出土

之而起的郊坛下官窑，可能仍是设于雄武营中[23]。南宋官窑"袭故京遗制"，由此也可推知北宋汴京官窑的情况。对于颇费工力的瓷器生产而言，官窑这种半军事化组织与管理的窑场，在工效与生产成本上的优势应大于民窑。这恐怕是宫廷设置官窑的最深层原因。官窑生产虽是非商品性的，但它的产品可能在一定消费层面上挤占民窑的市场，所以官窑的产生，也可视为官营经济向民间经济"夺利"的表现。

　　今人讲宋官窑，往往要讲到"风雅天子"赵佶的高雅趣味，讲到皇家的豪奢尊贵。讲来讲去，官窑也就被美化和神化了。其实，官窑制度的建立，说到底还是一种经济现象，尽管它与皇权礼仪规制和"宫廷美学"不无关系。从这个角度观察，可能会更接近于历史真实。

一九九八年三月初稿，二〇一〇年六月改定

23　李民举《宋官窑论稿》，《文物》一九九四年第八期。

补 记

自一九八七年至二〇〇一年，清凉寺汝窑遗址已先后经过八次考古发掘。在二〇〇〇年第六次考古发掘中，终于发现天青釉类汝瓷集中烧造区。其发掘面积达两千余平方米，出土一大批"御用汝瓷"，并清理出窑炉、作坊、澄泥池、釉料坑等遗址。这表明其时的"御用汝瓷"生产已有专门区域和作坊。这也便是过去窑址其他区域及地层表面很少发现汝瓷遗存的原因所在。有种意见认为，对落选品集中处理的做法，符合官窑制度，因此清凉寺汝窑具备了官窑性质，即该窑可能正是文献中记载的北宋官窑。不过，也有学者著文指出，从考古发掘到文献记载来看："废次品打碎后掩埋不是官窑的一种制度，而是官窑废次品处理的一种极个别现象。一是我们在官窑遗址中并没有看到这种现象，不管是郊坛下官窑、已被基本认定为修内司官窑的老虎洞窑址，还是明清景德镇御器（窑）厂，并没有见到此类现象。二是文献中也没有此类的明确记载。"（沈岳明《"官窑"三题》，《故宫博物院院刊》二〇一〇年第五期）

二〇一二年十一月

史实与人事

龙泉贡瓷寻踪

宋人庄季裕《鸡肋编》卷上载："处州龙泉县……又出青瓷器，谓之秘色，钱氏所贡，盖取于此。宣和中，禁庭制样须索，益加工巧。"在有关龙泉窑的古代文献中，此段文字或属最早。只是，由于《鸡肋编》经后人传抄和增补而多有疑误，所言龙泉窑曾为吴越钱氏烧造"秘色"贡器和宣和年"制样须索"的情况也都未能得到考古证实，故有学者认为这个记载可信度不高。我过去亦持这种看法。然而，随着近年来一些新资料的问世，龙泉"秘色"及"制样须索"问题或有重新审视的必要。

在新发现的资料中，有件据传出土于龙泉金村窑址（一说龙泉大窑岙底窑址）、现藏于私人之手的四系罐残片，尤为重要。该残片淡青釉色，釉下刻款"天福元年重修窑炉试烧官物大吉"[1]。天福是后晋高祖石敬瑭的年号，天福元年即公元九三六年，其时吴越国世

---

1 此残片的引证文章已见到多篇，其中对款识的记述略有出入。本文依据叶英挺《龙泉窑青瓷新论》一文，参叶英挺编著《中国古陶瓷——龙泉窑》，页8，人民美术出版社二〇一三年。

宗文穆王钱元瓘在位。我们知道，自武肃王钱镠起，吴越国历代都向中原王朝进贡"秘色"瓷器。今天已知，这些"秘色"瓷器大都是慈溪上林湖等地区越窑产品。不过，如果上述"天福"款残片能得以确证，也就不能不说，自天福元年以来，龙泉可能也有"官物"烧造。而从釉色上看，这个"官物"应当就是钱氏所贡的"秘色"瓷器。如此说来，《鸡肋编》的记载似非子虚。

那么，龙泉"秘色"究竟是何面目，除"天福"款残片外，有无更多遗物发现呢？从窑址考古资料看，约在北宋早期，龙泉金村、庆元上垟等窑场开始烧造一种淡青釉产品，其胎骨细白，釉层薄而透明，大多满釉，采用泥点加垫圈支烧，装饰手法以细线划花（又称"线刻"）为主，制作较精细，产品有碗、盘、执壶、托盏、盒、罐、瓶（罂）等。而今根据新发现的资料观察，这类青瓷的年代或可早到十世纪前半，即五代后晋时期；龙泉"秘色"应当就是指这类青瓷。至于五代宋初遗物，也已有学者举证：一是上海博物馆藏"太平戊寅"（九七八）款刻花莲瓣纹盘口瓶（图1）。该器过去一直被认为是越窑制品，但从造型和装饰特点上看，应属龙泉青瓷。上海博物馆已对此做了更正。二是龙泉及其邻近地区出土的淡青釉瓷器，如龙泉查田乡墩头村出土的刻花莲瓣纹五管瓶、双系盘口瓶、六棱腹盘口执壶（图2—图4），丽水市缙云县出土的划花执壶（图5）等。三是一

图1 "太平戊寅"（九七八）款刻花莲瓣纹盘口瓶 上海博物馆藏

批新披露的散落民间的淡青釉瓷器,如丽水处州青瓷博物馆藏贴塑鸳鸯耳盘口瓶、双系刻划花梅瓶,上海世华艺术馆藏划花蕉叶纹注碗(一副)、贴塑鸳鸯耳喇叭口执壶等(图6—图9)。这种龙泉窑淡青釉瓷器在浙江省博物馆也有收藏(图10、图11)。

从上述看,龙泉"秘色"已有一定数量,整体面貌也已初步显现。而且,以此为参照,我们还可将一些原本判定为越窑的青瓷藏品来一个正本清源,还其真面目。如拙著《宋辽金纪年瓷器·越窑》一章收录的刻花莲瓣纹鹦鹉纽瓶(图12),比对丽水处州青瓷博物馆相同式样和装饰的藏品(图13),即可发现二者如出一辙,当为一地烧造,即均属龙泉制品。还如拙著彩图34所示"越窑青瓷刻花盘口罂"(图14),现

图2　淡青釉刻花莲瓣纹五管瓶
龙泉墩头出土

图3　淡青釉双系盘口瓶
龙泉墩头出土

图4　淡青釉六棱腹盘口执壶
龙泉墩头出土

图5　淡青釉划花执壶　丽水市缙云出土　　　图6　淡青釉鸳鸯耳盘口瓶　丽水处州青瓷博物馆藏

图7　淡青釉双系刻划花梅瓶　　　图8　淡青釉划花蕉叶纹注碗（一副）　　图9　淡青釉鸳鸯耳喇叭口执壶
丽水处州青瓷博物馆藏　　　　　上海世华艺术馆藏　　　　　　　　　　上海世华艺术馆藏

 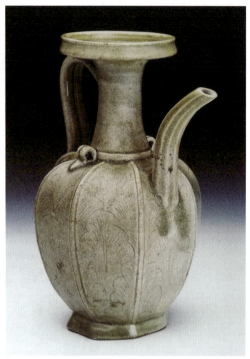

图 10　淡青釉划花如意云气纹梅瓶　浙江省博物馆藏　　图 11　淡青釉划花盘口执壶　浙江省博物馆藏

图 12　淡青釉刻花莲瓣纹鹦鹉纽瓶　　　　图 13　淡青釉狮纽蟠龙瓶　丽水处州青瓷博物馆藏

图14 淡青釉刻花莲瓣纹盘口器
深圳私人藏

在看来亦属误判,实则都可能是龙泉"秘色"制品。

不过,问题并未最后解决。比如说,上海博物馆"太平戊寅"款盘口瓶究竟是龙泉窑还是越窑制品,目前或仍是未定之论。首先,这类刻有"太平戊寅"款的青瓷还从未在越窑以外的窑址和制品中发现过。上海博物馆的这件假定真的是龙泉窑制品,它也只是个孤例。而"太平戊寅"款越窑青瓷则不但见于早年出土品,更见于上林湖、古银锭湖地区多个窑址发掘资料。在今天的古陶瓷鉴别和研究中,"太平戊寅"刻款似已成为特定历史时期(吴越归宋前后)越窑青瓷的一个特有符号了。再者,上海博物馆"太平戊寅"款盘口瓶釉色偏黄,与同时期越窑制品相同,而迥异于此时可能已流行的龙泉淡青釉瓷器。可见,在对上海这件藏品的窑口判断上,似乎还颇费踌躇。

值得注意的,还有淡青釉瓷器的流行时段问题。从上举该品种的典型器看,有的年代确乎较早,如缙云出土的划花执壶、上海世华艺术馆藏划花注碗等。根据相关编年资料,它们的流行年代主要集中在十世纪中后期,即五代宋初。处州青瓷博物馆藏贴塑鸳鸯耳盘口瓶、上海世华艺术馆藏贴塑鸳鸯耳喇叭口执壶等,也带有某些五代宋初的装饰特征,如成双成对的鸳鸯装饰多见于唐五代金银器、玉器等。五代吴越国康陵和吴越国归宋前夕兴建的雷峰塔地宫等都有这种装饰的器物出土(图15)。不过,上举器物中有的年代则可能偏晚,如墩头村同出的刻花莲瓣纹五管瓶、双系盘口瓶和六棱腹盘口执壶等。其中双系盘口瓶的断代,已有现藏于大英博物馆的北宋"元丰三

图15 杭州雷峰塔地宫出土的鎏金银垫上的鸳鸯装饰（局部）

年"（一〇八〇）款双系盘口瓶可资推求（图16。大维德基金会旧藏）。此外，丽水处州青瓷博物馆也藏有一件刻"壬寅"款的双系盘口瓶（图17）[2]。根据大英博物馆"元丰三年"纪年器推断，此"壬寅"当为嘉祐七年，即公元一〇六二年。由此可知，双系盘口瓶以及同出的五管瓶和六棱腹盘口执壶等也大抵为龙泉窑北宋中后期制品。此亦表明，淡青釉品种的烧造可能持续了一个较长时间（约一世纪左右），而非像过去所认为的仅流行于"五代十国末到北宋中期偏早的几十年间"[3]。早晚不同阶段的制品，工艺上应存在一些差别。只是由于可资对比的实物还较为有限，目前尚难细加区分。初步观察，早期产品在装饰上更多受越窑和瓯窑影响，喜用凸雕和细线划花，而晚期产品则趋于简化，盘口瓶等多在肩缘与腹部堆贴水波纹一周，这明显又是借鉴了婺州窑的装饰手法。还如在釉色上，早期产品多见青翠者，而晚期产品则普遍偏灰。

2 叶英挺编著《中国古陶瓷——龙泉窑》，图12。
3 朱伯谦《龙泉窑青瓷概述》，见《中国龙泉窑青瓷》，页13，浙江摄影出版社一九九八年。

图16 元丰三年（一〇八〇）款
双系盘口瓶 大英博物馆藏

图17 淡青釉"壬寅"款双系盘口瓶
丽水处州青瓷博物馆藏

当然，上述问题的存在并不影响我们对北宋龙泉青瓷发展基本脉络和面貌的认识。北宋中后期，淡青釉瓷器虽仍有生产，但作为一个品种来看，可能已远非主流。这一时期直到南宋前期，龙泉窑的主流产品釉色明显变深，一般呈青绿色，有的泛灰或青中带黄。胎呈灰或浅灰色，刻花并辅以篦点或篦划的装饰手法十分盛行，图案有莲瓣、蕉叶、团花、波浪等。产品更为丰富，除龙泉特有的多管瓶和盘口瓶外，刻花装饰的碗、盘、罐、盒、经瓶等也颇为精美。外壁满刻斜直线（即所谓"折扇纹"），内壁刻划花草等图案的龙泉青瓷碗，在江苏溧阳元祐六年（一〇九一）李彬夫妇墓中曾有出土[4]。这类刻花青瓷与同时期越窑，特别是耀州窑等北方地区产品遥相呼应，具有鲜明的时代共性（图18—图20）。考古资料显示，耀州窑的刻花工艺极盛于北宋中晚期，而龙泉窑同类产品的发展亦当与此同步。据此并参照《鸡肋编》中有关宣和年"制样须索"的记载，我们有理由相信，这一时期龙泉青瓷工艺日益精进，已初步形成自己的特色，在此基础上，接受官版样制而为宫廷烧造瓷器，也可谓是顺理成章的事情。其实，北宋末年龙泉窑为宫廷烧瓷的情况，不独《鸡肋编》有记，在南宋其他文献中也有

4 镇江市博物馆等《江苏溧阳竹箦北宋李彬夫妇墓》，《文物》一九八〇年第五期，图三〇。

图 18　刻花碗　丽水市博物馆藏

图 19　刻花碗　丽水处州青瓷博物馆藏　　　　图 20　刻花缠枝花卉纹梅瓶　丽水处州青瓷博物馆藏

所披露，如叶寘《坦斋笔衡》中这段广被征引的文字："本朝以定州白磁器有芒，不堪用，遂命汝州造青窑器，故河北唐、邓、耀州悉有之，汝窑为魁。江南则处州龙泉县窑，质颇粗厚。"汝窑奉命烧造供御青瓷的时间，主要集中在徽宗朝。此时与汝窑以及唐、邓、耀州等北方窑口一起贡奉瓷器的，还有地处江南的龙泉窑，尽管该窑质地颇为粗厚。对上述文字，这样理解可能更符合文献本义。至于说龙泉窑"粗厚"，或是相对于那种工艺更为精细的供御汝瓷而言，并无特别贬谪之意。

通过以上考察和分析，我认为，《鸡肋编》中有关龙泉贡瓷的记载是值得高度重视的；对古代文献虽不能盲从，但也不可轻易否定。当然，如前所言，我也并不认为所有问题都已解决，无论钱氏所贡龙泉"秘色"还是宣和年"制样须索"的烧造，现有证据链都还不够完整。我们知道，晚唐五代直至北宋中前期，越窑青瓷以贡奉或贸易的形式进入中原地区，这已有较多的考古资料给以证实。而时至今日我们还未看到中原及北方地区出土早期龙泉青瓷的报道。宣和年"制样须索"的烧造，更无任何来自北方地区考古资料的证实。甚至这类瓷器究作何样，亦迄未明晰。我通过对各地宋元时期龙泉青瓷出土资料的梳理后发现，直到南宋，淮河以北地区同期墓葬、遗址中似未见龙泉青瓷的踪迹；龙泉青瓷开始进入北方市场，当在忽必烈统一中国（一二七九）以后。因此，龙泉贡瓷问题的最终解决，还须寻求新的更有力的证据。

二〇一五年四月十七日完稿

龙泉归来话哥窑

丙子年初冬有龙泉之行，在这个青瓷故乡，我发现哥窑的传说至今仍广为流传，深入人心。在我们所接触的龙泉人中，文博专家不说，其他无论是政府官员还是普通百姓，都不仅熟知"生二章"的故事，还十分熟悉哥窑与一般龙泉青瓷不同的工艺特征，即便是对今天烧造的龙泉青瓷，也常以"哥窑""弟窑"相称，而对哥窑传说的真实与否，好像并不关心。这个情况是我没想到的。近些年，古陶瓷学界对哥窑传说多持怀疑和否定态度，研究中已很少正面提它了。在龙泉，我曾与当地政府的一位领导谈起哥窑，我问他是否真的相信哥窑的存在，章氏二兄弟烧瓷的故事会不会是编造的？他并未正面回答，而是反问我：古人为什么要编造这个故事呢？我一时语塞，不得不佩服他看问题的角度。是啊，简单的问题往往容易复杂化。哥窑传说其实平淡无奇，就像是乡下人拉家常话桑麻，更不见有什么商业炒作的味道在里面，要真是编造的话，那么始作俑者的动机何在，谁又能对此作出合理的解释呢？在龙泉，直觉告诉我，哥窑在历史上可能确实存在，而它的历史或许就是用"传说"书写的。

哥窑传说，见于文字记载，已知最早的当是嘉靖年间著述。陆深（一四七七—一五四四）《春风堂随笔》略谓："哥窑浅白断纹，号百圾碎。宋时有章生一、生二兄弟，皆处州人，主龙泉之琉田窑，生二所陶青器，纯粹如美玉，为世所贵，即官窑之类。生一所陶者色淡，故名哥窑。"嘉靖四十年《浙江通志》记载稍详："（龙泉）县南七十里曰琉华山……山下即琉田，居民多以陶为业。相传旧有章生一、生二兄弟，未详何时人，主琉田窑造青器，粹美冠绝当世。兄曰哥窑，弟曰生二窑。"嘉靖四十五年（一五六六）《七修类稿续稿》则进一步说："哥窑与龙泉窑皆出处州龙泉县，南宋时有章生一、生二弟兄各主一窑。生一所陶者为哥窑，以兄故也。生二所陶者为龙泉，以地名也。其色皆青，浓淡不一；其足皆铁色，亦浓淡不一。旧闻紫足，今少见焉，惟土脉细薄，釉水纯粹者最贵。哥窑则多断纹，号曰百圾破……"嘉靖之后的文献大都与之附和。史有记载，加上龙泉青瓷中确有如文献上所说的哥窑、弟窑两类品种，于是哥窑传说几成信史。有人留意到，《浙江通志》尚明言所记得自传闻，而在《七修类稿续稿》中却已去掉了"传闻"二字。

只是，这个传说流传到今天，真实性始受到怀疑。在二十世纪六十年代初对龙泉窑主要窑址进行的考古调查和发掘中，虽有具哥窑特征的黑胎青瓷出土，但如故宫博物院等所藏的"传世哥窑"（图1—图4）却未发现。根据有关文献推测，龙泉黑胎青瓷可能只是一种"仿官窑"产品，进而联系嘉靖年对龙泉窑记述颇详的《菽园杂记》中未见哥窑记载，遂有学者提出：哥窑、弟窑的命名，系由传闻演绎而来，不足凭信

图1　哥窑青瓷鱼耳炉　中国国家博物馆藏

图2　哥窑青瓷贯耳瓶　瑞士鲍尔旧藏

图3　哥窑青瓷鼎式炉　故宫博物院藏

图4　哥窑青瓷菊花式盘　台北故宫博物院藏

（冯先铭《"哥窑"问题质疑》，《故宫博物院院刊》一九八二年第三期）。

但问题好像没这么简单。已有的考古发现似只能证实龙泉黑胎青瓷非"传世哥窑"，却难以推翻明人笔下的龙泉哥窑。上举文献中所描述的哥窑特点，无论是"紫足"，还是"百圾碎"，都与龙泉出土的黑胎青瓷相符。这类青瓷的釉色也确实是"浓淡不一"的青色，有粉青、灰青、灰绿等。器物精粗并见，品种多样，既有日常生活器用，也有所谓陈设器（祭器）等（图5—图7）。而哥窑的怀疑者，却以不同特点的"传世哥窑"与之比附，抓住一点，不及其余，所以便作出否定的结论。我们知道，"传世哥窑"的最显著特征是：纹片细碎，釉面"润泽如酥"，釉色多见米黄、米白、奶白和粉青、灰青等，胎骨有瓷胎、"砂胎"之分，器物多为宋元仿古或时兴式样，如觯式瓶、胆式瓶、贯耳瓶、鱼耳炉、三足鼎炉、折腰盘、高足碗等——典型的"传世哥窑"大都属元代产品，这在当下似已成为古陶瓷学界之共识。

龙泉之行，我们曾去大窑考察。这儿便是传说中章生一、生二兄弟烧瓷的地方。琉华山下，窑址密集，现已发现五十余处，而相邻的金村、溪口也是如此（今也有人认为龙泉哥窑遗址在金村而不在大窑）。从北宋直至明代，薪火相传，"居民多以陶为业"，就像今天多以培植香菇为业一样。联系到传说，当年兄弟俩各主一窑烧瓷，实不足为怪；二窑在品种上各有侧重，也不无可能。考古资料证实，这儿的黑胎青瓷与白胎青瓷（即所谓"弟窑"产品）曾同期烧造。在溪口瓦窑垟、小梅等地还发现当年主要烧黑胎青瓷的作坊遗址（图8）。黑胎青瓷约出现于南宋晚期，入元后继续烧造。从大窑遗址发现的南宋"永清窑记"款青瓷碗残片（图9）看，当时此地的窑工已有商品竞争意识，在自己的产品上戳印作坊名号，以扩大其知名度。

这样，在已有的考古发现面前，哥窑面目仍得以大体显现，哥窑传说亦略可附

图5 龙泉窑黑胎青瓷贯耳瓶
大窑遗址出土

图6 龙泉窑青瓷瓶残件 龙泉小梅镇瓦窑路
窑址出土 浙江省文物考古研究所藏

图7 龙泉窑青瓷单柄鋬手杯 吴兴皇坟山宋墓出土

图8 龙泉窑青瓷折沿盘残件 龙泉小梅镇瓦窑路窑址出土 浙江省文物考古研究所藏

图9 "永清窑记"款青瓷碗残片 龙泉大窑亭后山遗址出土

会：哥窑是琉田（当时或亦称"大窑"）众多窑场之一，产品精美并富有特色而为世所重；因兄弟二人同时烧瓷，品种各有侧重，为便于区别，人们遂以"哥窑"（"哥哥窑"）、"弟窑"相称。名称最早是指窑场，后因产品被效仿，逐渐成为龙泉两大类青瓷的代称。最早记载哥、弟二窑的明代文献中，明言"相传"，说明当时二窑已无存，只是章氏兄弟的事迹还流传于民间。这样推测，庶几不悖情理。

当然，以上对传说的还原和梳理，并不能完全解决哥窑考古和研究面临的所有问题。譬如，哥窑是否"仿官窑"，龙泉哥窑之外是否还存在一个"传世哥窑"。根据比较研究的结果，龙泉黑胎青瓷与南宋官窑青瓷（薄胎厚釉者）之间应有某种联系。但其发生、发展的脉络仍不十分清晰，"仿官窑"的性质还难以考定。龙泉黑胎青瓷中也有一些与当地其他普通青瓷相同的造型，不全是官窑式样，如那种腹外壁刻有宽莲

图10　老虎洞窑青瓷炉残件　窑址出土　　　　　图11　老虎洞窑青瓷高足杯　窑址出土

瓣纹的碗、盘，在南宋晚期的龙泉窑普遍烧制。因此，似不能将黑胎青瓷笼统地说成"仿官"；官窑式样的器物，如直颈瓶、贯耳瓶、琮式瓶、胆瓶、鬲式炉等，也同时有白胎青瓷者。对"传世哥窑"，有人认为可能就是文献记载的所谓南宋"修内司窑"。我尽管也感到事实上可能还存在一个官家性质的"哥窑"，但它是否就是"修内司窑"抑或近年在杭州发现的疑为"修内司"的老虎洞官窑（图10、图11），由于相关情况尚不甚明了，实不敢断言也。"传世哥窑"的问题或十分复杂，其来源可能不止一个，既有官家性质的，也有民间窑场；年代上，既有宋、元制品，也有明清仿烧者（图12）。对"传世哥窑"的来源问题，这里不妨多言几句。

明代高濂《遵生八笺》载："官窑品格，大率与哥窑相同，色取粉青为上，淡白次之，油灰色，色之下也；纹取冰裂鳝血为上，梅花片墨纹次之，细碎纹，纹之下

图12　明哥釉菱口洗　天津博物馆藏

也。""所谓官者,烧于宋修内司中,为官家造也,窑在杭之凤凰山下……哥窑烧于私家,取土俱在此地。官窑质之隐纹如蟹爪,哥窑质之隐纹如鱼子,但汁料不如官料佳耳。"其意很清楚,哥窑属民窑,与官窑同烧于杭州一地,产品与官窑相似,但不如官窑。此外,在南宋叶寘《坦斋笔衡》和明曹昭《格古要论》中,都曾提到一座"乌泥窑"。此窑究竟何所指,与"传世哥窑"有无关系,地点何在,通行的说法认为它是指龙泉的黑胎青瓷窑,即龙泉"仿官窑"。其实,这种说法也只是性耽疑古者的推测而已。《格古要论》在论修内司官窑时说:"……有黑土者,谓之乌泥窑。伪者皆龙泉所烧者,无纹路。"这里所说的"乌泥窑"不像是指龙泉。从文献语境与文义上判断,此窑当是一座独立的窑场,它与修内司官窑有着密切关系,二者在产品特征上或有相似的一面,如可能都有纹路——作为仿烧者的龙泉"无纹路",这就为"乌泥窑"及修内司官窑"有纹路"提供了反证,而"有纹路"也正是"传世哥窑"的典型特征之所在。再联系《坦斋笔衡》中已有"乌泥窑"的记载,并将它与"处州龙泉县窑"、余杭窑和官窑等分别列出,这就更加清楚:"乌泥窑"曾与官窑、龙泉窑等同时烧造,是一个独立的民间窑场。至于窑场何在,从它与修内司官窑的关系上分析,很可能就在杭州一带。

　　严格说来,要最终解决哥窑问题,目前时机恐怕还不十分成熟,因为在没有新的过硬的材料发现之前,我们的讨论多半只能停留在对文献的推敲上,多少都有臆测之嫌。哥窑问题的研讨，要想继续深入并取得实质性进展，仍须落到实处，就是说要在考古调查与发掘或对相关瓷器胎釉成分的科学测定方面有新的突破。

不过，话又说回来，考古和科技也有自己的尴尬和无奈。龙泉之行让我更看清这一点。哥窑传说在龙泉地区世代相传，弥久而鲜活，似乎并不需要证实或证伪；对它的探讨，恐怕是一条我们想走也走不出的死胡同，这就是考古和科技的宿命。不管哥窑传说有多少真实的成分，也不管专家学者是否最终认可，它早已化为龙泉人的集体记忆，化为龙泉历史的一部分。在不可改变的"历史"面前，我们"上穷碧落下黄泉"究竟又有多大意义呢？

一九九七年五月完稿，二〇二〇年六月八日校订

补记一

一、关于"章氏"。哥窑与龙泉窑（弟窑），过去当地人亦称"章窑"，其名或由传说中生一、生二兄弟姓氏而来。我在二〇一〇年四月再访龙泉时，听龙泉青瓷博物馆副馆长杨冠富先生说，大窑村窑址曾发现两件刻有"章氏"二字的遗物，一件是吞底北坡出土的匣钵，一件是枫洞岩出土的模具。这两件遗物现藏于当地私家。由此似可证实，过去大窑村窑户中确有"章氏"者。杨冠富还说，此地窑业历数百年之盛，历史上人口流动性很大，窑业衰落后，窑户更是大批外迁。据我们在村中了解，今之村民姓氏中以王、柳、罗等居多，而"章氏"已不得其闻。

二、关于黑胎青瓷。二〇一二年，浙江省文物考古研究所对大窑地区窑业遗存再次进行了考古调查与试掘，结果进一步证实该地区是黑胎青瓷（即龙泉哥窑类青瓷）

的主要产地之一。据参与调查与试掘的郑建明先生介绍，大窑地区多个地点都发现了不同时期黑胎青瓷的地层堆积。从其年代上判断，上至南宋中前期，下则延及元代，而以南宋晚期的产品最丰富，工艺也最精美。由此约可推知，该地区的黑胎青瓷生产经历了从产生、发展、成熟到衰落的全过程而自成系统。

二〇一三年三月一日

补记二

  此文写于二十多年前，曾以"哥窑研究三题"为题发表于《福建文博》一九九九年增刊（中国古陶瓷研究会一九九九年年会专辑），后又经增删收入五年前的《宋瓷笔记》。从研究的角度看，小文还很谫陋，或也不无讹误，但此次"新编"仍决意保留。除引述上有几处订正外，小文一仍其旧。哥窑问题是一大历史悬案，长期以来聚讼纷纭莫衷一是，而这也正是哥窑考古与研究的魅力所在。继杭州老虎洞窑址和龙泉大窑地区先后发现相关遗存并取得一些研究成果之后，最近又有浙江省博物馆钟凤文先生的《哥哥洞窑与哥窑现象》（文物出版社二〇一九年）一书问世。钟著梳理、考证了明清文献，依据考古资料，对哥窑问题以及历史上的哥窑现象作出新的解读，值得关注。

二〇二〇年六月八日

五大名窑·传统瓷学·陶瓷史著

今天人们喜欢讲"常识"。我心仪的作家阿城,还写过一本专讲常识的书(《常识与通识》,作家出版社一九九九年)。传播常识,倡导科学理性,固有益焉,然还要看传播的是哪些常识,这些常识究竟靠不靠得住。阿城讲常识,什么爱情与化学、足球与世界大战的关系之类,讲得头头是道,讲成了一本热销书。可要说我自己关注的古陶瓷这一小块(或可扩至整个文物考古学界),对不起,还真说不上有多少靠得住、值得讲的常识。实际情形是,一个常识等它传播开来而被更多人接受时,也差不多成"谬种"了,也就是说,被新的常识推翻了——至少在一个小的范围内如此。比如清季民国时,"魏晋有瓷"是常识,可后来经考古证实,东汉晚期江南一些地方的瓷器已相当成熟了,再后来又发现"原始瓷"的出现竟可追溯到商周时代。又比如,晚明以来"论窑器必曰柴汝官哥定",这"五大名窑"直到近世也还是常识，然柴窑终不可见，于是只好拿下，以钧窑替补，凑成所谓"宋代五大名窑"，可后来发现，这个常识恐怕同样靠不住，不但"新秀"钧窑的年代可能被张冠李戴，就连老资格的哥窑（指清宫旧藏的"传世哥窑"一类）似乎也与宋代不沾边儿。因此可说，在古陶瓷学界，所谓常识往往不过是一个阶段性的认识罢了；而挑战"常识"，不断修正甚至重写历史，才是古陶瓷研究的不二法门。

今天我们的讨论就从"宋代五大名窑"入手。

"五大名窑"——靠不住的常识

今人提起宋瓷，必言"五大名窑"（定、汝、官、哥、钧），即便在文物考古学界，也往往如此。近年来，借风靡全国的"寻宝热"，"五大名窑"更是广为人知。我们知道，自近代考古学引入中国后，古陶瓷研究已逐步脱离传统瓷学，大抵成为考古学的一个分支。如此说来，"宋代五大名窑"也应是一个与考古学相关的概念和表述；这个常识当有足够的学术含量才是。然而，实际上并非如此。如上所说，这个常识已成"谬种"。下面即以考古学视角，对"五大名窑"逐一略作考鉴。

定窑 始烧于中晚唐，以白瓷为主，兼烧黑釉、酱釉等。其产品及工艺技术对南北窑业产生深远影响。过去认为，定窑盛于宋而衰于金，然数次窑址考古发掘（最近一次为二〇〇九年）证实，金代定窑并未因女真人南侵而没落，而是在北宋的基础上又有新的发展。为扩大生产、提高工效而发明的支圈组合式覆烧法以及与之配套的模制成型和印花装饰工艺，都盛行于这一时期。

汝窑 北宋时期，汝州奉命为宫廷烧造青瓷，具体时间推测在哲宗至徽宗年间

（约一〇八六——一一二五）。因窑址长期不明，遂成中国陶瓷史上的一大悬案。直到二十世纪八十年代中后期，窑址（或说窑址之一）才在河南宝丰清凉寺村发现。该窑址前后经过六次考古发掘，出土大量与传世汝瓷特征一致的"供御"青瓷。窑址地层关系及器物排比结果显示，"供御"青瓷烧造年代主要在北宋末期，与先前推测相符。这样，汝窑历史几无疑义。只是窑场性质为官窑（朝廷或地方官府投资管理的窑场）还是贡窑（民窑兼烧贡器），窑址除清凉寺外还有无别处（在清凉寺附近的韩庄及段店窑址也发现少量与"供御"汝瓷几近一致的瓷片标本），还须进一步探讨。

官窑 文献记载，两宋官窑前后共有三座，即北宋政和间"京师自置"官窑、南宋"修内司"官窑和郊坛下官窑。北宋官窑情况迄今不明。南宋郊坛下官窑，早在二十世纪二三十年代即已发现，并前后经过两次考古发掘。修内司官窑尚有争议。多数学者认为，二十世纪九十年代发现的杭州老虎洞窑址即为修内司官窑（图1、图2）。该窑址距南宋皇城墙遗址不足百米，正位于当年"修内司营"范围内。在窑址的考古发掘中，发现了元、南宋和北宋三个时期的地层叠压关系。其中南宋地层出土物即为"修内司"官窑遗存。南宋官窑的产品"袭故京遗制"，即在形制、釉色及装烧工艺等方面都直接或间接地受到汝窑影响。

哥窑 哥窑至今仍是中国陶瓷史上的一大悬案。今人谓之的哥窑，主要是指清宫旧

图1 "修内司窑"款荡箍 杭州老虎洞窑址出土

图 2　南宋官窑青瓷葵花式洗　故宫博物院藏

图 3　"传世哥窑"青瓷葵花式洗　故宫博物院藏

藏的一批"传世哥窑"（图 3）。今有学者认为，"传世哥窑"与杭州老虎洞窑（即"修内司窑"）有关。该窑址的考古发掘情况表明，宋亡后窑场并未完全废弃，有人在此继续烧造与南宋官窑相似的瓷器，而传世哥窑器就可能是该窑入元后的制品。这一说法或可成立，但并未完全解决问题。传世哥窑器的情况颇为复杂，从其胎、釉及纹片的不同特点来看，可能是不同窑口、不同年代的制品。如兽耳炉、贯耳瓶、胆式瓶、弦纹瓶和葵瓣口碗等，都是最为典型的传世哥窑器，而在老虎洞窑址中并未发现与之对应的遗物。这个情况表明可能还有另一个"传世哥窑"的存在。至于其窑址所在，推测也在杭州。哥窑问题虽扑朔迷离,有一点却是时下多数学者都认同的,即典型的传世哥窑器大都属元代制品。

钧窑 钧窑在明清文献中即被视为"宋窑"。其实,钧窑可分"民钧""官钧",二者始烧年代并非都是北宋。据最新的考古发掘资料及研究成果,"民钧"约始烧于北宋末,金元为其鼎盛时期。我认为:钧瓷的产生、发展与汝瓷有着密切关系,即它可能是在汝瓷的影响下逐渐形成的一个瓷器品种;钧窑的前期历史与汝窑撕扯不清(广义之汝窑,除已知的宝丰清凉寺窑外,宋金时同属汝州的其他窑口,如位于今汝州市北乡的大峪、南乡的蟒川,以及鲁山县的段店等都包含在内),说钧瓷是汝瓷的"变种",抑或无不可。作为一个独立品种,钧瓷的成熟应不晚于金中期,而早期有些器物(即今人所谓的"汝钧")的年代或可早到北宋末年。早期钧瓷应是小规模生产的,其大量烧造并普及而成为北方地区有影响的瓷器品种,当在金元时期。而"官钧"瓷器的年代问题,较为复杂。早在二十世纪二三十年代,就有西方学者对"北宋说"提出质疑,认为"官钧"年代为元末明初。二十世纪七十年代,河南考古工作者对禹州钧台窑址进行了考古发掘,根据出土的所谓"宣和元宝"钱范,并将"官钧"瓷器(花器)的烧造与徽宗时期的"花石纲"相联系,认定"官钧"瓷器烧造于北宋无疑。不过,这次发掘过于草率,其结论自然也就靠不住(这个后面细说)。一九九〇年代以来,质疑声浪又起。深圳学者根据新发现的窑址标本提出"永宣说",即将"官钧"的具体年代推定在明永乐宣德之际。在古陶瓷学界,"永宣说"已引起较大反响,认同度不断上升。

由上可见,"五大名窑"中,哥窑年代尚不确定,传世哥窑或多为元代制品;作为钧窑代表性产品的"官钧"年代也大抵可排除在宋金之外。即使是"民钧",始烧也不会早于北宋末年——将这么一个宋时还不够成熟和壮大的"无名小辈"列入"五大名窑",好像也说不过去吧？总之,从考古学视角观察,"五大名窑"绝非一个严格的考古学概念或学术化表述,这个常识是靠不住的。

"五大名窑"的由来

将古代名窑器按年代和知名度排序加以介绍,这种做法约始自明初。成书于洪武二十一年的曹昭《格古要论·古窑器》中依次论及十多种古窑器。其中包括柴窑、汝窑、官窑、哥窑、古定器、古龙泉窑等,几乎囊括了今天我们所知的宋元以来的所有重要窑口,只是独缺钧窑。到了明中晚期,在古代名窑的组合和排序上,有了一些变化,柴、汝、官、哥、定,声名日渐显赫,成为名窑中的"第一方阵",即如刊印于万历二十三年的张应文《清秘藏》所言"论窑器必曰柴汝官哥定"（"柴汝官哥定",过去人们认为最早出自《宣德鼎彝谱》。今已考定,该书属伪籍,大抵出笼于明末而非宣德时期）；董其昌《骨董十三说》亦云："世称柴汝官哥定五窑,此其著者焉。"至此,"五大名窑"说大抵成形。

明中晚期以来,有关文献在对古代名窑的介绍上还有一个变化,就是过去不见记载的钧窑也开始出现在名窑之列,与龙泉窑等跻身于"第二方阵"。如上举《清秘藏》中在先记述了"柴汝官哥定"五窑之后,又介绍了钧窑、龙泉窑等。也有例外。清初王棠《燕在阁知新录》引清人《蓉槎蠡说》云："窑器所传,柴禹（汝）官哥钧定可勿论矣……"将钧窑归入"第一方阵"。不过,整体来看,钧窑身价之陡涨,还是在清后期。许之衡《饮流斋说瓷·概说第一》云："宋最有名之窑有五,所谓柴、汝、官、哥、定是也。更有均窑,亦甚可贵。其余各窑则统名之曰小窑。"寂园叟陈浏《匋雅》更是将钧窑列为宋代名窑之首。其卷上云:"古窑之存于今世者,在宋曰均,曰汝,曰定,曰官,曰哥,曰龙泉,曰建……柴则无可征考。"值得注意的是,这里已将"无可征考"的柴窑摒除于宋代名窑之外。此后的陶瓷著述,对宋代名窑又有了新的组合与排序。一九三四年出版的吴仁敬、辛安潮《中国陶瓷史》在谈到宋代名窑时云:"当时瓷艺,即精进如斯,故官窑辈出,私窑蜂起,其间出类拔萃最著名者,有定、汝、官、哥、弟、钧等名窑。"稍后成书的赵汝珍《古玩指南》照抄此句,只是将"弟"窑按当时的说法改称"龙泉"。

定、汝、官、哥、弟、钧,虽多出一窑,但这样的组合与排序,可说是最接近今天"宋代五大名窑"之说了。后来弟(龙泉)窑是怎样被淘汰出局的,"定汝官哥钧"(或汝官哥钧定)——宋代五大名窑的最早提出又是在何时,这个过程现已很难稽考。不过,在一九五八年第二期《文物参考资料》上刊载的《金代瓷器和钧窑瓷器》一文中,作者指出当时已有人"将钧窑与定、汝、官、哥列为宋代的五大名窑"。据此可知,至迟在二十世纪五十年代,"宋代五大名窑"之说已出炉。

钧窑之所以能够跻身五大名窑,有人认为与其曾生产"官钧"(宫廷用器)有关。其实,在二十世纪五十年代及以前,并无任何"官钧"的说法。将一处"典型的钧窑"——钧台窑遗址确定为北宋徽宗时期遗存,并推测其产品与"花石纲"有关,这是二十世纪七十年代中期该窑考古发掘以后的事情(最早明确提出"官钧"年代为北宋中晚期,并将其花器烧造与北宋宫廷园囿所需相联系的,或是当时在中国历史博物馆工作的沈从文先生)。细察之,不但"官钧",就连"钧窑""钧瓷"之名可能都出现得很晚。即如前述,直到明中晚期的文献中,才能见到一些有关钧窑的记载。也就是说,可能直到"官钧"出现后,始有"钧窑"和"钧瓷"之名。而在此之前,"钧窑"就是汝州窑（即所谓"民汝"）的一部分。明清以来素有"钧汝不分"之说，直到今天，这个问题好像也没完全解决。广州西汉南越王墓博物馆所藏的一件天青釉如意形枕（图4），就被河南一位参与过汝窑考古发掘的专家认定为"官汝"制品。其实，这件东西就是我们在前面所说的"汝钧"。"汝钧"以鸡心碗、罗汉碗（钵）、直口盘、折沿盘等多见，亦有菊瓣碗、把杯、盏托、长颈瓶、如意形枕等。釉色似可分为蓝、绿两大系列，前者包括天蓝、天青、月白，后者则主要指豆青、豆绿一类（今习称"蓝钧""绿钧"），釉具不同程度的乳浊感，采用多支钉支烧与垫饼、垫圈垫烧两种装烧方法，这些工艺特点与汝瓷近似。只是釉色普遍偏重，胎体略厚，支烧器支钉痕较大，器物口部釉薄透胎显出"铜口"，底部露胎者有的施"护胎釉"呈所谓芝麻酱色，并已开始出现紫红彩（多呈斑状）品种，这些又与后来的钧瓷相若。"汝钧"在河南发现较多，北京和山东等地也有出土（图5—图7）。我认为，钧窑列入五大名窑的问题，或与其晚明以来，特别是清末民国时市场地位的持续提升有关。这方面的文献记载不少，如寂园叟《匋雅》卷下云："余初著书时（《匋雅》刊印于光绪

图4 天青釉如意形枕 广州西汉南越王墓博物馆藏

图5 天青釉折沿盘 北京海淀原中国林业科学研究院内出土

图 6　天青釉长颈瓶
北京海淀金墓出土

图 7　天蓝釉紫斑长颈瓶
山东淄博临淄出土

图 8　灰青釉瓶
辽宁建平黑水镇丰山村出土

三十二年，即一九〇六年——引者注），宋均［钧］且不见重于西商。今则宋元瓷品，声价陡增。"还如刘子芬《竹园陶说》云："唐宋人尚青，明清人尚红，近日西商则重紫，均［钧］窑紫器一枚价值万金。"黄濬《花随人圣庵摭忆》三一《钧窑》说得更具体："彼时（光绪初年——引者注）内府钧窑花盆内，亦不过种三文一棵之六月菊，绝无宝贵意。曾不二十年，以欧人最重此瓷，腾涨至万金以上。识者云更二十年，钧窑恐将绝迹于国中矣。"此外，傅振伦先生在《钧窑琐谈》（未刊稿）中说，一九三五年底在伦敦开幕的中国艺术国际展览会，其中一个展厅陈列的全是钧瓷，有中国送展的，更有国外藏品，可见当时欧美人士是怎样痴迷于钧瓷。

"谬种"何以流传——以两部《中国陶瓷史》为例

寻根究底，今所流行的"宋代五大名窑"之说，大抵根据明清以来"古董家"之言附会而成，还是与传统瓷学脱不了干系。我们知道，古陶瓷研究在中国起步较晚，所谓的传统瓷学，只是一门"学问"，研究方法与一般金石学相似，即注重器物著录、鉴评与文献考订。进入民国后，随着西方近代考古学的引入，古陶瓷研究才有了一些新的气象。陈万里、周仁等有着西方教育背景的学者，通过窑址考古调查和对古陶瓷胎釉的化学组成以及烧成工艺的科学分析，开辟了一条新的研究途径。不过，传统瓷学的影响仍然很大。晚清民国时，古董交易异常活跃，除传世古玩外，出土古物也大量上市，大大开阔了人们的眼界。这也就为偏重于寻宝、鉴赏的传统瓷学提供了肥沃土壤。像我们在前面已提到的许之衡的《饮流斋说瓷》、陈浏的《匋雅》、刘子芬的《竹园陶说》、赵汝珍的《古玩指南》，以及吴仁敬、辛安潮的《中国陶瓷史》等陶瓷著述，都集中出自这一时期。而"宋代五大名窑"之说也正是在这样的背景下出炉的。不能说传统瓷学就毫无价值，作为一门知识和学问，它其实也是在不断地修正和完善自己；它的许多识见和经验，可说是另一个知识系统中的"史实"。就拿"五大名窑"来说，今日流行的"定汝官哥钧"，就是对明代提出的"柴汝官哥定"的修正，剔除了近乎神话的柴窑，认识上又进了一步。这两种说法实际代表了不同历史阶段古陶瓷研究的水平。

问题是，在近代考古学引入中国近一个世纪的今天，陶瓷考古与研究不断取得突破性进展，学术队伍也不断壮大（中国古陶瓷学会会员现已过千），那么"宋代五大名窑"这么一个过了时的传统瓷学的说法，一个与考古学悖谬的"常识"何以流行不衰，甚至在文物考古学界竟也长期如此？要回答这个问题，有必要对近几十年来中国陶瓷史研究与著述作一回顾与反思。

自二十世纪八十年代以来，国内先后出版了两部《中国陶瓷史》。一部是由冯先铭先生牵头编写的（文物出版社一九八二年。以下称"冯本"）；一部是叶喆民先生在其《中国陶瓷史纲要》等旧作的基础上经补充修订而成（生活·读书·新知三联书店二〇〇六年。以下称"叶本"）。前者"是文物考古学界、陶瓷工艺学界、工艺美术学界三方面许多同志共同研究的结果"；后者则为个人著述。

冯先铭、叶喆民两先生都是极一时之选的新中国第一代古陶瓷学者。他俩都受过高等教育，而且家学渊源。冯先铭毕业于辅仁大学西语系，叶喆民就读于北京大学文学院，毕业后又在清华大学任职；冯先铭的父亲是著名历史学家冯承钧，叶喆民更是门里出身，其父叶麟趾曾留学日本学习陶瓷，回国后创办瓷业公司，并从事陶瓷技术和陶瓷美术教育工作。两人又先后任职于故宫博物院，投师老一辈古陶瓷学者陈万里先生门下。"文革"后，冯先铭执掌中国古陶瓷研究会（后更名为"中国古陶瓷学会"），成为该会首任会长；叶喆民出任中央工艺美术学院教授。应当说，冯先铭牵头主编和叶喆民独自完成的陶瓷史著，都有着筚路蓝缕之功。特别是作为中国第一部以"科学方法"研究陶瓷史的冯本，更具有里程碑意义。对此，学界已有定评，兹不赘。这里仅围绕钧窑等瓷器的断代问题谈谈两书的不足。

冯本中的宋代部分是由冯先铭先生亲自撰写的。其中其实并没有专门谈"五大名窑"，只是在谈到钧窑时说"钧窑在后世视作宋代五大名窑之一"。冯先铭对这个说法是认同的，并且列举了三点理由：其一，器形与宋官窑等相同。他说：传世的"钧窑花盆、尊、洗等器大多属仿古式样，与宋代官、汝、定窑等有共同特点，都应是为宫殿需要烧制的"。其二,传世与出土的"奉华"铭钧瓷系宋宫廷所用之物。冯先生称,"奉华"铭钧瓷见有两例:一是器物底部刻"奉华"铭的传世钧瓷;一是一九七五年禹县神垕一瓷厂调查钧台窑遗址时采集的一件"奉华"铭钧瓷出戟尊残底。他认为,带有"奉华"铭的钧瓷以及传世汝瓷、定瓷等,都是北宋晚期宫廷使用的器物。其三,钧台窑遗址出土的"宣和元宝"钱范。宣和为徽宗年号,表明窑址年代为北宋末年。当然,这第三个理由,我们在前面已提到,最初是由钧台窑遗址的发掘者提出的。

在很长一段时间内,冯先铭以及河南某些考古工作者的说法,似乎通行无阻,几成定论。只是到了二十世纪九十年代末,山不转水转,"官钧北宋说"才遇到挑战。北京大学考古系李民举、台北故宫博物院余佩瑾以及我等先后撰文,在海外学者研究的基础上,又结合新材料,对"北宋说"予以批驳和否定,并提出新的观点。其实,貌似坚挺的"北宋说",破绽明显,立论基础十分薄弱。如冯先生说传世的钧窑花盆、出戟尊等与宋代官、汝、定窑等在器物形制上有共同特点,但他并未作具体的比较分析,只是泛泛而谈。而李民举则根据器物类型排比,认为它们具有元及明初风格,其年代亦应在此时期,即十五世纪左右,跨越了元明两个朝代。还如"奉华"铭钧瓷问题,也查无实据。据我多年寻索,冯先生所说的"奉华"铭钧瓷,不论是传世的还是出土的,均下落不明,无足信据。退一步讲,即便"奉华"铭出戟尊残底真的存在,亦同样不能为"北宋说"提供支持。"奉华"传为宋高宗刘妃所居殿堂之名,而据冯先铭先生所言,所谓"奉华"铭钧瓷出戟尊残底为钧台窑遗址采集,并且其上的"奉华"刻铭为烧前所刻,这也就是说,它是专为南宋宫廷烧造的。这样就遇到了一个可能谁都难以解释的问题:如果"官钧"的年代为北宋的话,其窑址采集的器物怎么可能刻有南宋高宗刘妃所居的"奉华堂"名称呢？这岂非咄咄怪事。至于"宣和元宝"钱范，更属"伪证"。对这枚钱范，早已有人从形制、书体、铸造工艺等方面提出过疑义，只因原始资料中对其介绍过简，人们未有足够的证据从根本上否定它。钱范的完整图像直到二〇〇七年才发表出来（参看页295图17）。令人称奇的是，钱范背面竟模印有"崇宁年制"四字。崇宁与宣和同为徽宗年号，只是一前一后，中间还隔着大观、政和与重和十多年时间。显然，这是一件年代及用途都还说不大清楚的东西。再者，在河南考古工作者起草的钧台窑遗址发掘简报中，称该钱范发现于窑址"钧瓷烧造区"，但对发现的具体时间和经过未作交代或交代有误。那么，真实情况究竟如何呢？据台湾学者罗慧琪女士一九九四年赴河南禹州考察窑址时了解，该"钱模"是一九六四年当地一农民采集所得，其发现与一九七〇年代的钧台窑址考古发掘毫无关系。可见，冯先铭先生所列举的支持"北宋说"的三个理由，都是站不住脚的。

一般而言，集体编撰的史著，无论是观点还是体例、文本上，都排斥个性化风格，其结果可能是整体上流于平庸。而一个人的史著，可以不是十全十美的，但应当是有独立见解和个人风格的、别人不可替代的。从这个意义上说，一个人只要有力量并勇于担当，也可以独立支撑起一座学术大厦。比之于冯本，叶本原是有可能超越的，或是更具特色的。熟悉叶喆民先生的人都知道，这是个很有个性的老头儿，对什么事情都特别"较真儿"。据说，多年前他在国家文物局扬州文物培训班代课时，常对"不懂规矩"的学员发火，甚至把他们赶出教室。扬州班本是内部培训，学员都是文博系统公职人员，因此管理上没那么严格，有些学员也不大守规矩，穿拖鞋进教室、上课交头接耳、打瞌睡现象比较常见。对此，别的代课老师都睁只眼闭只眼，唯独叶先生不能容忍。在学术研究上，他也往往表现出较强的"问题意识"和特立独行的做派。他对中国陶瓷史一些重要研究课题都有自己的思考和见解，特别是对钧窑、汝窑以及磁州窑类型瓷器等，较之于其他同辈学者更为关注，认识上也往往不同凡庸，常有灼见。譬如他在窑址调查的基础上，最先著文指明"清凉寺应是寻找汝窑窑址的重要线索"。值得称道的还有他晓畅而谨严的文笔。在古陶瓷圈子中，特别是在今天的专家学者中，像叶先生这样的"笔杆子"，实甚寥寥。在我看来，论学养，论识见，论辞章，叶先生都是他们那一代古陶瓷学者中的佼佼者。只是，如今面对他的"收山"之作，我却很难叫好，这未免有点失敬了。

叶本广撷博采，体大而虑周，一部皇皇巨著当然不乏可圈可点之处，如在窑业系统及产品的分类上，摒弃"窑系"之习说，代之以考古学"类型"，使之更为科学合理，尽管这可能是借鉴了别人的做法（二十世纪三十年代西方学者即已提出"磁州窑类型瓷器"概念）。其实，就叶本的各个章节看，若论材料之密实、论述之严谨，以及文字之省净，较之冯本都堪称胜出。但整体来看，却不能不说，它仍未跳出冯本的框框。对于个人治史而言，"教科书型"或"普及型"的著述可能是吃力不讨好的。如果追求"大而全"，那就难免重复别人，在很大程度上失去著述的意义。因此，我认为个人治史最好是研究型的，著述体例不一定完备，内容也不必面面俱到，但一定要自出机杼，也就是要有独立的视角和见解。叶本的问题还表现在与现实的隔膜上，譬如对许多新发现的史料和考古材料，对一些在学界已产生广泛而深刻影响的学术成果，作者似乎不知情，或被忽略。就连对钧窑和磁州窑类型瓷器，作者也好像失去了以往的关切，总是承袭旧说、恪守"常识"，而对新的考古材料和研究成果，合则用，不合则弃，或有任意取舍、避重就轻之嫌。比如"官钧"瓷器年代问题的讨论，在叶本出版之前就已成为引人注目的学术焦点，作者对此不会不知，在书中完全回避了这个讨论。又如，磁州窑类型瓷器中白地黑花的年代问题，早在二十世纪九十年代初就有学者结合观台磁州窑遗址发掘进行过深入研究，提出这一品种主要流行于金元时期的观点。可以说，这是一个有重要影响的考古学观点，但叶本同样无视其存在。

如果说冯本（钧窑部分）的问题主要是失察，那么叶本（钧窑和磁州窑部分）的问题则突出反映在内容的封闭上，两书都至少在一定程度上偏离了陶瓷史研究之正途。陈寅恪先生说："一时代之学术，必有其新材料与新问题。取用此材料，以研求问题，则为此时代学术之新潮流。治学之士，得预于此潮流者，谓之预流（借用佛教初果之名）。其未得预者，谓之未入流。此古今学术史之通义，非彼闭门造车之徒，所能同喻者也。"（《陈垣敦煌劫余录·序》）对今天的陶瓷史研究而言，"新材料"更多的当然是考古材料，而"新问题"往往也正是发生于"新材料"之上的。因此，陶瓷史研究应建立在考古学的基础之上。这也就是陶瓷史研究的正确方法与途径。如果失去对"新材料与新问题"的热情，失去挑战"常识"、重写历史的勇气，我们的研究能走多远，又何谈超越前人呢？

研究方法问题，往往也是学风问题。由此说开去——时下为世诟病的学风之弊，其实有着很深的历史根源。读一读明清笔记类著述，特别是明中晚期到清初这一段的，想必大家对那种浮皮潦草的学风都深有感触。这种学风之弊犹如顽疾，不时复发，浮躁之世尤甚。话又说回来，传统瓷学（最初也多包含在"笔记"中）的缺陷与不足，更表现在学风方面，诸如相互抄袭、陈陈相因、传录讹舛、疏于考证——在我看来，"五大名窑"之谬种流传，特别是在文物考古学界通行无阻，如果要深究的话，恐怕是要归咎于这种学风的。

古代中国拥有"瓷国"之美誉，我们当然应当修好瓷的历史。近半个世纪以来，特别是二十世纪八十年代后，陶瓷考古和研究相继有重要发现，也需要认真加以整理和总结。因此，近年来古陶瓷学界不断传出"重修陶瓷史"的呼声。不过，这又谈何容易。一部新的更为翔实的陶瓷史著，无论是集体还是个人撰著，都将取决于陶瓷专题研究、地区陶瓷史以及断代陶瓷史研究的深入，取决于学界同人在一些诸如"官钧"、白地黑花等"磁州窑型"瓷器断代等重要研究课题上共识的扩大，当然，也取决于我们的学风更加端正。这是"重修"的基础，是研究水平与学术质量的保证，而时下我们显然还缺乏必要的准备和足够的自信。

二〇一二年三月五日完稿

"官钧"研究的前前后后

二〇〇八年六月中旬的一天,《文物天地》杂志主编朱威先生打电话约稿,希望我给他们的读者介绍一下深圳这里研究"官钧"瓷器的情况。当时没多考虑便答应了,后来才感到有点冒失。首先,在深圳研究"官钧"的同人中,我算不上主角;其次,由于工作变动,或许还有点厌倦,我已基本离开了古陶瓷圈子。虽有旧"病"复发的时候,比如对"官钧",总想着再写点什么,却也始终不曾动笔。本来与朱先生约定一月后交稿,可眼看期限已过,还没写一个字,于是只好偷个懒,以我个人经历为线索,平铺直叙,不拘格式,匆遽成篇以塞责。

美妙却身世可疑的钧瓷

说起来,我对瓷器产生兴趣,最早就是从钧瓷开始

图1　钧瓷梅瓶

的。打我儿时记事起,家里就有两只瓷花瓶,一大一小。大的浅蓝色,通体纯净(图1);小的远观一色,近之则可看出釉色变化:紫中泛红,红中带绿,绿中闪黄,犹如七色板,十分美妙。父亲爱花,每年都会弄几枝腊梅或别的什么花,插在这两只花瓶里。父亲惜物,常告诫我们:这是钧瓷,宋代就有的,很名贵,不可乱动(小的那只后来还是被我打碎了)。就这样,钧瓷、宋代都罩上了名贵的光环,与"蕊破黄金分外香"的腊梅一起储存在我的记忆深处。后来我才知道,这两只钧瓷不过是二十世纪四五十年代的制品,好是好,但在当时还算不上名贵。再后来,我又知道,钧瓷盛烧于金人统治中原时期,北宋时恐怕还没有成熟。不过,我的这点看法,从没告诉过我的启蒙老师,因为在身为戏迷并深受"传统戏曲史观"影响的父亲眼里,金代并不是一个正统的王朝。

我是学中文出身,毕业后做过中学教师和在大学里做编辑。一九九三年从郑州调往深圳,最初想去的也是能与自己专业对口的单位。谁想鬼使神差,最后竟闯进了文物部门,而且是文物经营单位,做起自己虽喜欢(文物)却又很不擅长(生意)的工作。闯荡了几年,终觉不适,便又调入文物管理部门。这个部门实际兼有管理与业务双重职能,我当时就是以行政干部和古陶瓷"专才"两重身份调入的。这样,古陶瓷研究从此就成为我业务工作的一部分。与我前后脚调入的还有来自山西的郭学雷。学雷是科班出身,又受过系统的古陶瓷培训。由于单位经费较充裕,领导又开明,我俩得以大量购置专业图书资料，国内的、国外的，不管新版旧籍，只要需要，尽可购进。同时还可经常到各地考察，掌握一手资料。有这样的环境与条件，我俩自然如鱼得水。

随着研究的进展，特别是着手编写《宋辽金纪年瓷器》一书以来，一个怪现象越来越引起我的注意：在十三世纪中叶以前（元忽必烈时代前）的纪年墓葬以及其他类型的纪年遗存中，始终不见钧瓷的踪影。这是不是有点反常呢？钧瓷作为历史上盛极一时的瓷器品种，遗存众多，有人甚至将不同造型和工艺特点的钧瓷按时代先后排了队，不仅把"宋钧""元钧"搞得清清楚楚，而且还左右逢源，游刃有余，细分出所谓"唐钧""金钧"。钧瓷的断代工作，真可说是做到家了。但这并不能消除我的疑问。按国内主流观点，钧窑属所谓"宋代五大名窑"（定、汝、官、哥、钧）之一，自身又分"民窑""官窑"两部分。民窑早于官窑。在五大名窑中，汝窑、官窑、哥窑，因地位特殊或身份不明，且不论，剩下的定窑，自北宋初以来，有不少出自纪年墓葬、塔基以及带有纪年铭文的瓷器，特别是十一世纪初到十二世纪末的纪年器可大体形成序列。其他宋代名窑如耀州窑、越窑和龙泉窑等，也都发现不少纪年器。而同样作为"宋代名窑"的钧窑，何以如此特殊呢？

此外，我历年在河南古窑址考察中，不断见到的一类出自汝州南北乡如大峪、蟒川等地窑址的青瓷，也引起我的关注。这个与北宋末"汝窑"青瓷，所谓"汝官窑"青瓷关系密切的品种，因具有某些钧瓷特征，故今天有"汝钧"之称（图2—图9）。这类青瓷在河南及北京、山东等地多有出土。从器物类型与烧造工艺上观察，其年代应不晚于金中期。而早于这个品种的所谓"厚釉系统"的典型钧瓷，却始终不见踪影。那么，"汝钧"与钧瓷之间又是一种什么关系呢？

图2　钧瓷盘、碗残片　汝州大峪东沟窑址采集

图3　钧瓷素烧盘、碗残片与支烧具　汝州蟒川下郝庄窑址采集

图4　钧瓷天青釉鸡心式碗　河南鄢陵城关镇窖藏出土

图6　钧瓷天青釉莲花式钵　河南嵩县城关镇出土

图5　钧瓷天青釉折沿盘及底部　河南鄢陵城关镇窖藏出土

图 7 汝窑莲花式钵残件 宝丰清凉寺汝窑遗址出土

图 9 汝窑青瓷洗残片 清凉寺汝窑遗址出土

图 8 钧瓷天蓝釉圆洗及底部 台北故宫博物院藏

李民举的文章令我茅塞顿开

一九九九年春,我与学雷去山西考察路过北京,在王府井考古书店搜书时,从北京大学编的考古期刊《考古学研究》(三)中发现一篇讨论"官钧"瓷器年代问题的文章。扫了一眼标题和结语,我就知道这篇东西对自己是多么重要了。当时真的有一种相见恨晚之感。这篇大作就是李民举先生的《陈设类钧窑瓷器年代考辨——兼论钧台窑的年代问题》。李民举先生,我虽不认识,但他几年前发表的《宋官窑论稿》(《文物》一九九四年第八期)影响甚大。他在文献查证上所下的功夫,自成一格的研究视角与方法,以及沉潜内敛而略显"老派"的文字,都给我留下很深的印象。

李民举先生这篇考证"官钧"年代的文章,通过对支持"北宋说"的几个关键性证据如"宣和元宝"钱范、"花石纲"、钧台窑遗址共存物以及相关明清文献的分析考证或排比研究,发现这几个证据都不能令人信服;又通过对宋元明各代各类器物的排比分析,得出与先前国外学者基本一致的结论:钧台窑"官钧"瓷器具有明显的元及明初风格,其年代亦应在此时期,即公元十五世纪左右,跨越元、明两个时代。这里应说明一点,李民举先生这篇文章完成于一九九二年,由于编辑出版方面的原因,直到五年后才发表出来。

李民举先生研究的是"官钧",而我更关注的是"民钧",或说是"官钧"之前的钧窑。表面上看,这好像是两个课题。其实不然。可以设想一下:其一,如果北宋根本就不存在"官钧",那么这一时期钧瓷的代表性产品是什么呢?其二,如果"民钧"在北宋尚未出现或出现得很晚,那么"官钧"存在的基础又是什么呢?对前一个设想，可能还会有人作出种种解释，比如他们会拿神垕等禹州窑址出土的类似"汝钧"的钧瓷为例，认为这就是北宋"民钧"的典型产品。实际上，国内的钧窑研究者也一直是这个看法。而对第二个设想，我想大概没人能按我们规定的话语路径作出自圆其说的解释。历史上的越窑、定窑、耀州窑、汝窑以及后来的龙泉窑、景德镇窑等，哪个不是先有良好的制瓷基础与优质产品，才被官家选中而生产贡品御器？即使是南宋设在临安的"官窑"，也有迹象显示，其"厚釉薄胎"青瓷生产可能直接吸取了邻近地区（慈溪寺龙口）的工艺技术。难道钧窑例外吗？官窑（贡窑）与民窑，可说是互为条件的。而相对民窑而言，官窑的问题可能要单纯一些。看来，解决钧窑的年代问题，最好先抓住"官钧"——这是个关键，或说是条捷径。

李民举先生的贡献，就在于抓住了"官钧"，否定了"北宋说"，基本解决了"官钧"的年代问题。虽然，如前所说，在李民举先生之前，几位外国学者在"官钧"年代上已提出"元末明初说"，但其观点主要是从工艺与器形的比较中得出的；由于不是系统的研究，更由于未能与"北宋说"发生正面交锋，因而他们的观点难以得到更多的学术认同。而李民举先生的研究则较为系统深入。一方面通过文献梳理和器物排比，正本清源；一方面又通过对"北宋说"主要依据的考证，鉴真证伪。这样，他的主要结论虽与西方学者相同，但二者的学术含量及影响似不可相提并论。

"官钧"面目清楚了，"民钧"问题也就解决了一半。我返回深圳后，再面对手头的研究，过去因"官钧"问题而梗阻的思路似乎一下畅通了。我很快写出一篇文章（《钧窑瓷器源流及其年代》，《文物》二〇〇二年第二期），通过对钧瓷源流的追溯、对钧瓷兴起的历史背景的分析以及对钧瓷典型器的排比研究，提出这样一个看法：钧瓷的产生、发展与汝瓷有着密切关系，它最初可能是作为"民汝"的一部分或一个分支，在对汝瓷的仿烧中经历了"亦汝亦钧"的演变过程，逐步形成一个独立的品种；它大量烧造并形成气候而成为北方地区有影响的瓷器品种，当在金、元时期。文章中对"官钧"年代问题也谈了一点认识，从工艺技术的角度附和李民举先生的观点。我认为，"官钧"成熟的烧造技术，应有一个逐步发展的过程。而在北宋末年，包括今禹州在内的豫中西部地区乃至整个南北方窑业，我们还看不到"官钧"赖以产生的工艺技术基础。

在写这篇文章时，我也发现"官钧"证据中的一个疑点：在《中国陶瓷史》（冯先铭等主编）等著述中屡屡提到而成为"北宋说"一个重要证据的所谓"奉华"铭钧瓷，可能是不存在的或其铭文是后世伪造的。据《中国陶瓷史》称，"奉华"铭钧瓷见有两例：一是传世钧瓷；一是一九七五年神垕一家瓷厂调查钧台窑遗址时采集的钧瓷出戟尊残底。言之凿凿，似毋庸置疑。但经我多方了解、查证而知，在当年曾参与钧台窑遗址调查或发掘的主要人员中，无一人见过这件"奉华"铭钧瓷出戟尊残底，而所谓的"奉华"铭传世钧瓷似也未见公开发表过。这么重要的资料竟如此不清不楚，令人不得不怀疑其真实性。其实，退一步看，即使它们真的存在，亦同样不能为"北宋说"提供支持。"奉华"为宋高宗刘妃所居奉华堂的堂名，而据《中国陶瓷史》所言，钧台窑遗址采集的出戟尊残底的铭文为素烧前所刻。这样持"北宋说"的人就遇到一个可能难以解释的问题：如果"官钧"为北宋产品的话，其窑址采集的器物标本上怎么可能刻有南宋皇妃的殿堂名呢？

为追踪这件出戟尊残底，同时寻访早期钧瓷遗迹，当时我还专程回了一趟河南，跑了禹州神垕、汝州东沟等几个地方。有意思的是，在神垕镇钧瓷老艺人邢国政家里，当我向他打听出戟尊残底的下落时，这位当年钧台窑遗址调查的亲历者十分肯定地告诉我：钧台没出过这东西，一定是冯先生（冯先铭）搞错了。冯先生倒是说过，"宋钧"中有刻"奉华"铭的出戟尊。当时我们厂（神垕钧瓷二厂）烧的出戟尊，有的也就刻上了"奉华"铭。邢老先生说着便取出一件他们家当作筶笼在用的玫瑰紫出戟尊给我看。这件东西不大，高二十多厘米，底部刻有"奉华"，为素烧前所刻，字体系模仿现藏于台北故宫博物院的汝瓷出戟尊和纸槌瓶底部的"奉华"二字（有人认为出戟尊为清代仿汝制品，纸槌瓶"奉华"铭亦为清代所刻。图10、图11）。邢老先生接着说：那时仿古瓷的废品率较高，废品打碎后，有些胎、釉好的瓷片，同样被作为样片，有可能会混在老瓷片（"官钧"）里。邢老先生的意思，莫非是怀疑北京的专家误将仿品当作了"宋钧"？

通过这次河南之行，我感到自己的底气更足了。恰好这时听说北京大学考古文博院将在十月举办"中国古代瓷窑遗址的发掘和研究高级研讨班"，我便报了名并按要求将自己的文章压缩成两千字的发言提要交了上去。最后，我虽因故未能参加这次研讨，但发言提要还是在班上散发了，据说还引来一些议论。两年后，承北京大学秦大树先生推荐，文章得以在《文物》月刊全文发表；又过了两年，拙著《宋辽金纪年瓷器》付梓，我又将文章略加修改作为附论收入书中。

图10　仿刻"奉华"铭　　　　　　　　图11　出戟尊"奉华"铭

一个颠覆"北宋说"的考古发现

《宋辽金纪年瓷器》出版后,我基本停止了研究工作。单位改制,人员分流,我由过去既搞行政又搞业务转为专搞行政,这样也就没有足够的时间从事研究了。可就在我疏远了古陶瓷也淡忘了"官钧"的时候,一个可能从根本上颠覆"北宋说"的民间"考古"活动正悄悄地在"官钧"故乡进行。二〇〇四年春节过后,禹州市区钧台附近制药厂住宅楼建设工地出土大量"官钧"瓷片(图12)。这些瓷片被施工单位当作垃圾处理,大多散落民间。许昌市古陶瓷爱好者王勇等人那几天几乎一直泡在禹州,搜集到不少各种釉色与器形的"官钧"标本。这年八月的一天,王勇先生给我打电话,说他刚刚得到几枚制药厂工地出土的孔雀蓝釉瓷片,从器形与胎骨上看,应是"官钧",然后又询问了一些有关孔雀蓝釉瓷器烧造年代和产地等情况。他还热情地邀我们到许昌考察,并表示如果研究上需要,这些标本可供我们使用。说实话,当时听到"官钧"中发现孔雀蓝釉瓷器,并没感到惊奇,因为这时我已确信,"官钧"的年

图12 "官钧"瓷器出土地图

代不会早于金，而就孔雀蓝釉瓷器来说，根据纪年资料，至迟在金晚期中原地区已开始烧造了。由于没太在意，加之自己兴趣别移，也就没想去许昌看这些标本。如今回想起来，才感到有点失算。假如当时去一趟，我们后来所做的"官钧"研究课题在时间表上就有可能提前一年左右。

与王勇先生通话后，我们又从其他渠道不断听到制药厂工地出土"官钧"的情况，而且还听说河南与上海的专业机构对这批标本都很重视。河南省文物考古研究所已对制药厂遗址进行了抢救性考古发掘，并准备召开一次研讨会，公布有关出土资料与研究成果；上海博物馆则开始以科技手段测定其年代的尝试。记得二〇〇五年十月我们去甘肃出差期间，一天在从兰州到天水的高速公路上，学雷突然接到景德镇古陶瓷研究所刘新园先生从上海打来的电话。他向我们报告了一个消息：上海博物馆的测定结果显示，"官钧"年代为元末明初。这个消息，让本来就有些动心的我一下子兴奋起来。而此时，学雷供职的文物考古鉴定所已将"官钧"研究课题立项，正向市里申请研究经费。在上报的课题组成员名单中，除学雷与该所所长任志录外，还有一个就是我，尽管当时我已算是"外人"。

从甘肃回来后不久，我们又赶到河南，参加河南省文物考古研究所与中国古陶瓷学会联合在禹州举办的钧窑研讨会。在赴会之前，先去了许昌，看了王勇等人的"官钧"标本。说句大白话，不看不知道，一看吓一跳。这些标本，从釉色及装饰上看，除王勇提到的孔雀蓝釉外，竟然还有茄皮紫、酱釉、白瓷及白地黑花等品种（图13）；从器形上看，同样不可思议，里面不少都是我们前之未见或见过也不知其为"官钧"的东西，像方流鸡心扁壶、高足碗、直口大罐以及各式碗、盘等。如此密集的"信息轰炸"，真让我们有点招架不住。不过，这一炸，倒是炸掉了我们之间原本存在的

孔雀蓝釉出戟尊修复件

玫瑰紫釉方流鸡心扁壶修复件

玫瑰紫釉盘修复件

玫瑰紫釉碗修复件

茄皮紫釉鼓钉盆托修复件

月白釉大罐修复件

月白釉高足碗修复件

白地黑花番莲纹瓶残片

图13 二〇〇四年禹州制药厂工地出土"官钧"

一些不同认识。比如说我与学雷过去对"官钧"年代的看法就不一致。他是主张"金代说"的,为此还专门写过文章,而我则倾向于"元末明初说",虽然我更多的是受别人观点的影响。但这次看了标本之后,学雷的看法改变了,我似乎也觉得不借助别人的肩膀自己也有高度了。记得当时学雷对我说:看到茄皮紫,特别是方流鸡心扁壶,就意识到,"官钧"年代肯定是在金以后,因为明以前可能是没有这些东西的。

图14　白瓷方流鸡心扁壶　景德镇珠山明御器厂遗址成化地层出土

学雷的判断没错。回到深圳后,通过查阅大量资料,他很快就找到了证据。比如茄皮紫釉,目前已知年代最早的实例为明洪武二十五年大同九龙壁上的两条"紫龙";方流鸡心扁壶的形制与景德镇明永乐官窑烧造的此式壶完全相同(图14),而在景德镇制品中,此式壶仅见于永乐时期。明正统年间的湖北梁庄王墓中也出有两把形制与之相同的方流鸡心扁壶,一金一银,其中金壶上刻有"洪熙"(永乐后明仁宗皇帝朱高炽年号)年款(图15)。可见,此式壶的流行年代为明初。此外,通过这种类型学的方法,学雷还一一推断出白地黑花残片、高足碗、直口大罐等"官钧"年代。他所获得的证据大都表明,制药厂工地出土的"官钧"标本的年代为明初。

这批标本的年代推定出来了,那么它与钧台其他地点所出"官钧"——如二十世纪七十年代考古发掘出土的那批"官钧"是否同属一个年代呢?在禹州钧窑研讨

图 15　金银方流鸡心扁壶　湖北明梁庄王墓出土

会上，河南的考古专家认为，二〇〇四年制药厂工地出土的"官钧"标本，与二十世纪七十年代发掘出土的以及故宫博物院旧藏的"官钧"典型器明显不同，因此推测前者的年代可能为元或明初，而后者则为北宋之物。据说北京有些专家也是这个看法。河南专家说得不错。当后来我们征集到一批制药厂工地出土的"官钧"标本而细加观察比较时，也发现其中多数与当年河南发掘的和故宫旧藏的典型"官钧"有较大差别。不过，仅凭这点是不是就可以"大胆假设"，自立新说？一个北宋，一个元明，同一种东西焉能契合几个王朝的典章制度和时风好尚，流行长达两个多世纪？这种"假设"真有点匪夷所思了。其实，根据我们的观察，不论是制药厂工地出土的标本，还是河南二十世纪七十年代发掘的标本以及故宫旧藏的典型器，都存在"精致型"与"粗放型"两类，不可一概而论。出现这一情况，当然也不是没有另一种可能，即故宫旧藏与禹州两批出土的"官钧"在烧造的时间段上不尽相同，"精致型"与"粗放型"也有早晚前后之分。同一种产品，在不同的工艺发展阶段而呈现不同的面貌，这是完全可能的，不可神经过敏。如果将这个可能无限放大，那就肯定要闹笑话了。

　　说到这里，有个情况似不能不提。这就是在二十世纪七十年代钧台窑遗址考古发掘简报（《文物》一九七五年第六期）中存在不应有的遗漏，一些出土的具有很高断代价值的瓷器品种标本及其重要历史信息被莫名其妙地割弃掉了。像我们在前面提到的茄皮紫釉标本等，当时就有出土，而且已初步整理分类，但在一九七五年发表的简报中却只字未提。还有那个作为"北宋说"关键性证据的"宣和元宝"钱范，在简报中也只介绍了其正面，而模印有"崇宁年制"的背面却既无图片也无文字介绍。这样，该钱范作伪的一个明显破绽便被掩盖了（对钱范问题，后面还要谈）。这些情况我们当然都是很晚才知道的。二〇〇七年元月，也就是在完成"官钧"课题研究首段工作的一个月后，我们到河南省文物考古研究所专门看了这批标本。简报中所遗漏的瓷器品种标本如茄皮紫（图16），可辨出器形的就有鼓钉盆托及长方形、海棠形、菱花形花盆等典型"官钧"。面对这批尘封了三十多年的考古资料，不免有些感慨。编考古报告怎能像上街买菜那样，专拣好的喜欢的往篮子里放。我甚至在想，在过去几年自己天天面对的那些汗牛充栋、堂而皇之而令人心存敬畏的考古报告中，这种情况不知还有多少。

图16　一九七四年钧台窑遗址出土茄皮紫釉鼓钉盆托残片

"永宣说"的提出

二〇〇六年春节后，在深圳市宣传文化事业发展基金的资助下，我们从河南征集的"官钧"标本先后运到深圳，课题研究工作随之进入紧张状态，学雷也更忙了。而我毕竟是"客串"，头几个月基本未介入，原有的热度似也在庸常忙碌中降了下来。直到这年的七月，学雷送来一沓文稿征求意见，我这才又打起精神。学雷起草的这份研究报告，从历代文献考察、研究史回顾与总结、窑址资料与传世器分析排比，以及"北宋说"证伪等方面，对"官钧"年代问题做了较深入细致的探讨，并明确提出自己的观点。这可说是一篇当下所看到的较系统的研究"官钧"年代问题的报告了。在已有的研究成果基础上，学雷又有一些新发现、新见解，比较重要的，似有两点：一、"宣和元宝"钱范是"伪证"。对该钱范的疑点，李民举先生等人其实早就注意到了，只是由于我在前面所提到的原因，一直未能抓住关键性证据。让人既感欣幸又觉好笑的是，这个证据最后竟主动送上门来。在二〇〇三年出版的一本钧台窑遗址出土标本汇编中，首次披露了该钱范的背面，上面的"崇宁年制"四字（图17），让学雷一下子就看出了破绽。崇宁与宣和同为宋徽宗年号，崇宁靠前，宣和居后，中间还隔着大观、政和、重和。这样，不用再说，大家都会感到荒唐了（我们后来还了解到，该钱范是一九六四年当地一农民采集所得，其发现与一九七三年开始的窑址考古发掘毫无关系）。二、推断《宣德鼎彝谱》成书于天启年。该书因记有"柴汝官哥钧定"，首次将钧窑排名在定窑之前并与其他五代两宋名窑并列，曾被主张钧窑"北宋说"者奉为圭臬。但它其实是部伪书，并非成书于宣德。其出笼时间，学界看法不一，遂有正德、嘉靖、万历等说法。学雷经过一番考证，又提出"天启说"，自成一家言。

图17 "宣和元宝"钱范

在这年十一月底深圳市文物考古鉴定所举办的"官钧"研讨会上,学雷发表这个报告观点时,把我作为"合著者"也推了出来。这让我有些不安。这篇东西,我确实也花费了不少心血,直到今天,我们仍在对它做着修改,以期正式出版时再少一点遗憾。至于"合著者"的名分,我是可以接受的,尤其是在共事与合作了十年之久的老弟学雷面前,我当然也不必客气。但此次合作,应当说,我所做的更多是锦上添花的工作。我想,这一点也是要说清楚的。

与以往的研究相比,我们这个报告在"官钧"年代等问题的认识上似又进了一步:不仅在宏观上将"官钧"年代限定在明早期,而且在微观上推测出"官钧"的烧造时间集中于永乐、宣德两朝;对"官钧"的性质也提出了看法,认为它应是官方窑场或官方组织生产的,除为宫廷使用外,可能还为上层官僚、文人等享用。这可说是报告的两个主要观点。当然,这两个观点今后可能仍需完善或修正。比方说"官钧"年代下限有无可能延至明中期。在景德镇珠山明御器厂遗址成化地层和

素三彩海棠式花盆

孔雀蓝釉盆托

图18 青瓷渣斗式花盆、盆托
景德镇珠山窑址成化地层出土

绿釉渣斗式花盆

图19 湖南长沙明吉王府古井出土花器

湖南长沙明吉王府正德、嘉靖古井等遗址中，均出土有器形与"官钧"相同或相近的花器（图18、图19）。明中晚期的文人绘画中也可见到方流鸡心扁壶和"官钧"式样的花器（图20）。还如窑场性质究竟是官窑（中央或地方官府直接经营管理的窑场）还是"贡窑"（接

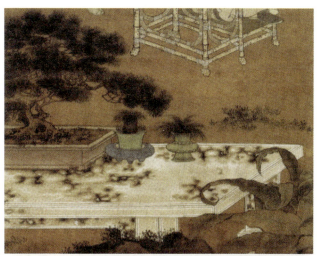

图20 明《十八学士图》(局部)
台北故宫博物院藏

受中央指派或地方官府"朝贡"瓷器订货的民营窑场），这都有待寻找新的证据，进一步作出探讨。

深圳举办的"官钧"研讨会，请到了大陆及港、台等地五十多位专家学者，其中多数为时下各地较活跃的中青年研究骨干。上海博物馆和故宫博物院也都以可观的阵容亮相，特别是上海博物馆，在副馆长陈克伦先生的带领下，几乎馆里所有搞陶瓷的都来了。会上，除学雷做了报告外，任志录先生也系统介绍了从河南征集的"官钧"标本资料。两天的会议发言与讨论，可说既热烈又波澜不惊。对"北宋说"的怀疑与否定，以及对我们研究成果的认同与赞许，几成"一边倒"。故宫博物院及河南的专家虽未公开附和，但也绝没出现后来一些媒体上所说的什么对立局面，更未分出所谓"激进派""保守派"两个阵营。媒体总是唯恐天下不乱——这当然也可理解，研究学问的总想要解决争端，而搞新闻的却老是喜欢制造争端。

研讨会"一边倒"的态势，实际上我们在会前已预料到了，因为情况明摆着，还有什么好说的呢？当然，我们也深知，讹误成俗，恐怕就很难改变了。况且，世事幽微，人们并非总是愿意了解真相的。因此，尽管"官钧"研究已得到众多一线专家的首肯，但我们仍不敢指望太多——至少眼下如此。

饮水思源　心存感动

如果从一九九七年李民举先生的文章发表算起，到二〇〇六年深圳研讨会的召开，"官钧"研究经历了近十个年头。从开始的几个散兵游勇、"翻不起大浪"，到最后群贤毕至、少长咸集，终于闹出点动静，"官钧"研究虽还不能说尘埃落定，但似也可告一段落了，这毕竟是令人欣慰的。我们深知，"官钧"研究能有今天这个局面，绝非少数几个人之所为，靠的是"团队"的力量。这个"团队"是无形的，却又实实在在地存在。其中我们的先行者与同路人，除李民举等几位前面已提到的外，还有台湾的谢明良、罗慧琪、余佩瑾，香港的林业强，美国的罗伯特·毛瑞，英国的苏玫瑰，日本的矢部良明、出川哲朗，留日中国博士生金立言（感谢他在日本东洋陶磁学会会刊《陶说》上详细介绍了深圳"官钧"研讨会的情况），北京大学的权奎山、秦大树，上海博物馆的陈克伦、陆明华、李仲谋，湖南的李建毛，河南的蓝普生、阎焰等。他们或写文章，或提供资料与信息，都对"官钧"研究做出了贡献。而处于新、旧观点"矛盾焦点"上的河南文物考古研究所专家，敢于面对来自多方面的压力，积极展开对"官钧"年代的探讨，亦甚难能。这都让我们感动，也让我们看到希望。

最后，我想再提一下李民举先生。这位原北京大学考古系讲师，没等到自己的文章正式发表，便以访问学者的身份去了哈佛。大约二○○六年年底，他在美国寓所从网上得知深圳"官钧"研讨会的消息后，有感而发，也通过网络发了一篇题为"记'官钧年代新说'的提出"的文章。嗣后，学雷与他取得联系，并把我们的研究报告寄给了他。很快，他便给学雷和我回了信。这封信及"网文"，都写得十分恳切和动情，似乎还带点"望尽天涯路"的淡淡哀伤；也有意气风发、热情如火的文字，像对我们的研究报告，他就褒奖有加，认为"论证详细，思路绵密，集近年这个论题之大成，实为上乘之作，将来若能正式出版，必将嘉惠学林"。这个评价着实不低，让我们既备受鼓舞又不无愧怍。

二○○八年七月十二日完稿

陈万里与钧窑研究

前不久，结识一对爱好收藏的夫妇。先生贾博士，在深圳某机关工作。初次见面时，知悉他是陈万里先生（图1）的外孙，家里还藏有陈万里留下来的瓷器。我当时将信将疑。信的是，这对夫妇虽不专门收藏陶瓷，却十分了解陶瓷专家陈万里的身世；疑的是，陈万里故去已三十多年，他在世的最后几年正赶上"文革"动乱，像他那样无论政治生命还是个人生命在当时都可说"衰朽"之人，结局最可能是"人琴俱亡"（据说他自杀身亡，死不见尸）。贾博士夫妇善解人意，随即回家取来一件陈万里遗藏给我看。这是一只青瓷折沿盘，釉呈悦目的绿色，釉面隐现细纹，口径约15厘米，折沿，浅腹，满釉支烧，圈足内分布圆点状支钉痕（图2）。原物残损，经拼对修补而成。一枚系着细丝线的小标签粘贴在盘口处，标签正面题"宋临汝窑洗子"，背面署"陈万里"。贾博士夫妇还带来了一本贴有陈万里照片的家庭

图1　立在龙泉大窑村口的陈万里铜像

图2　临汝窑青瓷折沿盘　陈万里旧藏

影集、一件装裱考究的陈万里亲手所制明嘉靖剔红盘拓片立轴（图3）。睹物思人，不免有今昔之感。

余生也晚，一九六九年陈万里先生绝命时，我还是个没读过几天正经书的小学生。二十世纪八十年代，我在一所工科大学当编辑，在校图书馆有限的文史类藏书中，竟意外地发现了一本有关古瓷的小册子。这便是陈万里的《中国青瓷史略》。之前我对古陶瓷已有点兴趣，读了这本书，兴趣就更浓了。而正是这个兴趣，后来竟改变了我的专业方向和职业生涯。这么说来，陈万里先生也可算是我的启蒙老师。

陈万里先生是个"永远生活在趣味中"的人。他早年学医，平生爱好广泛，昆曲、美术、摄影，皆有用心，尤以研治古陶瓷见著。多年前，因某种因缘，我与作家张中行先生有过一些交往。张老先生性耽高古，年轻时常出入古董市场。我们由古瓷聊起陈万里，他说他当年逛琉璃厂常会碰到陈万里，"那时他就有名气，常给喜欢古瓷的人'掌眼'"。据贾博士说，陈万里也收藏一些与自己研究相关的古瓷。故宫博物院和上海博物

图 3　陈万里制明嘉靖剔红盘拓片立轴

馆藏品中都有他捐赠或协助购买的古瓷（图4—图6）。陈万里虽非考古科班出身，但作为经历过"五四"洗礼的新型知识分子，多方面的学养使他成为我国自觉运用科学方法从事陶瓷考古和研究的开山之人。

陈万里先生治学，最为人推重的是他的"行"，套用孔夫子的话是：行有余力，则以为文。正是在他的身体力行下，我国的陶瓷考古和研究开始由书斋走向田野，由"学问"向科学转变，这也可说是陈万里的最大贡献。早在二十世纪二十年代，他就"八去龙泉，七访绍兴"；五十年代以来，他又重抖精神，遍访南北特别是中原地区古窑址。他的文章，也多是"行有余"而为之，重实证而少自矜，绝无浮词，更去除了明清以来偷懒文人陈陈相因的毛病。因而他的一些观点，也就能站得住、立得稳。如他对钧窑源流与年代的认识，我认为就经得起时间的验证。

二十世纪五十年代初，陈万里在实地调查河南禹州古窑址的基础上，结合对当地历史沿革的考察，提出"钧窑代汝而起"的观点，认为钧窑"是在北方金人统治之下以及元代的一百余年间的产物"（《中国青瓷史略》），并敏锐地觉察"钧瓷开始露头角于汝窑极盛时代"（《禹州之行》）。虽然他的这一声音很快被明清翻版的"北宋说"湮没，但时过境迁，是非经久而论定，半个世纪后的今天，重新审视，我们发现还是他有先见之明。他的认识可能不够全面，却仍值得重视。（应说明的是，日本学者大谷光瑞等早在一九三二年就提出钧窑始于金代之说，其论据是钧窑所在地区金代后才由"阳翟"改称"钧州"。对这种"仅由地名之存废判断窑业之有无"的说法，已有学者提出质疑。而陈万里的说法，主要基于"钧窑代汝而起"，可说是一个考古学观点。因此我认为，尽管陈万里的说法在后，仍自成一家言。）近年来，钧窑的年代问题又被重新提了出来。我在编写《宋辽金纪年瓷器》一书时，更注意到这样一个现象：钧

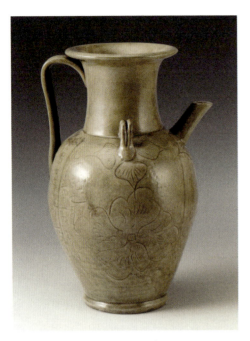

图4 越窑青瓷"大中元年"铭线刻花卉纹注子 一九三七年陈万里购于上海 上海博物馆藏

图5 越窑青瓷注子 一九三六年自绍兴唐元和五年（八一〇）户部侍郎北海王府君夫人墓出土 陈万里捐 故宫博物院藏

图6 越窑青瓷花口浅碗 陈万里捐 故宫博物院藏

瓷作为历史上盛行一时的瓷器品种，存世数量众多，但在金晚期以前的纪年墓葬和其他类型的纪年遗存中，却至今不见踪影。目前已知所有出土钧瓷的纪年墓葬等，年代都已进入十三世纪。在近几十年的考古调查、发掘以及研究中，也始终未发现其他能够证明钧瓷始烧于北宋的可靠证据和线索。我以为，这一"反常"现象本身，其实就隐含了事情的真相。在《宋辽金纪年瓷器》附论所收的两篇文章中，通过对钧瓷源流的追溯、对钧窑兴起的历史背景的分析以及对钧瓷典型器的排比研究，我提出这样一个看法：钧瓷的产生、发展与汝瓷（主要指"供御汝瓷"）有着密切关系，即它可能是在对汝瓷的仿烧中逐渐形成的一个瓷器品种；它的成熟应不晚于金中期，而早期有些产品——"汝钧"的年代或可早到北宋末年；早期钧瓷应是小规模生产的，其大量烧造而成为北方地区有影响的瓷器品种，当在金元时期。

不难看出，我对钧窑源流与年代的认识，与陈万里的"钧窑代汝而起"之说相通；我当然也乐意承认，自己的见解与陈万里有着一脉相承的关系。只是，类而不同。上面我提到"汝钧"，并认为它可以归入钧瓷范畴，或定性为"早期钧瓷"。在这一点上，我与陈万里先生的看法就不一致。恰好陈万里遗藏的那件"宋临汝窑洗子"，与"汝钧"或有密切关系，姑妄言之，以待匡正。

陈万里《汝窑之我见》中记：东沟（位于今汝州市大峪乡。汝州旧称"临汝"）的一种青瓷碎片"没有纹片的很多，色釉极润泽，色调较龙泉深而带葱绿，这是汝窑的本色，也是后来宫中命在汝州烧造青瓷器的前期产物"。这里所说的"葱绿"瓷器，想必就是与他那件"临汝窑洗子"一类的青瓷。陈万里曾亲赴东沟调查过，那件"洗子"是否就采自东沟？对此我不敢妄说。但正像陈万里所说，"东沟的田地里，散布着的尽是此种碎片"。几年前，我去东沟一带窑址调查时，也见到不少此类青瓷标本。

陈万里将这种"葱绿"釉色说成是"汝窑的本色",进而认为这类瓷器是汝州供御青瓷的前期产品,这可说是个大胆的推论。可问题是,这一推论似缺乏考古材料的支持。说"葱绿"釉色是汝窑的本色,这尚可令人接受,因为陈万里所说的"汝窑"可能泛指北宋汝州境内的窑场,而不像今天将汝窑狭义化,专指宝丰清凉寺。即使从传世和清凉寺窑址出土的汝瓷来看,除天青、天蓝等釉色外,也有少量青绿釉色的。不过,若据此推论东沟这类釉色的瓷器是供御青瓷的前身,我认为就未免简单化了,或者说这种认识可能带有时代的局限性。在汝州烧造宫廷用瓷之前,汝州青瓷以鲁山段店、宝丰清凉寺(北宋时,鲁山、宝丰均属汝州)、汝州严和店(今日所谓"临汝窑"的主要窑场之一)等窑场产品为代表,其釉色普遍呈"豆绿",以印花、刻花者多见。看来,陈万里是把东沟的"葱绿"瓷器与汝州传统青瓷混为一谈了,其实二者无论在工艺源流、器物面貌还是在流行年代上都不尽相同。近年来,在河南许昌、郑州等地,如东沟"葱绿"一类的青瓷多有出土。除东沟外,汝州南乡一带及鲁山段店、宝丰清凉寺、禹州神垕等窑址,也都有发现。器物见有折沿盘、菱口盘、鸡心碗、罗汉碗(直壁墩形,也称"钵")、把杯、长颈瓶等。釉色除"葱绿"外,还有天蓝、天青、灰青、灰绿等(参看页282图2—图5)。根据器物类型排比研究,可知它们多属十二世纪流行器,也就是说,它们的生产与流通时间主要是在汝窑奉命烧造宫廷用瓷(约十一世纪末至十二世纪初)之后。这类青瓷在今天有"汝钧"之称,其名称或有两层含义:一是它兼具汝、钧两类青瓷的特点;二是现已发现的产地主要集中在汝州(宋时汝州辖临汝、鲁山、宝丰、郏县等)。我认为,这类青瓷可能是宋、金之际汝州民间窑场受供御汝瓷影响或仿烧供御汝瓷的产物,它既与当地传统青瓷保有联系,又在装烧技术、烧成工艺等方面受到供御汝瓷的影响,从而形成自己的特点,并可能由此带来一个新品种——钧瓷的问世。

笔行及此,我忽然感到踌躇和不安。说到前辈的"局限",有局限又怎样,难道我们就没有局限吗?像我前面所谈自己的一些看法,似乎言之凿凿,发之无遗,其实也不过是一隅之见。当局者迷,不自知也!我们谁都挣脱不了"局限"。考古和文物研究,是路途崎岖漫长的历史考察,一个问题的发现和解决,往往不是一个人甚至一代人所能完成的,就像接力赛,需要一个团队前赴后继的共同努力。至于自身的问题,何止"局限",我们的褊狭固陋,只怕是更可笑吧。

二〇〇五年六月

怀冯先铭先生

我与冯先铭先生仅有一面之缘。

一九九二年底,我在新成立的深圳文物商店"试工"期间,当地一家报纸向我约稿,希望我写点古玩收藏鉴赏或文博圈内名人逸事之类的小文章。恰好这时我到北京出差,而店里本来就有考虑,想延聘京城几位文博界名流做顾问,以求大树底下好乘凉。这样我便动了心思,打算顺便采写几篇"人物专访"。那时我对出长中国古陶瓷研究会(今更名为中国古陶瓷学会)的冯先铭仰慕已久,于是头一个采访对象就选定了他。

那天,我先找到冯先铭工作的故宫博物院研究室,他不在,见到也在这里从事研究的他的女儿冯小琦。小琦说,她父亲要去台湾讲学,过几天就走,现正在家里忙着准备,不一定有空会客。不过小琦还是给她父亲打了个电话。不想冯先铭同意见面,请我马上就到他家去。

我按小琦画的路线图，赶到小石桥附近一栋故宫博物院宿舍时，冯先铭先生已在楼下迎候了。早听说冯先铭是故宫博物院有名的美男子，果不其然，年逾古稀的他，依然风度潇洒、仪表出众。进了他的书房，只见一溜倚壁而立的书橱上层层摆满古陶瓷（图1），其中又以"老窑"居多。一室的"南青北白"、唐风宋韵，更让人感受到主人品位和身世的不凡。"我不是收藏家，只因研究需要，才收集了这些标本。它们也不值什么钱，大都是从地摊上淘来的。"冯先铭首先声明。我知道，个人收藏文物，对文博工作者来说还是有些忌讳的。俗话说"瓜田李下番薯地，弯腰系鞋是大忌"。私人不收藏文物，"考古不藏古"，这是"中国考古学之父"李济当年与中央研究院史语所同人的共同约定，作为职业准则，今天对海峡两岸业内人士仍有一定约束力。对此，冯先铭先生当然清楚，不过他也有自己的看法。他说：收藏一些与自己专业有关的文物，只要途径正当，还是应当鼓励的，因为这对研究有帮助。常到市场上转转，

图1　冯先铭（一九二一——一九九三）
摄于一九九二年底

真的假的对比着看，也有助于提高鉴别水平。现在文博单位专业人员大都不会鉴别真假，就是因为脱离市场。

冯先铭早年就读于辅仁大学西语系，二十世纪四十年代末，遵从父亲——著名历史学家冯承钧之命，进入故宫博物院工作。当时故宫博物院正清理院藏物品，请来一些精于鉴别的古董商和前清遗老，冯先铭随他们一起工作，耳濡目染，学到不少东西，特别是在古陶瓷方面，由于早就喜欢，更是多有所获。不过，研治古物在过去算是"冷门""小道"，要选择古陶瓷作为自己终身治学的对象，对喝了一肚子洋墨水、曾发愿秉承父志而从事汉学传译（这在当时可是"热门"）的冯先铭来说，内心也不是没有矛盾的。五十年代初，主持全国文物工作的郑振铎提议在故宫博物院建一座陶瓷馆，并捐出自己收藏的两千余件古陶瓷。冯先铭被"指名"参与了陶瓷馆的筹备工作。故宫的瓷器旧藏，以明清官窑和"五大名窑"为主，精则精矣，但不足以反映中国古陶瓷发展的全貌。况且，由于众所周知的原因，故宫文物已被分割成两半而不再是一个整体。因此，陶瓷馆建立后，在中央政府的支持下，故宫博物院又从全国各地收购和"调拨"了不少出土或传世的古陶瓷。南京、上海多见的六朝青瓷，洛阳、西安出土的唐三彩和白瓷，以及过去不被看重的磁州窑瓷器等，纷纷被"请"进昔日的皇宫。加之海内外收藏家的不断捐赠，至五十年代末，故宫博物院的古陶瓷收藏已是"官民并集"，蔚为大观了。而此时的冯先铭，也终于不再犹豫，决意走"冷门"，在古陶瓷研究上一展身手了。

一九八二年问世的《中国陶瓷史》，可说是一项功彪史册的浩大工程。作为牵头人，冯先铭先生为此做了大量筹划组织工作，并独自或与人合作撰写了其中分量较重的两个篇章：唐、五代，宋。说起这本书，冯先铭不无自豪："编写一本内容详确的陶瓷史，是我们这代人的夙愿。过去人们对古陶瓷多满足于赏玩，好古而不知古，仅有的几本陶瓷著述也几乎都是古董鉴赏家之言，其中疏漏和问题自然不少。这与我们这个'瓷国'的身份地位是很不相称的。为改变这一状况，自一九五四年起，在老一辈古陶瓷学者陈万里的带领下，故宫博物院开始了古窑址调查工作。四十年来，已调查了大半个中国两百多个市、县的数百处古窑址，解决了不少问题。后来考

图2　日译本书影

古、科技和工艺美术等方面的专家学者也关注到古陶瓷，特别是中国硅酸盐学会的同志尤为热心，他们借助科技手段对古陶瓷制作工艺展开研究，也取得很大进展。这样，一部寄托两代古陶瓷学人梦想并汇聚多个学科成果的大书才得以面世。该书在海外也引起关注，日本几位懂汉语的古陶瓷学者已将其译成日文出版（图2）。为表彰中国同行的工作，二〇一二年日本东洋陶瓷学会还向我授予了'小山富士夫纪念奖'（小山为日本著名中国古陶瓷学者）。"他取出一枚精致的奖章和一部装帧华贵的日文版《中国陶瓷史》给我看。"小山富士夫是日本'古陶瓷之父'，以他名字命名的这个奖是日本陶瓷学界的最高荣誉。这个奖可是第一次授予中国人呢。"冯先铭又补充道。

在我登门之前，冯先铭正紧着编选这次赴台讲学所需的图像资料，案头上堆满各种古陶瓷图册，其中多半是国外和港台出版的。他说，这次到台湾是讲古陶瓷鉴定，过去我很少讲这个，主要兴趣还是在学术课题上，这次讲鉴定，是对方主动要求的。近年来台湾出现"收藏热"，不少人从大陆或香港市场上收东西。由于两岸交流不

图 3 "花瓶刘家造"刻铭白地黑花龙纹瓶
美国纳尔逊·阿尔金斯博物馆藏

畅,他们对大陆这边仿古瓷的情况不很了解,所以常常上当。谈到这个话题时,我顺便取过一本近年在大陆流行甚广的台湾版宋元陶瓷图册,就自己看不大明白的几件"宋瓷",请他过法眼。这几件瓷器好像都是清宫旧物,现藏于台北故宫博物院,有件"北宋定窑白瓷柳斗杯"(参看页215 图 39),我还曾写过评介文章发表,可后来越来越怀疑书上把它们的年代和窑口搞错了。对这几件瓷器,冯先铭似乎早已洞悉底里,照眼一看,立马定谳。对"定窑柳斗杯",他认为不是宋物,亦非定器,实为清代景德镇御窑厂所制,其刻花柳斗纹是仿唐宋的,但造型及工艺却与唐宋风格相去甚远。这时他似乎更来了兴致,由此及彼,打开一本国外的图册,指着一件现藏于美国纳尔逊·阿尔金斯博物馆的磁州窑风格的花瓶说,这件"刘家花瓶"也有问题,过去认为是宋代的,其实是民国仿,它的最大破绽是龙纹为五爪,触犯了宋代民间画龙只能画三爪的戒律,这在当时是大逆不道的(图 3)。"花瓶刘家造"的铭文也不对,"花瓶"一词在宋代还没出现。关于这件瓷器的鉴别,他说他已写成文章,这次到台湾也要讲。——他的这篇文章后以"仿古瓷出现的历史条件与种类"为题发表于《故宫博物院院刊》（一九九四年第一期）。除他认为是"破绽"的龙纹和铭文外，文中还罗列了"刘家花瓶"的其他"疑点"，如"比例失调，颈部过长，足又撇得过大，与宋代瓶的造型不同"等。不过，这里还是要说，在"刘家花瓶"的鉴别上，冯先铭先生可能失之于臆解和武断了。宋金时代民间画龙似乎并无只能画三爪的"戒律"，三爪或四爪者同样见有"御龙"（图4—图6）；"花瓶"一词也并非不见于宋代文献，北宋文献中已出现。而更重要的物证——与纳尔逊·阿尔

图4　白地剔划龙纹瓶　日本白鹤美术馆藏

金斯博物馆藏"刘家花瓶"完全相同的器物残件已被发现（图7）。对"刘家花瓶"，扬之水、秦大树及我等都曾写文章，依据实物和文献资料，证实其确属宋金之物，而且已知这类产品可能出自豫北地区窑场。我还曾亲赴美国堪萨斯城纳尔逊·阿尔金斯博物馆，通过近距离观察并向该馆专家咨询其背景情况，更确信"刘家花瓶"毫无可疑。当然这都是后话了，可惜冯先铭先生泉下已不能知矣。

　　不觉一个多小时过去，告别时，冯先铭一直送我到楼下，还说欢迎我以后常来做客，不料这一别竟成隔世。回到深圳后，"人物专访"因忙碌一拖再拖，直到来年开春才动笔，可文章还没见报，冯先铭先生就走了，听说是过度劳累引发心脏病遽逝。

图5　宋仁宗永昭陵西列望柱云龙纹　　　　图6　越窑青瓷线刻龙纹盘残片　寺龙口窑址出土

本来，冯先生已做好安排，开春后到山西考察古代黑釉瓷遗存，然后出国参加一个学术会议，再就是循环往复地讲学、写文章、编书、筹备协会年会等。他还答应我，在暑天到来之前，抽时间飞一趟深圳，接受我们的聘请，再看看特区的古玩市场和博物馆。可他再没有时间了。我还清楚地记得，他在谈到自己的工作时既兴奋又有些无奈和焦虑，一再感慨要做的事太多而时间又太少。

冯先铭先生故去瞬已廿载。作为我国古陶瓷研究的重要奠基者和组织者之一，他仍活在他所开创的事业中。直到今天，他三十年前主持编修的那部《中国陶瓷史》，还是被普遍认可的"权威"著述，尽管实际上该书的权威性已被时间大大消解——这没有丝毫唐突前辈之意。在陶瓷史研究方面，三十年一部书，如果说有点寒碜，也有

图7　龙纹瓶残片　彭城安际衡提供

点悲哀的话,那么也全怨不得逝者。我相信,如果天假其年,冯先铭先生活到今天,这部书早就不止一次地修订了,甚至另起炉灶重修都有可能。因为在我看来,冯先生是一位想要做事而又特别能做事的人。诚然,不必为尊者讳,冯先铭先生由于"半路出家",非文物考古专业出身,且受限于"文革"年代的政治及学科环境,出长古陶瓷研究会后又事繁夥博,故在研究上可能未尽其才,但无可否认的是,他是一位卓越的学术活动的组织者和带头人,他的主要贡献也确乎体现在学术组织建设和学术规划实施方面。当年冯先铭的搭档,同为《中国陶瓷史》主编的著名考古学家安金槐、朱伯谦生前也曾对我说,冯先铭先生为陶瓷史的编撰与出版做了大量组织协调工作,他是极富感召力和亲和力的"灵魂人物",是主编中的主编,没有他,也就没有这部陶瓷史。

斯人往矣。"闻鼓鼙而思将帅",而今我们还会再有一个冯先铭吗?

二〇一三年元月十九日完稿

玩家刘新园

刘新园不久前去世了，享年七十六岁，走得早了一些。我对刘先生虽谈不上深知，却也在相识的十多年里多有交往，一些往事颇可一记。刘先生以古陶瓷学者著名，而晚年的他其实更是一个大收藏家。这样，谈刘先生也就不能不谈他的收藏（图1）。

刘先生在文物收藏上动手早、起点高。改革开放之初，邓小平说让一部分人先富起来，刘先生有幸成为这一部分人之一。不过他的致富之路与别人不一样。市场经济引发收藏热，一些有名望有眼力的文物专家也因此得利。刘先生的第一桶金，便是靠自己的专业知识和技能掘得的。二十世纪八九十年代，他先后被热衷文物收藏的香港实业家徐展堂和国际古董拍卖业大亨苏富比公司等聘为顾问，待遇相当优厚。此外，频繁的海外讲学也给他带来不菲的收入。这样，最早富起来的刘先生便率先走进收藏天地。当别人还在地摊上"练眼"时,他已是京沪等地一些古董店(国有文物商店)的常客了。

刘先生的收藏既多且精。单说陶瓷器,不同时代、窑口和品种的藏品往往自成序列,而且大都品相完美。他只收"高古"陶瓷,其中北方白瓷是他的最爱,他的这类藏品可排列成队,窑口从邢、巩、定及山西诸窑一路下来(图2、图3),时代上溯隋唐中经辽宋下迄金元。他的吉州窑及黑釉瓷器收藏,更是撑得起一个相当规模的展览。二〇一二年二月深圳博物馆举办的吉州窑及黑釉瓷器展览,多半展品就是他提供的。而除了陶瓷外,他的古砚、汉唐铜器和历代文玩收藏等也十分可观,特别

图1　刘新园在二〇〇六年深圳"官钧"瓷器研讨会上发言

是古砚,多有材质、工艺上佳者及带名人手泽者,颇可赏鉴,也最为藏主宝爱。他的书斋即以"九砚山房"名之。九砚者,自是多有佳砚之意也。

刘先生退休后,迁居上海。我曾多次到徐汇区宛平南路的刘府观赏藏品。每次去他都会至少拿出二三十件,不紧不慢地让你看。而每逢这时,他就显得很开心,客厅里充满他爽朗的笑语。他喜欢将自己的东西与国内外一些著名博物馆的藏品作比较,结论当然往往还是自己的好。这也反映出他率真有趣的一面。我们每次去都有惊喜,看到不少好东西后,甚至会以为自己已窥得堂奥,可想不到下次再去看到的依然精彩。如此这般,到今天我也说不清刘先生究竟有多少藏品,又有多少惊喜在等着我们。

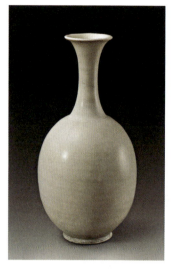

图2 刘新园收藏的唐代邢窑白瓷净瓶

在我认识的古陶瓷学界前辈中,故宫博物院的冯先铭先生生前也喜欢收藏。可惜他走得早,收的东西可能不会太多,而且似乎少有"高、精、尖"者,按他自己的说法,多为"标本资料"。在我看来,作为收藏家,冯先生是学者型的,刘先生是文人型的;就藏品而言,冯先生的多为"标本",刘先生的多为"古董",或说珍贵文物。当然,这个看法可能不全面。刘先生实际上也很注重搜集"标本资料",注重藏品的学术研究价值,像他的吉州窑藏品中就有不少这样的标本资料。只是他"古董"级别的藏品太多了。

刘先生在收藏上多选择"高古"而非元明清,有

"梅竹双清"盏

"春江晚景"盏

图3 刘新园收藏的吉州窑黑釉漏花茶盏

人说这样是为避嫌。刘先生是体制内文博工作者,又长期担任景德镇一家文博机构的领导职务。谁都知道景德镇窑业最辉煌的时代在元明清,刘先生后一阶段的研究工作也主要集中在元明两代,而且他任职的单位就坐落在明清官窑遗址上。老话不是说"瓜田不纳履,李下不正冠"吗?作为文博工作者,刘先生自然不会没有一点顾忌。但我还是认为,他的收藏,一定是合乎自己审美口味的。而他那种性情和修养的人,在收藏选择上也一定是倾心于"高古"的,即更重审美格调和品位的。他也曾一半正经一半打趣地对我说:凡是我研究的,都是我不喜欢的;研究是我的工作,与兴趣无关。

一次我们搭伴去香港,参观当地一个收藏团体举办的会员藏品展,再顺便逛逛上环的古董街——荷李活道。刘先生曾与香港收藏界过从甚密,可他似乎并不欣赏当地的玩家,认为他们是"商人收藏",功利性太强,眼睛只盯着明清官窑。那天看展览时,刘先生兴致不高,遛了一圈便催我们走,说荷李活道的东西更好看。到了古董街,看到自己喜欢的,他又感慨:香港有这么多好东西,他们怎么就不会玩呢!

在深圳的一个收藏讲座上,刘先生告诫藏友:"不要把古董当成股票,今天买进来,明天抛出去就想赚钱。要思慕古董里的文化。"作为一个深研文史、热衷古董的学者,他其实早就清楚地看到了市场对收藏可能产生的负面影响。二十多年前,浙江文博系统的一伙年轻人编了一本古瓷鉴赏辞典,"代序"出自刘先生之手,其中有这么一段:"关于鉴赏之类的文字,过去几成为古董迷与古玩商的专利。因为是迷,常有不实的吹嘘;因为是商人,而不是学者,其审美趣味不一定高,故这类书的质量都有问题。"要知道,刘先生写这篇文字时(一九九一年底),国内收藏之风尚未大盛,人们的古董认识和鉴赏水平普遍不高,连不少专家学者还都把《古玩指南》一类的

"古董家之言"奉为圭臬,而刘先生则是如此清醒和敏锐!

刘先生的敏锐,还反映在他对钧窑瓷器的认识上。那是二〇〇五年吧,当时我和两个同事正在做"官钧"课题研究,一次见到刘先生,聊起"官钧"历史,没想到他的看法竟与我们完全一致,而且在某些方面比我们看得更透。谈到明清以来钧瓷市场地位的变化时,他一针见血地指出:钧窑之所以能在明清跻身宋代名窑之列,根本原因在于古玩商作伪,目的只是为了抬高它的市场行情而牟利。这话对我触动不小。随着研究的深入,我发现他的看法还是有一定根据的。考察今昔古董与收藏,市场的负面影响不可低估,它有时不但会挟制收藏,甚至还会干扰和左右相关的学术研究。这种情况自古有之,于今更甚。这并非危言耸听,钧窑的过去与现在便是明证。这点认识,可说是受了刘先生的启发吧。

刘先生也曾是个"官身",官至副地级(景德镇市政协副主席),而且一直连任,为官长达十七八年(一九八七年到二〇〇四年)。但他在官场中绝对是个异数,还在位时,他就没什么"官气"。就说最基本的,哪个做官的不会说几句大话套话应景的话,可他好像就不会,反正我是没听过。像他那个湖南老乡沈从文,初次见面,他也喜欢自称"乡下人",谦卑得很。不过你不要以为他好亲近;他的随和与低调也不会让你事事都感到妥帖和舒心。他身上没官气却有比官气可能更不招人喜欢的"文人气",或说"名士气"。不拘小节,不随俗礼,嫉恶如仇,对时弊、对不喜欢的人和事,常会毫不掩饰地作出反应,金刚怒目,义正词严之外也未尝没有狂傲和偏激。这样的人,显然是不适合做官的。其实也好,如果太适合做官,恐怕也就成不了学者和玩家了。

除收藏古董外,刘先生还有不少其他雅兴。爱好京戏,静下来时就会哼上一段:

"我本是卧龙岗散淡的人……我面前缺少个知音的人……"有板有眼的,一副很享受的样子;爱好写字,曾经写得一手秀雅的章草(图4),说"曾经",是我发现他近年的书风落拓不羁,既不秀也不雅了;爱好打太极,据说是无师自通,推手功夫尤其了得,偌大的景德镇难寻对手;爱好侍弄花草,蕙兰菖蒲,兼以雅石,燕闲清赏,怡情养性;爱好文学,这其实是他的看家专业,阅读似以中国古典诗词、笔记小说为主,鲁迅和老托尔斯泰、契诃夫等也是他爱读的。不过,他在阅读上还是有点厚古薄今,特别是改革开放后的文学作品好像读得不多,不要说"前卫",就连"老派"的、同样有"收藏癖"而可能会让他感兴趣的作家如张中行、黄裳、董桥等,他也都很陌生。

以上这些可说是旧式文人的雅兴,却使刘先生显得格外与众不同。他这个先富起来的人,也因此成为走在时代前面的"潮人"——大家都还在奔小康,他却优哉游哉,早就过上了餍足、精致、优雅的生活;他所喜好的一些东西,也是直到新世纪"后消费时代"来临才成为高雅时尚。当年,刘先生的好朋友汪庆正(原上海博物馆副馆长,已逝)到景德镇办事,应邀做客刘府,结果大

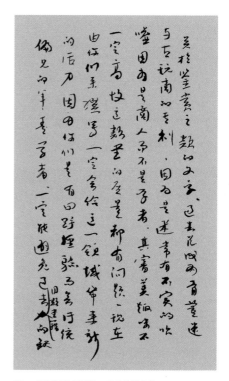

图4　刘新园曾经写得一手秀雅的章草

受刺激，回去便讲：刘新园这家伙住在高宅大院里，玩着古董，过着地主老财一样的日子，像明代大文人，比我们可阔多了！

刘先生的这个"高宅大院"我去过，是在二〇一一年农历的腊月里吧。去前与刘先生约好，他专程从上海赶回景德镇。印象中，一栋普通的二层小楼已显破旧，客厅和书房里的家具有些是明式的（图5），院子其实不太大，有一个水泥砌的小鱼池和一些花草盆景，一切都还清简。只是早已人去楼空，常年雇人看守。当然，汪庆正当年看到的那些古董也都随主人乔迁沪上了（图6）。那天，在空落落的"九砚山房"，刘先生以上品大红袍招待我们，饮茶聊天，度过一个愉快的上午。

刘先生玩了差不多半辈子古董，他生命的最后几年，依然乐此不疲，经常游走各地，看展览，会藏友，逛市场，买古董，也因此散失了许多时光。这种洒脱，当年的冯先铭、汪庆正二先生没有吧？前面提到的张中行好像更没有。张老在世时，我与他有过几次接触。记得一九九七年初冬的一天，我头一次登门拜访，他知道我喜欢古瓷，便指着书橱里几件宋元青白瓷说：看得上眼就拿去吧，这还是一个年轻朋友从潘家园给我买的，我自己已多年不收东西了。过去没钱时喜欢收，如今有钱了反而不想收了。孔子不是说，人到老年戒之在得吗！到了我这个岁数，不能再得而应该散了。张老的那几件青白瓷我还真没看上眼，不过这位智者贤人的收藏心态与风度却给我留下深刻印象。张老大器晚成，散文写作在古稀之后大放光彩，可假如他晚年仍汲汲于"玩"，又将会怎样呢？我曾向刘先生说起过此事，他听后只是笑笑。我其实是无心的，绝无什么"劝化"之心，但听者可能有意。在此后的一次聊天中，谈起自己的收藏，他借清代词人项莲生的话说："不为无益之事，何以遣有涯之生。"自嘲中似有落寞之意。这大概也是对我"劝化"的一种回应吧。

图5　刘新园景德镇书房一角　　　　　　　　　　　　　图6　刘新园书房里的赏石

  作为晚辈，我当然也希望刘先生在"不为无益"之外再做些"有益"之事。他的朋友们都认为，在今天还保有一定社会名望和话语权的前辈古陶瓷学者中，刘先生大概是最有能力在学术研究方面发挥"余热"的一个。他过去的研究，在景德镇古代陶瓷材料与工艺以及元、明（洪武、永乐、宣德、成化）官窑等方面都曾取得重要突破，但相关著述大都发表在国外，有些已不易找到。总该把它们搜集起来，在国内出个集子，给自己也给后学一个交代吧。墙内开花墙外香并不一定就是好事，实际上这种情况已在很大程度上弱化了他的学术影响。他好像也有整理出版旧作的心思，但总不见动静。前几年，考古界泰斗宿白先生挂帅想要编一本中国陶瓷史，拉刘先生入伙。大家都很高兴，期待他的研究老树新发，结出更饱满的果实。这事起初他好像还挺上心的，说宿老的面子不能不顾。但不知为何，去北京见了两次宿老后似乎就再也不顾了。

近百年来，中国学术意义上的古陶瓷研究在探索、复原历史的同时，也以几代学人的心血书写着自己的历史。以陈万里为代表的第一代自有开山之功，冯先铭领军的第二代在窑址考古调查、文献史料整理、陶瓷史研究与著述等方面成果丰硕，而第三代学人的贡献可能更是多方面的，只是还有待总结。我个人认为，与改革开放后政治和思想文化领域的"拨乱反正"相呼应，古陶瓷学术层面的正本清源、去伪存真工作，可说是第三代学术事业的一大亮点。这项工作最早是从北京大学开始的，秦大树、李民举功不可没。而作为第二代佼佼者的刘新园，在古陶瓷研究史上也一定是有突出地位的。这个地位或可用一句话表述：在一个封闭和平庸的年代，他的研究却异峰突起，提升了这个年代中国陶瓷考古的学术高度。如果把他与同一代的冯先铭作一对比，不难看出，两人地位虽都重要，但角色或有不同。冯先生是一个声光外现的学术活动的卓越组织者、带头人，他则更是一个沉潜的、坐得住冷板凳的优秀学者。当然，这说的是许多年前的刘先生，晚年的他走出象牙塔，更像一个玩家了。

不过，这些天我一直在问自己：你真的了解刘先生吗？他的突然离世，也许带走了许多不为外人所知的东西，比如他近年来的学术思考，他未完成的工作以及下一步的打算等。我也在想，即使刘先生真的是一个不可救药的"玩痴"，对他的"玩"，能不能换个角度去看呢？无可置疑，他是一个真正的玩家，玩的是古董，爱的是中国文化。据说他弥留之际，自己拔掉身上的所有输液管，拒绝再抢救而非要回家。那些心爱之物不在身边，他是不会瞑目的。无论怎样，能把一批珍贵的文物搜集起来，也是一大功劳吧。因为这批文物今后不管归藏何处，都是一笔永恒的文化财富。从这点上讲，把"不为无益"变"有益"，把"有涯"变"无涯"，他的"玩"岂不是也很有意义？

二〇一三年十一月二十九日完稿

鉴赏与考察

芙蓉出水　错彩镂金：宋瓷与明清瓷审美说略

在中国陶瓷发展史上，宋与明清可说是两个"集大成"时代。两宋（包括与之并世的辽、西夏、金等王朝）的最大亮色，一言以蔽之，是窑业的大发展、大格局、大繁荣。以瓷器品种论，亦是百花齐放，尤以"单色釉"（白瓷、青瓷等）和"磁州窑型"瓷器（主要指在挂有"化妆土"的器坯上以刻花、印花、彩绘等手法施加装饰的瓷器）最具时代特色；明清的突出成就，则主要体现在"一枝独秀"的景德镇瓷器上，代表性品种是那些五光十色的彩瓷，如大家都熟悉的青花、五彩、粉彩以及各种色釉瓷器等。中国陶瓷史上的这两个黄金时代，可谓双峰并峙，各领风骚。

对宋瓷、明清瓷作出这样的评价，可能还不够全面，缺略了一点大致属于审美方面的认识，也就是未涉及宋瓷、明清瓷的两种不同美感及其比较，而这一点可说是古瓷鉴赏的一个较深的层次和较新的领域。借审美的视角观察宋瓷与明清瓷,也是饶有趣味的,只是形之于文字,细微而尽致,好像也不容易。关于宋瓷与明清瓷审美,我多年前已有小文论及(刊于《东方艺术》一九九五年第五期)。覆瓿之作,惶悚益增,遂复易其稿,内容及篇幅均较前大不侔矣。只是我对今稿犹不敢自信为是,谬妄之见,读者正之。这类文字或易误入"趣味"之迷宫,雾里看花,将问题大而化小或小而化大。有的甚至会强作解人。西谚云:谈到趣味就无可争辩;我国古人也说"观听殊好,爱憎难同"。因为"趣味"是难穷其奥的,所以还是把话题放在具体的历史与文化情境中讨论为好。

一个有意味的审美现象

大概无人否认,瓷器制作是不断进步的,正如《饮流斋说瓷》所言:"由朴以趋华,由简以趋赜,乃必循之轨也。"宋代制瓷技术虽已相当进步,能够烧出一些很好的瓷器品种,如定窑细白瓷、景德镇青白瓷等,但从整体上看,尚未达到精良程度,如瓷器胎体普遍较粗厚疏松,釉色也往往不能很好控制等。这说明区域性分散的宋代窑业,由于各地资源条件、工艺技术及经济文化发展水平等方面的差异,其发展也是不平衡的。而明清窑业的整体格局和面貌则大为改观。历宋元数百年之盛,占有资源与地利优势的景德镇已成为名副其实的"瓷都"。市场与窑业规模的不断扩大,带来专业化分工的进一步细化,使得制瓷水平大为提高,瓷器的各项理化指标已接近或达到现代细瓷的标准,花色品种之丰富,适应生活范围之广泛,也大大超越前代。

我们知道,器物与制度、文化分属文明的不同层面。器物属物质文明范畴,这是它的基本属性,尽管它总是与一定时代的制度文化、精神文化密切关联。器物的功能首先在于满足实用。我国先秦时代的造物思想,就强调造物以"善"为美,以"用"为美,即认为"材美""工巧"而又合用的东西,才是好的;也只有这样的东西,才谈得上美。于斯而论,明清瓷是不输于宋瓷的。然而,当我们换个视角,却会看到一个有意味的现象,这就是在古瓷审美方面,明清瓷的声价明显不如宋瓷那么广泛、崇高和肯定。

在古瓷鉴赏中,"宋瓷"作为一个独立词素存在的情况,是相当普遍的。按词面解,宋瓷即为两宋各地生产的瓷器的总括;在这里,宋瓷只是一个表示物质和时空的名词。人们也尽可将其他朝代的瓷器与"国号"连缀,近者如清瓷、明瓷、元瓷,远者如晋瓷、隋瓷、唐瓷等。但这些称呼毕竟都不普遍,更不具有像"宋瓷"那么鲜明的"文化符号"意义。

考察一下古瓷鉴赏的历史,有助于对这个现象的理解。

从文献上看,把古瓷作为珍玩来收藏和欣赏,并形成风气,是从明代开始的。据孔齐《至正直记》所记,元至正年间,杭州市面上就已出现新仿制的宋瓷,其"绝类古官窑,不可不细辨也"。不过当时官窑、定窑等"旧造"瓷器似乎还不大为人所重,即如孔齐所说"不足为珍玩也"。迨至明代,玩古渐成风尚,"论窑器必曰柴汝官哥定",即便是在彩瓷风行之际,宋瓷也深得文人雅士的珍爱。今人陈重远在《古玩史话与鉴赏》一书中说,民国时期琉璃厂的古董商一提宋瓷,还是"柴汝官哥定"。那时的人们,不清楚宋代以前瓷器的情况,而把宋瓷当作一个起点和分界线。赵汝珍《古玩指南》说"五代之末,瓷器发明"。许之衡《饮流斋说瓷》认为"吾华制瓷可分为三大时期,曰宋,曰明,曰清"。讲究赏玩艺术、追求精致生活、注重修身养性的文人士子,审美感官偏于清隽典雅一路,汝、官、哥、定等简素古朴的宋瓷正合其口味(图1—图4)。加之时湮代远、传世稀少等原因,宋瓷更成为赏玩及文房长物[1]。可以说,古瓷作为收藏和

---

[1] 明代高濂《遵生八笺·起居安乐笺》描述了当时文人理想中的书房,其中提到"旧窑""哥窑""定瓶"等文具与摆件:"斋中长桌一,古砚一,旧古铜水注一,旧窑笔格一,斑竹笔筒一,旧窑笔洗一,糊斗一,水中丞一,铜石镇纸一。左置榻床一,榻下滚脚凳一,床头小几一,上置古铜花尊,或哥窑定瓶一。"明代屠隆《文房器具笺》所记笔洗、水中丞、水注、印色池、书灯等文房用具中,也多有官、哥、定等"宋窑"器。

鉴赏的对象,确乎是从宋代名窑瓷器开始的;"宋瓷"(过去亦称"宋器""宋窑")最早便具有古董鉴赏的含义而在好古之士和古玩行业中成为通行的词汇。

应当指出,在古瓷鉴赏中,"宋瓷"是个含义较为宽泛的概念。过去人们所认识的"宋瓷",其实里面还混有部分其他时代——特别是金、元时代的瓷器。明清以来有关古瓷的著述中,是很少提到金代等少数民族王朝统治时期的瓷器的,这大概与当时人们根深蒂固的华夷观念有关。明清两朝皆尊赵宋为正统(异族入主中原的清朝,自乾隆起即"尊宋统抑辽金"),而视金为夷狄之邦。纂修历史,"以宋史为正史,即用元人杨维桢之议,'挈大宋之编年,包辽金之纪载'……"[2]。也就是把辽、金视作大宋的一部分。当然,明清时代的人们对金代陶瓷也缺乏认知。金王朝的建立者女真人原本是文明程度较低的一个部族,入主中原后,经熙宗改制,迅速"汉化"。因此,金代瓷器总体上是中原及北方地区汉民族制瓷工艺的延续和发展,其与"宋瓷"密不可分。金代及其前后的某些瓷器品种,如定窑和耀州窑的印花、刻花瓷器以及"磁州窑型"一些品种等,由于烧造时间长、年代跨度大、产品工艺特征相对稳定,因此各个时期的制品常常混淆不清,即便是在考古资料大量增加的今天,若想对它们作出明确的区分和断代,恐怕也仍感棘手。当然,"宋瓷"中的某些品种,今天已基本证实其年代应在宋、金之后,如"传世哥窑"和所谓"官钧"瓷器(指多为清宫旧藏的底部刻有数目字的钧瓷)等。"传世哥窑"瓷器,窑址至今不明。近年杭州老虎洞南宋官窑遗址的考古发掘情况显示,宋亡后该窑并未完全废弃,有人在此继续烧造与南宋官窑相似的瓷器。因此有学者认为,"传世哥窑"瓷器中相当一部分就可能是该窑入元后的产品。"传世哥窑"瓷器大都烧造于元代,这已成为当今古陶瓷学界的一个重要研究成果和共识。至于"官钧"瓷器,更可能与宋无缘。"官钧"及钧窑瓷器之北宋说,最早

---

2 金毓黻《宋辽金史》,页1,台北商务印书馆重印本,一九八二年。

图1　汝窑青瓷荷花式托碗　台北故宫博物院藏

图2　南宋官窑青瓷琮式瓶
日本东京国立博物馆藏

图3　哥窑青瓷八棱贯耳瓶
故宫博物院藏

图4　定窑白瓷长颈瓶
台北故宫博物院藏

是明清文人提出来的。自二十世纪三十年代以来，这一说法就不断受到国内外学者的质疑。一些西方学者认为，"官钧"瓷器实为元末明初之物。据我们近年的研究，其具体年代应在明代永宣之际[3]。看来，宋瓷鉴赏上也有一个正本清源的问题。不过这不是本文的目的，指出这一点，只是为了说明，由于历史局限，"宋瓷"鉴赏的范围与内涵都被扩大了。易言之，宋瓷崇高地位的获得，多少也有后世瓷器的一份作用。

如果说过去人们欣赏宋瓷多注重它的古雅与珍奇的话，那么今人则更愿意把宋瓷作为中国古代艺术和传统工艺的杰出代表，以一种近乎理想的眼光加以品评。这样，宋瓷就被进一步提纯和升华，成为高格调、高境界美的象征，并被抽象为一个堪与唐诗、宋词、元曲、明剧以及宋元山水画、明清园林等并列的"文化符号"，因而也就赢得更高的赞誉。下面两段专业人士的评论有其代表性：

> 宋代瓷器多以其淳朴秀美的造型，配以绚丽多彩的釉色，或变化万千的结晶、片纹而引人入胜，独步一时，至今仍称颂于世，令人叹为观止。可以说是将形态、色彩、纹理乃至光亮均调和得恰如其分，达到了科学技术与工艺美术表现的高峰。而后来的元、明、清瓷器则逐渐变成以绘画装饰为主体，多忽视前代以形态神韵为根本的特征。这一点或是宋瓷之所以驰誉中外无与伦比，为后人所不及的独到之处，更值得重视和学习的。[4]

> 宋代瓷器都是以简洁、清秀的美而大放异彩，充满了一种清新活泼的感觉。宋瓷没有唐瓷那样的雍容，也不像明瓷那样繁缛，然而，古今中外的陶瓷，难道还有像宋瓷那样的具有崇高感和明晰的表现力？今天，宋瓷的声誉在世界性地提

---

[3] 深圳市文物考古鉴定所《"官钧"瓷器研究》，二〇〇六年深圳"官钧"瓷器学术研讨会论文。
[4] 叶喆民《中国陶瓷史纲要》，页181—182，轻工业出版社一九八九年。

高，如果谈及中国的陶瓷，作为核心的存在，无疑要首推宋瓷了。[5]

另见一篇有关宋瓷欣赏的散文，出自一位有着很浓古典情结的"书生"之手，率性的文字，更表达出不少今日士子之感受：

>……看多了汝窑的东西，再看明代的那些青花大碟青花大罐，会很不习惯，觉得太吵闹，太没有气质，一如一群刚进城的喋喋不休的农村小保姆。看多了宋瓷，再看清代的那些暗花描金盖碗，堆花云龙大缸，尤其是那些五彩罐，法华描金瓶，简直不能忍受，直斥为陶瓷中的妓女，涂脂抹红，粉之力也。……宋瓷则如此的宁静！仿佛经过五代十国的血雨腥风，中国人的心情沉静下来了，澄汰了暄热的火气，如皎月当空一般的清朗。[6]

明清瓷不为技艺高超、精细艳丽就占尽风流，宋瓷也非因"略输文采"就自惭形秽。这是因为，人们品评古瓷，不是从工艺角度去衡量高低，更不是以理化指标去甄别优劣，而是以美为尺度的。

芙蓉出水的美与错彩镂金的美

在美的特有尺度下，宋瓷的清隽典雅和明清瓷的华丽繁缛是两种不同的美感，它们有着境界高低的不同。已故美学家宗白华先生在一篇文章中恰好谈到这两种美感。宗白华先生认为："谢诗如芙蓉出水，颜诗如错彩镂金"（语出钟嵘《诗品·中》"颜

5　[日]小山富士夫《论宋瓷》，刘志国译，《河北陶瓷》一九八三年第二期。
6　胡晓明《书生情缘·宋瓷》，页17，浙江人民出版社一九九三年。

延之"条），这可说是代表了中国美学史上两种不同的美感或美的理想。

　　这两种美感或美的理想表现在诗歌、绘画、工艺等各个方面。
　　楚国的图案、楚辞、汉赋、六朝骈文、颜延之诗、明清的瓷器，一直存在到今天的刺绣和京剧的舞台服装，这是一种美，"错彩镂金，雕缋满眼"的美。汉代的铜器、陶器，王羲之的书法，顾恺之的画，陶潜的诗，宋代的白瓷，这又是一种美，"初发芙蓉，自然可爱"的美。
　　魏晋六朝是一个转变的关键，划分了两个阶段。从这个时候起，中国人的美感走到了一个新的方面，表现出一种新的美的理想，那就是认为"初发芙蓉"比之于"错彩镂金"是一种更高的美的境界。[7]

这里指出了中国传统美学思想的一大特点。简言之，这个特点就是重视自然之美和精神之美，而排斥和否定虚华矫饰。先秦诸子如孔丘、老庄等，对美的见解虽各有不同，但在这一点上却是相通的。依我理解，所谓"初发芙蓉"的美，与糅合儒道诸家，强调委婉含蓄、温润和柔的"中和之美"不无关系。举个例子：李白认为诗贵在清真，正如他在一首诗里说的"清水出芙蓉，天然去雕饰"。这个意思也可理解为，去雕饰并不是不要美，而正是为了美不被亵玩，钟嵘《诗品》序中说是"不伤真美"。"天然"之美，再要雕饰，那就多余了，过头了。这个主张其实是与儒家"温柔敦厚"[8]，"文质彬彬，然后君子"，"发乎情，止乎礼义"，"乐而不淫，哀而不伤"的思想一脉相承的。儒家要求"美"合乎礼制规范，故重"中和"，即主张不偏不倚，反对"过"或"不及"。在我国古代汉民族美学思想体系中，"中和之美"有着更大的包容性

---

[7]　宗白华《中国美学史中重要问题的初步探索》，见《美学散步》，页29，上海人民出版社一九八一年。
[8]　这里指一种艺术风格。明许学夷《诗源辩体》："风人之诗出乎性情之正，而复得于声气之和，故其言微婉而敦厚，优柔而不迫，为万古诗人之经。"清田同之《西圃诗说》："古人诗意在言外，故从容不迫，蕴蓄有味，所谓温厚和平也。"

图5　宋《出水芙蓉图》
故宫博物院藏

和普遍性。还拿李白的那句诗来说，荷花的清真、自然，既是一种美的品格，也可视为一种人格修养的象征（图5）。"中和之美"不仅具有审美的价值，而且还具有伦理道德的价值；它不仅体现在美的形式和内容上，还渗透于人的心理，形成一种独特的趣味和审美理想。中晚唐以来，"中和之美"在各种美学思潮中即已逐渐占据主导地位。北宋中期后，经美学风尚的大变革，更被广为接受并深刻影响到文学艺术的发展，如文人画的兴起、"淡而不伤，和而不淫"之乐风的盛行等。即使在今天，它与许多中国人的审美心理仍保有一种深层的同构关系。在世风奢靡的年代，宋瓷作为中国文化的一个符号，更能彰显一种文化价值、精神境界和美学追求。这也就不难理解，在精英文化语境中，为什么"初发芙蓉"的宋瓷比之于"错彩镂金"的明清瓷更受推重了。

只是，也应看到，宋瓷与明清瓷代表的不同美感并非对立之两端。我国古代对美的追求和表达是多方面多层次的，"初发芙蓉"的美与"错彩镂金"的美，一直并行不悖且互为周济与参融。这种多样的追求和表达贯穿于整个中国汉民族文化中，体现在同一个文化领域，甚至是同一个"文化个体"——文人身上。隐逸诗人陶潜，人们都说他的诗风平淡，可实际上他也有发愤抒怨之作。"采菊东篱下，悠然见南山"固然平淡，而"刑天舞干戚，猛志固常在"则不免"金刚怒目"了。

根据考古资料，釉下彩绘瓷器的出现，可追溯到公元三世纪的三国时期；釉上施彩的最早实例，是西晋时的湘阴窑。唐代晚期的长沙窑，彩绘瓷器已从单一的褐彩发展到绿彩、蓝彩、黄彩、红彩等多种色调。到了宋元时代的"磁州窑型"瓷器，彩绘更成为一种常见的装饰形式，装饰题材也更加丰富多彩，充满浓郁的乡土气息和市井趣味。此外，金代还出现了釉上红绿彩及低温黄、绿、褐彩色釉器。釉上红绿彩对明清景德镇釉上彩的发展或有着直接影响。这说明，明清以前的瓷器就表现出一种热衷于彩饰的倾向，只是囿于当时的工艺技术，彩绘装饰不能更全面更自由地得到发展。实际上，所谓一色明净、"初发芙蓉"的宋瓷之美，集中体现在那些原本就以质地、釉色取胜的单色釉瓷器上。如定窑白瓷，越窑（北宋中前期仍有高质量青瓷烧造）、耀州窑、汝窑、南宋官窑、龙泉窑青瓷，景德镇青白瓷等（图6—图16）。其中的"官窑""贡器"，更可说渗透了一个时代主流文化的某些旨趣。而它们之外——当然也包括它们中的一些品种，如北方地区最为普及的"磁州窑型"瓷器（图17—图21），耀州窑、定窑风格的刻花和印花瓷器（青白瓷大抵可纳入白瓷系列），以及南方地区"集南北之大成"的吉州窑瓷器（图22）等，则无不热衷于装饰，通过施展各种技艺使器物增色，或借此弥补原料上的先天不足，化腐朽为神奇。瓷器是商品，它生产的

图 6　定窑白瓷印花缠枝海石榴纹碗　故宫博物院藏

图 7　定窑白瓷刻花双鸭纹盘　大英博物馆藏

图 8　繁昌窑白瓷刻花台盏一副　安徽繁昌出土

图 9　景德镇窑青白瓷莲蓬式盏及托盘一副
日本静嘉堂文库美术馆藏

图10 景德镇窑青白瓷观音像
北京丰台金代瓦窑塔基出土

图11 景德镇窑青白瓷仕女枕 美国纽约大都会博物馆藏

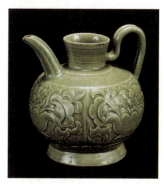

图12 青瓷刻花注子
旬邑安仁窑址出土

图13 耀州窑青瓷印花牡丹纹碗
日本美术工艺振兴佐藤基金藏

图15　龙泉窑青瓷贯耳瓶　故宫博物院藏

图14　耀州窑青瓷刻花凤穿牡丹纹枕　日本静嘉堂文库美术馆藏

图16　龙泉窑青瓷多管瓶　韩国新安沉船出水

图 17 白地剔花缠枝牡丹纹罐
英国巴斯东亚艺术博物馆藏

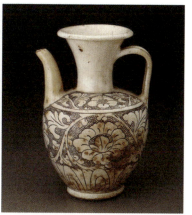

图 18 珍珠地划花缠枝牡丹纹注子
美国芝加哥美术馆藏

图 19 白地剔黑花牡丹纹瓶
日本永青文库藏

图 20 白地黑花鱼藻纹钵 日本出光美术馆藏

图 21　三彩剔花荷鸭纹枕　广州西汉南越王墓博物馆藏

出发点或说"自律性",就是使自己美观实用并尽可能地以不同的花色品种满足市场多方需求。由此可见,"初发芙蓉"的宋瓷亦只备一格,不足以涵盖全体。元、明之际是中国陶瓷发展的转折期,景德镇成为全国窑业中心,釉上彩的使用,釉里红的创世,特别是青花瓷器的异军突起,结束了瓷器以单色釉为主的历史,迎来了彩瓷飞跃发展的新局面。从工艺史的角度看,每一次技艺的改良和革新、新材料的运用,必然会给产品带来新的面貌以及新的功能需求。

图 22　吉州窑漏花鸾蝶纹盏
日本富士美术馆藏

这一时期景德镇改进了瓷胎配方，加大高岭土用量，从而烧制出精细的薄胎、脱胎瓷。这些优良的白瓷更容易与彩绘联姻，因为它们更能显示出各种彩色的效果。在这样的基础上，人们要求彩绘内容的丰富、画面的精细，也就显得十分自然了。

当然，一个时代的工艺文化亦不能脱离其具体的社会情状而孤立地发展。在对美的多样追求和表达中，各个时代的工艺产品还是表现出不同的面貌和特点。

宋代经济繁荣、文化昌明却国势虚弱。为收复失去的藩镇，应付边患，自立国之初起朝廷就不断推行抑制奢侈消费的政策法令，国家财政和官营手工业向国防兵备及其他事关国计民生的方面倾斜[9]，这样也就在很大程度上制约了宫廷消费品生产的专断以及由此滋生的奢靡之风。作为官营手工业的补充但却时时左右社会消费时尚的，是独立而发达的民间手工业。两宋是一个世俗生活愈益精致化和"诗化"的时代，崇古之风盛行，文人士大夫所关怀的寻常事物中也浸入古人的风雅与情致。而这一切都深刻地影响到工艺产品的精神取向。如官窑、贡器及其他制作考究的青瓷、白瓷等，主要靠釉色取胜，追摹青铜器、银器、漆器和玉器的形制、颜色及质感。即使是热衷于装饰的普通民用器，也表现出一种美而不艳、华而不靡的美感。我曾在品赏汝瓷的小文中，谈到带有这种"精神取向"的美感：

> 品赏一件传世汝瓷，有种玉润珠圆之感。犹如宋人绘画小品"是在一丘一壑、一花一鸟中发现了无限，表现了无限"（宗白华语），汝瓷——即便是一碟一碗，也表现着一个单纯而自足圆满的世界。大家所熟悉的宋人小品《出水芙蓉图》（参看图5），用笔细致不苟，赋色浓重艳丽，画中荷花楚楚动人，自然天成。而汝窑荷花碗（参看页330图1）与之有异曲同工之妙。精巧完美的造型，

---

[9] 兵费开支始终是宋廷的一个沉重负担，这一情况到南宋越发严重，即使在与金和平共处时期，国家仍需维持五六十万的兵力，兵费占财政支出的十分之六。参阅王德毅《略论宋代国计上的重大难题》，见《宋史研究论集》第二辑，页291—292，台北鼎文书局一九七二年。

匀净无瑕的釉色，同样表现出"天工与清新"的美感。二者只有材料、形象特征的差异，而无神采、意趣的不同。[10]

站在思想史、文化史的角度看，"中国"意识的凸显，是宋代一个特别的文化现象。由于契丹、女真和蒙古等异族政权的先后崛起，天下缩小为"中国"，四夷成了敌手，宋人的民族意识和"家国"观念不断增强（参看页81图12）。表现在思想文化领域，一方面是对异族文化的入侵深感"焦虑和紧张"，另一方面则是张扬和重建华夏本体文化之热情空前高涨[11]。一些学者也注意到宋瓷的"中国"风格。与汉唐相比，宋瓷的民族化、中土化风格更为突出鲜明。从装饰上看，各种图案趋向简洁或写实，中土固有的龙、凤、鱼、鹤、鹿、鸳鸯、牡丹、梅、菊等吉祥纹样，经过宋人的提炼和推广，更具民族"集体表象"的意义而对后世产生深远影响。综观两宋陶瓷，无论官窑还是民窑，也无论素洁纯净的白瓷、青瓷，还是以装饰见长的"磁州窑型"瓷器等，都呈现出一种清雅俊丽之美。当然不止于陶瓷，服饰、家具、漆器、玉器、金银器等，概莫如此。

这里还要说到金代陶瓷。金大定四年（宋隆兴二年，一一六四年），金与南宋和议告成，边事不兴，双方相安凡三十余年。"治平日久，宇内小康"，窑业日益繁荣。金代陶瓷也融入一些女真-契丹文化和外来文化因素，出现不少新的品种和式样，除前面已提到的红绿彩外，孔雀蓝釉、三彩、紫红斑钧瓷、黑釉酱彩等，也都创烧或盛行于金代。较之简朴的北宋陶瓷，金代制品不免显得有些"花哨"了。但如前所言，金代陶瓷总体上还是中原及北方地区汉民族制瓷工艺传统的延续和发展，同样带有鲜明的宋文化特性和"中国"风格。"宋瓷"中有一类极具代表性和标志性制品，如常见的磁州窑白地黑花枕，上绘市井生活情景如马戏、婴戏等（图23），构图及笔法犹如纸本水墨，画

---

10 刘涛《一代名窑的风范》，一九九四年五月二十二日《深圳商报》。文中提到的汝窑荷花碗应为"温碗"，其与注子相配套，作盛酒具之用，合称"注碗"。
11 参阅葛兆光《宋代"中国"意识的凸显——关于近世民族主义思想的一个远源》，《文史哲》二〇〇四年第一期，页5—12。

垂钓图枕　河北邢台曹演庄墓出土

蹴鞠图枕　河北邢台出土

牵车图枕　北京植物园出土

竹马戏图枕　美国纽约大都会博物馆藏

图23　金代白地黑花婴戏图枕

面生动,情趣盎然。其实,已有越来越多的证据表明,白地黑花装饰同样盛行于金代,这类制品应主要出自"大定明昌之治"时期,其上绘画所反映的也正是这一太平盛世社会生活情景。金代绘画,亦未脱北宋之窠臼。白地黑花枕之婴戏图,有的明显带有苏汉臣笔意(图24)。而同为"磁州窑型"白地黑花和剔刻花瓷器流行装饰的花鸟,也多是从北宋院体花鸟画如崔白、赵佶写生花鸟等移植而来。金代"汉化"之彻底(故史学界有"金亡于汉化"一说),金人与宋人关系之密切,由此可见一斑。

元代较为开放,蒙古统治者倾心于伊斯兰文明,加之当时与阿拉伯地区的经贸往来十分频繁,大量接受外商订货,于是适应西亚市场需求的青花瓷器得以问世,这一品种也因此多带有浓郁的伊斯兰情调(图25)。明初的文化政策是"沿汉唐之旧","文必秦汉,诗必盛唐",雍容华贵之美受到提倡。其时花鸟画盛行,皆是追摹"汉唐以来名笔",作风"妍丽生动,工致绝伦"。这一风气与"朝贡通商"而东渐的西亚文化交织,反映在瓷器装饰和造型上,呈现出鲜明的时代风貌(图26)。中叶以降,城市经济发展迅猛,特别是富甲天下、人文荟萃的长江中下游地区,"士商相混",风俗奢靡,绘画、书法、古董文玩等成为流行的消费时尚。彩瓷也得到新的发展。本来,在瓷器赏玩上,明早期还是以赵宋为贵,青花、五彩在当时文人士子眼中是很俗气的东西,对"青色及五色者",明初曹昭《格古要论》嗤之为"俗甚"。但到了嘉、万年间,"时玩"(即永、宣以来"近出者")身价陡涨,不独士夫,巨商大贾亦附庸风雅,或将其作为聚财逐利之道,鉴藏风气为之一变[12]。沿及清康乾之世,瓷器已"无不盛备",加之女真人的文物风俗与典章制度中本来就保留了较多的繁文缛礼,特别是在对外贸易和文化交往中更受到欧洲消费时尚(一股崇尚中国生活艺术的消费潮,又称"中国时尚")的刺激,彩瓷装饰日趋繁丽。

---

[12] 时玩之尚源自苏州,经徽州富商逐风炒作而盛。沈德符《万历野获编·玩具》:"玩好之物,以古为贵,惟本朝则不然。永乐之剔红,宣德之铜,成化之窑,其价遂与古敌。……五代迄宋,所谓柴、汝、官、哥、定诸窑,尤脆薄易损,故以近出者当之。始于一二雅人,赏识摩挲,滥觞于江南好事缙绅,波靡于新安耳食,诸大估曰千曰百,动辄倾囊相酬,真赝不可复辨。"王世贞《觚不觚录》:"大抵吴人滥觞,而徽人导之,俱可怪也。"

图 24 苏汉臣《小亭婴戏图》 台北故宫博物院藏

图 25 元代青花凤凰瑞兽纹四系扁壶
伊朗国家博物馆藏

图 26 永乐青花绶鸟荔枝纹大盘
香港徐展堂旧藏

下面想着重谈谈明中晚期鉴藏风气转变问题。这个问题对于我们认识明清彩瓷的发展演变可说至为重要。

成书于万历后期的沈德符《万历野获编》卷二十六"玩具"条载:"本朝瓷器,用白地青花,间装五色,为古今之冠。如宣窑品最贵,近日又贵成窑,出宣窑之上。盖两朝天纵,留意曲艺,宜其精工如此。然花样皆作八吉祥、五供养、一串金、西番莲,以及斗鸡百鸟及人物故事而已。"这段记载大体反映了明中晚期瓷器鉴藏风气的一个变化[13]。这里所谓"白地青花,间装五色"者,当指"五彩""斗彩"(斗彩之名最早见于清雍正间成书的《南窑笔记》)等彩绘品种。成化斗彩尤为精丽,至今仍为世人乐道(图27、图28)。而就其审美风格来看,不避巧媚,刻意求工,几与明中期以来以仇英、唐寅等为代表风头十足的吴门画派中那种笔墨细腻、设色妍丽的院体"工画"相埒(图29)。成化斗彩"为古今之冠","价与古敌",其地位的攀升,实际上也反映了当时文人趣味的变化,即"精工而雅",或如董其昌所说"精工之极,又有士气"的美开始为文人所欣赏和推崇。而以往文人往往是排斥艺术的视觉美——感官愉悦的。宋元以来的文人画(士人画),就其主流而言,是追求笔墨的趣味和意境的,尤重与实、显、形相对的虚、隐、神,与所谓"妍丽生动,工致绝伦"的视觉美背道而驰,所以水墨始终压倒青绿山水,"士气"素来高过"精工"。明代文人趣味的这种变化,也同样反映在当时各类工艺品制作上,正如王世襄先生所道:

> 环顾一下明、清之际的各类工艺品,几乎都同时存在着纯朴率真、天然谢雕饰的作品和细琢精雕,穷工殚巧,雅而有士气的作品。例如漆器,适宜施加高度装饰,但纯素无文,被《髹饰录》列入"质色门"的一色漆器,却大量存在。黑色者

---

[13] 相关的明人记述所见不少,如:陈贞慧《秋园杂佩》:"国朝窑器之精者,无逾宣、成二代,宣乃不及成。宣则鸡文粟起,佳处易见;成则淡淡穆穆,饶风致,如食橄榄,妙有回味耳。"王士性《广志绎》卷四:"本朝以宣、成二窑为佳。宣窑以青花胜,成窑以五彩。宣窑之青,真苏勃泥青也,成窑时皆用尽,故成不及宣。宣窑五彩堆垛深厚,而成窑用色浅淡,颇成画意,故宣不及成。然二窑皆当时殿中画院人遣画也。"而有的内容与沈德符说略有不同,如:田艺蘅《留青日札》卷六:"宣德之贵,今与汝敌,而永乐、成化亦以次重矣。"谢肇淛《五杂俎》卷十二:"今龙泉窑世不复重,(转下页)

图 27　成化斗彩鸡缸杯　日本私人藏

图 28　成化斗彩湖石花卉纹罐　大英博物馆藏

图 29　仇英《桃园仙境图》　天津博物馆藏

（接上页）惟饶州景德镇所造遍行天下。每岁内府颁一式度，纪年号于下。然惟宣德款制最精，距迄百五十年，其价几与宋器埒矣。嘉靖次之，成化又次之。……宣窑不独款式端正，色泽细润，即其字画亦皆精绝。余见御用一茶盏，乃画轻罗小扇扑流萤者，其人物毫发具备，俨然一幅李诗训画也。"

芙蓉出水　错彩镂金：宋瓷与明清瓷审美说略　　　347

尤为朴雅。年久生有断纹（天然的裂纹）者更为文人所钟爱。并非只在古琴上出现才倍受珍视。又如竹刻，张岱、宋琬推崇濮仲谦，因他不事精雕细琢，只略施刀凿便见自然之趣。而嘉定三朱祖孙，镂刻至精，风格迥异，得到更多人的赞誉，尊为大家。再说明式家具，简练朴质，固然是它的特色，而浮雕透刻，斗簇成文的制品，亦非罕见。……从这里我们看到文人趣味和工艺美术的关系及对工艺美术的影响。[14]

鉴藏风气与文人趣味的变化，士商阶层及精英文化与市民文化的合流，也使得晚明社会的文化样态更加多彩多姿和充满变数——中国文化中一切有趣的和无聊的东西都在这个时期的日常生活方式和艺术形态中得以折射或放大。若说艺术的张扬与浪漫，文人生活的精致优雅抑或腐化奢靡，两宋之下恐无出其右者。再看这一时期的彩瓷，繁缛艳冶者外，更见渗入文人趣味的清雅一类。万历以来，大明江山已是摇摇欲坠、行将倾覆，官窑（御器厂）烧造也因时局几近停废，而景德镇的商品瓷生产却在不断扩大的国内外市场的拉动下得以持续增长，并呈现出新的面貌。就装饰来看，题材多有新意，彩绘趋于细腻精工，特别是山水、花鸟以及戏曲人物等，受到当时绘画与小说、戏曲插图的直接影响（明代小说、戏曲插图有不少出自名画家之手），格调清新，别开生面（图30）。大致由明万历经天启、崇祯而迄清顺治、康熙早期，景德镇青花、五彩瓷器等基本保持着这种面貌。因此，国外学者将这一时期称为"转变期"——求变与转型，也正是晚明的时代主旋律。

盖明清彩瓷之盛行，有其内在的必然逻辑——它是在西方文明崛起、世界海上贸易空前活跃以及经济全球化浪潮高涨的大背景下，各种内部及外来因素共同作用的结果。以今天的眼光看，绘画、雕像以及某些程式化的图形符号等，都是人类记录和表

---

[14] 王世襄《文人趣味与工艺美术》，《故宫博物院院刊》建院七十周年纪念特刊。此据王世襄自选集《锦灰堆》卷壹，页309—310，生活·读书·新知三联书店一九九九年。

现情感、观念以及社会历史生活的一种"有意味的"物象;世界迈向"读图时代"的历史进程表明,精细的图像及其制作工艺、技术始终是人类乐此不疲的追求。在摄影及复制、传播技术尚未完善和普及之前,一切图像形式几乎都经历过精细化的发展阶段,而且它们之间彼此参融,交互影响。明清彩瓷朝着"精细图像"的方向发展,可说在一定阶段顺应并引领了世界文化交流融合的潮流。联系十八世纪以来明清彩瓷对欧洲和日本等国制瓷工艺的深刻影响,更不难看出这一点。

毋庸赘言,所谓"错彩镂金"的美感特征,是就明清彩瓷整体而言的;即使是在"错彩镂金"的形式中,也同样可以透出高雅的境界。如果以为"错彩镂金"就一定浅俗,那实在是一种误解或一种片面理解。问题在于,要把烦琐与秾华、纤巧与柔婉、滞郁与厚拙区分开来[15]。雅俗之分野,即在此矣。

异化的精致

自康熙晚期至乾隆末的一百年间,是我国历史上著名的"太平盛世",景德镇窑业也在这一世纪中

图30 崇祯青花山水图筒瓶
上海博物馆藏

---

15 借王世襄先生论明式家具之"品""病"概念。参见《明式家具的"品"与"病"》,《锦灰堆》卷壹,页32。另,有关雅俗之辨,清人冒春荣《葚原说诗》云:"诗欲高华,然不得以浮冒为高华。诗欲沉郁,然不得以晦涩为沉郁。诗欲雄壮,然不得以粗豪为雄壮。诗欲冲淡,然不得以寡薄为冲淡。诗欲奇矫,然不得以诡僻为奇矫。诗欲典则,然不得以庸腐为典则。诗欲苍劲,然不得以老硬为苍劲。诗欲秀润,然不得以嫩弱为秀润。诗欲飘逸,然不得以佻达为飘逸。诗欲质厚,然不得以板滞为质厚。诗欲精采,然不得以雕绘为精采。诗欲清真,然不得以鄙俚为清真。诗家雅俗之辨,尽于此矣。"

达到鼎盛,随后便一路滑坡,虽然同光时也曾一度出现中兴态势,但随着欧洲、日本等工业化国家先进制瓷业的迅速崛起,洋瓷涌入中国,深陷市场、技术与原料等多重危机中的景德镇窑业最终也未能挽回颓势。

包括制瓷在内的清代工艺的一个突出特点是,宫廷工艺将以"贵"为美的装饰风格推向极致并影响到几乎整个有清一代的工艺生态。这一点与两宋以及晚明时代由文人士大夫和民间艺人引领文化消费潮流的情况迥然不同。宫廷工艺的价值取向,是"明尊卑,别贵贱",因此它往往最大限度地追求材料的珍奇、工艺的精致和完美。作为地位、权力与财富的象征,宫廷工艺自然与国运、国力以及统治者的个人意志密切相关。我们看到,康、雍、乾三朝君主对瓷器都有特殊兴趣,而且直接干预瓷器制作。特别是雍、乾二帝对瓷器的关切程度,在中国历代君主中可谓绝无仅有。他们常常亲自规定器物的造型、纹饰、色彩,先绘成画稿或制成木样,然后交督陶官依样烧制。三朝间,以官窑瓷器(御窑厂及所谓"官搭民烧"产品)为先导,景德镇窑业愈益精进,如彩瓷品种更为丰富,除原有的青花、五彩、斗彩、素三彩等外,又新创了珐琅彩、粉彩、釉下三彩、墨彩等,颜色釉瓷器也是五彩纷呈,远胜前代。我们在前面提到的欧洲消费时尚对中国工艺美术的浸淫,也主要发生在这一时期[16]。欧洲消费时尚的推手之一,是十八世纪中叶以来(恰逢乾隆时期)达到鼎盛的洛可可艺术——一种吸收了中国艺术趣味而兴起于法国上流社会的艺术风潮。关于洛可可与清宫廷工艺的关系,我们稍后再说。

清代瓷器虽品种纷繁,但从整体上来看,工艺成就主要体现在装饰的改进提高方面。彩瓷的各个品种,都是用不同的色料绘制各种图像或书写文字,吸取借鉴当时绘画、书法等内容与技法。正如寂园叟《匋雅》论康熙朝彩绘所云:"论其画手高妙,不但官窑器皿,仿佛王恽,即平常客货,亦莫不出神入化,波澜老成。""客货"即指

---

16 许之衡《饮流斋说瓷·说彩色第四》:"洋瓷有两种,一为泰西流入之洋瓷,本不入考古家赏鉴,然清初流入之品有极精者,如绘女神像之属,恢诡可喜;至旧至精者,亦堪藏庋一二也。"寂园叟《匋雅》卷上:"洋瓷亦分粗细两种。其乾隆贡品,颇有华字年识,东西人皆争购之,尤以女神像之属为极珍秘。"又曰:"洋瓷种类不一,康乾以来,输入良多,大抵为粤海关监督所定制,精细绝伦。"关于广东"洋彩",方豪《华瓷之西洋化及其西传》记:"清初之洋瓷,(转下页)

民窑产品。康熙民窑五彩,彩绘多模仿名家笔法,"陈老莲笔意"比比皆是。彩绘虽追摹纸本绘画,其艺术效果却往往为纸画所不及。

装饰工艺的改进自然会带来美感的变化。最能说明这种变化的是粉彩工艺。粉彩约出现于康熙晚期,是在五彩的基础上,受珐琅彩的直接影响而创制的釉上彩品种。由于最初多采用进口颜料,并吸取西洋画法,故雍、乾时粉彩又称"洋彩"。它的色彩及层次较五彩更为丰富,而且由于改变了五彩单线平涂的画法,采用渲染没骨技艺,画面也更具纸本绘画的效果。对粉彩和五彩的美感,《饮流斋说瓷》有论:"硬彩(五彩)华贵而深凝,粉彩艳丽而清逸。"粉彩一经问世,很快就取代了五彩、珐琅彩的地位,成为釉上彩瓷的主流。景德镇彩绘瓷器的装饰风格也为之一变,即由过去的浑厚刚健衍变为纤细柔丽。这一风格在雍、乾制品上表现得淋漓尽致,并化作一种工艺传统或审美定式,影响到近世乃及今天。

从审美设计学的角度说,装饰是依附于造型而存在的,一定的装饰形式只能栖息在相应的器物中。淋漓酣畅的宣德青花、色调鲜明的康熙五彩,多与敦厚挺拔的造型结合;朗逸淡雅的成化斗彩、雍正粉彩,则多与端庄秀巧的造型联姻。纵观清代以来瓷器造型,康熙劲挺,雍正娟丽,乾隆规整,嘉道以后的笨拙,无不与各自时期的装饰工艺相对应协调。

乾隆朝是清代宫廷工艺及景德镇窑业盛极而衰的转折点。问题首先从御窑厂暴露出来。表面看来,御窑厂的衰落与督陶官唐英去世和驻厂"协造"老格卸任有关。唐英自雍正六年以内务府员外郎的身份"奉差江西,监造瓷器",直到乾隆二十一年去世,前后二十余年亲理或兼管窑务。他在《陶人心语》中自称:"杜门谢交游,萃精会神,苦心勠力,与匠同其食、息者三年。"因此"于泥土、釉料、坯胎、火候,具

(接上页)亦即铜器上之笔画珐琅,又称广东珐琅;其画于瓷上者即洋彩。亦名瓷胎珐琅,世又称'古月轩',或以为御制,非也。广东之珐琅工人,亦尝佣工于印度、波斯及西南亚洲诸国,故此辈所作者,有时在诸国式山水中,出见西方人物;有时亦模刻一二外国字。其为外国定制者,则又模仿其本国形式,故亦有作波斯、暹罗等国之图案或人物者。"见方豪《中西交通史》,页744,上海人民出版社二〇〇八年。

有心得，躬自指挥……"[17]。老格的身份为内务府七品库掌，乾隆六年担任御窑厂协造，是唐英的得力助手。正由于二人的密切合作，乾隆朝在制瓷上才得以"无不盛备，集大成矣"。唐英去世后，虽然换了几任督陶官，但老格一直被留任，直到乾隆三十三年，因他长期患病才被允许退休。唐英、老格之后，由于用人不当、管理不善等原因，御窑厂瓷器质量开始下降，直到乾隆五十二年，御窑厂交由地方官管理，产量骤减，经费又得不到保障，瓷器制作更是每况愈下了。

清代宫廷工艺的衰相，其实最早反映在美感方面。我们说，美与工艺的关系，有时是疏离的或相悖的，高超的工艺是双刃剑，它能创造美，也能毁灭美，当工艺一旦越过"合目的性"的界限，就容易走到美的反面。而且，一个普遍的艺术法则——艺术辩证法在这里同样适用：任何一种艺术形式和风格，当被推向无限的时候，或全部接受下来形成规范的时候，它的美便开始变异和丧失了。我们看到，清代彩瓷"无不盛备"，精致的更精致，成熟的更成熟，这一方面反映出彩瓷工艺的高度发展，另一方面却也预示着这一工艺形式和风格行将走到尽头。

持平而论，清中前期的官窑瓷器还是颇为不俗的，特别是康、雍制品，顺合清初"归雅"之美学思潮与审美风尚，尤具清真雅正之美（图31—图34）。只是它在后来日渐僵化并流于庸俗，走向了自己的反面。乾隆年间，宫廷工艺愈发考究，各种造作中以最精致、最费工料与功力的最为贵重，工艺难度等同于审美。乾隆之所以高度重视官窑瓷器烧造，目的并不仅仅在于一般的使用和观赏，其背后的意图则是"以陶比德"，即自命可比古史传说中陶于河滨、"器不苦窳"的圣王虞舜，以完美无瑕的瓷器显示和推广至高的德行[18]。因此他当朝时的官窑瓷器，往往更重视形式的完美。如"唐窑"创制的各种镂空的转心（图35）、转颈瓶等，穷工殚巧，有的工艺技法至今还是

17　《清史稿·唐英传》。
18　在中国古史传说中，制陶乃圣人之作。台湾大学艺术史研究所谢明良先生认为："舜是第一个烧造出无髻垦薛暴陶器的人，而之所以能烧制出完美的陶器，乃是舜秉承了至高的德行……舜烧陶河滨，即圣人秉持至德烧陶的河滨遗范典故，正是理解中国历代不少帝王重视陶冶的关键所在。"参阅谢明良《乾隆的陶瓷鉴赏观》，《故宫学术季刊》（台北）第二十一卷第二期。

图 32　雍正粉彩"二年试乙号样"款荷花图盘
（此为御窑厂送审样品）　天津博物馆藏

图 31　康熙五彩人物图瓶
上海博物馆藏

图 33　雍正珐琅彩山水图盘
台北故宫博物院藏

图 34　雍正仿汝釉弦纹瓶　台北故宫博物院藏

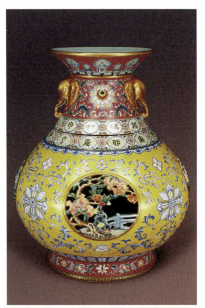

图 35　乾隆粉彩镂空转心瓶　故宫博物院藏

难解之谜。装饰上也更讲究寓意,"图必有意,意必吉祥",而且以"满饰"为美,饾饤堆砌,浮艳藻绘,百般渲染(图36),有的器物受到"铜胎画珐琅"(景泰蓝)的直接影响[19],通身布满纤细的花纹,没有主次的安排,没有虚实动静的对比,没有隐显的变化,没有鲜明的节奏,虽"工致殊常",精致到无以复加,然神韵全无。显然,这是一种矫揉造作的、异化为帝王权力意志包装的精致。

官窑瓷器的作风也势必影响到景德镇民窑瓷器。乾隆七年六月,为压缩御窑厂开支,减轻皇室负担,高宗旨令:御窑厂"嗣后脚货,不必来京,即在本处变价"[20]。御窑厂瓷器流入民间(黄釉器外),虽都是些落选的"次色脚货",但花色品种上还是引起民窑效仿。正如《景德镇陶录》卷四所记:"镇有彩器,昔不大尚。乾隆初,官民竞市,由是日渐著盛。"为求生存而迎合时尚,这也是民窑商品化生产的性质所决定的。

再来将乾隆时期的宫廷工艺与欧洲洛可可工艺做一比较,便容易看出二者的一些不同特点及其背后的精神取向了。洛可可的兴起,据说与路易十五的情人蓬巴杜侯爵夫人的倡导有关,因此它透出纤丽、灵巧、娴雅的女性气质或说"女权"意识,其风格与路易十四时期宫廷艺术以及官方艺术的繁缛浮华形成鲜明对比。其实洛可可的产生有着更为深刻的背景,它是十七世纪以来欧洲一股日益高涨的挣脱教权束缚而追求奢侈消费和世俗享乐的社会思潮在绘画及装饰等领域的反映[21]。它的精神气质娴静却又多情浪漫——当然,作为奢华的贵族艺术,它的"浪漫",如尤喜借用男欢女爱之神话题材以喻情爱,又被当时许多守持古典艺术理想的人斥责为颓靡与放

---

19 清代朱琰《陶说·陶冶图说》:"圆琢白器,五彩绘画,仿西洋曰洋彩。选画作高手,调和各种颜色,先画白瓷片烧试,以验色性火候,然后出粗入细,熟中取巧,以眼明、心细、手准为佳。所用颜色与佛郎色同调。"佛郎即"珐琅"。

20 唐英《请定次色瓷器变价之例以杜民窑冒滥折》,见熊廖等编著《中国陶瓷古籍集成》,页 106,上海文化出版社二〇〇六年。

21 自十七世纪末以来,西方思想界就有一种将奢侈消费"去道德化"和"去政治化"的主张,认为奢侈非恶德,而是对国家社会有益的"公共善行"。这种理念到十八世纪末广被接受。晚明以来,中国文人中也有"崇奢"言论,只是影响较有限,尽管当时不少地方奢侈之风已蔓延到下层社会。关于奢侈论在中、西方所引发的不同反响和结果,有学者认为,其背后反映的是两个社会的差异性:一个仍强调以农立国,一个却已进入商业时代。不过,清中期禁奢令松弛,乾隆帝对奢侈僭越现象的容忍,已造成禁奢政策实际上的"去政治化"。参阅巫仁恕《品位奢华:晚明的消费社会与士大夫》,页 35—40、300—301,中华书局二〇〇八年。

图 36　乾隆粉彩万花锦纹葫芦瓶　香港德善堂藏

图 37　乾隆珐琅彩西洋人物图双连瓶　日本永青文库藏

荡。在装饰手法上,它的特点是反规律、反秩序,即打破学院艺术规范,以不对称的形式和轻淡柔和的色彩,流露出一种自由活泼的情调。十七世纪以来大量输入欧洲的中国瓷器、漆器、丝绸等,显然是这种情调滋生的温床。"于是就出现了各式各样所谓'中国风格'(chinoserie)的产品。这已不是纯粹的中国风格,而是和法国风格混杂在一起的产物;法国工匠们喜欢采用中国的原料(漆器或瓷),而不管材料原来适用于什么主题。事实上,这些材料只有在和法国室内的装饰配合在一起时才为人欣赏。……但是这种十八世纪罗钿式或洛可可式(Rococo)所常用的装饰配件,即'中国风格',只不过是中国东北部满族人的风尚而已,看来实在是使人觉得滑稽可笑。"[22] 而当这种滑稽可笑的艺术形成风潮并通过贸易或外交、宗教等渠道传入中国时,也就更容易博得宫廷青睐,而且变本加厉,使得宫廷工艺在对装饰的过分追求上比洛可可走得更远。成书于乾、嘉之间的蓝浦《景德镇陶录》卷三"陶务"条目记有御窑厂仿西洋瓷器的情况,如仿"西洋雕铸像生器皿",其画法悉用西洋笔意,又有西洋黄、紫、红、绿、乌金诸色器皿,洋彩器皿上则"新仿西洋珐琅画法,山水人物、花卉翎毛,无不精细入神"(图37)。当然,洛可可对清代宫廷工艺的影响,也正如当时中国文化对欧洲的影响一样,由于发生在中西文化交流的初始阶段,还是比较浮面的。总体来看,洛可可之东渐也并未从根本上改变包括宫廷工艺在内的清代工艺美术的"中国风格"。不过,我们还是可以将二者作一比较,因为它们同属奢华的贵族艺术,都有着一副华丽外表。那么,在华丽的外表下,洛可可与中国宫廷工艺(清代工艺)有哪些不同,对此又该如何评价呢?原中央工艺美术学院曹小鸥女士专门就洛可可工艺与清代工艺装饰风格做过比较研究,她的看法可综括为两点:

---

22 何兆武、艾丹妮(Danielle Elisieff)《旧制度时期的法国与中国文化》,见何兆武《中西文化交流史论》,页120,湖北人民出版社二〇〇七年。

（一）清代工艺与洛可可那种反规律、反秩序、爱好娴雅与富于变化的风格有相似之处，但更多的是对装饰的过分追求，更显得堆砌和烦琐，缺乏一种整体美感。（二）洛可可中那些繁复多变的曲线与清代工艺比较，似乎更具有自由气息和浪漫色彩。清代宫廷工艺品中的繁缛装饰，反映了高高在上的皇权以及典型的东方统治者心理：超越一切平民意识的优越感，而洛可可更重视装饰与人和生活的关系。[23]

　　一个是依附皇权高高在上，一个却是要挣脱束缚亲近世俗，同样为皇家贵族享有，清代宫廷工艺与洛可可工艺还是表现出一些不同的价值意识和审美取向。何也？中西之国情、文化殊异使然也。工艺（艺术）一旦异化为政治、文化统治的工具，它们的面目就变得十分暧昧可疑了。此盛则彼衰，此愈盛则彼愈衰。不是吗？透过那些富丽堂皇的清代宫廷工艺，我们看到的正是这个封建末世极度的空虚和糜烂。就在洛可可风头过后不久（其实它对西方艺术的影响十分深远），法国大革命爆发，路易十六被送上了断头台，而此时清王朝也已是"金玉其外，败絮其中"。正是法国大革命强烈刺激了乾隆，在路易十六被处死的第二年（乾隆五十九年），他便降旨严缉白莲教骨干分子，结果"愈剿愈炽"——在一场持续九年波及数省的白莲教起义的沉重打击下，大清帝国迅速滑坡。而原本就已病入膏肓的宫廷工艺更是江河日下，无力回天了[24]。

二〇一一年元月十日完稿

23　曹小鸥《欧洲洛可可工艺和清代工艺装饰风格比较研究》，见《装饰艺术文萃》，页208—215，北京工艺美术出版社一九九一年。
24　十九世纪初以来，欧洲及日本等国家陆续进入工业时代，传统手工艺趋于衰落。中国则因内忧外患而未能与世界潮流保持同步。欧洲的"中国时尚"开始降温，在十九世纪六十年代至七十年代英国"艺术与手工艺运动"中，制造商都沉湎于"日本主义"之中，仿制日本风格的产品已成为一种新时尚。参阅[英]爱德华·露西-史密斯著《世界工艺史——手工艺人在社会中的作用》，页182—183，中国美术出版社二〇〇六年。

书房中的宋瓷

中国传统的书房用品，除作为"四宝"的笔、墨、纸、砚外，还有与之搭配使用的笔格、笔洗、水注、镇纸等。而书房雅事中，闻香和赏花不可或缺，因此香炉和花瓶、花盆等自然也是书房用品的一部分。文人好古，书房用品以古为雅、以古为贵，这在两宋时就已成风气了。不过，当时书房中的"古物"还大致限于三代铜器、玉器等，而少有陶瓷器。宋元时代的官、哥、定、龙泉等名窑佳器（图1—图4），直到明代成为"古物""玩物"后，才备受青睐而成为书房珍品。似乎可以说，宋瓷进入中国人的审美意识和"美的生活"，正是从进入书房开始的。

成书于明万历十九年（一五九一）的高濂《遵生八笺》，描述了当时文人理想中的书房，其中提到"旧窑""哥窑""定瓶"等文具与摆件："斋中长桌一，古砚一，旧古铜水注一，旧窑笔格一，斑竹笔筒一，旧

图 1　南宋官窑青瓷洗（底刻乾隆御题诗）　清宫旧藏　台北故宫博物院藏

图 2　元传世哥窑青瓷弦纹瓶　故宫博物院藏

图 3　北宋定窑白瓷刻花缠枝牡丹纹洗　大英博物馆藏

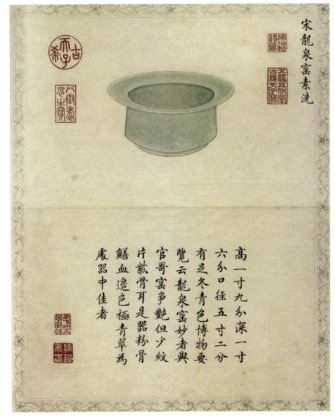

图4 南宋龙泉窑青瓷折沿洗（附清乾隆《精陶韫古·龙泉窑素洗》）
清宫旧藏 台北故宫博物院藏

窑笔洗一，糊斗一，水中丞一，铜石镇纸一。左置榻床一，榻下滚脚凳一，床头小几一，上置古铜花尊，或哥窑定瓶一。"几乎是同时成书的屠隆《考槃余事》以及稍晚的文震亨《长物志》所记书房用品中，也多有官、哥、定和龙泉等"宋窑"器（见文后附表。图5—图11）。

明人对宋瓷已有相当深入的认识，明初曹昭的《格古要论》，就对汝、官、哥、定、龙泉、景德镇诸窑以及吉州窑、建窑、磁州窑等的宋瓷品种和特点详加指述，并在鉴赏上有了一定标准。在明人眼中，官、哥、汝窑青瓷"以粉青为上，淡白次之，油灰最下"。其釉面开片"取冰裂、鳝血、铁足为上，梅花片、黑纹次之，细碎纹最下"（《长物志》卷七）。定窑"色白而滋润者贵……外有泪痕者是真。划花者最佳，素者亦好，绣花者次之"（《格古要论》）。宋名窑瓷器也身价不菲，正如董其昌所言："可使一瓷盘、一铜瓶几倍黄金之价，非世俗所知也。"（《骨董十三说》）晚明时，这些宋瓷已堪与商彝周鼎并重，其鉴赏也成为一门专属文人的学问。

不仅仅是学问，在晚明文人那里，古物鉴赏的目的，也是为了明确一个区分"雅"与"俗"的标准。《长物志》卷七"器具"云："今人见闻不广，又习见时世所尚，遂致雅俗莫辨。更有专事绚丽，目不识古，轩窗几案，毫无韵物，而侈言陈设，未之敢轻许也。"该书卷六"几榻"也说："古人制几榻，虽长短广狭不齐，置之斋室，必古雅可爱。……今人制作，徒取雕绘文饰，以悦俗眼，而古制荡然，令人慨叹实深。"显见，这里尊崇的是简朴的"古雅"之美，而排斥"专事绚丽"的过度装饰。也就是说，按晚明文人的审美标准，合乎"古制"即"雅"，反之则"俗"。家具如此，其他亦然。简素却饶有"开片""紫口铁足""泪痕"等自然之趣的汝、官、哥、定等宋瓷，无疑最能体现这一标准。——或有例外，如被喜欢"唱反调"的文氏批为

图 5　北宋越窑青瓷蟾形砚滴　慈溪出土

图 6　南宋龙泉窑青瓷砚滴
丽水龙泉青瓷博物馆藏

图 7　南宋龙泉窑青瓷砚滴（兼水盂）
丽水龙泉青瓷博物馆藏

图 8　元龙泉窑青瓷鱼形砚滴（兼笔架）
韩国新安沉船出水

图9 南宋龙泉窑青瓷盂 丽水市博物馆藏

图10 北宋定窑白瓷笔山残件 窑址出土

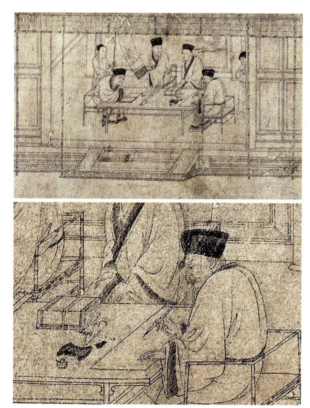
图11 宋《会昌九老图》(局部)
辽宁省博物馆藏

"非雅器"的官、哥、定窑镇纸以及"不堪用"的定窑书灯等(《长物志》卷七)。不过，文氏所说的这些是否确为宋瓷，抑或后世仿冒，今还难以断定。在传世和出土的官、哥、定窑瓷器中，或未见专门的镇纸；定窑三台灯檠的书灯似亦告阙如。

书房通常为文人所设，是其身份地位的象征。书房用品及"玩物"也最能体现文人的心志与情趣。借董其昌的话说："立身以德，养生以艺。……玩礼乐之器可以进德，玩墨迹旧刻可以精艺，居今之士可与古人相见在此也。"(《骨董十三说》)而在世风奢靡的晚明，巨商大贾乃至艺伎、衙役也都附庸风雅，置设书房。《金瓶梅》三十四回中就有对暴发户西门庆书房"翡翠轩"的细致描绘："里面地平上安着一张大理石黑漆缕金凉床，挂着青纱帐幔。两边彩漆描金书橱，盛的都是送礼的书帕、尺头，几席文具书籍堆满。绿纱窗下，安放一只黑漆琴桌，独独放着一张螺甸交椅。书篋内都是往来书柬拜帖，并送中秋礼物帐簿。"冯梦龙《喻世明言》卷十二中也着意刻画了江州名妓谢玉英的"小小书房"："明窗净几，竹榻茶垆。床间挂一张名琴，壁上悬一幅古画。香风不散，宝炉中常爇沉檀；清风逼人，花瓶内频添新水。万卷图书供玩览，一枰棋局佐欢娱。"书房已不再是文人专属。所不同的，也只有雅俗之别。西门庆的书房陈设，"雕绘文饰，以悦俗眼"，正是文氏所嫌厌的那种。虽里面也有"堆满"的书籍，但那只是摆设而已。谢玉英书房中的"万卷图书"只怕亦是如此。而真正读书人的书房则尚清简，所谓"左右数书册，朝夕一草堂"(陆游《书日用事二首》)是也。竞奢崇侈之世，文人士大夫之所以热衷于雅俗之辨，实际上也是为了"进德成艺"、高标自我，维护他们正受到商品化侵蚀的文化权利与地位。进而可说，当时所谓的"长物"并非"身外之物"，而是文人士大夫的傍身之物、安身之物。

从《考槃余事》《长物志》等晚明著述看，如前所说，书房中的宋瓷多为官、哥、

图12　北宋汝窑青瓷盘，盘底铭文系南宋宫廷所刻　清宫旧藏　故宫博物院藏

定和龙泉等制品。至于宋代名窑中号为"魁首"的汝窑，则未列其中。其他"宋窑"如今日声名赫赫的饶州窑（景德镇）、吉州窑、耀州窑和钧窑等，也极少被提及甚至未涉一笔。这当然也不奇怪。汝窑在南宋时已"近尤艰得"，深藏秘府（图12）。及至清季，亦始终为朝堂君臣所有；饶州窑、吉州窑和耀州窑虽亦各有佳器，但似乎多不入鉴藏。饶州窑青白瓷，本属白瓷一类，且与定窑素有渊源，其细白雅致者，被明人认作定器而进入书房亦未可知。今即有人写字作画喜用一种北宋的青白瓷小碟搛笔或调色（图13）；而钧窑"质甚厚"，或也少有文具，不堪清玩，多用来莳花种草。如《遵生八笺》认为钧窑盆"唯可种蒲（菖蒲）"，《长物志》说钧窑大瓶"插古梅最相称"。其时不贵钧窑，或还有一

图13　北宋景德镇窑青白瓷花式碟
韩国国立中央博物馆藏

图 14　南宋官窑青瓷鼎式炉
日本东京静嘉堂文库美术馆藏

图 15　元传世哥窑青瓷鱼耳炉　清宫旧藏　故宫博物院藏

个原因,即明人多不把钧窑当"宋窑"看。直到晚明,人们眼中的钧窑,还只是花器为主的"官钧"一类。那些以天青、天蓝为基调的日用类钧瓷,则多被视为汝窑制品(一些确为汝州窑场烧制)。"宋钧"之名始见于清初,而"官钧"被认定为"宋窑",这个时间更是到了乾隆以后。

其实,明清书房中的官、哥、定和龙泉等制品,也不全是专门的文具,其中一些原本即是食器或祭祀供养之器,适可兼用而进入书房,如笔洗、笔砚(笔掭)、水中丞(水盂)以及那些"以备赏鉴,非日用所宜"的香炉(图14、图15)等。《考槃余事》即记有"中盏作洗,边盘作笔砚者",并说可作笔砚的,"有定窑匾坦小碟最多"。定窑平底小碟,多有传世和出土。浅浅的圆口或花口造型,光素或刻印花纹。覆烧法烧造,"芒口"以银箔镶饰(图16)。这类小碟当为宋金时定窑大量烧造的市货常物,或多供普通食肆所用,即如《东京梦华录》所记汴梁会仙酒楼里待客用的"果菜碟"

图 16　北宋定窑白瓷刻花牡丹纹碟（底刻乾隆御题诗）
清宫旧藏　台北故宫博物院藏

图 17　元龙泉窑青瓷贴花双鱼洗
韩国新安沉船出水

一类，只是高档酒楼用的多为银制。还有书中提到的龙泉双鱼洗、菊瓣洗（图17、图18）等，原本也都应为食器。这类精巧可人的龙泉青瓷当年除内销外，还大量出口海外。将本不相干的"常物"充作书房雅具，典型的例子更见于花器。据明张丑《瓶花谱》云，除所谓胆瓶、一支瓶、小蓍草瓶、纸槌瓶等可供插花外（图19—图21），书室中花瓶之妙品还包括各式古壶等。以"古壶"插花，宋时已有之。南宋周密《癸辛杂识》载："伯机云，长安中有耕者，得陶器于古墓中，形如卧茧，口与足出茧腹之

图 18　南宋龙泉窑青瓷刻花菊瓣洗　丽水龙泉青瓷博物馆藏

上下，其色黝黑，匀细若石，光润如玉，呼为茧瓶。大者容数斗，小者仅容数合，养花成实，或云三代秦以前物，若汉物则苟简不足观也。"清宫遗藏中就有一件这样的茧形瓶（图22）。从其腹部镌刻的周密《癸辛杂识》中所说"长安中耕者得古陶，器如卧茧，养花成实，此器相类"亦可想见，当年书房花瓶之妙品中，自当包含此类。

　　明清书房用品中，不仅有宋瓷之"常物"，更有似是而非者，即后世"仿古"之作。从文献上看，历史上仿烧宋瓷，大抵始于元末，明清两代，赝造不绝，仿烧对象

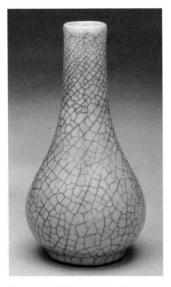
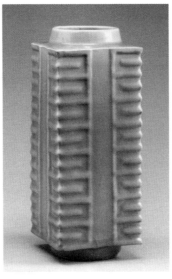
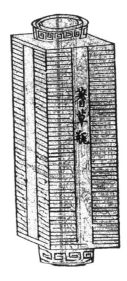

图 19　元传世哥窑青瓷胆瓶　清宫旧藏
台北故宫博物院藏

图 20　南宋龙泉窑青瓷琮式瓶（菁草瓶）
遂宁窖藏出土

图 21　明《方氏墨谱》所绘
"菁草瓶"铭墨锭

图 22　西汉黑陶茧形瓶（腹刻乾隆御题诗）
清宫旧藏　台北故宫博物院藏

图 23　明哥釉洗　故宫博物院藏

图 24　清乾隆哥釉笔山　清宫旧藏　故宫博物院藏

图 25　清乾隆哥釉叶形笔掭　清宫旧藏　故宫博物院藏

主要也就是官、哥、定等名窑佳器。今日所见的此类仿品，主要集中于清宫遗藏。乾隆时绘制的《精陶韫古》《埏埴流光》等陶瓷图册中，就收有一些这样的"宋瓷"。对此，当年乾隆皇帝已有所察觉，他在一首《咏官窑碗》诗中就感慨宋代官窑"真伪况居半"。不过，就今日所见，明清时的仿品，不少在造型、釉色和装饰上并不拘泥于宋瓷，而且品种上也不断推陈出新（图 23—图 25），如文具中就出现仿汝釉臂搁、仿官釉笔筒，可能还包括《长物志》卷七中所记的"古白定"竹节笔筒等。我们知道，臂搁和笔筒都与宋瓷无缘,而是明清时才出现的书房新宠。"工巧易致,气韵难及",这恐怕是后世仿古的一个普遍问题。

书房是一方内在的自足的天地,具有一种人格化的属性。本雅明曾提出"内在世界"以及"室内"的概念。"在本雅明看来,由于资本主义的高度发展,城市生活的整一化以及机械复制对人的感觉、记忆和下意识的侵占和控制,人为了保持住一点点自我的经验内容,不得不日益从'公共'场所缩回到室内,把'外部世界'还原为'内部世界'。在居室里,一花一木,装饰收藏无不是这种'内在'愿望的表达。人的灵魂只有在这片由自己布置起来、带着手的印记、充满了气息的回味的空间才能得到宁静,并保持住一个自我的形象。可以说,居室是失去的世界的小小补偿。"(张旭东《本雅明的意义》)中国古人何尝没有这种回到"内在世界"和"室内"的意识?明窗净几、书札翰墨,兼以古雅的宋瓷,不正寄托着明清文人的"内在愿望"吗?

二〇一五年五月完稿

《考槃余事》与《长物志》所记陶瓷文具等一览表

出处 种类	《考槃余事》	《长物志》
笔格	有哥窑三山、五山者,制古色润,有白定卧花哇(娃),莹白精巧(卷三)	有白定三山、五山及卧花哇者,俱藏以供玩,不必置几砚间(卷七)
笔筒		有古白定竹节者,最贵,然艰得大者。青冬瓷细花及宣窑者,俱可用。又有鼓样,中有孔插笔及墨者,虽旧物,亦不雅观(卷七)

续表

出处 种类	《考槃余事》	《长物志》
笔洗	有官、哥圆洗、葵花洗、磬口洗、圆肚洗、四卷荷叶洗、卷口蔗段洗、绦环洗、长方洗,但以粉青纹片朗者为贵;有龙泉双鱼洗、菊花瓣洗、钵盂洗、百折洗;有定窑三箍圆桶洗、梅花洗、绦环洗、方池洗、柳斗圆洗、圆口仪棱洗;有中盏作洗,边盘作笔砚者(卷四)	有官、哥葵花洗、磬口洗、四卷荷叶洗、卷口蔗段洗;龙泉有双鱼洗、菊花洗、百折洗;定窑有三箍洗、梅花洗、方池洗(卷七)
笔砚	有定窑匾坦小碟最多,俱可作笔砚,更有奇者(卷四)	定窑、龙泉小浅碟俱佳(卷七)
水中丞	有官、哥瓮肚圆式,有钵盂小口式者,有仪棱肚者,有青东瓷菊瓣瓮肚圆足者,有定窑印花长样如瓶、但口敞可以贮水者,有圆肚、束口、三足者,有龙泉瓮肚、周身细花纹者(卷三)	有官、哥瓮肚小口钵、盂诸式(卷七)
水注	有官、哥方、圆壶,有立瓜、卧瓜壶,有双桃注,有双莲房注,有牧童卧牛者,有方者,有笔格内贮水用者,有定窑枝叶缠绕瓜壶,有蒂叶茄壶,有驼壶,可格笔,有蟾注,有青冬瓷天鸡壶,底有一窍者(卷三)	有官、哥、白定,方、圆、立瓜、卧瓜、双桃、莲房、蒂叶茄壶诸式(卷七)
印色池	官、哥窑方者,尚有八角、委角者,最难得。定窑方池外有印花纹佳甚,此亦少者(卷三)	以官、哥窑方者为贵,定窑及八角、委角者次之,青花白地、有盖、长样俱俗(卷七)
糊斗	有建窑外黑内白长罐,定窑圆肚并蒜蒲长罐,有哥窑方斗如斛、中置一梁,俱可充作糊斗(卷三)	有定窑蒜蒲长罐,哥窑方斗如斛、中置一梁者,然不如铜者便于出洗(卷七)

续表

出处 种类	《考槃余事》	《长物志》
镇纸	有哥窑蟠螭，有青冬瓷狮鼓，有定哇哇、狻猊（卷三）	其玛瑙、水晶，官、哥、定窑，俱非雅器（卷七）
书灯	有定窑三台灯檠，有宣窑两台灯檠，俱堪书室取用（卷三）	定窑三台、宣窑二台者，俱不堪用
香炉	官、哥、定窑，龙泉、宣铜、潘铜、彝炉、乳炉，大如茶杯而式雅者为上（卷三）	三代、秦、汉鼎彝，及官、哥、定、龙泉、宣窑，皆以备赏鉴，非日用所宜（卷七）
香合	有定窑、饶窑者，有倭盒三子、五子者。有倭撞可携游，必须子口紧密，不泄香气方妙（卷三）	小者有定窑、饶窑蔗段、串铃二式。余不入品（卷七）
花瓶		瓷器用官、哥、定窑，古胆瓶、一枝瓶、小蓍草瓶、纸槌瓶。余如暗花、青花、茄袋、葫芦、细口扁肚瘦足药坛，及新铸铜瓶、建窑等瓶，俱不入清供。尤不可用者，鹅颈壁瓶也。古铜汉方瓶，龙泉，均州瓶，有极大高二三尺者，以插古梅最相称（卷七）
花盆		盆以青绿古铜、白定、官、哥等窑为第一。新制者五色内窑及供春粗料可用，余不入品。盆宜圆不宜方，尤忌长狭（卷二）

宋瓷上的乾隆题诗

乾隆喜欢作诗，"若三日不吟，辄恍恍如有所失"，一生诗作甚多（四万二千余首，平均日作二首），内容庞杂，仅咏瓷诗一类，就达两百余首。这些诗多镌刻于宫廷秘藏的历代名窑珍品上。宋瓷为乾隆赏悦之物，在他吟咏清雅、抒发情怀时，往往不忘对此书上一笔：

周尺将盈尺，宋瓷方是瓷。
晨星真可贵，劫火未曾亏。
薛暴宁须议，完全已足奇。
穆然陈绨几，独切水圆思。
（汝窑青瓷盘。署"乾隆戊戌仲夏　御题"；钤印"会心不远""德充符"。图1）

李唐越器久称无，赵宋官窑珍以孤。
色自粉青泯火气，纹犹鳝鱼裂冰肤。

摩挲真是朴之朴，咏叹仍非觚不觚。

合赠何人合长吉，簪花得句负奚奴。

（官窑青瓷贯耳瓶。署"乾隆壬寅　御题"，钤印"太璞"。）

传是定州造，定州今实无。

彭陶宁可比，苏咏信非诬。

穆若精神足，郁然花叶扶。

和阗玉易琢，获此却难乎。

（定窑白瓷划花牡丹纹碟。署"乾隆癸巳孟春　御题"，钤印"会心不远""德充符"。图2）

　　汝、定、官、哥等宋代名窑瓷器，清隽典雅，晚明博雅之士文震亨评价它们"便于清玩""以备赏鉴，非日用所宜"（《长物志·香炉》）。乾隆吟咏的，多是传世宋瓷中的佼佼者，如汝瓷中最著名的一件、现藏台北故宫博物院的"奉华"铭纸槌瓶（图3），故宫博物院的南宋官窑青瓷洗（图4）等。乾隆对宋瓷的吟咏，表现出一种搜奇罗珍的心理和占有的快感。但同时他对某些宋瓷的先天缺陷如所谓"髻垦"（形体歪斜）、"薜暴"（破裂）等又一再提起，似有微词。在中国古史传说中，制陶乃圣人之作。《周礼·考工记》云："凡陶瓦之事，髻垦薜暴不入市。"对此，乾隆显然别有"会心"。联系到他当朝时的官窑烧造，在他的直接干预下，瓷器日见雕琢，片面追求形式的新奇。如"唐窑"创制的各种镂空的转心（转颈）瓶等，穷工殚巧，有的工艺技法至今还是难解之谜。瓷器已成为一门奢侈的特种工艺，成为皇权的象征。这不难

图1 汝窑青瓷盘 台北故宫博物院藏

图2 定窑白瓷划花牡丹纹碟
台北故宫博物院藏

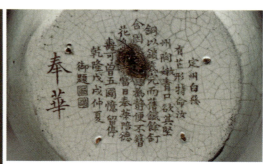

图3 汝窑青瓷"奉华"铭纸槌瓶
台北故宫博物院藏

图4 南宋官窑青瓷洗 故宫博物院藏

看出乾隆"以陶比德"的帝王心理（按台湾学者谢明良先生的说法，乾隆是以圣人自居，借完美无瑕的瓷器极力推行他的"至高德行"）。不过，深受汉文化熏染，自命"书生"的乾隆，又嗜古成性（图5、图6），他需要的是既奢侈又精致文雅的物质与精神生活享受。从题诗中可看出，乾隆对宋代各名窑瓷器的工艺特点都相当熟悉，一些行话术语在他的笔下顺手拈来，诸如"修内司""邵局""章生"以及属于"鉴赏要诀"的"挣钉"、"铁足"、"鳝血"（哥窑之黄、红色片纹）、"百圾破"（百圾碎）等。他视宋瓷"太璞""古香""朗润"，以宋瓷"怡情""传趣"，这正显示出幽雅的情思和清赏的意趣。

乾隆作诗，随兴拈笔，不加锤炼，难免少韵寡情；再一个讲托物言志，"以诗记政"。他自己说过："予向来吟咏，不屑为风云月露之辞。"（《乾隆御制诗全集》卷二《惠山园八景》诗注）这是由他的思想、个性和地位所决定的。这个特点也反映在他的咏瓷诗中：

  陶成缅赵宋，阅几百年深。
  不辨仁兮哲，可怜徽与钦。
  器存因论世，物玩莫忘箴。
  当底原标甲，品题护我心。
  （官窑青瓷八方弦纹盘口瓶。署"乾隆戊戌仲夏月　御题"；钤印"太璞"。器底有原刻"甲"字）

  虽非髻垦足钉遗，已自为佳今重之。

图 5　郎世宁·金廷标《乾隆古装像》　故宫博物院藏

图 6　《乾隆古装像》中的南宋官窑凹棱胆瓶
　　　台北故宫博物院藏

物以少珍有如此，玩当丧志戒惟兹。
精评早具辍耕录，瓶制犹存修内司。
古北秦砖古于是，却谁属目义堪思。
（汝窑青瓷盘。署"乾隆乙未孟春月御题"；钤印"比德""朗润"。图7）

图7 汝窑青瓷盘 台北故宫博物院藏

满洲部族以武力统一中国，入主中原，天长日久，有被先进的汉文化同化的危险，乾隆对此深怀戒心。乾隆二十年三月十七日"上谕"即说："满洲风俗素以尊君亲上、朴诚忠敬为根本，自骑射之外，一切玩物丧志之事皆无所渐染，乃近来多效汉人习气，往往稍解章句，即妄为诗歌，动以浮夸相尚，遂至古风日远，语言诞慢，渐成恶习。"上面两首诗，由古物触发，以北宋"亡国之君"徽宗钦宗为鉴，悼古感事，借亡灵激励活着的臣民，以维系"世道人心"，用意何等显豁！

晚年的乾隆，自许"十全老人"，陶醉于"十全武功"的神话中。其实就在他托物感怀借宋瓷告诫臣下勿玩物丧志之时，奸佞之徒和珅开始平步青云，官场贪污之风日炽，吏治愈加腐败，承平盛世已是"金玉其外，败絮其中"。更具讽刺意味的是，乾隆于归政前夕又在一件宋瓷上题诗，以"论器寓论世"：

陶器如立身，圆易方难为。
张禹圆融流，朱云方正持。
以此品其第，高下原堪知。
磁炉实官窑，成于修内司。
尔时蔡与王，较张禹犹差。
论器寓论世，用人可弗思。
圆瓶已屡见，方者惟见斯。
久置檀架间，未咏诚孤其。
炷檀烟直上，气求念在兹。

（官窑青瓷方炉。署"乾隆乙巳新正　御题"；钤印"古稀天子""犹日孜孜"。图8）

诗中提到的张禹、蔡京和王黼都是历史上臭名昭著的佞臣。乾隆精通历史，深知治理天下须"任贤能采嘉言"。这首诗好像是借"方炉"称颂西汉直谏之人朱云式的"正持"品格，但观其行，"古稀天子"越发昏聩，"犹日孜孜"不过是故作圣明罢了。他只热衷于粉饰太平，为此大兴文字狱，将举国压制得鸦雀无声；他的用人标准只有一条，那就是"尊君亲上"；他对官员的廉洁也表示关注和忧虑，但他又非常乐意接受臣下贡奉的奇珍异宝，并以升迁作为奖励。他包庇纵容的和珅，岂止是"丧志"？搜刮勒索，贪赃枉法，结党营私，简直是丧国行径！和珅为相二十年，权倾朝野，可说是大清王朝的超级豪门。嘉庆帝抄没的和珅家产，估价的仅占四分之一弱，总值便有二亿二千余万两（我还看到过一个数字，抄没的和珅家产，按时价折合美元高达十五

图 8　官窑青瓷方炉　台北故宫博物院藏

亿之巨），贪贿无艺，实属中外罕见。和珅迹近于张禹、蔡京，而张、蔡之流却难望其项背。

乾隆在位六十年，加上三年太上皇，享国之久无与伦比。乾隆的近百首宋瓷题诗，多数为他晚年所作，虽大都流于直露、滞板、枯燥或晦涩，却也在一定程度上体现了"十全老人"的思想、情感和意趣。这些诗多由内廷玉作匠"照样准刻"，镌于器物的底部或其他适当部位，书法以唐人风貌的隶书为主，亦略可赏览。大家知道，乾隆特别喜欢在宫廷收藏的历代书画和古董文玩上题字刻铭，炫耀卖弄，附庸风雅。不消说，若在今天，这绝对是破坏文物的行为。其实，清代帝王也并非都这样，比如乾隆之父雍正帝，同样也是个琴棋书画样样在行的"玩家子"，审美眼光和艺术造诣更在乾隆之上，可他却比较自觉，很少题刻，倒是不断下旨，对古代名作注意保护。

这当然是题外话了。今天看来,乾隆所吟咏的宋瓷,有些在窑口、定名乃至时代性方面可能存在疑点,诗作本身也未必全是"圣躬"亲为,有些或由词臣代笔或续就(乾隆初登帝位时,在《乐善堂全集》序中也曾坦言"自今以后,虽有所著作,或出词臣之手,真赝各半")。对此,本文无意考述。这大概也无关宏旨,因为即使御笔尽有捉刀之士,其旨趣也仍是"圣躬"之意;宋瓷更可看作乾隆笔下的一种审美意象。此外,据传民国初年,来中国搜集古物的外国人,对这类带乾隆题诗的瓷器别有兴趣,北京古董市场上遂有赝品出现,从器物到诗文镌刻均属伪作。此亦当别论。

一九九八年七月初稿,二〇一〇年七月改定

黑盏·天目·茶文化

两宋时期，饮茶之风颇盛。蔡绦《铁围山丛谈》中说："茶之尚，盖自唐人始，至本朝为盛，而本朝又至祐陵时益穷极新出，而无以加矣。"祐陵即指徽宗赵佶，这位风雅天子精于茶艺，宴席上喜欢亲自点茶分与群臣。他还著有《茶论》(后称《大观茶论》)，凡二十目，记述颇详，见解精辟，可见对茶事关怀至深了。帝王官宦如此，士商乃至市井细民也普遍饮茶。据《东京梦华录》和《梦粱录》等文献记载，当时汴京和杭城遍布茶肆。高档茶楼装修考究，环境优雅，"插四时花，挂名人画，装点店面"(《梦粱录》卷一六"茶肆")。当此奢华之世，茶之尚确如蔡绦所言日盛一日且花样翻新无以复加了。

茶与瓷有着不解之缘。东晋南朝时已出现瓷制的茶具，唐代南北两大名窑——越窑和邢窑皆烧制"茶瓯"。越窑青瓷瓯，如冰类玉，可衬托出茶色之绿，尤为茶人喜用。而邢窑白瓷瓯也极流行，以至"天下无贵贱通用之"。宋代点茶和斗茶（点茶是将茶饼碾罗成末，调膏于盏中，用沸水冲点击拂；斗茶即比试点茶技巧），或因茶品茶色及调制方法不同而对茶盏品种有不同要求。茶之常品，其色绿，多"煎啜之"而更宜于白瓷（包括北宋开始流行的青白瓷）和青瓷盏；而茶之佳品，其色白，则"皆点啜之"而宜于黑瓷盏。因为这一茶品的"茗战"，斗茶先斗色，黑釉可衬托出茶汤之白，便于观茶色，验水痕——黏附在盏四壁的茶汤浮沫，当时又谓之"咬盏"。《大观茶论》形容其"乳雾汹涌，溢盏而起，周回凝而不动"。根据《大观茶论》和蔡襄《茶录》记载的斗试之法，"点茶之色以纯白为上真，青白为次，灰白次之，黄白又次之"；水痕以先退者为负，耐久者为胜。在这种讲究"色"与"浮"（咬盏）的斗茶中（与之相对的是不重茶色而讲究"香"与"味"的民间斗茶），黑瓷茶盏的长处是别的茶盏难以相比的。这样，黑盏在当时南北各地都有较多烧制，而以建窑最负盛名。

建窑的中心位于今闽北建阳市水吉镇池中村、后井村一带。其烧制黑瓷茶盏，盛于宋衰于元。从功能上看，建盏是非常实用的，可说是斗茶的理想用具。这里以较多见的束口式建盏为例：盏口面积大，斗茶时可容更多的汤花；盏壁四周靠近口沿处，稍向内折，考古工作者称为"倒钩型圈痕"，斗茶注汤时能起到标准线作用；胎体较厚，能较长时间保持茶汤温度，并便于用烘烤的方法加热；釉面上，有的呈现规则的丝条纹，细如兔毛尖，名为"兔毫"（图1、图2），而有的满布银灰色小圆点，光照下闪亮如星，今通常称作"油滴"（图3）。根据蔡襄《茶录》所记，北宋仁宗时期，建窑绀黑色兔毫盏已为"斗试家"所重了。建盏同当地所产的龙凤团茶（用龙凤形模具压制的高级饼茶）等一样，也曾供奉宫廷（图4），今窑址上发现不少刻有"供御"

图1 建窑兔毫盏 福建省博物馆藏

图2 建窑兔毫盏 日本东京国立博物馆藏

图3 建窑油滴盏 日本大阪市立东洋陶瓷美术馆藏

图4 传宋徽宗《十八学士图卷》(局部) 台北故宫博物院藏

图5 建窑曜变盏 日本静嘉堂文库美术馆藏

和"进琖"字样的黑盏残底,有的字很像徽宗所创的"瘦金(筋)书",表明它们与宫廷之间存在某种关系。此外,建盏中还有一类被日本人称为"曜变"的特异品种。"曜"即光辉照耀之意。其最夺人眼球的,是盏中浮现的大大小小、三五一群的结晶斑——油滴,以及在它们周围形成的一个个蓝绿色的美妙光环。"曜变"黑盏存世极罕,仅见的三件现都在日本,分藏于东京静嘉堂文库美术馆(图5)、京都大德寺龙光院和大阪藤田美术馆,号称"曜变三绝"。其中静嘉堂的那件(又称"稻叶天目"),釉面变化犹如日晕般奇妙,最为难得,日本人叹为"神技",奉为国宝。

文献记载,福建烧制的黑盏中还有一种珍品"鹧鸪斑"。托名陶谷的《清异录》中说:"闽中造盏,花纹鹧鸪斑,点、试茶家珍之。因展蜀画鹧鸪于书馆,江南黄是甫见之曰:鹧鸪亦数种,此锦地鸥也。"此后的一些诗文中也不乏对鹧鸪斑的记载和赞咏,传诵至今的名句有:"点茶三昧须饶汝,鹧鸪斑中吸春露"(僧惠洪)、"鹧鸪碗面云萦字,兔毫瓯心雪作泓"(陈骞叔)、"研膏溅乳,金镂鹧鸪斑"(黄山谷)等。但究竟何谓鹧鸪斑,由于文献记载失之过简,且有相互抵牾之处,因而至今也未有一个统一说法。今天有人将那种类似鹧鸪鸟颈部毛色——釉面赭黑带有黄褐色羽状斑条的称为鹧鸪斑;有人则认为鹧鸪斑当指建窑的油滴——其白色斑点恰似鹧鸪鸟胸前毛色。"油滴"是日本人的叫法(明人曹昭《格古要论·古建窑》中名之为"滴珠",并称"滴珠大者真"),它实际上就是宋元文献记载的"鹧鸪斑"。近年又发现一些白斑装饰的建窑黑盏标本(图6),其上或疏或密的卵状白斑,均为人工点画并经二次施釉烧成。有人认为,这也属鹧鸪斑。进而有学者提出,宋代建窑的鹧鸪斑有三种类型:一是自然窑变制品,即油滴;二是白斑制品;三是黄褐斑制品。我认为,其说可从。后两种人工装饰的制品,可能是模仿前者,因为自然窑变制品烧成极为不易。今之所

图6 建窑"供御"黑釉白斑盏残片 池墩建阳瓷厂附近出土

见,最为出色的一件建窑油滴茶盏(见图3),藏于日本。这件在同类(油滴天目)中唯一被日本指定为"国宝"的茶盏,流传有绪,其持有人最早可追溯到桃山时代的丰臣秀次(一五六八——一五九五,丰臣秀吉的外甥)。二〇〇九年初冬,我造访大阪市立东洋陶瓷美术馆时,曾有幸上手观赏过这件"重宝",自是光华四溢,精彩殊常。

建盏的这些奇异釉调,都是利用铁黑釉的结晶原理烧制出来的。简单地说,建盏的坯釉中含有多量的氧化铁,在高温焙烧过程中,坯中的部分氧化铁与釉熔融后缓慢地冷却下来,局部形成过饱和状态,并发生分解生成气泡,当气泡聚集,大到一定程度,便会向釉面上升,连带其周围的铁氧化物一起排出釉面。如果这时候釉的厚度、高温黏度、冷却状态等条件都适宜的话,便会以气泡为中心形成或大或小并按一定形式排列的结晶斑,即所谓"油滴";如果焙烧达到使釉面流动的温度,那么铁氧化物富集的部分便可能会流成"兔毫"。建盏的烧制,受到坯、釉、窑温及其还原气氛诸多因素的制约,难度极高。根据今天成功仿烧出"鹧鸪斑"等结晶釉建盏的李达先生的说法,一只优秀的建盏是在大量废品的基础上产生的。他估计:"没有起泡变形或脱釉或粘底等重大缺陷的建盏所占比例不到百分之一,优秀的(没有明显缺陷且斑纹流畅通达者)褐兔毫占比不到万分之一,而鹧鸪斑和曜变分别属于十万分之一和百万分之一的作品。"(李达《建盏鉴赏》)这可说是李达先生二十余年潜心研究和仿烧建盏的经验之谈。

在宋代烧制黑瓷茶盏的窑场中,吉州窑也是很有特色的一座。吉州窑胎质疏松,因而它更注重釉面的美化,装饰品种丰富多彩,主要有木叶、剪纸漏花、玳瑁、窑变花釉以及剔花、绘花等,其中木叶装饰最具特色(图7、图8)。木叶即天然树叶,经特殊工艺处理,贴在瓷坯上施釉焙烧。由于树叶中含五氧化二磷,焙烧时与铁釉产生二液相分离,故烧成后黑釉上就会显现清晰的叶纹。

图7 吉州窑黑釉木叶盏 日本大阪市立东洋陶瓷美术馆藏

图8 吉州窑木叶盏 美国芝加哥美术馆藏

图9 白瓷木叶贴花注子
河北沧县白庄子墓出土

今之所见，所用木叶多可认定为桑叶。木叶装饰在唐、五代北方地区烧造的碗、枕等器物上已可见之，如河北沧县出土的可能是晚唐五代定窑烧造的白瓷木叶贴花注子（图9），以及日本出光美术馆藏唐代寿州窑木叶枕等。而深具"茶禅一味"之意，且技艺纯熟的木叶茶盏仍可说是吉州窑的独创。有学者认为，根据相关文献中有日本入宋禅师荣西"登天台山见青龟于石桥，拜罗汉于饼峰，供茶汤而感现异花于盏中"之记载，茶盏饰以木叶，有可能是借此手法来营造"茶百戏"之幻象。而之所以选择桑叶，也有学者认为，桑叶可能是菩提叶的替代品，佛经中即有寺院供养诸菩萨像前的菩提叶可以桑叶替代之说。在佛教中，桑树是仅次于菩提树的灵性之树，桑木、桑籽、桑叶等有祛病消灾之效，而且荣西《吃茶养生记》载："茶与桑并服，贵重无高下，二俱仙药之上也。"南宋诗人陈与义有"柏树解说法，桑叶能通禅"之句，是说桑叶与禅宗的关系。因此，在桑树广为种植而菩提树不大适宜生存的江西吉州地区，以桑叶替代菩提叶来装饰茶盏也就顺理成章了。显而易见，木叶装饰是投合佛门而为之。宋代吉州名士欧阳铁《杂录》中即有"永和镇舒翁、舒娇，其器重仙佛"之语。茶碗中的一片树叶，潜藏佛性，充满禅意，即代表了佛教徒所能想象的主观世界。我们知道，茶与佛教的关系密不可分，唐宋茶文化的兴盛，受到禅僧的直接推动（图10、图11）。禅把尘世和灵魂看得同等重要，因此它重视世俗生活，并试图在这个残缺的丑陋的世界

图 10　南宋《五百罗汉图·吃茶》局部　日本京都大德寺藏

图 11　深圳博物馆"宋元时代吉州窑瓷器特展"(二〇一一)场景之一"茶禅一味"
(仿宋式家具:茶桌、禅椅、花几)

图12　吉州窑黑釉漏花荸荠卜纹盏　日本东京国立博物馆藏

中发现美。我们读中晚唐诗歌，会发现那时的文人喜与禅僧交往（当时兴起的茶会一般都有禅僧参加或在禅院举行），常常在饮茶时参禅悟道，涤除尘虑，体会内心的澄明与愉悦；两宋时的"茶诗"，更是渗透着"茶禅一味"之妙理。中国的禅宗是被诗化了的佛教（饶宗颐语），而木叶茶盏也正充满了"诗化"的意味。在中国古代陶瓷中，"木叶"可说是极富想象和创造，尤为奇妙和浪漫，也极具艺术品性的装饰形式之一。

作为"百工之艺"，包括陶瓷在内的各种手工业制品，在造型、装饰及工艺技法上往往交互影响，你中有我，我中有你。特别是在一个"区域共存"的手工业环境中更是如此。宋元之际，吉州一带既是区域性窑业基地，又是江西地区重要的漆器制作中心。漆器中尤以薄螺钿器著称于世。因此，瓷器与漆器两类手工业制品相互影响，彼此推动。如吉州窑黑釉褐彩云钩纹瓶和茶盏等，明显受到同时期剔犀漆器中"屈轮"纹样的直接影响。而剪纸漏花装饰（图12），则与薄螺钿漆器有着异曲同工之效。又如同为宋元吉州窑较多采用的一枝梅、梅梢月等纹饰，在同时期南方地区的金银器等手工艺品上也很流行。其例多多，不遑尽举。而木叶茶盏可说是一个特例。从其装饰形式和理念看，它具备了一切真正艺术品的基本品性。有学者推测，吉州窑木叶茶盏等带有禅趣装饰的器物的制作，或有当地寺院禅僧的参与，或直接出自寺院自主开办的窑场，这是完全可能的。

宋元时代，北方及西南蜀地烧制黑瓷茶盏同样很普遍，今山西（晋北、晋南、吕梁）、河南（豫北、豫中）诸窑以及磁州窑、淄博窑、耀州窑、涂山窑、广元窑等都大量烧制（图13—图17），就连以白瓷名世的定窑，也开始烧造"墨定"和酱釉茶盏（图18），而且其质量与白定同样出色。这些地区生产的茶盏，从造型到釉彩装饰，大都刻意模仿建窑。有的黑釉盏还刻意在腹下及足部露胎处涂一层紫褐色"护胎釉"，胎表面犹如"乌泥"。其模仿建窑黑盏的意图尤为明显（见图13）。当然，由于原料及烧成方法的不同，南、北制品还是有着明显的差异。一是瓷质不同，北方制品瓷化程度普遍较高，釉面黑亮，光可鉴人，不靠任何装饰亦惹人喜爱。如定窑黑盏，胎质细白，釉面纯黑，器壁甚薄，较之建窑等南方黑瓷茶盏，更显得秀巧；二是装饰上各有侧重，如建窑等南方窑口较为少见的油滴，在北方则较为多见。北方的油滴，按呈色上分，有银油滴、金油滴、红油滴、花斑油滴（蓝、绿、紫等色交融）等；从排列形式上看，有的大小相间、均匀分布，有的重叠如鱼鳞，也有的呈规则的花瓣形（这显然是挂釉时有意为之）。整个来看，北方油滴的结晶斑点较密，有些器物上只见针尖大的麻点而无油滴。前面已谈到，油滴与兔毫的生成原理大体相似，所不同的是油滴的烧成范围较窄（约10℃—20℃），温度一高，富集的铁氧化物和周围的釉汁便有可能流成兔毫。北方用煤烧窑，窑炉升温、降温较慢，易保温，这对于油滴的烧成是有利的；而南方用柴烧窑，升温快，加之所用的龙窑窑身长，不易保温，故油滴烧成的难度较大。这也是北方多油滴而南方多兔毫的原因所在。

除油滴等自然窑变的品种外，宋元时代黑盏还有金银彩（图19）、酱彩等装饰品种。特别是酱彩，在北方地区更为流行（图20）。与前面介绍的建窑黄褐斑品种一样，酱彩也是一种人工装饰，即以点画、泼洒或指弹等手法，将一种富含铁的料浆

图13 油滴茶盏 日本京都龙光院藏

图14 油滴盏 日本藤田美术馆藏

图15 红油滴托盏一副 刘新园旧藏

图 16　耀州窑酱釉盏　英国乔治·尤摩弗帕勒斯旧藏

图 17　涂山窑玳瑁釉盏　涂山窑遗址采集
重庆中国三峡博物馆藏

图 18　定窑黑釉盏　北京王波藏

图 19　酱釉金银彩牡丹纹盏　日本东京国立博物馆藏

图 20　建窑黑釉酱斑盏　建阳窑址出土

图 21　黑釉酱斑碗　山西朔州西影寺村出土

附着在已施挂黑釉的器身上，经高温烧成后，黑釉上就会出现点、片、条等状的酱彩（图21）。今天有些被称为玳瑁的北方黑釉制品，大体可归入这一类。而传统意义上的玳瑁，多见宋元吉州窑以及西蜀涂山窑等制品，又与这种酱彩有所不同。如吉州窑玳瑁表面与黑釉交融在一起的黄褐色斑，是一种掺草木灰的含铁量少的釉，草木灰所提供的磷，在一定条件下可促进釉的液相分离，产生奇妙的效果。所以玳瑁的釉面一般富于变化，且显得柔和滋润。此外，酱彩又极易与"铁锈花"相混，这是由于二者釉质及烧成技艺相近之故——其实，何谓酱彩，何谓"铁锈花"，其标准和界限往往并不分明。一般说来，铁锈花的花纹呈黑赭色，并泛出铁的结晶，而酱彩则更接近褐色乃至黄褐色，而且表面一般无结晶出现。

"天目"一词，常见于日本对中国黑瓷的称呼。在日本古文献如《嬉游笑览》中，"天目"最初是指釉中带斑点的"星建盏"（曜变），因其有"星"故称"天目"。此后凡属同类之物，虽无斑点者亦一概以"天目"相称。不过，另有一说，而今更为流行，即建盏最初是由入宋修行的日本僧人自天目山禅院（如位于今杭州市东北约五十二公里处的径山寺，即为当时日僧求禅圣地之一）带回，因之名为"天目"。此名相沿既久，遂成黑釉之通称。根据不同花纹、色泽和产地，日本人将中国黑瓷品种冠以不同的名号并分别排序，诸如排在前几位的依次是曜变天目、油滴天目、禾目天目（兔毫建盏）、木叶天目等。根据日本的考古资料，在十二世纪至十三世纪的博多和镰仓遗址中，已有来自中国的黑盏出土。不过建盏很少，大多是福建各地的仿建制品。十二世纪以来，饮茶在日本逐渐盛行，不少禅院都定期举办"茶会"，并引入中国禅院的茶礼（如径山茶礼）。这可说是日本茶道（茶事）的一种初始形态。日本茶道是基于尊崇自然与"俗事之美"的一种仪式，或说"室内艺能"的一种，即通过一套特定的人体修炼方式，使人达到陶冶情操、完善人格的目的。真正意义上的茶道的形成，经历了一个相当长的时期。十四世纪南北朝时期至十五世纪室町时期，饮茶还被当作一种娱乐活动，主要流行于上层社会。当时日本狂热地崇尚唐物，人们以拥有建盏等宋代茶具为荣耀。建盏的仿制品也开始出现（图22）。当时茶会的内容之一，就是鉴赏建盏等唐物。在茶道点茶法中也出现了所谓"天目点"，即为天目盏点茶而专门设计的一套程序（因其只在贵人光临时才使用，又称"贵人点"）。学者一般认为，这种点茶法是已知数百种日本茶道点茶法的源头。然而，到了十六世纪中叶，被后世尊为日本"茶圣"和"茶道集大成者"的千利休（一五二二——五九二），对当时已蔚成风气的"草庵茶"加以改良，使之进一步庶民化，茶道的理念以及茶人对茶具的欣赏趣味也随之发生变化，中国茶盏被束之高阁。"草庵茶"以禅为本，推崇"无"的境界，排斥和否定高贵、权力与财富，反对把饮茶变成一种高级娱乐。这样，在草庵茶人眼中，备受贵族青睐的中国茶盏不免过于华丽和高贵；虽对其工艺的精美表示敬意，但在茶道中却很少使用了。最初代之以朝鲜制品，井户茶碗（图23、图24）、荞麦茶碗等被日本茶人看重。这些茶碗质地粗糙，重厚朴拙，原是朝鲜民间用的饭碗，但在草庵茶人眼中，它们更具平民风格，也更接近自然，是一种"无心的艺术"，与禅的精神和茶道的理念是相通的。后来为适应"草庵式小茶席"的需要，千利休又自行设计了各种小型茶具，茶碗也以"和样"为主。当时最受追捧的是乐窑茶碗（图25、图26）。这种茶碗的母型可能也是中国或朝鲜制品，其多呈直壁墩形，碗底比建盏更宽大，在功能设计上，借《大观茶论》所言，"宽则运筅旋彻，不碍击拂"。此外，点茶时茶碗可稳稳地放在榻榻米上。当然，更令人关注的还是它不同于

图22 濑户窑仿建茶碗 "千贺"铭 日本德川美术馆藏

图23 大井户茶碗 "大文字屋"铭 日本爱知县陶瓷资料馆藏　　图24 青井户茶碗 "凉及"铭 日本根津美术馆藏

图 25　黑乐茶碗　"面影"铭　长次郎作　日本乐美术馆藏

图 26　黑乐茶碗　日本藤田美术馆藏

图 27　日本茶室内部

中国制品的美学特点。乐窑茶碗制坯不用陶轮而以手制，器壁较厚，器形也不匀称；呈黑色或赤色，釉面浓厚，隐现斑纹。制作上看似不甚经意，其实工艺过程相当复杂。不难看出，这种茶碗的设计制作是以否定世俗美——"高贵艺术"为前提的，与日本茶道崇尚的枯高幽玄、无心无碍的美学境界相吻合。此时的日本茶道，原有的娱乐性已完全消弭而走向超现世境界，变成一种"美的宗教"，其哲学基础来源于中国禅宗的"本来无一物""无一物中无尽藏"的思想；茶道之美，也就是在否定世俗美之后而产生的"无一物"的美。乐窑茶碗正是这种美的体现。

千利休之后，日本茶道形成了多个流派。由于各自追求不同，茶会规则、茶室环境（图27）、烹点技法以及茶碗选择等方面也都存在差异。千利休创制的乐窑茶碗依然保持着自己内向谦和的姿态；而代表武士风度与情趣的织部茶碗则表现出自由豪放的气派（织部即被称为千利休七大弟子之一的古田织部，其人身为武士。图28、图29）。然无论何种风格的茶碗，都要求由手工精制而成，必须具有艺术观赏价值，而且不允许仿造，每一只都是独一无二的"这一个"。

再看中国方面。当崇尚宋朝文物之风还在日本盛行之时，黑瓷茶盏在中国已逐渐消没。其实，如前所言，宋代饮茶，也不独使用黑盏，而是根据茶品茶色的不同选择使用釉色相宜的茶盏。因此，白瓷、青瓷等茶盏在那时同样流行，只是建窑黑盏更受"斗试家"钟爱。黑盏失宠，原因不在茶道礼仪和审美情趣，而是饮茶方式的改变。中国的饮茶法自元明以来有了很大变化，原本只供民间饮用的散茶（即草茶、江茶，此为现代散茶之前身），经长期采选优化，质量和档次不断提高，以真味真色逐渐取代了饼茶。最初还是煮叶，明中期后则直接冲泡芽茶。这就使得黑盏被"洁白如玉，可试茶色"的白瓷小杯所取代。明万历时刊印的许次纾《茶疏》中说：

图 28　黑织部茶碗　日本梅泽纪念馆藏

图 29　黑织部茶碗　日本根津美术馆藏

"茶瓯古取建窑兔毛花者,亦斗碾茶用之宜耳。其在今日,纯白为佳,兼贵于小。定窑最贵,不易得矣。宣、成、嘉靖,俱有名窑,近日仿造,间亦可用。次用真正回青,必拣圆整,勿用啙窊。"("瓯注"条)对于宋人爱慕的建盏,明代茶人和鉴赏家已感生疏,甚至是鄙弃了。谢肇淛《五杂俎》有论:"蔡君谟云,'茶色白,故宜于黑盏,以建安所造者为上'。此说余殊不解,茶色自宜带绿,岂有纯白者?即以白茶注之黑盏,亦浑然一色耳,何由辨其浓淡?今景德镇所造小坛盏,仿大醮坛为之者,白而坚厚,最宜注茶。建安黑窑间有藏者,时作红碧色,但免俗尔,未当于用也。"(卷十二,物部四)明初曹昭《格古要论》则称建盏"体极厚,俗甚"("古建窑"条),田艺蘅《留青日札》更判定"建安乌泥窑品最下"(卷六,龙泉窑)。仅百年光景,风雅已被雨打风吹去矣。

有学者推测,日本现存的高品质的建盏,应是在中国放弃使用建盏饮茶之后输入的。譬如前面已介绍的曜变天目与油滴天目等建盏,原本可能为中国宫廷之物,只因饮茶法变化才无人问津而流出宫外,从而被日本商人收购,作为"古董"运回国内高价贩卖。其时日本饮茶深受中国影响,建盏人气正高。其实,即使是在日本茶道定型之后,因其守持成规,一直饮末茶,建盏等中国茶盏也并未完全放弃使用。日本学者注意到,约从十四世纪后半叶开始,福建一处长期仿烧建盏的窑口——茶洋窑,又重新烧造黑盏,作为建盏的"复古品"销往日本。据日本文献记载,这种被称为"灰被天目"(因其釉层较薄、釉色较浅)的黑盏甚至比建盏更受重视(图30)。此外,在日本传世的中国元明时代的茶盏中,除福建等南方地区制品外,还可见到北方磁州窑制品,如东京根津美术馆、五岛美术馆等公私机构收藏的明代磁州窑梅花点纹盏(图31)等。梅花纹在日本被视作"天满天神"(掌管学问之神)的徽章。梅花点纹盏

图 30　黑釉盏（灰被天目）　日本 MOA 美术馆藏　　　图 31　磁州窑梅花点纹盏　日本根津美术馆藏

多用于仲夏举办的"天神祭"茶会。五岛美术馆收藏的那件黑地白梅花点纹盏，匣上"高丽梅纹"四字，由江户前期自立一派的著名茶人小堀远州亲笔题写，说明它在当时很受重视，只是可能误作了高丽制品。而这种或出自明末磁州彭城窑的茶盏在中国却较少发现，应是主要面向日本市场生产的。

　　对待茶及茶具，中日两国由于历史背景、文化传统的差异而有着不同的理解和态度。中国是茶的原产地（据传三千多年前的周朝，巴蜀已辟有茶园），且因幅员辽阔，地域自然条件不同，茶的品种极为丰富，调制方法也多种多样。饮茶在中国，起源于药用和养生，而后逐渐成为世俗生活的一部分。自宋元以来，茶已被认为是人们日常生活的"七件事"之一，元曲中常说的"清晨开门七件事，柴米油盐酱醋茶"。中国人以实际的态度对待茶，从不墨守成规。清初文人张潮在为冒襄《岕茶汇钞》一书所作的序中，谈到古时的制茶法："然有所不可解者，不在今之茶，而在古之茶也。古人屑茶为末，蒸而范之以饼，已失其本来之味矣。至于烹也，又复点之以盐，亦何鄙俗乃尔耶？夫茶之妙在香，苟制而为饼，其香定不复存。"中国人更看重的是茶的本身，亦即造茶、藏茶、泡茶的技巧以及选用"可试茶色"的茶具等。这也正如明人张源《茶录》所道："造时精，藏时燥，泡时洁。精、燥、洁，茶道尽矣。"因此，唐宋时已形成体系的茶艺和茶事始终未能进入形而上——"道"的层次，而是越来越注重实际，贴近生活。茶就是茶，简简单单，实实在在。从这个意义上说，明中期后兴起的清饮之法，还茶之"真香灵味"，普惠于民众，何尝不是对中国茶文化的又一次大的提升（之前茶史上的一大进步是宋代文人更多地以点茶替代煎茶，而其推力也是人们对茶之"真香灵味"的追求）。再看日本。日本原本不产茶，十二世纪末才从中国大批引入茶籽种植（先前也有少量种植）。由于气候原因（海洋性气候，多雨），所产茶叶只适于制成绿茶，调制方法及口味相对单一，因此日本茶人也就更重视饮茶的艺术品位和精神取向。时至今日，在日本的茶会上，茶人们关心的也往往只是茶汤的冷热，或是茶的雅号和出产商，而对茶的内在品质（色、香、味）则毫不在意。日本茶人对待茶具也同样偏重于鉴赏而非实用。超越现世，意不在茶，"游戏"于社会生活之外，这就是日本茶道的本质所在，也是它与中国茶文化的一个根本区别所在。

  对于晚近中国的饮茶风习，日本有人似乎不以为然。一位明治时期热衷于向西方世界宣扬东方文明的著名诗人和思想家冈仓天心在他那本影响甚巨的《茶之书》（另有中译本《说茶》）中认为：

> 不幸的是，蒙古部族的势力于十三世纪时突然扩张，一举征服了中国。在该次异族统治的蹂躏之下，宋代文化的成果全被破坏一空。汉族正统的明朝，虽然于十五世纪起义时打着复兴中华的旗号，却深为内政问题所苦，中国也于十七世

纪再度落入外族满人之手。在这段期间,昔日的仪礼与习俗纷纷消失殆尽。……对晚近的中国人来说,喝茶不过是喝个味道,与任何特定的人生理念并无关联。国家长久以来的苦难,已经夺走了他们探索生命意义的热情。他们慢慢变得像是现代人了,也就是说,变得既苍老又实际了。那让诗人与古人永葆青春与活力的童真,再也不是中国人托付心灵之所在。……经常地,他们手上那杯茶,依旧美妙地散发出花一般的香气,然而杯中再也不见唐时的浪漫,或宋时的仪礼了。

冈仓的批评自是善意的,也有中肯的一面,只是可能"意不在茶"。这位诗人年轻时(一八九三)曾游历过北京、洛阳、西安等几个中国古都,留下"除却英雄美人墓,中原毕竟是荒原"的诗句。这句诗与他上面的批评完全是一个意思。在他那里,茶是文明礼仪,是人生理念,是生命意义,是"东方理想",却偏偏不是饮料;他的批评也显得微言大义振聋发聩,可就是有些偏离目标——离中国人手上的"那杯茶"远了点。我们说,唐之浪漫、宋之礼仪的消亡,很难说是中国茶文化的终结。饮茶的简淡,在不少中国人看来,可能更有真义存焉。这个真义,大概也就是苦茶庵老人周作人一语道出的。他说:"喝茶当于瓦屋纸窗之下,清泉绿茶,用素雅的陶瓷茶具,同二三人共饮,得半日之闲,可抵十年的尘梦。"(《喝茶》)其实,若论饮茶的精微、优雅和浪漫,这个传统在蒙元之后的中国也并没有完全澌灭。明清时期的"文士茶"(茶与琴棋书画以及清赏雅集活动融为一体)和"功夫茶"等,都含有某些唐宋茶艺的元素,而且它们对后来日本煎茶文化的形成及其"道"化也曾产生过不小影响。至于上引知堂所言,却是一种别样的优雅了。《茶经》云"茶性俭,不宜广","茶之为用,味至寒;为饮,最宜精行俭德之人"。如

果说中国茶文化中还含有某些"道"的成分,那么合乎儒家道德规范的"精行俭德"无疑是其核心所在了。"俭"就是节用,就是淡泊、简约、温和、谦恭。瓦屋纸窗,清泉绿茶,素陶茶具,二三知己,半日之闲,竟喝出一种逍遥于十年尘梦的境界,此亦进乎"道"矣(图32)。只是,日本人对此恐难真切体会,就像对日本的茶道,中国人也不易深入理解一样。都说中、日同文同种,文化的血缘关系密切,其实从深

图32 文徵明《品茶图》局部 台北故宫博物院藏

层次上看，两国文化的差距和隔膜还是很明显的，特别在文化的某些核心处和精微处，更是如此。

冈仓的批评，也让我想起鲁迅先生的一段话："日本国民性，的确很好，但最大的天惠，是未受蒙古之侵入；我们生于大陆，早营农业，遂历受游牧民族之害，历史上满是血痕，却竟支撑以至今日，其实是伟大的。"(《致尤炳圻》)

由茶盏这样一个小题目，不意竟引出一个历史大话题。离题已远，赶紧打住。

二〇一二年五月

参考书目：凌志达《我国古代黑釉瓷的初步研究》，见《中国古陶瓷论文集》，文物出版社一九八二年；叶喆民编著《中国古陶瓷科学浅说》，轻工业出版社一九八二年；曾凡《建窑考古新发现及相关问题研究》，《文物》一九九六年第八期；李家治主编《中国科学技术史·陶瓷卷》，科学出版社一九九八年；李达《建盏鉴赏》，《收藏家》二〇〇七年第四期；滕军《日本茶道文化概论》，东方出版社一九九四年；滕军《中日茶文化交流史》，人民出版社二〇〇四年；孙机《中国茶文化与日本茶道》，见《中国圣火》，辽宁教育出版社一九九六年；扬之水《两宋之煎茶》，见《古诗文名物新证（二）》，紫禁城出版社二〇〇四年；冈仓天心《茶之书》，山东画报出版社二〇一〇年；深圳博物馆等编《禅风与儒韵——宋元时代的吉州窑瓷器》(郭学雷、黄阳兴论文)，文物出版社二〇一二年；深圳博物馆等编《中国古代黑釉瓷器暨吉州窑国际学术研讨会论文集》(森达也、出川哲朗、小林仁、袁泉等有关各篇)，会议资料，二〇一二年。

"窑变"与钧瓷之美

所谓窑变，一般是指瓷器在高温烧成过程中釉色发生特殊变化的现象。由于最初非有意为之，人们对此不能作出科学的解释，所以这类瓷器往往被视为怪异不祥之物而毁之。南宋周煇《清波杂志》记："饶州景德镇，陶器所自出，于大观间窑变，色红如朱砂，谓荧惑躔度临照而然，物反常为妖，窑户亟碎之。"明清笔记中，也有一些对窑变（或曰"曜变"）传闻的记载。如提到官、哥二窑及吉州窑等窑变瓷器，"有同是质而遂成异质，有同是色而特为异色者"；有的状类蝴蝶、禽、鱼、麟、豹、鹿、象等；有的则"入窑变成玉"。至于窑变现象发生的原因，不得其解，只简单归之于"造化之责"。不过，因窑变时有发生，人们渐渐习以为常，不再像过去那样觉得可怕了。明人何孟春《余冬续录摘抄内外篇》（卷四）记："民间烧瓷，旧闻有一二变者，大者毁之，盏罂小者藏去，鬻诸富室，价与金玉等。"清人朱彝尊在专门记述北京史迹掌故的《日下旧闻》中，提到明神宗时太后供奉"窑变观音"一则旧闻。这尊瓷观音为景德镇窑烧造，"窑中器化一庄严法像，绿衣披体，晏坐支颐，两膝低昂，左偃右植，手轮梵字，篆法宛然，献之阙下。懿旨命供于报国寺内，俾都人咸知敬礼"。

钧瓷窑变历来为人津津乐道。金元以来的窑变紫红釉钧瓷，可说已是人们有意识追求的产物了。其釉色或浓或淡，色斑或聚或散，五彩交融，变幻多端。明清文献中出现的窑变釉色主要有：玫瑰紫、海棠红、茄皮紫、胭脂斑、朱砂红、猪肝红、鸡血红、驴肝与马肺混色、深紫、葱翠青（鹦哥绿）、米黄、墨绿等。明张应文《清秘藏》说："均州窑，红若胭脂者为最，青若葱翠，紫若墨色者次之……"古代钧瓷的釉色，大体可分为蓝、紫两类。蓝釉钧瓷多见单色釉制品，釉色有所谓天青、天蓝和月白等，也有蓝釉上饰紫红斑的品种（图1—图4）；紫釉钧瓷以所谓"官钧"为代表，玫瑰紫、海棠红等窑变色釉，蓝紫交融，汗漫晕散，极为绚丽（图5—图8）。所有钧釉均呈现出强弱不一的乳光（蓝色散射光）。研究结果表明，钧釉属于高硅低铝富磷玻璃相的石灰碱釉，由于磷酸在釉中极不容易溶解，促使其发生液相分离；不相混溶的多种玻璃相和气泡所引起的漫反射和折射，导致了釉的乳光效果（图9）。钧瓷的窑变现象，也就是釉的乳光层液相结构的不均匀性在视觉上的反映。

五彩斑斓的窑变釉色是怎样产生出来的呢？从陶瓷工艺学的角度讲，在釉料里若是加入某种氧化金属，经过特定条件的焙烧之后，釉面就会呈现某种固有色彩。如加入一定量的氧化铁的色釉，经过氧化焰—还原焰便会呈现不同程度的青色；若是把氧化铜加入釉内，就可得到红色釉。钧窑就是利用铜、铁等氧化金属呈色的不同特点，掌握窑变规律，烧出多种釉色的。它的红色是由于氧化铜还原成红色胶体铜粒子散布

图1　钧瓷天蓝釉渣斗式花盆　台北故宫博物院藏

图2　钧瓷天青釉紫斑碗　日本松冈美术馆藏

图3　钧瓷天青釉紫斑折沿盘　瑞士鲍尔旧藏

图4　钧瓷天青釉紫斑盘　香港徐展堂旧藏

图 5　钧瓷天蓝葡萄紫釉菱花口盆托
台北故宫博物院藏

图 6　钧瓷天蓝玫瑰紫釉渣斗式花盆（口残）
台北故宫博物院藏

图 7　钧瓷丁香紫釉出戟尊　台北故宫博物院藏

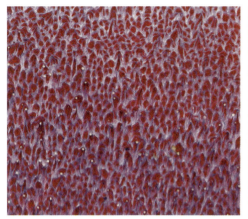 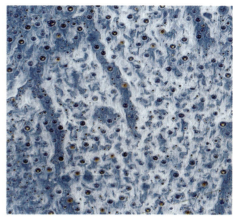

图 8　丁香紫釉　　　　　　　　　　　　　　图 9　釉中气泡

在釉中所致,紫色则是由红釉与青釉相熔合而成。根据钧瓷老艺人的说法,其传统工艺流程大体是这样的:先将铜片(亦可用古代铜钱)煅淬,刮取已氧化了的碎片,再研成细末,使用时将少许釉浆与其调和(氧化铜含量约为 0.5%—0.9%),涂以坯面,挂釉后于还原气氛中焙烧。也有采用分层挂釉的方法,即先在坯面上施一层青釉(底釉),再挂一层含有铜的釉(面釉),使之在烧成时产生交叉浑融的效果。红紫斑(即青釉点斑)品种,则是先将含有铜的釉,采用点、画或涂抹等手法施于器物坯体局部,然后再挂青釉焙烧。

钧瓷窑变现象与乳光效果的产生,与烧成温度、气氛和冷却速率等因素有密切关系。实践证明,同一种钧釉在低温慢速情况下烧成,呈青蓝色率高,并产生柔润如玉的光泽;如在高温快速条件下烧成,则成品光亮,紫红色率提高。古代钧瓷的烧成,

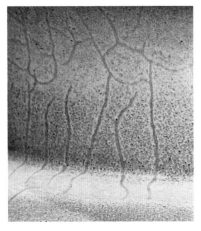

图 10　蚯蚓走泥纹

是在较低温度条件下（1260℃±20℃）采用延长烧成时间的工艺措施完成的。而钧釉液相分离正好易于在 1200℃ 上下冷却过程中发生，这样就形成了它特有的乳光效果。

窑变现象与乳光效果，是钧瓷的两个基本特征。为鉴赏家所称道的还有钧瓷的蚯蚓走泥纹（釉内出现的不规则流动状的细线，系胎、釉在烧成过程中膨胀和收缩系数不同所致。今有人以人工方法刻意仿之，尽失天然之趣，殊不值一顾耳）、兔毫、拉丝（一般较兔毫粗疏）、蟹爪和金斑（黄色结晶，即釉中钛元素之呈色）等。特别是蚯蚓走泥纹，属钧瓷独有（图 10）。钧瓷这种失透性强，富有美妙质地效果的乳光釉与窑变色釉有机地结合在一起，自然具有耐人寻味的美感。古人云"繁采寡情，味之必厌"（《文心雕龙·情采》），这指的虽是文学，但对于古陶瓷鉴赏同样适用。

使用氧化铜作为釉的着色剂而烧出红色，这在唐代长沙窑瓷器已见端倪。我们说任何事物都不会孤立存在，一个陶瓷品种既不能凭空产生，也不会忽然绝踪。在钧窑之后，铜红釉工艺又被景德镇窑所继承，烧出釉里红、祭红、郎窑红、豇豆红等著名品种，亦是合乎事物发展规律的。

钧窑窑变色釉以紫红色为主体，但在烧成过程中，铜的呈色极不稳定，即使烧成温度、气氛和冷却速率控制得很好，也会由于窑位、燃料甚至季节、气候等因素的影响，不能保证所有产品都达到最佳效果。所以钧瓷烧造颇为不易，正如钧瓷产地流传至今的民谣所言："窑工穷，烧钧红，十窑九不成。"窑变，使钧瓷的烧造变得既复杂而又简单。钧瓷讲究"土细、料细、坯干、窑干"；采用二次烧成工艺，即先素烧，再上釉复烧成器。而当一只只颇费工力的器坯涂上釉汁被码进炉膛，成败就都因了这诡谲的窑变。

当然，窑变也并非"火之幻化，理不可晓"，人们通过实践，总是可以摸索到一定规律；现代科技更不难揭示它的奥秘。问题在于，科技追求的是规范，而钧瓷追求的是美，是艺术；符合科技要求的"完美之作"，艺术上可能并不足取，而艺术成功之处，可能正是技术上的缺陷。如从科技要求来看，完美的瓷器应是色面均匀，光泽度好，而钧瓷要求的却是色彩变化的节奏与韵律，是釉面的精光内蕴以及丰富美妙的肌理效果。这可以通过对古代钧瓷（主要指"早期钧瓷"和"官钧"）与其仿品的比较来说明。今天的仿钧制品，由于多数以化学色料配釉或直接以化工厂家配好的所谓合成色料入釉，改用"气窑"（以液化石油气为燃料的窑炉），在高温快速条件下焙烧，窑温与气氛稳定，因而釉面光亮，色彩艳丽，"成品"率大为提高。从技术角度来看，现代仿品可说是较好地掌握了窑变色釉的烧成规律；再如清雍正年间景德镇的仿钧制品，其釉面平整且具玻璃质光泽，不见开片和釉汁垂流之弊（图 11；另参见页 203 图 22）。《匋雅》有云："雍正仿钧之品，紫色较褪而晕成一片，细若犀尘，瓷质清刚，雅非后来所能及。"而古代钧瓷由于配料欠精细等原因，釉面上往往出现棕眼、针孔或气泡，而且由于釉中混有其他氧化物而影响了色调的纯正。以科技标准衡量，雍正仿品以及现代仿品在瓷质和

图11　雍正御窑厂仿钧瓷盆托　故宫博物院藏

工艺上无疑优于古代钧瓷。但如果从艺术鉴赏的角度看，带有"缺陷"的古代钧瓷更富有韵味与意趣，而"完美"的雍正仿品和现代仿品则不免显得"繁采寡情，味之必厌"了（今天的钧瓷艺人嫌其"穷气"）。科技与艺术的标准难以统一，因而窑变也就始终处于"经验"的层次上，罩着一层神秘色彩。二十世纪七十年代，著名数学家华罗庚的"优选法"风行全国。据说，华罗庚的小分队来钧瓷产地河南禹州神垕镇推广"优选法"，拿这个窑变也无可奈何。富有魅力的事物总是具有某种神秘性的；一切工艺技术都是从限制中见自由。对于钧瓷的烧造而言，这个"限制"就来自钧瓷自身的特性。任何新技术新工艺的开发利用，都应在不改变钧瓷基本特性和固有美感的前提下进行。这也是衡量一切新技术新工艺是否有益的唯一标准。今天神垕镇的业内精英，特别是一些老艺人，常常为烧不出"宋钧"效果的钧瓷而苦恼。他们认为，钧瓷之美，美就美在釉质的润泽如玉、釉色的丰富多变，美在自然天成，每一件都不可复制，无以匹比，而如果一切都可以人为掌控，像生产现代商品瓷那样生产钧瓷，那么也就没有钧瓷艺术了。可见，他们眼中的钧瓷是既具体又抽象，既普通又神奇，既可亲近又难以捉摸的，这些神垕人是真正懂得钧瓷的。在他们对钧瓷艺术的理解和追求中，其实也包含了深刻的中国传统造物思想。

成书于春秋末年的《考工记》认为，要想造出精良的器物，须"天有时，地有气，材有美，工有巧"。这里所说的"天时""地气"，是指制约造物活动的自然因素，它们与"材美""工巧"的关系是对立的统一；人在造物活动中，除了要具备高超的技术和选取好的适用的材料外，还必须应天之时运，承地之气养。明代科学家宋应星在《天工开物》中也表达了同样的造物思想。他认为："天覆地载，物数号万，而事亦因之，曲成而不遗，岂人力也哉。"其大意是说，天地之间，数以万计的事物，通过各种变化而形成完美无缺的世界，这恐怕不全是人力所能办到的。许多自然物通过人工作用后，又产生难以数计的、自然界本身没有的物。这天地间众多的物，"或假人力，或由天造"。人不能从外界干涉或代替自然界的行为，而只能顺应其固有规律，使天工与人工相协调，从而达到"人间巧艺夺天工"之妙境。

中国古代的造物思想，要而论之，就是认为万物皆有灵性，主张人与自然的融合统一，既改造自然又适应自然；在造物活动中，不是把人摆在与自然对象极端对立的位置，离自然越来越远，也不是企图驾驭自然，而是"善待"自然，顺应自然，用今天的话说，就是对自然要怀有一份敬畏。这种造物思想与道家的"虽由人作，宛自天开""既雕既琢，复归于朴"的审美观是相通的。而我们不难察觉，钧瓷的旨趣中也显然包含了道家的审美观念。

唐宋以来的瓷器，除钧瓷外，还有不少名品，如邢窑、定窑白瓷，越窑秘色，汝窑天青，耀州窑刻花，景德镇"影青"，龙泉青瓷等，然而在历史上绵延不断、生命力最强的，还当属钧瓷。从最早一色纯净的"宋钧"，到后来五彩斑斓的"官钧"；从晚清民国以来的"卢钧"，到今天琳琅满目的各色新品种，钧瓷薪火相传、代代不绝。这当然是值得额手称庆的。只是，作为传统工艺品，时下的钧瓷生产却也堪忧。现代科技在提高工效与产量的同时，却也隔离了人与自然，削弱了人与物的关系；新技术新工艺的过度开发利用，已在很大程度上改变了钧瓷的基本特性和固有美感，使之流于普通的现代工艺品。这个情况提醒我们，薪传当秉承真火，对传统工艺的继承，要在理解和尊重的前提下进行；过分依赖新技术新工艺，可能带来灾难性后果。

二〇〇八年十月

参考书目：刘凯民《钧釉系釉的研究》,《山东陶瓷》一九八一年第一期；杨文宪、汪玉玺《从化学组成看铜红釉与古钧釉》,见中国科学院上海硅酸盐研究所编《中国古陶瓷研究》,科学出版社一九八七年；《宋代钧窑瓷釉》,见中国科学院上海硅酸盐研究所编《中国古陶瓷研究》,科学出版社一九八七年。

三只眼睛看古瓷：答《三联生活周刊》贾冬婷

贾冬婷：我们谈论"瓷之美"这个话题，有三个基本问题想请教一下。首先，如何欣赏一件古瓷？请您从瓷器工艺及其相关的历史文化、艺术考古等方面作一解答。

刘涛：欣赏古瓷，不同时代的瓷器有不同的看点，比如唐瓷看形，宋瓷看釉；元青花看画，明清青花看染。这个鉴赏要诀是已故著名古陶瓷学者刘新园先生总结出来的。隋唐瓷器多仿西域金属器、玻璃器等，不少器物又融入中国元素，胡风汉韵，呈现出一种独特美感（图1、图2）。宋代是制瓷业大发展、大繁荣时期，瓷器品种丰富、花样繁多，在传统的青瓷、白瓷和黑釉瓷的基础上，又出现了南方青白瓷、汝窑天青、耀州窑橄榄青以及南宋官窑、龙泉窑的粉青之类厚釉青瓷等（图3、图4）。宋瓷不仅重视釉色之美，更追求釉的质地之

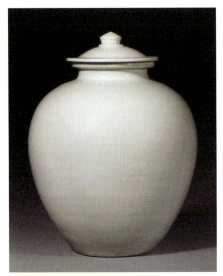

图 1　唐邢窑"盈"款白瓷罐
美国朗斯多夫藏

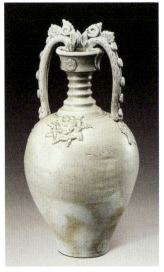

图 2　唐白瓷贴花双龙柄瓶
深圳望野博物馆藏

图 3　北宋汝窑天青釉碗　大英博物馆藏

美。如黑釉瓷器已不再像过去那般单调，出现了兔毫、油滴、木叶、酱斑、玳瑁等富有美妙花纹和丰富质感的品种。元代青花瓷的最大成就在于它的绘画装饰。绘画题材和样稿有的直接取自当时的戏曲版画，画技也很高，已完全可与纸本绘画媲美（图5、图6）。明清青花借鉴国画渲染技法，以达到"墨分五色"的效果，画面更富有层次和立体感（图7）。

  刘新园先生总结的这几大看点，可说抓住了某些朝代和某些瓷器品种最突出的工艺美感特征，对于我们认识和鉴赏古瓷有很大帮助。当然，古瓷的看点还远不止这些，比如宋金时期磁州窑类型瓷器的"化妆土艺术"和清代的粉彩等，也是能够代表时代风格的瓷器品种或工艺现象。磁州窑类型瓷器由于制瓷原料品质不高、胎质粗劣，为改善其外观，制瓷时往往在已成型的器坯上敷一层质地细腻的泥料，也就是化妆土，进而用剔、刻、划、镶嵌、彩绘等技法施加装饰，主要品种有剔刻花、珍珠地划花、白地黑花和红绿彩等。化妆土对装饰形式和美感往往有着直接的决定作用。像剔刻花装饰，往往就是利用化妆土和坯胎烧成后质地与颜色的不同，使花纹凸显出来（图8）；白地黑花装饰则需要在未干燥的化妆土上进行，这就如同在宣纸上作画，所以才会有纸本水墨的效果（图9）。可以说，没有化妆土，也就没有磁州窑风格的艺术。粉彩约出现于康熙晚期，是在五彩的基础上，受珐琅彩的直接影响而创制的釉上彩品种。它的色彩较五彩更为丰富和艳丽，而且由于改变了五彩单线平涂的画法，采用渲染没骨技艺，画面也更具纸本绘画的效果。这样，粉彩很快就取代了五彩、珐琅彩的地位，成为釉上彩瓷的主流。景德镇釉上彩绘瓷器的装饰风格也为之一变，即由过去的浑厚刚健衍变为纤细柔丽。这一风格在雍正、乾隆制品上表现得淋漓尽致，并化作一种工艺传统或审美定式，影响到近世直至今天。

图 4　南宋龙泉窑粉青釉长颈瓶
　　　遂宁窖藏出土

图 5　元青花《萧何月下追韩信图》梅瓶
　　　南京市博物馆藏

图 6　元青花《昭君出塞图》罐
　　　日本东京出光美术馆藏

图 7　清康熙青花《竹林七贤图》笔筒
　　　故宫博物院藏

我们欣赏古瓷，可能还需要多方面的修养。瓷器是人的智慧与美感的结晶，古瓷里面更含有丰富的历史文化信息，因此你要欣赏它就要懂得它，知美才会好美、乐美。在这里，"知美"至少包括两个层面：一是古瓷产生的历史土壤。比如宋瓷的简素清秀和它雅俗共赏的美感特征的形成，离不开具体的时代环境。宋代经济繁荣却国势虚弱，为收复藩镇，应付边患，自立国之初起朝廷就不断推行抑制奢侈消费的政策法令，国家财政和官营手工业向

图8　金当阳峪窑白地剔刻卷草纹罐
日本东京根津美术馆藏

图9　金白地黑花花鸟图枕（残）　左：扒村窑　右：窑沟窑　郑州大拙空间藏

国防兵备方面倾斜，这样也就在很大程度上制约了宫廷消费品生产的专断以及由此滋生的奢靡之风。而当时常常左右和引领社会消费时尚的却是民间手工业以及文人士大夫阶层。宋代社会呈现浓厚的多元化色彩，宋型文化的一大特点就是"雅俗兼资、新旧参列"，这个特点也以美的形式体现在了瓷器上。二是与古瓷相关的考古发现与研究。这个也很重要，还以宋瓷为例：今天许多人提起宋瓷，必称"五大名窑"，也就是定、汝、官、哥、钧五大所谓宋代的名窑，好像这已成为常识。然而，从考古学的角度观察，这个常识却是靠不住的，如今古陶瓷学界已基本摒弃了"五大名窑"这个概念。"五大名窑"中，哥窑的产地和年代还没有最后定论。根据新的考古发现和研究，像清宫旧藏的那些传世哥窑瓷器来源较复杂，其中可能混有一些南宋老虎洞官窑制品，而更多的则恐怕是老虎洞窑入元后的制品。哥窑问题虽扑朔迷离，有一点却是今天多数学者都认同的，即典型的传世哥窑瓷器大都属元代制品。钧窑又可分为"民钧"和"官钧"，传统观点认为它们的创烧年代都是北宋，而根据我们的最新研究，"民钧"可能是在汝窑御用青瓷影响下逐渐形成的一个品种，它的前期历史与汝窑厮混不清。其实，明清以来，钧瓷在一些精于鉴赏的文人眼里还属于汝瓷一类，如明末清初著名学者方以智在《物理小识》中说："钧州五色，皆汝之类也。"日本人尾崎洵盛在一九三七年的著述中还认为：汝窑衰落，钧窑渐盛，二窑属同类，不过初以汝，后以钧名之。钧瓷最终形成自己独特的工艺面貌并趋于流行，这个时间应在金晚期。而作为钧瓷代表性产品的"官钧"，年代更可排除在宋金之外。有学者提出"永宣说"，即认为"官钧"的烧造年代在明代的永乐、宣德之际。这虽然不一定就是最终的结论，却是当下最前沿也最被学界认可的研究成果了。如今国内外各大拍卖公司拍卖的"官钧"瓷器，年代都由过去的"北宋"改为"明初"或"元末明初"了。对新的研究成果，一些具有现代经营理念的商家往往更敏感，在接受和传播方面也更自觉和主动。"五大名窑"中有两大都存在问题和争议，这个常识显然是靠不住的。如果不了解这些新的考古和研究成果，那就很容易被误导。多闻阙疑，慎思明辨，这样才会得到可靠的知识。

此外，我们还要具备一点制瓷工艺特别是艺术审美方面的知识与修养。在古瓷审美方面，我们会看到一个很有意味的现象，明清瓷虽然更为精细艳丽，甚而技高一筹，但获得的声誉却明显不如宋瓷。这是因为，人们品评古瓷，不是从工艺角度去衡量高低，更不是以技术指标去甄别优劣，而是以美为尺度的。在中国美学史上，宋瓷所代表的芙蓉出水的美与明清瓷所代表的错彩镂金的美，有着境界高低的不同。芙蓉出水的美更合乎儒家教义与理想，不仅具有审美的价值，而且还具有伦理道德的价值，因而比之于错彩镂金的美，是一种更高的美的境界。当然也要看到，这两种美感的关系也绝非尖锐对立、水火不容，而是一直互为周济与参融的，这样即使是在错彩镂金的形式中，也同样可以透出高雅的境界。如果以为"错彩镂金"就一定浅俗，那实在是一种误解或一种片面理解。比如清代中前期的某些五彩、珐琅彩和粉彩等官窑瓷器，顺合清初"归雅"之审美风尚，就具有清真雅正之美。这样以艺术和美学的眼光来欣赏古瓷，自然会给我们带来不一样的认知和感受。

历史、考古和艺术，这就是我所说的三只眼睛。历史与考古的价值在于求真，而艺术的价值在于求美，三者不可偏废。

贾冬婷：在中国古代，人们很喜欢用美玉来比喻瓷器的釉色。如唐代"茶圣"陆羽在《茶经》中说"邢窑类银，越窑类玉"，他故而认为"邢不如越"。明代科学家宋应星在《天工开物》中认为"陶成雅器,有素肌玉骨之象"。宋代的青白瓷更有"饶玉"和"假玉器"之称。那么请问,"类玉"可否理解为中国古代瓷器的一种自觉追求、一种独特的工艺文化现象?

刘涛: 是的,中国古人总喜欢把"类玉"作为衡量瓷器优劣的标准。我们知道,在中国古代,玉与礼制文化、精神文化有着密切关系,玉的物理特性成为判断一切美的价值标准,如人们对各种艺术、工艺乃至人的道德修养的见解和评价,都以美玉作为价值取向。有人说中国的一切艺术都趋于美玉,这话很有道理。就瓷器而言,从隋唐到宋元,是青瓷和白瓷的兴盛时期。越窑秘色、邢窑透光白瓷、景德镇青白瓷、南宋官窑和龙泉窑的厚釉青瓷等,都突出表现了对美玉色泽和质地的追求。文献记载,汝窑以"玛瑙入釉",其目的想必也是为了获得美玉的效果。汝瓷的釉,呈一种淡淡的蓝色,釉层比较薄,质地又很细腻,不是那种透明釉而是乳浊釉,所以能显出一种有内蕴的玉质感。不过,"玛瑙入釉"如今已被神化了,有些专家的解释容易给人一种错觉,好像釉中只有加入玛瑙,才会烧出富有玉质感的瓷器。其实,玛瑙就是纯粹的二氧化硅,同石英的成分相似。以玛瑙入釉是完全可能的,但这样并不会产生什么特殊效果。最早仿汝瓷的朱文立先生告诉我,他最初配釉时也曾用过玛瑙,但很快就放弃了,因为他发现玛瑙完全可用低成本的石英替代,效果是一样的。当然,古人最初的意图,可能就是为了要获得美玉的效果。仿玉使得瓷器更加光洁美观,同时也提升了自身价值。但也要指出,我国古代的瓷器仿玉主要是在釉上下功夫,注重"以釉覆胎"而相对轻视胎的改良。其结果往往是,瓷器虽有玉的光泽,却无玉的致密。即使是供御汝窑瓷器以及一脉相承的南宋官窑瓷器,胎骨也呈不同程度的生烧状态。

就仿玉的整体效果看，宋代景德镇的青白瓷还是较为成功的。拿现代标准来衡量，也只有它接近现代细瓷的标准。

贾冬婷：各个时代的瓷器，都有自己鲜明的风格。比如你认为宋瓷是一种芙蓉出水的美，明清彩瓷则是一种错彩镂金的美。而这两种美感，都集中体现了当时上层文化和精英文化的特点。我的最后一个问题是，文人的趣味与理想、帝王意志如何影响一个时代的瓷器风格？请以宋代为背景，以宋徽宗为例谈谈这个问题。

刘涛：前面已谈到，宋代的文人士大夫阶层常常引领社会消费时尚。宋代推行文治之国策，文化昌明，从而产生了中国历史上一个最有文化修养、最富生活情趣的文人士大夫群体。宋代又是一个世俗生活精致化的时代，崇古之风盛行，文人士大夫所关怀的寻常事物中也浸入古人的风雅与情致，而这一切都深刻地影响到工艺产品的美感形态。如官窑、贡器及其他制作考究的青瓷、白瓷等，主要靠釉色取胜，追摹青铜器、银器、漆器、玉器和玻璃器的形制、颜色及质感。即使是热衷于装饰的普通民用瓷，受时风左右也表现出一种美而不艳、华而不靡的美感。这种由文人引领文化消费时尚的风气，在明代还曾出现过。晚明文人推崇"精工之极，又有士气"的美，也就是"精工而雅"的美，境界也很高。宋元的名窑瓷器真正成为古董雅器而进入中国人的审美意识和"美的生活"，实际上是从明代才开始的。当然，这些登堂入室的宋元名瓷也要符合"精工而雅"的标准。从《长物志》等晚明文人著述看，当时文人书房中的古瓷多为官窑、哥窑、定窑和龙泉窑制品等，其他的或未入鉴藏，或为朝堂君臣据有而不易得，如汝窑瓷器。

从文献上看，两宋历朝皇室大都比较节俭。约在神宗年间，宫廷所用的部分祭器已由过去的金器和铜器改用陶瓷器了。至少哲宗时，宫中瓷器的使用又推广到日常生活，哲宗本人"饮食皆陶器而已""一应华巧奢丽之物不得至于上前"。文献中还记有仁宗怒砸定州红瓷器的故事，是说一次仁宗到他的宠妃张贵妃住处，见到一件在当时比较珍稀的"定州红瓷器"，而当得知这件瓷器为臣僚所送时，仁宗一怒之下将其砸碎。这个故事其实反映的也是仁宗对"奢丽之物"的排斥。徽宗虽为风雅天子（图10），又热衷搞形象工程，如兴建明堂、艮岳等，汝窑御用瓷器的烧造也主要在他统治时期，但我们还没有发现他直接干预瓷器烧造的证据。今天有个说法很流行：徽宗笃信道教，道家尚青，所以汝窑烧造御用瓷器请示釉色时，

图10　宋徽宗像　台北故宫博物院藏

徽宗就指定了青色，也就是"天青"。这个说法显然是从所谓"雨过天青云破处，这般颜色作将来"的柴窑传说敷衍而来的。还有个说法，徽宗沉迷道术，由于相信命中带火，喜阴不喜阳，在瓷器的选择上可能就偏爱于"火气"不大、釉色不那么明亮的汝瓷。这些说法当然都有道理，只是恐怕很难证实。其实，从工艺比较的角度看，汝窑的天青釉色更有可能是对进口蓝色玻璃器的模仿。台湾大学的谢明良教授即持这一

观点。唐宋时期优质的玻璃器都是从阿拉伯地区输入的，比较贵重，因而就可能成为瓷器的仿烧对象。汝窑中有种折肩盘口瓶，过去又叫纸槌瓶，据说这种瓶与造纸打浆时所用的槌打工具造型相似，故有其名。有学者考证它是用来盛香水的，在进口的伊斯兰玻璃香水瓶中，就有式样几乎完全相同的（图11—图13）。再者，天青釉也并不是汝窑最早烧出的，早在五代宋初，耀州窑就已烧出这种清淡的釉色了。

不过，无论怎么说，作为御用瓷器，汝窑必定要适合帝王的口味，或者说帝王的意志和喜好对汝瓷美感的形成必然会有直接的影响，这一点是毋庸置疑的。台北故宫博物院藏有一幅《文会图》（图14），为清宫旧藏。该图传为徽宗所作，而今天专家认为，它更可能出自徽宗朝宫廷画师之手。该图描绘了一群文士在宫廷庭园中聚会的

图11　北宋汝窑天青釉纸槌瓶　清凉寺窑址出土　　图12　北宋蓝色刻花玻璃瓶　大中祥符四年（一〇一一）南京长干寺地宫出土　　图13　北宋蓝色玻璃瓶　浙江瑞安慧光塔出土

图 14 北宋赵佶《文会图》 台北故宫博物院藏

情景，画面中心，一张偌大的黑色方桌上摆满水果、点心和成套的碗、碟、注子、盏等，文士们围桌而坐，不远处石桌上有瑶琴一张、香炉一尊、琴谱数页，席前几个童仆正烹茶备酒，台面上也摆有茶盏和酒具，图的右上角是徽宗手书题图诗："儒林华国古今同，吟咏飞毫醒醉中。多士作新知入彀，画图犹喜见文雄。"图的另一侧，是徽宗倚重的辅臣蔡京手书的同韵和诗及徽宗书画题跋常用的押字"天下一人"。蔡京的和诗中，借唐太宗任用十八学士这个著名典故，奉承徽宗在招贤纳士方面已超越了唐太宗。专家认为，此为写实之作，每一位"文雄"都有来历，每一个细节都经得起推敲。我们也注意到了细节刻画的真实性，比如图中那些琳琅满目的各式器具都是高度写实的。如果你面对的是原作或高清图像，那么便会很容易发现，它们多为瓷器；有点古器物知识的朋友，还会判断出这些瓷器均为北宋末年即徽宗时代流行式样，并可根据不同形制与用途，将它们大致分为三类，即属于膳食器的碗、盘，用于饮酒的台盏、注碗、梅瓶，用于喝茶的托盏、茶末罐等。此外，你还会发现，图中的碗、盘多为"釦器"，即以金、银或铜镶装器口的瓷器。"釦器"主要流行于宋代，出土的宋瓷特别是高档瓷器中多有所见。这个发现更说明《文会图》是高度写实的作品，确如专家所言，每个细节都经得起推敲。那么，看得出这些瓷器是何品种，又是哪个窑口烧造的吗？我的同事郭学雷先生认为是汝窑青瓷，我也这么认为。在高清图像中你会看到，它们多呈淡青色调，接近汝窑青瓷釉色，当然也可以说是景德镇青白瓷釉色。但如果再作形制上的比对，我们就会相信，这些瓷器是汝窑专为宫廷烧造的天青釉制品。比如注碗、台盏、梅瓶和作为食器的碗、盘等，都能在传世或出土的汝瓷中见到相同和近似的器物。特别是注碗，注子为塔形器盖，与景德镇青白瓷等相比，形制上更接近于汝窑青瓷（图15、图16）。

图 15 《文会图》器物与出土汝瓷对比

汝瓷浅腹平底盘

汝瓷直口碗

汝瓷台盏一副

"奉华"铭汝瓷浅腹平底盘　台北故宫博物院藏

图 16 《文会图》器物与出土汝瓷对比　　　　汝瓷注壶与壶盖残片

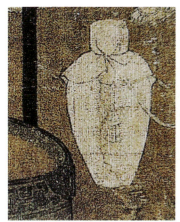 

汝瓷梅瓶　　　　　　　　　　　汝瓷梅瓶与瓶盖残件

这样,从《文会图》中我们看到,徽宗时期宫廷宴席上,瓷器已较多取代了金银器,而瓷器中最为宫廷所重的是汝窑青瓷。《文会图》是一幅有政治寓意的作品,通过文人雅集这一传统题材,表现和赞美徽宗在广纳天下英才方面"跨越先代"的胸襟与气度。因而图中包括汝瓷在内的所有服用器玩都是经过精心选择和设计的,也都具有很强的象征性。由此再联系到汝窑"以玛瑙入釉"、制作上不计工本的情况,我们有理由相信,造就出汝瓷独特美感的正是宋徽宗。

在中国古代,制瓷属"百工之艺",也就是属物质文化范畴,但它又总是与一定时代的精神文化和制度文化密切关联。这方面还可以举出许多例子。记得我们当年做"官钧"研究,有些人很不以为然,甚至有专家说,这个问题不用讨论,"官钧"一看就是宋代的,它符合宋人的审美标准。这个说法我们当然不能认同。宋人的审美标准是什么?是艳丽、是奢华还是"窑变"的奇妙意趣?当然,"官钧"也不都是艳丽的,它的釉色也有纯净素雅的,像月白、天青和天蓝等,特别是月白釉,给人一种月朗风清之感。但整体上看,由于它多为花器,釉色上浓丽的居多,与一色纯净的宋瓷还是很不同的。过去有两个所谓的宋瓷品种,一个是宋加彩,一个是宋三彩。宋加彩也就是今天所说的红绿彩,是一种流行于中原地区的色彩艳丽的釉上彩绘瓷器。过去一直认为是宋代磁州窑特有的瓷器品种,而今经过对磁州窑遗址的考古发掘和研究,发现这一品种最早出现并流行于金代晚期,与北宋根本扯不上关系。所谓的宋三彩,也是一个装饰华美的品种。大家都熟悉唐三彩,那是何其光艳夺目!其实三彩早在唐以前就已出现,盛唐时极为流行。北宋也有三彩,只是从考古资料看,可能较多出现于北宋初年和北宋末年。过去被认为是宋三彩的,其实多为金代中晚期制品,即"金三彩"。这样就有一个问题需要解答:三彩流行于大唐盛世,与北宋同时期的辽代中晚期也很流行，北宋之后的金代更是大量出现，那么何以偏偏在北宋时期少见？我想这一定有社会深层原因，需要我们从一个时代的世风时尚中寻找解答的线索。唐人"好色"，表现在陶瓷制作上，也就是喜欢华美的装饰，契丹人也是如此，而金代女真统治者恰恰特别崇尚大唐盛世的典章文物，金朝的法律就是参照唐律制定的，北宋则不同，长期以来它的主流文化对"奢丽之物"是排斥的，因而北宋瓷器的美感形态也就显得内敛和素朴。从这里我们或许可以得到某种启发和线索。当然，原因是多方面的，金代的瓷器也融入了更多中原世俗文化以及女真等北方民族固有文化的特点。

二〇一九年八月二日

钧瓷·粉彩：答《三联生活周刊》丘濂

丘濂：我读了你的《宋瓷笔记》收获很大，但还是有些问题想再请教一下。第一个问题，按学界最新的观点，钧瓷始烧于金代，可为什么直到晚明才引起人们的关注？

刘涛：明代人所说的钧瓷，主要还是"官钧"一类，也就是那些以花盆为主的钧瓷（图1、图2）。"官钧"中有一种看似不像花盆的，名为出戟尊，造型仿商周青铜礼器，其实在明代，"官钧"的这种器物同样也是花器，明人绘画中就能看到用它插花的情形（图3、图4）。我们现在看到的有关钧窑的记载，最早是晚明的，这个情况我想只能这样解释，"官钧"在明代还多是用来养花的，是实用器而非观赏器、陈设器，至少在晚明时还未入鉴藏，也

图1 钧瓷天蓝葡萄紫釉海棠式花盆一副
台北故宫博物院藏

图2 钧瓷天蓝釉花盆　日本东京出光美术馆藏

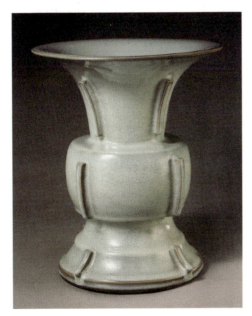

图3 钧瓷月白釉出戟尊　故宫博物院藏

图4　明吕纪、吕文英《竹园寿集图》局部　故宫博物院藏

就是还没有成为古董雅玩被人们收藏鉴赏。说钧瓷在晚明已引起人们关注，可能不太准确，钧瓷当时只是出现在少数文人的笔记中，似乎还没到被推重的程度。你看晚明文震亨的《长物志》，里面提到当时文人书房中的古瓷多为官窑、哥窑、定窑和龙泉窑等，就是没有钧窑。当然也没有汝窑，但汝窑不同，它多为朝堂君臣和巨室豪门占有，一般文人恐怕是很难得到的。至于那种始烧于金代的钧瓷，多为"民钧"，即民用钧瓷，由于釉色接近汝瓷，明清时很可能被人误作为汝瓷，比如当时的文人著述中说，汝窑色天青，汁水莹厚如堆脂。这哪里是汝瓷，分明是在说钧瓷。供御汝瓷是薄釉，厚若堆脂的是钧瓷。清乾隆皇帝和他那些掌眼的臣子也往往是钧汝不分。现藏台北故宫博物院的一件天青釉紫斑如意枕，在今天看来是再典型不过的钧窑制品，可底部镌刻的御制诗却把它说成是汝瓷。其实一直到晚清民国，钧瓷在一些精于鉴赏的人眼里还属于汝瓷一类。

丘濂：对于"官钧"产生的社会原因，以及今日所见传世"官钧"的来源问题，你的书中都有谈及，只是我想了解得再具体一点。比如你说"官钧"花盆适合用来养菖蒲，那有人可能会问，别的花盆养菖蒲就不适合吗？对此，请你再作些说明。

刘涛：我们说"官钧"是明代早期的，除了要有考古材料依据，要作器物类型排比外，还要解释说明"官钧"之所以出现的社会原因。"官钧"之

图5　明仇英《蕉阴清夏图》局部
台北故宫博物院藏

所以出现在明代，是因为当时种养菖蒲成风，从君臣到一般文人士子都有此好，而"官钧"花盆就最适合养菖蒲，它在当时就是为了养菖蒲而专门设计烧造供宫廷官府使用的。为什么这么说呢？你看"官钧"花盆体积都比较大，也很厚重，这是因为蒲草往往与石头相伴，有的就直接种在石头上，做成蒲石盆景。养蒲重野趣，所以花盆就不能太轻薄精细（图5）。再一个，蒲石盆景多摆在庭园里，本身就有美化环境的作用，为了与花园环境更加协调，所以花盆釉色以浓丽为主。"官钧"花盆的这些特点，往往是其他品种的花盆所不具备的。所以明人高濂《遵生八笺》中说，钧窑唯种蒲。庭园中的蒲石盆景，在明代绘画中多有表现，比如几年前中国嘉德拍卖公司曾拍卖过一幅明成化的《御花园赏玩图》（图6），该图就描绘了成化时宫廷庭园中用"官钧"花盆养菖蒲的情景。这就是"官钧"赖以产生的社会环境。顺便说一句，养蒲之风在今天又再次兴起，许多人特别是有些传统文化修养的人都有此雅好，一些城市还出现了养蒲的民间团体，像我们深圳的菖蒲协会每年都会举办观赏交流活动。至

图 6　明《御花园赏玩图》局部
中国嘉德国际拍卖有限公司 2012 秋季拍品

图 7　清光绪德宗皇帝常服像　故宫博物院藏

于今天看到的传世"官钧",无论是故宫博物院的,还是流散到境外的,大都是清宫旧藏。清宫的文物来源很复杂,一部分可能是易代之际接收的明朝宫廷的东西,而更多的恐怕还是当朝所集。康熙、雍正和乾隆都是"好古"之君,所以喜欢搜集历朝文物,臣下也会投其所好,以贺寿等名义进奉。从雍正以及光绪等时期的绘画看,清代宫廷中的"官钧"花盆还是用来栽花的,至少一部分是花器,不过栽的已不再是菖蒲了(图 7)。

丘濂: 钧瓷在海外受追捧是什么时候,西方人为何特别喜欢钧瓷?

刘涛: 钧瓷在海外受到重视,是在二十世纪初,收藏者主要是欧美和日本人。据老一辈古陶瓷学者陈万里先生在他的一篇文章里讲,清末时宋瓷等中国的高古瓷器还未引起西方人的重视，他们还是喜欢清三代的瓷器，最推崇康熙朝的黑地黄地瓷器以及郎窑红、美人霁之类。后来风气才有变化，一些迷恋东方文化的收藏家关注到高古瓷也包括钧瓷。一九三五年在伦敦举办的中国艺术国际展览会，其中一个展厅陈列的全是钧瓷，有中国送展的，更有欧洲和日本收藏家的藏品。在这样一个背景下，钧瓷的产地河南禹州就有人开始仿烧古代钧瓷。"宋钧"之名其实也是从这个时候才真正叫响的。此时"官钧"和"民钧"已不再有严格界限，都称为"宋钧"，而在此前，很少有人把"官钧"当宋瓷。"官钧"的华丽转身，称得上是一个传奇。按已故著名古陶瓷学者刘新园先生的说法，"官钧"之所以能跻身宋代名窑之列，根本原因在于古玩商作伪，即把一种本不是宋代的瓷器故意说成是宋代的，目的只是为了抬高它的市场价值而牟利。

丘濂：《宋瓷笔记》中有多篇文章谈钧瓷，看来你也偏爱钧瓷。请介绍一件你最喜欢的古代钧瓷，也请谈谈对今日仿古钧瓷的看法。

刘涛： 是的，我偏爱钧瓷，这可能与我的生活经历有关系，我在书中也谈到，小时候最早认识的瓷器就是钧瓷。喜欢并开始研究古瓷后，钧瓷也是我关注最多的品种之一。古代钧瓷中有不少十分精美名贵的器物，名气最大的一件，当属现藏台北故宫博物院的丁香紫釉出戟尊（图8）。但提起钧瓷，我首先想到的却是瑞士收藏大亨鲍尔的一件藏品。这件天青釉紫斑折沿盘（图9），窑变之色赤若初曙，浓淡相宜，可说是窑变钧瓷中的极品。我曾把这件钧瓷的图片拿给已故禹州神垕镇制瓷名家邢国政先生过目，他也非常喜欢，说是可遇不可求之物。关于仿钧的问题，大体来说，今天的仿

图 8　钧瓷丁香紫釉出戟尊　　　　图 9　钧瓷天青釉紫斑折沿盘　瑞士鲍尔旧藏
台北故宫博物院藏

钧瓷器也有仿得好的，不过整体看，由于多是机械化、电气化和标准化的产物，过于精细和完美了。我说的完美是指技术指标上的而不是工艺美感上的，缺少古代钧瓷那种手工韵味，更缺乏那种带有"缺陷"的意趣。新技术新工艺的过度开发利用，已在很大程度上改变了钧瓷的基本特性和美感，使之流于普通的现代工艺品。

丘濂：雍正皇帝好像也很喜欢钧瓷。在瓷器欣赏上，康熙、雍正和乾隆三朝有何不同？你个人更欣赏哪个朝代的瓷器？

刘涛：是的，雍正特别喜欢钧瓷，为此多次下旨命景德镇御窑厂烧造，并提出具体要求。一次他下旨将一件他喜欢的器物样式交给御窑厂，要求用钧窑、官窑，霁青、霁红等釉水各烧造一些，特别叮嘱"钧窑的要紧"，可见对钧釉情有独钟。雍正

图10 雍正仿钧玫瑰紫釉花盆 首都博物馆藏

七年，当时已主持景德镇御窑厂烧造事务的唐英，还专门派人赴钧窑故地河南禹州考察钧瓷配釉技术。因此雍正在位时景德镇御窑厂仿钧釉的成就十分突出（图10）。康熙、雍正和乾隆皇帝虽然都喜欢瓷器，并干预御窑厂烧造，但由于他们所处时代的审美风尚不同、各自的审美旨趣不同，所以他们当朝的瓷器在美感形态上自然也就不同。清初基本上延续了晚明的审美风尚，在文学艺术上倡导"清真雅正"之美。康熙喜欢西洋科技，当时宫廷用西洋进口的珐琅彩料绘制的瓷胎珐琅器，应与康熙对西洋事物的喜好有直接关系。康熙时有位在景德镇监制御窑厂瓷器的官员叫刘源，他也是画家，当时御窑厂瓷器的一些绘画很可能就出自他的手笔，所以不同凡庸。雍正和乾隆都是琴棋书画样样在行的"玩家子"，但雍正的审美眼光和艺术造诣更在乾隆之上，所以他当朝的官窑瓷器也就比乾隆时的更美。至于个人喜好，我是偏爱康熙的，康熙朝瓷器不管是青花五彩还是颜色釉，也不管是御器还是民品，都显得元气充沛、大气

图 11　乾隆粉彩九桃天球瓶　台北故宫博物院藏

图 12　雍正粉彩花鸟橄榄瓶　上海博物馆藏

图 13　康熙五彩花鸟方瓶　日本东京静嘉堂文库美术馆藏

硬朗。这种美是健康的,而那种过分雕琢的"乾隆风格"则是病态的。

丘濂:《宋瓷笔记》中谈到装饰和器物造型之间的依附关系,请结合康熙五彩与乾隆粉彩具体谈谈这个问题。

刘涛: 粉彩瓷器一般造型轮廓线条显得比较柔和、舒缓和优美,比如雍正、乾隆时流行的天球瓶、橄榄瓶、玉壶春瓶等(图11、图12),而康熙五彩瓷器的轮廓线条则充满张力,有的更是有棱有角,如此时流行的棒槌瓶、观音瓶、凤尾尊等(图13—

图 14　康熙五彩瑞兽图长颈瓶
美国大都会博物馆藏

图 15　康熙五彩雄鸡牡丹瓶
日本东京富士美术馆藏

图 16　康熙五彩描金鹭莲瓶
故宫博物院藏

图 16）。棒槌瓶有圆形的，也有方形的，造型显得刚健敦厚，与五彩沉着浓重的色调十分和谐。

丘濂：《宋瓷笔记》中说粉彩的出现使得景德镇彩绘瓷器的装饰风格发生了显著变化，由过去的浑厚刚健衍变为纤细柔丽，并化作一种工艺传统或审美定式影响到后世。这个问题请你展开谈谈。

刘涛：粉彩的纤细柔丽当然也是一种美的风格，它与五彩的浑厚刚健其实并无高

图17　乾隆外粉彩镂空夔凤耳内红彩蝠纹转心瓶　故宫博物院藏

图18　乾隆粉彩各色釉大瓶　故宫博物院藏

下之分。雍正粉彩也是柔美的，却仍给人清新流丽之感。只是到了乾隆的时候，宫廷工艺越来越僵化并流于庸俗，变成了皇权的一种象征，装饰上变本加厉，越过了法度，这样它的美就变味了，纤细变得羸弱，柔丽变得萎靡（图17、图18）。很可惜，这种炫技的、病态的"乾隆风格"被后世过多继承，成为一种工艺传统和审美定式影响至今。你看我们今天的陈设瓷、礼品瓷，包括前些年大热的"名家瓷"，主流上还是"乾隆风格"。这种影响是全方位的，你再看看今天一些大公司总部，甚至政府机关和一些政务场所里面的装饰和陈设，就更不难理解什么是我说的审美定式了。

二〇一九年八月七日

小艺术与大课题：答《读创／深圳商报》夏和顺

夏和顺：我有一个好奇的问题：你是中文专业出身，怎么走上古陶瓷研究这条道路的呢？中文专业与文物考古好像风马牛不相及，你又是怎样完成专业身份和职业生涯转换的呢？

刘涛：这与我的工作经历有关。二十多年前，我在一所轻工业大学工作，学校艺术设计系开有陶瓷工艺课，校园里就有烧瓷的小窑场，而授课老师又是我的朋友，他们常送我一些陶艺作品，我也常随学生一起实习，这样就喜欢上了陶瓷。不过，我大量接触古陶瓷并开始从事古陶瓷鉴定和研究工作，还是在一九九三年调入深圳文博部门以后。来深圳的头两年，我在市文化局下属的文物商店工作，又负责一家艺术品拍卖行的业务，深圳第一场文物拍卖就是我主持的。当时为筹集文物拍品，我和同事开着一辆小货柜车一路北上，跑了十多个省市。那段时间，一天里除了睡觉、吃饭和赶路，就是泡在各地的文物商店和收藏大佬家里看东西。那时候不像现在，国家的文物商店都还在正常经营，好东西也真多。一九九七年转入市文物管理部门工作后，我先后考取了古陶瓷和古玉器两项国家文物进出境责任鉴定员资质，主要从事文物市场管理和海关进出境文物鉴定工作。这段经历又使我接触到大量出土文物和走私文物。在实际工作中，我越来越体会到，要想提高自己的文物鉴定能力，就必须做研究，文物鉴定与学术研究是相辅相成的。单位一把手是北京大学考古系出身，十分理解和支持我们。二〇〇四年，我的第一本学术专著《宋辽金纪年瓷器》出版，随后又与同事合作完成了"官钧"瓷器研究等课题。这些学术成果都在古陶瓷学界引起较大反响。兴趣就是最好的老师，其他都不重要。当然，我必须承认，调入深圳后，我有了更好的研究条件。如果没有研究经费的保障，没有内行的开明的领导，没有十多年前深圳那个干事创业的大环境，即使我们再努力，恐怕也搞不出什么名堂。

夏和顺：你说文物鉴定与学术研究是相辅相成的关系，那么能否这样理解，文物鉴定专家首先要是一个学者？

刘涛：可以这么理解。文物鉴定是一项系统工作，可分几个层次，具体到古陶瓷鉴定来说，首先是辨真伪，其次是定名、断代、辨窑口，此外还要对文物的历史价值和审美价值作出判断。辨真伪当然最重要，这方面不出问题，即使其他方面出点差错也是可以补救的。辨真伪主要靠经验，与一个人的学识和研究水平没太大关系。所以我们看到，古玩行内一些人并不搞什么研究，眼力却往往比搞研究的还好。只是再深入一个层次，要想看到文物背后的东西，对文物有一个整体的认识和把握，不读书、不做研究那恐怕就不行了。"经验派"鉴定专家，虽然也关注文物的年代、功用和价值，但由于不注重学习和研究、因循守旧，判断上多有失误。而今的文物鉴定已成为一门专业，除经验外要更多借助文物考古的成果和方法，这就要求你必须深入学习和研究。如果只满足于经验，那就很难成为一个合格的鉴定专家。曾有收藏爱好者问我，如今自诩专家的人太多，我们到底应该相信谁？我告诉他，熟悉市场、有古玩经营或收藏经历，又对某类文物有精深研究的专家，才是最值得信赖的。经验和学识，二者缺一不可。当然，我这么说可能也是白说，一个专家的经验和学识同样是需要鉴别的，而这方面又没什么公认的标准，因此我这个建议对多数刚刚接触古玩的人可能不会有多大帮助。

夏和顺：说到文物专家收藏文物，这可能还是一个问题。据我所知，自西方考古学引入中国后，"考古不藏古"，就是业内人士的一个约定，也就是潜规则，如今作为一条职业准则，更有了明文规定。你如何看待这个问题？

刘涛：我觉得，这个问题在今天似乎已不成其问题了。考古发掘有严格规定的程序，博物馆的藏品管理有完备的制度，文物专家又有体制的约束，这些情况都与过去有很大不同。而且还要看到，文物专家的收藏不同于那种藏宝式或投资性的收藏，多是服务于研究目的。像我们所知道的著名文物专家陈梦家、王世襄、陈万里、冯先铭和刘新园等，他们的收藏都属于这种情况。冯先铭先生生前是中国古陶瓷学会首任会长，我见过他一面，他对所谓"考古不藏古"就有不同看法，他对我讲：收藏一些与自己专业有关的文物，只要途径正当，就应当鼓励，因为这对研究有帮助。常到市场上转转，真的假的对比着看，也有助于提高鉴定水平。现在文博单位的专业人员大都不会鉴别真假，就是因为脱离市场。我和王世襄先生也聊过这个话题，他也持同样看法。刘新园更是一个特立独行的人，根本不管那一套。他去世后，我写了篇回忆文章，题目就叫"玩家刘新园"，收入我的《宋瓷笔记》。文章写好后曾请一位朋友过目，他说你把刘先生收藏文物的事写出来，会不会给刘先生带来一些负面影响？其实，我在动笔前也有这个顾虑，但最后还是决定下笔。我觉得，收藏文物是刘先生晚年生活最有意义的一部分，也可说是他学术生涯的一种延续。他晚年虽然很少再写文章，但他的收藏以展览等方式同样推动了古陶瓷研究。我们深圳博物馆就曾利用刘先生收藏的吉州窑黑釉瓷器等做过研究并举办过展览和研讨会，取得一些学术成果。这么光彩的一面，为何要掩饰呢？再说刘先生收藏的文物如唐宋北方白瓷、黑釉瓷，宋元吉州窑瓷器以及古砚等，与他工作过的景德镇也没什么关系。我当时对朋友说，如果回避这个内容，我的文章也就没多大意思，宁可不发表。事实证明，《宋瓷笔记》出版后，这篇小文章成为最受读者关注的篇目之一，并被《光明日报》主办的《书摘》杂志全文收录。给我小书作序的扬之水说，你写刘新园的角度是平视而不是仰视，扬长的同时亦不避"短"，所以让人能读下去，也觉得可信。我认为今天我们再来讨论"考古不藏古"的问题已无多大实际意义，面对王世襄、刘新园等文物大家的收藏以及他们与自己藏品息息相关的学术贡献，所有的行规和说教都显得苍白无力。

夏和顺： 你刚才提到，冯先铭说文博专家大都不会鉴别真假。社会上也有这方面传言,比如说某某知名博物馆的专家"走眼",从市场上买的一批"国宝"都是假货。这种情况普遍吗?

刘涛: 你所说的那个传言,确有其事,而且当时"走眼"的博物馆还不止一家。此事多年前已见诸报端。不过,冯先铭说的那个情况,还是有所改变。目前许多省市都设立了专门的文物鉴定机构,文物鉴定正在成为一门相对独立的专业。不能要求博物馆和考古单位的专家都会鉴别真假,这是不现实也不可能的。成为一名文物鉴定专家,需要多方面的条件,而一般的文博单位并不能提供适宜的土壤。深圳也有专门的文物鉴定机构,我们在某些门类如古陶瓷的鉴定上还是有较强实力的。十年前,日本一家收藏机构有意将一批中国古陶瓷捐赠给我国博物馆。该机构先联系到一家文物大省的博物馆。这家博物馆也派专家去日本看了文物,但不知道什么原因,他们一直犹豫不决。在这种情况下,日方又联系到我们深圳博物馆。我们看了这批文物的资料,觉得不错,只有极个别的有疑问。随后我和深圳博物馆郭学雷副馆长作为鉴定专家去了日本。这批文物共二百六十多件,而我们在现场鉴定时只看了其中很少一部分就决定接受捐赠了。因为我们看到的这些已足够分量,比如有件唐三彩大马,全身以白彩为主,显得特别高贵华美。在唐三彩中,这种白马还是比较少见的。结果这批文物运回深圳后,经国家和广东省文物专家评定,绝大多数都属珍贵文物,其中一级文物就达二十六件之多(图1—图4)。这个数目是什么概念?我们深圳博物馆在接受这批文物捐赠之前,一个创办了近三十年的博物馆,各类藏品中的一级文物总共才有十四件。

图 1　汉黑陶嵌铜泡钉双耳壶
日本某机构捐赠　深圳博物馆藏

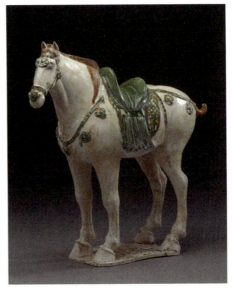

图 2　唐三彩马　日本某机构捐赠　深圳博物馆藏

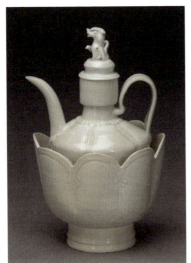

图 3　北宋景德镇窑青白瓷注碗一副
日本某机构捐赠　深圳博物馆藏

图 4　金河津窑白地黑花开光诗文八方枕
日本某机构捐赠　深圳博物馆藏

夏和顺：古陶瓷收藏和研究是深圳的长项，特别是在研究方面，已形成一个颇有实力的学术团队，并取得一些在海内外引起较大反响的学术成果。你个人除宋辽金纪年瓷器和钧窑瓷器等研究成果外，古陶瓷"情境美学"的研究也引起不少人关注。请具体介绍一下这些方面的情况。

刘涛：深圳的古陶瓷博物馆已有多家，其中望野博物馆、青瓷博物馆、惠风古陶博物馆、翰熙博物馆、和畅园博物馆和汉昆博物馆等，都有不少很好的收藏。此外，国有综合博物馆中的深圳博物馆、南山博物馆和正在筹建的宝安博物馆等也有相当数量的古陶瓷收藏。藏品品种全、等级高，特别是明清以前的高古瓷器更不乏高等级藏品（图5—图10）。像望野博物馆的唐宋陶瓷，多年前经省市文物鉴定机构评定，一级文物就有四十八件之多，这个数量已完全可与许多国有大馆相比。研究方面也有一定实力，目前全市各博物馆专门从事古陶瓷研究的虽不算太多，但整体能量不小。我们知道，陶瓷在中国古代属"百工之艺"，它的一大特性就是师徒传承以及各窑口、各工艺门类之间的相互借鉴与模仿。国外当然也是这样，因此西方艺术史家又将陶瓷等工艺制品称作"小艺术"，以便与绘画、雕塑等"高级艺术"相区分。这大概也是人们很少使用"古陶瓷艺术"这个概念的原因吧。古陶瓷研究在今天虽已融入文物考古学

图5　北朝青瓷蟾形座烛台
深圳和畅园博物馆藏

图 6 北宋豫中窑场三彩划花鸳鸯纹枕
深圳翰熙博物馆藏

图 9 金红绿彩花枝鹦鹉图盘
深圳望野博物馆藏

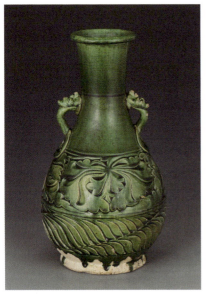

图 7 南宋吉州窑绿釉刻花牡丹纹螭耳瓶
深圳汉昆博物馆藏

图 8 南宋吉州窑釉下彩绘海棠莺啼纹梅瓶
深圳汉昆博物馆藏

图10 金红绿彩弈棋仕女坐像
深圳望野博物馆藏

科,但坦率地讲,它的门槛不高,在学科中或属旁门左道,一直到二十世纪八九十年代,除了一些窑址调查成果以及一部陶瓷史外,像样的研究并不多。这样的"小艺术",又如此边缘化,古陶瓷研究能有大作为吗?说实在的,我当初就有这种疑惑。如今回头看,这些年我们深圳的古陶瓷研究应当说还是有些成绩和贡献的。当然,有成绩有贡献的并不光是深圳学者,只是近十多年来我们的成果似乎更集中,同时由于我们的研究多为填补空白的课题,往往也更有影响。比如除前面已提到的"官钧"、红绿彩、吉州窑黑釉和宋辽金纪年瓷器研究外,还有明代磁州窑、广彩等明清外销瓷研究以及目前还在进行中的早期珐琅彩、唐代陶瓷谱系研究等。"官钧"瓷器研究,媒体多有报道,已是老话题了,无须多讲。你看苏富比、嘉德等国内外各大拍卖公司拍卖的"官钧"瓷器,年代也都由过去的"北宋"改为"明初"或"元末明初"了。我个人的所谓"情境美学"研究,虽谈不上是什么大课题,却也引起一些读者的关注。所谓"情境美学",就是把审美对象置于真实的、具体的历史文化情境中考察,也就是说古陶瓷审美不能脱离陶瓷考古和陶瓷史研究这个基础而自说自话。

夏和顺：你退休之后还在继续研究古陶瓷吗？你的两本古陶瓷著述都已出版多年，有没有修订再版的打算？

刘涛：现仍在做一点研究。而今的古陶瓷研究更要有国际视野，而我不通外语，这就受到很大限制。再一个，知识结构也有缺陷。力所能及，能做多少就做多少吧。本来退休后以为可以清闲一点，但直到今天还是闲不下来。《宋瓷笔记》在实体书店早已脱销，所以明年我打算出个增订版。那本十多年前出版的《宋辽金纪年瓷器》也要修订，韩国一位毕业于北京大学的考古学博士早就与我联系，想把这本书译成韩文。还有一件事，我想再写本新书，内容是关于徽宗时期瓷器的。当年我在梳理宋代纪年瓷器资料时发现，北宋晚期特别是徽宗时期的瓷器可说是整个有宋一代瓷业繁荣的一个精彩缩影。那么陶瓷史中与这一时期有关的几个尚未完全解决的问题如汝窑的年代与性质问题，文献中记载的汴京官窑是否存在的问题，以及这一时期御用瓷器的烧造与徽宗这位"风雅天子"有无关系的问题等，这些正是我要在书中重点讨论的。这本书写出来，我觉得会很有意思。在我退休后所能做的事情中，这可能也是最有意思的一件吧。一年前就已动笔了，因总是分心，写写停停。这些事情全部做完，至少也要五年左右吧，看来还是不得清闲。

二〇一九年九月二十四日

豫中古窑寻踪：古窑遗痕之一

今河南省中部，大致以汝州为中心的山塬地区，自古宜陶，唐宋时代，"汝颍皆京圻"，窑业尤盛。巩义的白瓷、三彩、绞胎，鲁山的花瓷，新密和登封的珍珠地等刻划花瓷器，以及汝瓷和钧瓷等，声名显赫，在中国陶瓷史上都占有重要地位；此地也因此成为"陶瓷考古"的一方热土。前些年，步陈万里、冯先铭等老一辈古陶瓷学者后尘，我也曾走过这儿的几处古窑址，如鲁山段店，新密西关、窑沟，禹州扒村、刘庄等，虽都不够深入，却也或多或少总有收获。这更让我感到，研治古陶瓷，窑址调查是基础课，是入门的钥匙和捷径，诚可谓"纸上得来终觉浅，绝知此事要躬行"。只是，丙子年仲夏，当我再访故地时，才发现那些古窑废墟正实实在在化为烟尘。想来烟痕消尽，落了片白茫茫大地，往后怕是连这样的机会也没有了，遂记之。

曲河窑遗址

从郑州驱车南下，经登封卢店再转往告城，两小时后就到了颍水边上一个叫岔路口的地方。隔河遥望，山脚下那片烟树人家，便是曲河村了。我没马上过河，是因眼前的公路桥被前几日的一场洪水冲垮，旁边搭起一座窄窄的便桥，通行不畅，过河的老乡挤成一团。

曲河村的地理环境，一如我去过的其他几个古窑址，都是依山面水，附近有煤窑，而且紧邻集镇，交通便利。曲河村立有一方清代碑刻，碑文中记有"宋时窑场环设，商贾云集，号邑巨镇"。而在其他古代瓷乡也有相似的老话口笔相传，远的如修武当阳峪村北宋窑神庙碑所记："世利瓷器，埏埴者百余家，资养者万余口。"近的如鲁山、宝丰一带流传至今的古谚："清凉寺到段店，一天进万万（贯）。"看来，这些并非夸饰之词。北宋时代，在人口稠密、城镇经济繁荣的中原地区，制瓷已成为一个很大的产业，它在满足市场需求的同时，也给当地带来实惠与兴旺。

我顺大路进村，村口碰见几个正在打扑克的小伙子，便向他们打听那块清代碑刻。"就是它。"他们指着自己就地围坐着的"牌桌"异口同声地说。"牌桌"用水泥制成，倒扣在地上，方方正正的。小伙子们说，这块"碑"原来就立在这里，正面有字。

奇哉怪也，古碑有用水泥做的吗？这块"碑"可能是当地文物部门立的窑址保护标志。我又细问，可再没人吱声了。

从带在身上的《河南古瓷窑址》一书上得知，已发现的曲河窑遗存分布在村内及村北坡地上。我被满地碎银般的瓷屑指引，边走边留心脚下，渐渐可看到较大的瓷片和它与窑具、窑渣混合的堆积了。在一户人家的窗台上，还并排摆着两只已残破的白瓷注子，想必是村里出土的曲河窑遗物。壶为瓜棱腹，细长流，手柄扁平曲成人耳状。这种式样的注子流行于宋金时代。眼前这两只，胎体粗厚泛黄，釉面却洁白光润，胎、釉间似敷有化妆土，但又看不大真切。这家主人见我在琢磨，以为我是走街串巷收古董的，遂从屋里拎出一袋古瓷来。打开看，有一摞白瓷盏，一只仅有拇指大小的褐釉瓶，一把釉色不一、姿态各异的小猴（玩具）和一只黑花铃铛。盏均为侈口，足子很浅，有的釉面比那两只注子更莹润，盏底积釉处呈清澈的浅绿色，宛如一汪碧水。此当为大宋时市货常物，不知孟元老《东京梦华录》所记汴梁会仙酒楼里待客的注碗盘盏，有无这等货色？这袋东西里，尤令我感兴趣的是那只瓷铃。过去只是从考古发掘报告上知道唐宋玩具中有瓷铃，却不曾见过实物。这只瓷铃与今天所见的形似木鱼儿的铜铃没啥两样，内含一瓷丸，摇之发声虽不如铜铃清脆，却也中听。只是制作不够细，釉彩也剥落得厉害。我打听了一下价钱，要的也冒了尖儿，货主大概是见我喜欢，以为会出好价。于是不谈，谢了离去。

村北是一面土坡，坡下有条深沟，前几天一场豪雨过后，瓷片和破碎的窑具都裸露出来，就像河边的卵石。瓷片中除发现少量黑釉、褐釉的外，都是白瓷，而且光素无纹者独多。带我进沟的是位老大爷，他说这里过去有窑，前两年进沟挖"煤土"（黏土）时还能见到断崖上一块块坚硬的红烧土。瓷片最多的地方在坡下，只是前几年村民盖房，瓷片都清走了，如今村里已见不到多少古瓷。（今按：后据曾多次考察过曲河窑址的古瓷爱好者、许昌师范学校美术教师安廷瑞函告，一九九一年，曲河村为扩大宅基地，"像搬山一样"将瓷片等窑址遗存物运至村南颍河大堤外，堆积长约一公里。后用于固堤筑路，荡然无存。）我问，村里有些人家卖的古瓷是哪儿来的？他说，不都是本村的，因常有外地人来收古瓷，村里就有人到外村或邻近的禹州倒腾些来卖。听老大爷这么说，我顿然有悟，刚才在那户看到的古瓷，比如那一摞完好无损的白瓷盏就不像是窑址遗弃物，而可能是从古墓里挖出的东西。看来，跑窑址也要提防陷阱，不可什么都信。（今按：前几年一个偶然机会，我再访曲河。如今村里倒腾古瓷的人家更多了。你还没进村，就有老乡围上来拉你去买古瓷。可要当心啦，世风丕变，情况已大不同于过去，老乡卖的古瓷中可能混有今天的仿品，特别是对珍珠地划花、白地黑花、红绿彩、钧瓷这样的"好东西"，更要警惕。这儿的仿品其实多来自一山之隔的禹州神垕，而老乡则一概呼之为"曲河窑"，还硬说是自己亲手挖的或祖上传下来的，不怕你不信。此可谓姜太公钓鱼，愿者上钩——听说还真有上钩的。当然这种情况在别处也有，无怪也。）

离开坡地时，我只带走了几样标本：一小片带绿斑的白瓷，釉彩十分漂亮。素地间以绿斑，或绿彩浸润一片，这种有点西域风情的装饰，似多见于晚唐五代以来长沙窑以及中原窑口制品；一粒瓷丸，白胎素面，大小如今日玻璃跳棋子，老大爷说是小孩儿玩的东西，过去多得很；几枚黑、白两色围棋子，其较今日围棋子薄而小，两面都印有花纹。这种瓷质围棋子在当地田头路边也随处可觅。奔波大半天，所得仅此耳。至于宋金时代曲河窑最具特色的珍珠地划花（今按：河南中西部珍珠地划花瓷器产地还有登封前庄、新密西关、鲁山段店、宝丰清凉寺、巩义芝田、新安城关等。此外，海外多有收藏的北宋前期白地剔花，今又称"深剔刻"、刻划花填粉，即所谓"镶嵌"等精美瓷器，已知也出自登封曲河、前庄以及邻近的新密西关等窑口。图1—图8），还有三彩、红绿彩等，连个影儿都没见着，揣想当年烧造或另有区域。

不见的还有那方清代碑刻。听老大爷说，古碑早被县文物部门的人拉走了。

钧台窑遗址

原计划从曲河直接到禹州扒村的，我查了地图，有条公路通往扒村，可谁知这是条"断头路"（两市县交界处因"两不管"而未能贯通的路），很少走车的，只好改变行程，先去禹州城。城里的钧台窑遗址也是这次考察的对象。

钧台窑遗址保护区位于禹州城东北角，过去多次路过，可都未驻足。人总是这样，易得到的也就易忽视。保护区被围成一个方方正正的大院子，院子西北角宫殿式的"保护房"又自成一统，其余皆空地，地面上干干净净的，看不到一点烧瓷遗迹。倒是东墙外有家规模不

图1　曲河窑珍珠地划花人物瓶残片
曲河村高庚全提供

图2　珍珠地划花鹦鹉纹枕
日本林原美术馆藏

图3　珍珠地划花缠枝花纹瓶
河南三门峡宋墓出土

图4　登封前庄窑白地剔花缠枝花纹瓶残件　郑州李景洲藏

图 5　镶嵌瓷残片
上右：曲河窑址出土
其他：郑州老城区出土
郑州蓝普生提供

图 6　白地剔花缠枝牡丹纹注子
日本神户白鹤美术馆藏

图 7　白地剔花缠枝牡丹纹长颈瓶
美国波士顿美术馆藏

图 8　镶嵌缠枝花纹长颈瓶
美国格林伯勒美术馆藏

小的瓷厂，几根黢黑粗大的烟囱此时虽没冒烟儿，却已搅乱了周围的宁静。保护区内驻有一家钧瓷研究所，瓷厂就是该所经营的，遗址的管理也由其负责。由于平时参观的人少，"保护房"内的古窑炉展室大门紧闭。我找到所长，说明来意并出示证件，这才获准参观。负责接待的是研究所钧瓷销售部的一位女经理，她先带我参观所里烧的钧瓷，一再鼓动我买几件"精品"带走。

据说，钧台窑最早是位古董商发现的。早在民国初年，此人就发现钧台一带有"宋窑"，还挖到过一些十分美观且少见的钧瓷片，但他对外却秘而不宣，直到二十世纪六十年代，全县开展古窑址调查时，才向政府报告。县里组织采挖，果然出土了大量五颜六色、比其他窑口更好的钧瓷片。当时没人知道这就是"官钧"，连省里的专家也说不清，最后送到北京鉴别，才得以确认。"终于找到钧瓷的老家了！"曾到过禹州寻访钧窑遗迹的故宫博物院老专家陈万里先生感慨不已，一宿无眠。"弃文转行"而被汪曾祺戏称为"抒情考古学家"的沈从文先生也很兴奋，他还根据这一发现，进一步推论"官钧"的年代当在北宋中晚期，其烧造与当时宫廷生活奢侈腐化，大量种植奇花异草有关。七十年代，在省里主持的考古发掘中，又找到一些可证实沈从文等北京专家说法的材料（如"宣和元宝"钱范。参见页295图17）。至此，"官钧"烧造地及年代"盖棺论定"矣。

据《河南古瓷窑址》一书介绍，钧台窑址总面积达三十余万平方米，堆积层一般在一米左右。出土的瓷器除"官钧"外，还有普通钧瓷、青白瓷（图9、图10）、黑釉以及白地黑花等。从窑址发掘情况看，当年"官钧"等不同品种的瓷器烧造似各有自己专属的区域。[今按：主持发掘的河南专家认为，钧台窑址出土的"影青"——青白瓷亦属钧台窑产品，并称之"河南影青"。但这一观点并未得到普遍支持。有研究

图9　青白瓷粉盒　钧台窑址出土　　　　图10　青白瓷碗　钧台窑址出土

者指出，钧台窑址出土的青白瓷碗、盒，其足部带有景德镇湖田窑青白瓷特有的"糊米底"特征（图11），应属典型的景德镇产品。详见郭学雷《明代磁州窑瓷器》（文物出版社二〇〇五年）。从本书所示器物标本图片看，青白瓷粉盒和高足碗之"糊米底"，显然具有景德镇青白瓷特征。它们或有可能是当年禹州居民的"生活垃圾"而混入窑场废弃物中的。不过，承郑州古陶瓷研究者蓝普生相告，据他掌握的情况，河南出土的宋金白瓷中，确有在釉色、胎质和造型上与景德镇青白瓷逼肖者，而且可初步断定为河南本地产品，其烧造可能直接受到景德镇青白瓷的影响。只是现已发现的很少，窑口亦不明，故难具论矣。］

　　古窑炉展室所处位置当在"官钧"烧造区内，那么展室中一座"双火膛"窑炉也该是烧"官钧"用的吧。窑炉建在地面以下，好像是在平地上深挖下去，然后券顶而成。窑顶已倾圮，窑室及火膛的底部约在展室地面的二三米以下。我对窑炉挺有兴趣，过去家住平房时，曾有过在后院筑窑烧瓷的想法，当时借了不少资料，研究各种窑炉的构造与特点,还专门到钧瓷产地神垕考察过。在大学工作时,学校工美系建窑烧瓷,我也很留心。正像书上所介绍的那样,这座"双火膛"窑炉的构造的确很特别,窑室前侧有两个并列的火膛,窑室后壁中间及两个角落各开一个小口通向窑顶呈扇面形烟囱。为什么要增加一个火膛呢?大概这样可使窑内各部位"过火"更均匀吧,我揣测。古代北方常见的只有一个火膛的半倒焰式窑炉,

图11 青白瓷高足碗圈足内的"糊米底" 钧台窑址出土

由于火焰相对集中,窑室内温度不均,容易造成同一窑坯件在烧成后质量、效果不一的情况。而这种双火膛的窑炉可能会有效地改善烧成条件,对于烧造钧瓷,特别是"官钧"更为有利,因为高温铜红釉制品对烧成温度、气氛的要求比一般瓷器更高。

不过,我也有个疑问:从火膛内壁看,它不像是敷过耐火土,这样能经得住钧瓷所需的千度以上高温以及连续二三十个小时的煅烧吗?其他地方保存下来的古窑炉,都可看到内壁表面敷有一层耐火土,经炉火煅烧后形成厚厚的黑褐色琉璃状硬壳,像我见过的神垕附近残存的古窑炉以及当阳峪窑址至今保存较好的一座宋代窑炉都这样。是不是硬壳已剥落,火膛是考古发掘后修复的?可陪同参观的那位女经理却对此予以否认,说它发掘出来就这样。那么或只有一种解释,这座窑炉当年尚未最后建成,也就是说它根本不曾使用过。[今按:对"双火膛"窑炉之说,已有研究者和专家提出不同意见。台湾大学罗慧琪通过实地调查和比较研究,认为"双火膛"不是火膛而是烟室,即"可能只是一般马蹄窑的圆形双烟室"。详见罗慧琪《传世

钧窑器的时代问题》(《台湾大学美术史研究集刊》第四期，台湾大学艺术史研究所一九九七年)。汝州市汝瓷博物馆朱文立也对"双火膛"窑炉的合理性提出质疑。不过，据报道，近年禹州市钧瓷研究所为"消除疑问"而复原了一座"双火膛柴窑"，经过数次试烧，终获成功。只是成本高昂——一窑消耗数吨木柴而成品率却不足一成。详见马朝阳、李付彬《北宋双火膛钧窑柴烧原理初探》(《二〇〇五年中国禹州钧窑学术研讨会论文集》，大象出版社二〇〇七年)。看来，此举怕是难以起到释疑消嫌之效。不管怎样，在烧窑方面，我当年不过知道点儿皮毛，却未能藏拙，还是要引以为戒的。]

从窑址出来已是中午了，我没再进城，在街头食摊上随便吃了点东西，经人指点，上了一辆机动三轮，赶往十多公里外的扒村。上次去扒村是骑自行车去的(自行车是禹州文化馆曹子元馆长借我的)，那时还没有这种三轮，每天只有一班大客车，很不方便。三轮的铁皮车厢里可挤十来个乘客，可由于中午人少，天又热，这一趟才拉了我们四五个。开车的小伙子挺不开心，一路疯跑，借机撒气，颠得我们坐立不安。不过这还是比骑自行车强多了，这条通往扒村的公路好像刚翻修过，路况虽不差，但一路上坡，骑车子够累人的。三十多年前，故宫博物院的冯先铭、叶喆民等先生来考察窑址，也多是骑自行车，那年月条件更差更艰苦。我曾听冯先铭先生讲，他们当年去扒村，天不亮即起，晚上回到城里已是街空人稀。

扒村窑遗址

扒村河从村西一眼就能望到的虎头山下蜿蜒而来，细流汩汩。这条河太小了，小到在当地都没个名儿，大概只有在搞文物考古的外乡人嘴里才会提到它。文物考古工作与这条河的关系太密切了，因为在扒村一公里半的河两岸就是密集的古窑址。

逝者如斯，烟火蔽日的宋元时代，扒村河也是这般潺湲吗？

搞文物考古的、做古董生意的，来过扒村的"外乡人"还真不少。冯先铭、叶喆民来这儿还算晚的，他们的老师陈万里早在一九五○年就来过。扒村窑址就是陈万里最早发现并报道出去的。这些年日本人来得也多了。当地老乡都知道他们这地方在古时候了不得，外国的博物馆里都有他们祖宗做的瓷器。我上次来听村里一位长老说，老蒋时（民国）就常有洛阳的古董商来，一到农闲，古董商就雇人挖瓷，坏的不要，好的才留下，另给钱，一只大瓶子值三十块现大洋，一只带彩的小老虎也值两块大洋呢。那时候东西多，不带彩的没人要。后来"老日"来了（日本侵华），挖瓷的才少了。好瓷器已有多年不见。（今按：我后来了解到，近二三十年来，特别是九十年代后，在扒村窑址上"挖瓷的"又多了起来，出土的"好瓷器"也并不少见。）

有没有可卖钱的好瓷器，对我来说不重要，只要能见到好的瓷片标本就行，我的原则是"人弃我取"。其实，我这次出门，主要是冲扒村来的。扒村之所以有这么大的诱惑，就因我上次从这儿采集到不少好瓷片。譬如：

白地"绞釉"残片（图12） 圆面微凹，胎体厚重，直径12.5厘米，完器为何，尚难辨识。白地间以黑、灰、褐色絮丝纹，有行云流水之韵。此装饰技法，国内通常称"绞釉"。其实"绞"的不是釉，而是釉下的化妆土。日本学者称之为"流泥纹"，比较形象贴切。东京国立博物馆藏有一只青瓷流泥纹碗，碗内满布黄、白二色流泥纹，与我这片标本的装饰效果很相似。

孔雀蓝地黑彩诗文枕面残片（图13） 胎呈砖红色，敷化妆土，上以黑彩书写诗

图 12　白地"绞釉"残片　扒村窑址采集

图 13　孔雀蓝地黑彩诗文枕面残片　扒村窑址采集

图 14　红绿彩道教神像残件
扒村窑址采集

图 15　红绿彩道教神像全像　山东曲阜杨家院出土

文,尚可见"春涨""雨桃花"等字样,书风圆转明丽。

红绿彩道教神像(图14) 头戴"幞头"(戴幞头的神像全像。图15),面部丰满;釉上彩绘,冠、发、须、眉、眼均以黑彩勾画,细致入微,唇与颈部加红彩;中空壁薄,胎体坚硬呈灰白色。

扒村是禹州最大的古窑址,在宋元时代黄河以南地区以生产磁州窑型瓷器为特色的窑场中,扒村也是佼佼者之一(今按:另一个是新密窑沟窑,只是其破坏更甚。有证据显示,今郑州、许昌等豫中地区发现的白地黑花瓷器等,多出自窑沟和扒村。白地黑花盛行于女真人和蒙古人统治下的金元时代,而其明丽画风却逼似宋人。图16—图19)。它的产品不仅品种多样,而且制作精良,富有特色,这从上述诸例即可略见一斑。当年陈万里来这儿考察后也说,"村中各处,随地都可掘得碎片",瓷器品种繁多,他见到的就有白地黑花(此为该窑产品之大宗。图20)与赭色花、绿釉黑花、白地划花、三彩、孔雀绿(蓝)釉、黑釉等。我采集的标本,还有白瓷印花、黑褐釉出筋(又称"凸线纹")、钧瓷(有带紫斑者)等。仅仅一次走马观花,便有如此收获,可见该窑不可小视。我在家每每看到这些瓷片,心里就痒痒,总想再访扒村。

今天终于又来了,可很快我就发现时过境迁、机缘已失。短短几年,扒村变化太大了。过去村口的"地标"——一堆堆混杂着瓷片的窑渣不见了;扒村河以南、公路以东,昔日是白地黑花出土最多的地方,上次我还在那里踅摸到不少瓷片,可如今这一大片窑址已被迅速膨胀起的村子吞没;河北岸台地上的房子越盖越挤,与远离河边的老寨子几乎连成一片,以前这一带多见的三彩、红绿彩、孔雀蓝釉以及钧瓷等,也难觅踪影了。

图 16　窑沟窑白地黑花瓶
修复件　郑州私人藏

图 17　窑沟窑白地黑花瓶残片
郑州蓝普生提供

图 18　白地黑花仕女对弈图枕修复件
郑州商城遗址出土

图 19　白地黑花蝶花纹枕　河南荥阳市区出土

村子里，老乡的房前屋后，是很难找到什么的，有些人家可能会有几件古瓷卖，但如今老乡也都识货，稍好一点的就索价不菲。我到河南岸、公路西边的高岗上转了转。这地方上次没来，听说此处当年烧黑瓷，果然见到泥土中嵌有不少黑瓷片，不过，这时我已没了拣瓷片的心情。出门几天了，几乎没一点收获，就这么两手空空瞎逛吗？我忽感此行甚荒唐，不再亍行，冲下岗子，只想赶快离开这里，结束此行。

可就在仓皇中，好运降临了。经过村子时，见一户人家正盖房，我只随口一问，这家主人便刨开已垫好的房基，捡出几片古瓷

图20　扒村窑白地黑花草叶纹注子
修复件　郑州私人藏

给我。其中一片白地黑花，上绘花草，图案茂美，地面上难以寻见，便收下。正要走，又听主人说，还有一片画得不赖，小孩儿拿去玩了，不知弄丢没有。我请他去找，等了半天，他才回来，手里没空着，脸上却带着惋惜说，小孩儿给砸了，只剩半个头，另一半找不到了。我接过一看，嚯，还真不赖！白地黑花，画了一尊菩萨，淡墨轻毫，线条潇洒，大有宋元释道人物画生动传神的特点，虽已残缺不全，亦挡不住那份韵致（图21），有此画技，堪称丹青高手，当年的扒村匠师真是了不得。

扒村，总是给人惊喜。大喜过望的我，又为方才自己的失态哑然失笑矣。

"两大窑区"说

近年常跑河南窑址,对古代当地窑业的整体格局及南北各地产品特点有了一些更直观、深入的认识。我认为,宋金时代的中原窑业,以黄河为界,大体可分为南北两大窑区。中原窑业之所以富有创造性,产品丰富多彩,与这种既密切交流又相对独立、自成一统的窑业格局或不无关系。

从技术系统上看,黄河以北窑区处于历史上邢窑和定窑影响下的太行山东麓向南延伸的窑业圈内。自北宋以来,在这个窑业圈内,相继形成几个区域性中心窑场,即位于今河北磁县的观台窑(磁州窑),今豫北地区的当阳峪窑(今按:根据当地学者的划分,广义的当阳峪窑包括东、西、中三大窑群,年代相对较早且规模较大的窑口除修武当阳峪外,还有位于今焦作市区的李封、西王封、恩村、矿山以及博爱的柏山等)、鹤壁窑等。这个窑业圈或可扩展到山东和山西的局部地区,如山东的淄博、枣庄,山西的长治等。因地理人文环境和物矿资源条件大抵相同,加之销售市场密切交叉,这诸多窑场的产品也有更多共性(这些窑场今通常以"磁州窑系"统领)。宋金时代,特别是在金"大定明昌之治"时期,由于区域经济社会长期稳定发展,这个窑业圈的核心所在——黄河以北窑区,一度成为技术交流与传播异常活跃之地。该窑区上可接应产业规模和技术曾长期领先的定窑,下可与一河之隔且同样有着深

图21 白地黑花瓷残片
扒村窑址采集

厚制瓷基础的河南中西部窑场保持互动。此等区位优势，真可谓得天独厚。窑址考古发掘和调查资料显示，宋金时代北方陶瓷的一些重要品种——如大体可归入"磁州窑型"瓷器的剔刻花、珍珠地、白地黑花与赭花、黑釉与酱釉（包括油滴、兔毫、酱彩等）、绞胎、"绞釉"（今当地有人称"绞花""泼花"）、红绿彩、孔雀蓝釉等（图22—图41），或是此地创烧，或是在这里对既有传统工艺吸收、改良后又在北方其他地区传播开来。

黄河以南窑场，集中于今河南省中西部地区，北宋时主要隶属于京西北路的汝州、颍昌和河南府；金时属南京路。这是一个庞大的集群式的综合性窑区，烧造品种既有大宗的传统白瓷、青瓷及三彩等，也有如上所举的各类"磁州窑型"瓷器——这类瓷器的基本特点，是在器坯上挂化妆土，进而用剔、刻、划、绘等技法加以装

图23　当阳峪窑剔花缠枝牡丹纹供盘　香港艺术馆藏

图22　当阳峪窑剔花缠枝花纹罐　故宫博物院藏　　图24　当阳峪窑剔黑花缠枝牡丹纹枕　新乡市博物馆藏

图 25　白地剔花彩绘折枝牡丹纹罐
焦作西王封村征集　焦作市博物馆藏

图 26　剔花瓷器修复件
河南辉县城区出土

图 27　白地剔黑花缠枝牡丹纹瓶
美国旧金山亚洲艺术博物馆藏

图 28　白地剔黑花瑞鹿图枕
美国旧金山亚洲艺术博物馆藏

图 29　白地剔黑花鹌鹑图枕
日本多摩中央信用金库藏

图 30　白瓷划花莲花纹碗　美国波士顿美术馆藏

图 31　白瓷珍珠地划花鹿纹枕　河北定州西关窑厂出土　　图 32　黑釉跳刀纹盖罐　郑州大象博物馆藏

图 33　绞胎盘盏一副　日本静嘉堂文库美术馆藏

图 34　大英博物馆藏焦作窑口绞釉瓷瓶
采自《中国当阳峪窑》

图 35　当阳峪窑黑釉酱斑斗笠盏　窑址出土

图 36　黑釉酱斑斗笠盏　日本万野美术馆藏

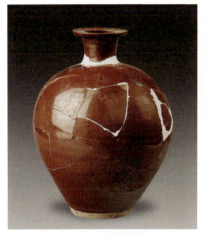
图37 当阳峪窑酱釉瓶　私人藏

图38 红绿彩碗　山西长子碾张关村出土

图39 焦作出土三彩划花碗、盘残片　焦作张汝福提供

图40 焦作矿山窑三彩剔花盘残片　焦作张汝福提供

豫中地区三彩划花牡丹纹枕
英国维多利亚和阿尔伯特博物馆藏

焦作地区三彩剔花牡丹纹枕
焦作九里山乡陆村采集　焦作市博物馆藏

晋南地区三彩剔花一束莲纹枕
日本静嘉堂文库美术馆藏

图41　中原窑口宋元时代三彩枕

图42　耀州窑青瓷童子执荷枕　瑞士玫茵堂藏

图43　耀州窑青瓷刻花牡丹纹钵　陕西蓝田吕氏家族墓出土

图44　耀州窑青瓷印花碗及模具　美国芝加哥美术馆藏

饰，从而改善器物外观，弥补制瓷原料上的先天不足。豫中一带是最早生产此类瓷器的地区之一，或可说是"磁州窑型"瓷器之摇篮。历史上，这里与黄河以北窑区交流频繁，如北宋中后期，这里传统的珍珠地等刻划花瓷器工艺（包括前面所提到的刻划花填彩，即"镶嵌"），可能直接或间接影响到磁州窑、当阳峪窑乃至定窑、井陉窑以及山西等地窑场。不过，大约也是同一时期，此地与陕西耀州窑的关系可能更为密切。耀州窑始烧于唐代，早期以烧黑瓷、白瓷和低温釉陶为主，兼烧少量青瓷。五代至北宋初，过渡到主烧青瓷阶段。其时的青瓷产品，深受南方越窑影响，无论造型、釉色、装饰手法和装烧技术等，都模仿越窑。北宋中期后，耀州窑青瓷烧造进入鼎盛期，品种丰富，青中闪黄的"橄榄青"釉色更加稳定，装饰以刻花和印花为主，技艺高超，已逐渐摆脱对越窑的模仿而独具特色（图42—图44）。就大量烧造青瓷的时间而言，耀州窑应早于河南中西部地区窑场。河南青瓷在发展过程中，可能也受到越窑的影响。如汝窑烧造的供御青瓷，从器物品种到式样，都明显带有模仿越窑秘色瓷的印记。考古资料显示，河南地区十一世纪中后期的墓葬和遗址中，还有越窑青瓷零星出土（图45，参看页511图7、图8）。"科技考古"的成果也证实，在北方青瓷中，唯有"汝官窑"青瓷釉的化学成分与越窑接近。汝窑模仿越窑，由于南北制瓷条件上的差异，遂烧出了既与越窑秘色相类又风格卓异的青瓷品种。不过，就汝窑系（包括鲁山段店、汝州严和店等）的普通民用产品——刻花和印花青瓷看，它们受耀州窑的影响则更为直接和深刻。如印花青瓷的六格布局以及水波纹、水波游鱼、缠枝与折枝花卉等，均仿自耀州窑青瓷（图46）。宏观而论，河南中西部窑区处在越窑—耀州窑与定窑—"磁州窑系"诸窑两大技术系统中心的夹层地带，产品与技术上具有兼收并蓄的特点。

图45　越窑青瓷刻花莲瓣纹碗　宝丰清凉寺汝窑遗址出土　　图46　青瓷刻花缠枝花纹盖碗　宝丰清凉寺窑址出土

黄河南北的两大窑区，历史上长期并存与互动，这就使得中原窑业呈现异彩纷呈的景象。唐宋以来，在整个北方地区，河南窑场的产品虽不能说样样出色（如宋金时代河南的刻花和印花青瓷整体上始终未能达到与耀州窑比肩的水准），但无疑是最丰富的。

当然，两大窑区在发展态势上也并非始终保持平衡。宋室南渡后，中原地区经济社会遭受极大破坏。中原是宋金争战之地，大批百姓死于战乱或被迫外迁。据文献记载，直到金大定（一一六一——一一八九）初年，黄河南岸一些地区仍未恢复到正常年景，"陈、蔡、汝、颍之间，土广人稀，宜徙百姓以实其处……"（《金史》卷九二《曹望之传》）。在此情形下，窑业势必受到影响。而黄河以北地区，正如前所说，由于相对安定，窑业也得以发展繁荣。（今按：从一九九七年发表的观台窑遗址考古发掘资料看，窑址中北宋与金代的地层难以区分，说明该窑在金兵南下的过程中没有受到大的破坏。世宗时，金代经济全面繁荣起来，观台窑也于此时进入兴盛阶段。金代与观台窑同属于河北西路的鹤壁窑和金初所在地划归河东西路、隶属于怀州府的当阳峪窑等，在当时的发展状况当与观台窑相似。）由此推断，在金代一个相当长的时期内，黄河以南窑业发展水平可能远不及黄河以北。换言之，金代陶瓷发展创新的引领者，曾长期由黄河以北窑场充任。而黄河以南窑业的复苏，只能是在人口较快增长、经济开始好转的大定年以后。贞祐二年（一二一四），金由中都大兴府迁都开封府后，河北、山东、山西等地躲避蒙古军队的军户和平民大批迁入河南，洛阳至开封一线一度成为本地区人口最稠密之地。其时，"军国所需，一切责之河南"（《金史》卷四七《食货志》）。正大（一二二四——一二三二）末年，陕西沦陷后，避难军民又一次涌入河南。数次大规模的人口迁移，对河南屡屡造成巨大的民生压力，却也极大地促进了陶瓷等基本生活用品的生产，并带来工艺及品种上的变化。[今按：我认为钧窑就是在这一历史背景下崛起的。参看拙文《钧窑瓷器源流及其年代》(《文物》二〇〇二年第二期）。]

我这个"两大窑区"说，试图对宋金时代中原窑业做一宏观的考察和梳理，但我也明白，窑事细微，更多有湮没无痕而不可测知者，如此说法，不免挂一漏万、顾此失彼，只怕是很难说得清楚的。

神垕与钧瓷

对于爱瓷人，神垕可是个好去处。在我国南北林林总总的古窑子遗中，这个历经千年而薪火不绝的古镇，可说具有某种"活化石"的价值。过去十年间，我常造访神垕，这次出门时间虽紧，可还想再走一遭。

图47　神垕伯灵翁庙正门

神垕是钧瓷的故乡。这儿烧瓷，始踪邈远。据考古调查资料，唐五代以来，神垕大刘山一带的窑业已很兴旺，至今仍有遗迹可寻的伯灵翁庙（当地又称窑神庙），据传即始建于唐代（图47）。宋金时开烧钧瓷，早期产品中有天青、天蓝、月白、豆绿等釉色，还出现少量带紫红斑"窑变"的品种。正是在此基础上，后来的钧台窑烧出了青、蓝釉与红釉浑融一体的"玫瑰紫""海棠红"等精美绝伦的"官钧"。（今按：今天人们常将"早期钧瓷"和"官钧"统称为"宋钧"。其实，"早期钧瓷"是否起源于北宋，目前仍是未定之论；"官钧"年代"北宋说"更缺乏可靠证据。相关讨论可参看本书《"官钧"研究的前前后后》一文。）

神垕之名得自何时，缘何而来，似亦无可稽考。或来自一个辽远的年代，或有一种与埏埴相关的寓意？感觉中，神垕这个名字本身就含有浓重的泥土气味。当地也传说，神垕之得名与瓷器有关，"垕"字专为这个烧出"宝瓷"的地方而造，寓意着"土为瓷之根基"。从字义上考释，"垕"与"厚"通，那么"神垕"二字或许真的含有一层"神圣丰厚"之意。这块土地无疑是丰厚的，所以才养育出一方性情淳厚之人——其实，历史上神垕这一带多灾多难，并非一直是物阜民安之地。方志记载，宋室南渡、蒙古灭金以及元明易代之际，这里兵燹匪祸频仍，民多流亡，十室九空。只是到了明洪武年间，官府从山西大批移民至此，民生才得以复苏。沈括《梦溪笔谈》中说："古物至巧，正由民醇故也。民醇则百工不苟。"依我多年体察，今日农工商相混的神垕人，性情上也有点"杂糅"；民风朴厚，厚中见智见巧。唯其如此，才烧出厚重而诡谲的钧瓷。一个"厚"字，道尽古镇和钧瓷。

神垕地处禹州西南三十公里的半山区。若从郑州驱车来这里，经禹州市区或许昌中转，至少也得三个钟头，好像有点天远地偏。但我听当地一位搞地方志工作的同志讲，东汉时这儿就开通了一条直达汝州并连接首都洛阳和宛城（南阳，其时为陪都）的"官道"，其与外界的交往当是十分便利的，并不闭塞，否则很难成为一座通都大邑。我每次来神垕，总喜欢四处转转，虽然老街巷日渐凋敝，或被改造得不伦不类，但多少还能咂摸出一点它的底气和脉象。神垕在过去不只繁荣过，在繁荣的同时还是一方美丽的风土。我也曾寻访过它周边的古窑址，如刘家沟。若非身临其境，你很难想见这儿的幽美。小小山村，鸡犬隐隐。站在高处，四望如一，满眼浓翠滴绿，沁人心脾，也让人感到，这方水土如若生就不出能工巧匠和美器，那才叫怪事呢。埏埴之利，实得山川之助也。我相信，一山之隔近在咫尺的神垕，过去也一定是山清水秀的。

在这个古镇上，钧瓷薪承火传，代代不绝，这当然是值得额手称庆的。只是，时代变了,市场经济的大潮同样冲击着古镇,钧瓷烧造迅速走向规模化以及技艺的现代化,大批新工艺新面目的钧瓷、准钧瓷涌向市场,在"继承传统"的名义下,而今的钧瓷实则难乎为继,离传统越来越远了。

钧瓷就是钧瓷,它是人工与天工相生相克的产物,它的品性格调自古已定。钧瓷烧造其实并不需要"与时俱进",合乎现代技艺规范的钧瓷,未必就是美的;钧瓷追求的,更是一种自然天成、造化神奇之美:"道法自然,尽得天趣","入窑一色,出窑万彩","钧瓷无对,窑变无双"……此之谓也,而这恰恰是超越现代技艺规范的。因此可说,任何试图以现代科技手段"改良"传统钧瓷的做法都是愚蠢的、有害的。

古镇上当然有人更懂得这个道理,更珍惜钧瓷。像我熟悉的钧瓷老艺人邢国政、晋佩章等,都可说是传统钧瓷的守护者和传承人。邢国政有一手绝技可赏,晋佩章有一段佳话可传,都值得说道说道。

邢国政

我这次来神垕,最想见的就是邢国政和他珍藏的"官钧"。出门前听一个在郑州贩钧瓷的神垕人讲,邢国政最近用他多年收集的"官钧"瓷片粘成了一件花盆状的东西(图48),视为宝贝,重价而不出,让人垂涎三尺。

这个我信。在神垕,不管是谁,只要手里握有几片"官钧",似乎就有了底气,就有资格颐指气使,对别人指手画脚、评头论足。他们挂在嘴边的一句损话是:连片"官钧"都没有,还烧(谈)啥钧瓷!这真是:不当家不知柴米贵,不玩(烧)钧瓷不知"官钧"牛!

邢国政可是真牛，他这宝贝盆子上少说也有几十片"官钧"，而且片片精彩，釉色有天青、天蓝、月白、葱青、米黄，也有名贵的玫瑰紫、葡萄紫、海棠红、胭脂斑等。我在他家观看时，听他说，这些瓷片都是二十多年前从钧台窑址采集的，那时候没多少人知道它的价值，不像现在这么稀奇。

为何要把瓷片粘成一只既不实用又不甚美观的盆子呢？邢国政解释：过去伸手要瓷片的人太多，不好意思不给，可给了又舍不得，所以就想出了这个法子。

图48　邢国政

的确，对钧瓷艺人来说，古钧瓷片的作用太大了，古人的心思、技艺和理想都存乎其中，至今依然鲜活。邢国政说：这些瓷片就是老师，自己烧瓷几十年，从瓷片上学得的东西最多。瓷器烧得及格不及格，好不好，拿瓷片一比就知道了。所以他视之若宝。

在神垕，邢国政属于那种知难而上，"知其不可而为之"的钧瓷艺人。他不赶潮流凑热闹，而是选定烧造难度大、成品率低的"钧蓝"作为主攻目标。晚近以来，神垕烧造"钧蓝"，都喜用化学色料配釉。这样烧出的瓷器，釉色纯净明艳，却少了几分含蓄与古朴。不知经过多少次失败，邢国政终于像古人那样不用氧化钴也烧出了"钧蓝"。这些落尽铅华、古色古气的钧瓷一出窑，便会被郑州等地闻风而来的行家"请"走。

造访邢国政之前，有这么一个小插曲：镇上组织了一批近年烧造的钧瓷，准备拿

图49　邢国政制钧瓷五足炉

到香港展销。这些千挑万选出来的钧瓷就集中在我住的那家招待所一间会议室里,我得以先睹为快。工作人员介绍说,这批钧瓷大都出自神垕钧瓷名师之手。我参观时,确实看到不少我熟悉的名家之作,甚至还见到几件存世无多的晚清民国的钧瓷,但最后发现,近两百件钧瓷中竟独缺邢国政的。问其故,答曰:他的作品太抢手,镇上根本留不住。

　　邢国政的钧瓷之所以抢手,一方面确实是好,另一方面是少。这说的其实是一个意思。而今的钧瓷,花里胡哨,且直如洛阳满大街的唐三彩,殊不自珍耳。而邢国政的作品却是瓷中高士,温润、端庄、雅致。他说烧钧瓷烧出漂亮的釉色并不难,难的是烧出味道。这种认识已超凡入道。烧出漂亮釉色的,是良匠;烧出味道的,是艺术家。我觉得晚年的邢国政就是一个艺术家,一个传统文人类型的艺术家。他也说自己做活像搞艺术创作,用手更用心,做活时手不到"心"到。本来他一年就烧不了几件钧瓷,遇到自己特别满意的又不肯出手,结果市面上能见到的"邢窑"钧瓷自然就少了。而越少越抢手,物以稀为贵嘛。我与他相识多年,只见过他几件钧瓷,件件有"味道",都是他舍不得卖的。我也只收有他的一只五足炉(图49),老实说,釉色不算上乘,但造型好(吸收了"官钧"花盆盆托的某些造型因素),做工精,仍令我珍爱。用"心"做活,这可说是他的"艺德",也是他的经营之道,所以他才能以少制胜，秀出班行。

邢国政个高而瘦，头发梳得一丝不乱，衣着总是干净利落，待人接物也很有分寸，一看就是个严谨干练之人。他其实文化程度不高，未成年就从邻乡来到神垕学烧窑。他早先在镇上一家集体瓷厂工作，是厂里数一数二的"全把式"艺人，特别在造型上更是技艺超群，当时厂里不少在全国和本省业界获奖或被选为"国礼"而赠送外国政要的钧瓷作品都出自他手。二十世纪八十年代初，钧瓷产业面临"转型"，已年过半百的他受命创办一个"与生产一体化"的钧瓷科研所，并出任副所长。他本想大干一场，可"经费缺乏，烦心事也多"，最后索性提前办了退休手续。这一退，烦心事少了，而"代价"也不小。镇上的同行都知道，一九八八年，国家破天荒地评定"中国工艺美术大师"，这可是响当当的荣誉，当时河南省只有神垕的钧瓷艺人最有资格参评，而钧瓷艺人中确乎又首推邢国政。可就因他提前退休而又不知如何"通融"，最终与"大师"错失机缘。为此他也感到有些遗憾。（今按：今"大师"声价日渐贬值，邢国政未能跻身"通胀"严重的名利场，免为其所累，又何憾焉？）

不过，失之东隅，收之桑榆。退下来的邢国政正赶上钧瓷"黄金时代"的来临。他自己烧窑，干得更欢，只是面对供不应求的市场变化，他还是与"传统"不弃不离，一板一眼地"用'心'做活"。和他同时下来烧窑的，有的摊子一上来就铺得很大，什么赚钱烧什么，近年又紧随潮流，更新技术设备，用上了"烧成稳定，成品率高"的液化气窑，在成型和装烧等工序上也加以"现代化革新"，结果越做越大了。而他却不急不躁，至今仍守着自家院子里的一座比鸡窝大不了多少的"煤窑"，坚持用传统工艺烧钧瓷。他告诉我，单从经济收入上看，烧传统钧瓷并不划算，远不如烧"新钧"或"唐钧"（花瓷）、"晋青"（指古代早期青瓷）一类仿古瓷利大。烧传统钧瓷全凭经验，要靠运气，成本太高，有时几窑下来都赚不到一分钱，真恼人！

话虽这么说，邢国政靠"运气"还是叫响了一个"邢钧"的品牌，挣下了一份殷实的家业，同时也有了一份手艺人难得的余裕与散诞。这两年，身体不大好的他已很少烧瓷，有时到镇子附近或邻县的古窑址转转，拣些瓷片，回来研究。即使烧瓷，也带有一点研究和攻关的目的。这不，他又备好了上等的瓷土和"白药"（釉之基料），打算年前再烧几窑"钧蓝"。他指着"宝盆"上一片内含细条白斑如蚕丝玛瑙的蓝釉"官钧"对我说：这种效果的还烧不出来，下次想再试试。他又感慨：烧钧瓷就是这样，每一件每一窑都不同，这山望着那山高，失败了还想重来，没有安生的时候，所以我烧了一辈子钧瓷，还只是个小学生。

在"恼人"的钧瓷面前，邢国政何以如此谦卑？我想原因很简单。《天工开物》有言：万物"巧生以待"。意思是说，自然界万物正"巧妙"地分布于各处，以待人工开发取用。这里说的"人工"，首先是能工巧匠，虽然他们都是些卑微之人。历史上一代代无名的能工巧匠留下那么多鬼斧神工之作，这恐怕也不能只从功利的一面去看。《庄子·知北游》中说到一位精于"捶钩"的老者，其"于物无视也，非钩无察也"，全部心智都放在了制作带钩上，故"物孰不资焉"（外物怎能不予以资助呢）。英国作家高尔斯华绥的小说《品质》中的老鞋匠，更是宁可饿死也绝不做亏心活。这都很能说明问题。其实，从古到今，卑微者那点尊严与高贵，也只能表现为一种无功利的奉献与牺牲。盖技也而近乎道矣（明张岱语）。此道就是"人间巧艺夺天工"，艺不惊人死不休，而一切期求与满足、尊严与高贵便也尽在其中了。

（今按：邢国政已于二〇〇二年去世。天妒才人，他走时不过七十出头，用他自己的话说还是个"小学生"，长才未抒也。在神垕，有传统文化修养的老一代钧瓷艺人都已远行,他们的时代过去了。)

晋佩章

年逾花甲的晋佩章(图50),也是神垕有名的钧瓷专家,在玩钧瓷甚火的郑州,他同样受玩家敬重。不过与邢国政等钧瓷名师不同,他是"墙内开花墙外香"。

历史上,钧瓷技艺主要是靠家族或"门里"(师徒)的渠道传承的。这是一个较封闭保守的系统,外人一般很难进入。虽然这个系统在计划经济时代被打破,但由于钧瓷技艺的复杂性和特殊性,随着市场变化,钧瓷生产真正形成商品化竞争之势,这个系统又得以迅速恢复,而且在竞争空前激烈的今天,愈发显出它的排他性。这样,外人就更难涉足。

而晋佩章就是一个"外人"。来自外乡,娶了一个外地媳妇,三十好几以炮兵测绘教官的身份转业后在神垕一家瓷厂当了多年"外行"股长的他,可说是与钧瓷毫无"血缘"关系。可他就是喜欢钧瓷,喜欢神垕。缘起说来也很简单,就因他转业之前偶尔有次神垕之行,爬了一回传说中吕洞宾的"福地"大刘山,见到几件五彩斑斓的"卢钧"(清末民国以来当地卢氏家族创烧的一个钧瓷品种)。他告诉我,当年(二十世纪六十年代初)转业到禹县,凭着他的知识分子身

图50　晋佩章

份和专业背景,完全可留在县城工作;组织上也打算安排他去城里一所中学教书,当时还在西安工作、同样有着测绘专业背景的媳妇也希望能调到县对口单位,可最后他还是瞒着媳妇一头扎进大刘山,把自己和家人全交给了神垕和钧瓷。"老晋真是着魔了,啥都不顾,就迷钧瓷!"他那位当年从大城市"流放"到山沟沟,改行做了十多年营业员,如今早已退休的老伴也曾在我面前似嗔非嗔地说。

不羡城里金饭碗,只爱刘山五色瓷——这在神垕已是一段遥远的佳话了。如今还会有这样的痴人、这样的佳话吗?

晋佩章不仅喜欢钧瓷,而且还渐渐研究上了钧瓷。第一本公开出版的介绍钧瓷及神垕历史的小册子《钧瓷史话》(紫禁城出版社一九八七年),就是他早年的成果。为了在钧瓷烧造上也成为内行,争得更多"话语权",从"文革"后期开始,他就试烧"卢钧",躬身实践。近年环境宽松了,他更是大干起来,"折腾得几乎倾家荡产",办起一座属于自家的"刘山窑艺实验室"(又称"刘山窑""晋家窑")。或正因自己是"外人",对褊狭固陋的"传统"更有切肤之痛,所以他从不保守,自己辛苦研制或搜集的钧釉配方,只要有求就拱手相送。他的执着大度也开始为他眼中"骨子里自大"的神垕人所理解和尊重。

我多年前读过他的《钧瓷史话》,并缘此与他相识。他个子不高,总是冷着脸似的,面相透出一股倔劲儿,可说起话来倒是咬文嚼字、慢条斯理的,有点宗师气。记得第一次登门拜访时,尽管他已知道我读过他的书,但还是取出一册新的,略加思忖,挥笔写下:"刘涛同志:祝我们友谊长存!祝新的一代继往开来!祝钧瓷学术研究硕果累累!"字迹迤逦多姿,挤满扉页,然后钤上私章,双手送到我面前。他对一个无名晚辈的抬举和鼓励,乐见新人继往开来并引以为"我们",都让我感到温暖舒适。可说实话,对这位前辈的研究成果,我还真有点不以为然。在我看来,他的那本小册子基本属于"乡先生之言",虽"材料丰富",写得也文从字顺,但可能不像他自我感觉的那么"学术"。识见上总该比清季民国那些文人古董家高明吧,好像也并不尽然。保留点原始粗粝的甚至看来荒诞不经的街谈巷议、道听途说,当然也需要,这其实也正是非学院派的"我们"应该做的。只是不管怎么做,都要有一点自省的冷静,清楚自己的优长和"短板"是什么。做研究即如烧瓷,拿烧钧瓷的原料和方法是无论如何烧不出景德镇细瓷来的,反之亦然——这当然是"无忌"之言,肆为赞弹,或有不恭,想必尊者也会宽假于我,不至于对簿公堂的。(今按:晚年的晋先生把"刘山窑"交给儿子打理,自己整个精力都放在了名山事业上,先后编撰出《中国钧瓷艺术》《话说钧窑》《中国钧窑探源》和《中国钧窑釉彩》等书。其最后一本,属科技与工艺方面的,也是最能体现他"学术"成果的,只是听说由于书中涉及某些钧釉配方的"知识产权问题"而至今未能出版。而其他几本似均未突破《钧瓷史话》之窠臼。他在钧窑历史的著述上,一直徘徊于"民间"与"学术"的边缘,始终没找准自己的位置,这不能不影响到他"研究"的深度和纯度。一九九九年春,我在一本考古期刊上看到北京大学考古系青年教师李民举的一篇讨论"官钧"年代问题的文章——此文对今天通行的"北宋说"发起挑战,并提出"元末明初"之新说,感到十分受益,加之李民举又是神垕一带人,便复印了一份寄给晋先生,以期引起他对"官钧"年代及钧窑起源问题的关注与反思。过了很久,才收到他的回信。三页信笺写得满满的,可除了老调重弹外,就是对自己同乡晚辈的不屑与嘲讽。其实,在给他寄文章之前,我也知道,一个人由于受制于自己的经历与环境,往往只能是"身在此山,而只知此山矣",但期望是交浅言深,以为他可以变为一个"异数"的。由此冒渎一议:

"官钧"的年代问题,在神垕乃至整个禹州似乎是个禁忌。谁敢挑战"北宋说",谁就可能会被扣上"无知和狂妄"的大帽子。这也难怪,宋瓷的声价高,大家都想往宋代上靠。不过,对于专业人士来说,还是要实事求是的。历史不是一个可以任人打扮的小姑娘。你说"官钧"是宋代的,就要拿出令人信服的证据。令人不解的是,面对李民举们的挑战,如今我们的一些专家学者明明已是"丢盔弃甲、弹尽粮绝",却依然在固持旧说。这是不是麻木不仁抑或"揣着明白装糊涂"呢?还有我们的禹州朋友,为何那么在乎一个宋代的标签呢?其实,还"官钧"本来面目——无论是元末还是明初,反而更能彰显其价值。因为在北方窑业整体滑坡的年代,禹州竟一枝独秀,烧造出如"官钧"这样精美绝伦的瓷器,这不更值得夸耀吗?)

我近年来神垕,有时间就会到他家坐一会儿,看他搜集的古瓷标本,或闲聊——当然都与钧瓷有关。我们还喝过一次酒,酒是不太烈的"孔府家",下酒的是街边食摊上的酱牛肉。"草草杯盘供笑语,昏昏灯火话平生。"别看他平时不苟言笑,酒过三巡可就跟变了个人似的。而酒只有一瓶,他一人喝了大半,好像仍未尽兴。听说他嗜酒如命,逢饮必醉,醉了就口无遮拦,甚而当街撒泼,颇有点酒徒刘伶的做派。这次来看他,窑边夜话,侃侃娓娓,依然没有一定的话题。九点过后——这在神垕已是夜深人静了,回到招待所,对他所谈的,秉烛(停电)追记,其中关于"新钧"的几点或可参可议:

其一,"新钧"有一个方向问题,即以"宋钧"为追仿目标,还是另辟蹊径?但不管怎样,有两点不能变,一是釉的乳光现象,一是还原火中的"窑变"。这是钧瓷的两个基本特性,否则就不是钧瓷了。

其二,就"新钧"的整体水平来看,"钧红"的成就比较大,"钧蓝"的问题多一些。这当然是有原因的。"钧蓝"本身也是"窑变"呈色,所以色泽和质感俱佳的"钧蓝"更难烧出。"钧蓝"是钧瓷的一种基本釉色,紫红等釉色都是在它的基础上变化来的。"新钧"由于采用化学色料配釉,釉的化学组成与过去不同,加之烧成条件的改变,所以烧出的"钧蓝"一般显得直露寡味,缺乏"宋钧"那种玉质感和自然美。

其三,使用化学色料配釉及"气窑"(以液化石油气为燃料的窑炉)烧造,并不是决定钧瓷品质的根本。"气窑"成品率高,又无污染,其普及发展之势不可逆转。而通过调整钧釉配方,改进窑炉结构和烧成工艺,也同样可达到"柴窑""煤窑"的烧成效果。

烛将熄时,昏昏睡去;一夜无事,唯一梦耳:一日,余访邢国政时,曾以一帧瑞士收藏大家鲍尔(Alfred Baur)藏钧瓷折沿盘照片见示(参看页413图3)。该盘釉质酥润如玉,窑变之色赤若初曙、浓淡相宜,殊为"宋钧"之极品。邢亦叫绝,索之以备效仿。又一日,余再往神垕,于街头地摊上偶见一盘,其形,其釉,其色,竟与鲍尔藏者如出一辙,岂不怪哉?摊主明告:"此为宋钧,今神垕无人能仿。如谓不然,可请邢国政、晋佩章鉴之。"索金八百,不二议。此为地摊之天价,而于宋钧则十不当一,零沽而已。余疑之而又不忍失之,遂付金携至邢府。晋佩章亦邀约而至,大师二人同室操戈矣。"好也好也",邢连连赞赏;"妙哉妙哉",晋亦啧啧称奇。俄而,邢缄口不语,神色诡异,持盘窥之良久,乃笑而叹曰:"此'邢钧'而非宋钧,走眼矣!"余接盘检视,果见其底镌有名款,隐约可辨小篆"邢国政制"四字。邢又戏言:"既如此,便不该留款,也好让汝白捡一件宋钧。"余亦哑然失笑,笑罢忽寤,疑其是梦非梦,一时恍惚而已矣。

（今按：丙子夏一别，直到二〇〇六年秋我偕瓷友访神垕，才再次见到晋先生。见面时都聊了些什么，已记不得了，反正肯定没聊"学术"，更不会去扯"官钧"和李民举，因为耄耋之年的他看起来已十分衰弱，已然没有谈天说地、品人论事的兴致和气力了。当时我即有一种不祥之感，果然一年后就传来了他病逝的消息。听说，他葬在神垕之南的大刘山上，墓地是他生前亲自选定的。葬我于高山之上兮，望我神垕——我想，大概有点这个意思吧。再访神垕之日，当于墓前酹酒吊之。）

段店窑遗址

在豫中这些古窑址中，鲁山段店是我最早去过的一个。那是六年前利用一次到南阳出差的机会顺路去的，收获还挺大。这次出门，计划中仍有段店，可在神垕时，刚从那里拣瓷片回来的邢国政极力劝阻我，说窑址上已盖满房子，什么东西都没了，去也是白去。我有些犹豫了，离开神垕再经禹州时，也没拿定主意。禹州城外南来北往的客车很多，特别是到郑州方向的一辆接一辆，我几次试图打道回府，可逡巡再三还是奔鲁山而去了。

鲁山，因山而名，山在县城东北十八里，靠近襄城县。被誉为宋诗"开山祖师"的梅尧臣，仁宗时任襄城县令时，曾写过一首《鲁山山行》。该诗融情趣与义理为一体，历来脍炙人口：

适与野情惬，千山高复低。
好峰随处改，幽径独行迷。

> 霜落熊升树，林空鹿饮溪。
> 人家在何许？云外一声鸡。

　　今之鲁山，"熊升树"与"鹿饮溪"的自然野趣，早已无觅处，所以让人实在看不出，产生在差不多一千年前的梅公之作，与眼前这片土地有什么关系。倒是县城以西六十多公里外的尧山（石人山），因地处伏牛腹地，山深林密，生态环境未遭大的破坏，还能感受到一点梅诗的情境。不过这也是我多年前的印象了。

　　到段店无直达客车，须在梁洼镇中转。此地也是一处古窑址，只是年代较段店晚得多，兴盛期大抵在明清，产品亦较单调，以黑釉粗瓷为主。上次来曾在这儿稍作停留。镇上还存有一通清道光年立的"重修窑神庙大殿拜殿碑"。据碑文所记，重修窑神庙及配套设施，工程浩大，所需资金均来自当地二十家商号，由此也可想见其时窑业之盛。

　　赶到段店时已差不多下午四点了。中午没吃东西，买了包饼干边走边吃。几年不来，村子中央这条长街变得热闹时尚了。两边不少房子正翻新，满耳混凝土搅拌机的轰鸣；打扮入时的年轻人三五一群地闲逛，不管男女，好像都有文身之好，臂腕上露出龙虎刀剑或花草文字等各种纹样。只有街南头新修的一座教堂（听说此地基督教流行久矣，晚清民国时还有欧美神父），十字架下，弥散着一份安宁。

　　与登封曲河相似，段店村也正压在古窑址上，只是村内可见到的瓷片远不及曲河多。我沿街北行，上次来村北口还能见到比较丰富的遗存，记得瓷片、窑具和窑渣等混合堆积物形成的断崖有三四米高，过去老乡盖房垒墙常来此处取残渣碎片，堆积层总被翻动，因此很容易拣到标本。我上次得到的，既有宋元白瓷、青瓷、酱釉瓷、三彩等，也有最富地方特色和声誉的唐代"鲁山花瓷"。白瓷标本中有片珍珠地划花，似

图51　天青釉瓷残片　段店窑址采集

为瓶腹部分，黑彩划花，以曲线与直线构成正方形边框，框内赫然刻着"皇帝万岁"四个大字，两边各有一组花草图案，亦为正方形，花草四周，密布"珍珠"（参看页219图4）。带此铭文的瓷器，殊不多见，我只知道故宫博物院藏有一件明崇祯时期的青花大碗，至于晚明以前的，过去还从未见过。"花瓷"标本中，有腰鼓残段，其喇叭口状，带一道凸起的弦纹，黑釉上匀布浅蓝色斑。此式腰鼓，今故宫博物院有藏。青瓷标本只得一片，似为盘盏底部，上有一眼米粒大支钉痕，天青釉色，香灰胎，瓷质极佳（图51）。在所有标本中，大概此件最值得研究。刚得到时，我没太在意，后来看到河南考古专家一篇介绍段店出土的晚唐五代青瓷的文章（《汝窑探源》，《江西文物》一九九一年第四期），才引起我的注意。将我的这件标本与文章中所介绍的相比，有相同的地方，如"胎质坚硬细密，呈香灰色，釉层匀净，光亮玉润"；但也有所不同，段店出土的釉面有裂纹和所谓"芝麻花状砂眼"，而我的标本上则无开片无"砂眼"（用十倍放大镜观察），通体如一。惜乎只发现一片，且看不出完器之形制特征，似说明不了多少问题。不过，从它既不像汝瓷也不同于钧瓷的特点看，我认为有可能是年代稍早（相对于清凉寺汝窑来说）的天青釉制品。不管怎样，标本在手，我还是比较倾向于河南考古专家关于段店窑青瓷为汝瓷源头之说的。（今按：今天来看，当年所言甚为幼稚可笑。一小片脱离了"考古现场"的古瓷，无论如何也负载不起"汝窑探源"这个大课题的。我也在反省,如自己过去那种探奇寻宝式的"窑址调查",究竟是否可取。)

到了村北口,东西两望,果然见到原窑址堆积层上盖满了新房,过去遗存物最多的村东一带正在建小楼,正北一目即触之地崛起一座煤窑。沧桑变幻,一座上千年的历史名窑,已泯然无迹可睹,真是"换了人间"。"客路一身真吊影,故园万里欲招魂","一千五百年间事,只有滩声似旧时"——我其实不大喜欢陆游的这种多愁善感,而此时此地浮上心头,竟时空错乱地感同身受。罢了罢了,说这些何用!走到村东头,在一堵院墙前站住,细瞅墙上层层叠压着的瓷片。未几有位中年男子从院里出来,朝我打量一眼:"你是收古瓷的?广东来的?""广东人常来吗?"我递上烟与他聊起来。他说,广东人一般都住在城里,城里有人收了东西给他们送去。(今按:近年因工作关系,我常与广东的古玩商接触,得知过去常去河南一带收购文物的,多是潮汕人。贩卖文物曾在潮汕地区形成一门不小的产业。)现在东西少了,也放不住,谁家碰到一两件马上就有人来收。我问哪儿还有瓷片可拣,他眼珠转了转,朝不远处指了指,王顾左右地说,那地下最多。

王留现与汝窑的发现

返程我选择了经宝丰、汝州到洛阳的路线。宝丰清凉寺汝窑遗址这次放弃,只打算到宝丰县文化馆看看馆藏,该馆负责文物工作的邓城宝多年前见过一面,已有约在先;汝州的汝瓷博物馆很有名,这次也得便一览。

到宝丰县文化馆才知,邓老先生已作古,文物部门也已与文化馆分家另立门户。馆里一位干部模样的人对我说,宝丰出土的汝瓷都被市里(宝丰属平顶山市管辖)调走了,你要看不如去找王留现,他手上兴许还有汝瓷,清凉寺就是他发现的。王留现住所离文化馆不远,我很快就摸到了。进门前,应他要求,我递上个人证件(工作证),他看了半天才吐出一个"好"字,放我进了他那间幽暗的小屋。"不是不信你老弟。"他解释道,"现在我出了点名,很多人想见我,有的是来蒙事的,不得不防。"他收起"名人"派头,忙着拿烟沏茶。他现在确实挺有名的,孤陋如我,也早有所闻;他手中一件完好的汝瓷洗被上海某博物馆"骗"去的传言,曾在河南和北京文博圈儿里不胫而走,我多少听到一些。他这件汝瓷洗,可是不得了,清凉寺汝窑就是根据它发现的。见面自然要聊到汝窑和这件汝瓷洗,这也就难免牵出那个当年沸扬一时的传闻。果然,一入正题,他便愀然作色,开始抖搂陈年旧账,大骂"巧取豪夺"之徒,并为自己当年的"轻率"而自怨自艾了。一个局外人,听到的又只是一面之词,自然难以了解事情的全部,姑妄听之记之——不过,这里还是要依"过话有戒"之老话,有所保留和隐讳,尽量拣"正面"的记。

王留现原在县文化馆工作,一九七八年负责组建宝丰瓷厂,厂址就选在清凉寺村附近,因为这里有现成的制瓷原料,又靠近古窑址。他那件后来作为重要线索帮助专家找到汝窑遗址的汝瓷盘(洗),就是当地老乡挖地窖时发现,被他花几百元买下来的(我又听说这件东西属宝丰瓷厂所有而非私物)。这只盘子,釉色灰青,表面有细纹,香灰胎,满釉支烧,圈足内有三眼芝麻钉痕(图52)。刚得到时,没人敢断定它就是那种"全世界只剩六七十

图52 汝窑青瓷盘(洗) 窑址出土

件"的汝瓷。一九八六年十月下旬，王留现带着这只盘子去西安参加中国古陶瓷研究会年会，当时北京、上海的几个大专家先后过目，他们看法一致，都认为这只盘子与清宫旧藏的汝瓷同属一类，也就是说，这正是一件真正的不可多得的汝瓷。专家们很兴奋，像故宫博物院的耿宝昌一连看了两三次，后一次是带他的学生一起看的。中央工艺美院的叶喆民还拍了照，又嘱咐王留现"好好放着别出手"。特别是上海某博物馆的 W 馆长，看时"两眼放光"，更是激动不已。他因有急事提前离会，一回上海就派馆里两位专业人员火速赶到宝丰。在王留现的协助下，经过前后两次调查，他们在清凉寺村采集到一些与传世汝瓷相同的标本。之后，王留现便接到上海 W 馆长邀请，请他携带汝瓷盘（洗）来上海与他们收藏的传世汝瓷作对比，以便"最后确认"。王留现遂遵嘱"轻率"地赶到上海。经过这么一番计划周密、行动快捷而又"神不知鬼不觉"的调查取证（据说河南文物部门对此并不知情），上海这家博物馆认定清凉寺村就是宋代"五大名窑"之首、中国两代古陶瓷学者寻觅半个多世纪的北宋汝窑遗址，并通过新华社上海分社发布了"这一重大发现"。而王留现带去的汝瓷盘（洗），也在 W 馆长的名利"诱骗"下，稀里糊涂地捐给了上海的博物馆。

  王留现今已退休，儿女都在平顶山市工作，只有他一人住在宝丰，他说这样便于研究，也好发挥余热，再为"振兴汝瓷"尽些绵薄之力。过去在瓷厂时他仿烧过汝瓷，他拿出两件给我看，用很大的口气说，他对汝瓷的真知灼见是从亲身实践中来的，而北京、上海那些专家只见过几件实物，认识不全面。他又取出一盒说是窑址采集来的汝瓷标本，关好房门打开灯后，在床上一片片摆好，又一片片送到我眼前：你看它们的釉色，没有完全相同的，"雨过天青"咋能概括？纹片、气泡也都不一样，不管是×××说的"梨皮蟹爪芝麻花"也好，还是×××说的"（气泡）寥若晨星"也

图 53 汝瓷纹片

好,都不能完全说明问题。还有——他越说越来劲了:×××竟把汝瓷的纹片说成是"缺陷美",还说汝瓷开创了以纹片作装饰的先河(图 53),这完全是外行话!没纹片的其实更好,这可是古书上说的。清代官窑仿汝瓷也要求"无纹"。你看,我这片就没纹片。再一个,有的专家老是把"内有玛瑙末为釉"挂在嘴上,好像釉中加入玛瑙就会产生奇妙效果。其实玛瑙一点都不稀奇,说白了,玛瑙就是一种矿石,与石英的成分差不多。我烧汝瓷就不用玛瑙,可效果是一样的,你比比看……所以我不再迷信专家,有问题就向这些瓷片请教。过去常有人向我要瓷片,现在说什么我也不给了,因为实在找不出重样的。

话糙理不糙。王留现果然有些"真知灼见"。

临别时,王留现说,送你一件汝瓷吧,别人仿的,也不错。说着作出去取的样子。我没接茬儿,乘机在他那些深藏密锁的汝瓷标本中拣出两片釉色相近的,打趣道:送我瓷片吧,这两片可是一样的。他以为我来真的,急忙摆手:不一样,你仔细看看!

朱文立谈汝瓷

离开宝丰的当天下午,我便赶到汝州。这个小城的标志——矗立在市中心的一座巨型雕塑——就是仿照当地出土的一只"汝瓷"（应为元代钧釉瓷器）花瓶的式样塑造的（图54），而其实物就藏在城里的汝瓷博物馆。不过，我在该馆参观时没能看到。因观众少，展厅已关闭多日，展品都入了库房。主人倒是热情，说那只花瓶太大（六十多厘米高），提取不便，要看可看别的。他们取来两件也是"镇馆之宝"的汝瓷让我"上手"，一只淡青色洗，一只天青色碗。前者定为"汝官瓷"，国家一级文物；后者定为"民汝瓷"，屈尊二级。看多了钧瓷，再看汝瓷，感觉上会有不同。钧瓷雍容气派，汝瓷温文尔雅，或可借"宋词"打个比方：钧瓷之比汝瓷，犹豪放派之比婉约派耳——还是说实在的吧。我旁边就坐着汝瓷博物馆副馆长、汝瓷仿制大师朱文立，我们可向他请教。

我与朱文立见过一面，七八年前在郑州的一个陶瓷展览会上，当时他携带自己仿制的汝瓷参展。记得当时我还在他面前高谈阔论，指手画脚，幸不为大师所笑也。烧瓷有道，非深知其故者，岂可信口雌黄！多年不见，不期而遇，谢谢他还记得那个不知天高地厚的"妄人"。这些年他还一直在仿制汝瓷，我在北京、上海、深圳等地都见过他的仿品。听说香港徐展堂艺术馆开馆时，上海博物馆送去的贺礼就是他仿制的一件汝瓷荷花碗。他的一些仿品，被人"做旧"，甚至还流入了古玩市场。谈到这个情况，朱文立有些得意，却又郑重表白：仿品就是仿品，不能当真的蒙人，所以我从不"做旧"；如果我要造假，早就发达了。

搞古瓷科技研究的人都知道，汝瓷釉色（天青色，釉薄而莹润，透釉处微现"铜骨"）最难仿，比仿其他历史名窑瓷器的难度大得多。明清两代景德镇御窑厂曾不断奉命仿烧汝瓷，但效果都不很理想。我在神垕听说，早在二十世纪五十年代就有汝州制瓷艺人到神垕"借鸡生蛋"试烧汝瓷，而直到八十年代清凉寺汝窑遗址发

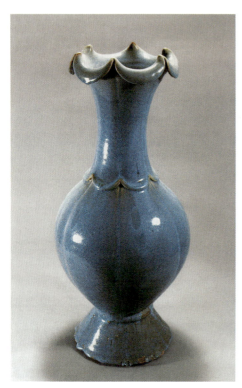

图 54　元代钧瓷花口瓶　汝州汝瓷博物馆藏

北京海淀出土钧瓷盘支钉痕

清凉寺窑址出土汝瓷盘支钉痕

图 55　钧瓷（汝钧）与汝瓷支钉痕对比

现后，才仿烧出纯正的天青釉汝瓷。朱文立告诉我，在仿烧出第一件天青釉汝瓷之前，他经过长达六年的试烧，先后研制配方三百多个，失败一千多次。这些数字后面的艰辛可想而知。

这次见面，朱文立送我几份他近年发表的文章复印件。关于前面提到的汝窑天青釉瓷的烧成工艺以及汝瓷与钧瓷的比较问题，他的文章里都有谈到，兹照录如下：

汝官瓷最重要的是要有天青色，此种色泽是自然矿物原料经过调配，在特殊窑变中生成的，一般天青釉很难和它混同。而和汝官瓷容易相混的是宋代民汝窑天青釉和宋代钧窑天蓝釉，这两种釉色也是自然矿物原料经过特殊窑变而生成的，如果窑变极佳，就形成天青色。如何区别呢？从外观上看，民汝窑和钧窑的这种极佳的天蓝釉，釉面光亮，堆釉如脂，用放大镜看，釉中布满密密麻麻的微小气泡，而釉面呈现蟹爪纹。汝官瓷由于配釉独特，属高铝低硅，所以施釉薄而呈色均匀，而民汝窑和钧窑的天蓝釉属高硅低铝，所以必须施厚釉才能呈现好的色泽，由于施釉厚，它底部的支钉痕一般大如绿豆，而不像汝官瓷的芝麻钉痕……（朱文立《汝瓷的鉴别》，台湾《典藏》一九九三年第十期。"图55"为引者选配。）

一九九六年九月初稿，二〇一二年八月改定

访青瓷故乡：古窑遗痕之二

在我的职业生涯中，丙子年又是一个不小的转折。脱离大学校园，"下海"闯荡了一阵子，终觉不适，遂重又上岸，听候组织另行分配工作。此事一波三折，久拖不决。我赋闲在家，跑窑口，搞研究，看闲书，却也自在。继仲夏考察豫中古窑之后，又于初冬踏访浙江青瓷故乡。从宁绍平原到浙南山区，一路逶迤，直如山阴道上行，目不暇接。凡所见闻，辄为笔记，聊以存念且博读者之粲云尔。

宁波·天一阁

从上海到宁波，我选择了走海路。傍晚起航，"茂新"轮驶进甬江时，天已大亮。江面其实很窄，水中漂浮着一团团黢黑的腐草，船一过，水波骤起，浊浪拍岸。宁波客运港位于余姚江和奉化江交汇口，码头上方不远,迎面一座钢梁索桥紧贴江面,将航道拦腰切断;码头不大,泊位上空荡荡的。

唐宋时,宁波称明州。明州虽非都会,却是海道辐辏之地。明州港位于东海起航线和南海起航线之间,唐宋至元,一直为重要口岸,是海上"丝绸之路"的起发港之一。特别是两宋时,中国与朝鲜、日本的贸易往来频繁,而北方的贸易港(如登州港)为辽、金所据,这样,明州港就成为东海起航线最繁忙的港口,史称"海外杂国贾舶交至"。除了与朝鲜、日本的贸易往来外,从明州港起航的商船还同泉州、广州的商船一起,往来于南海航线,将中国的丝绸、瓷器等商品输往东南亚、印度以及阿拉伯国家等。一九七六年在韩国新安海域发现的载有大量中国瓷器的元代沉船,就是从这儿始发的。当年的三江口,樯桅林立,风帆翩翩,一派壮观景象。

宁波的天一阁很有名。近年,以它为核心建起一座园林式博物馆。馆藏瓷器以历代越窑青瓷为主。二十世纪七十年代出土于宁波和义路的一批唐代越窑青瓷较精美,其中有瓜棱执壶、荷叶托盏、海棠杯、兽蹄足水盂和绞胎虎枕等(图1、图2)。荷叶托盏,釉色青黄闪亮,盏作荷花状,托呈荷叶形,叶沿向上翻卷。这种盏为茶具,即唐代诗人所吟咏的"越瓯"。《茶经》中说:"瓯,越窑上,口唇不卷,底卷而浅,受半升已下。"未知陆羽笔下之瓯亦如此否耶?

这批瓷器中,最令我感兴趣的是青瓷绞胎虎枕。其枕面绞胎纹为浅褐色,构成一组花朵形图案。花纹相似的绞胎器,在海内外公私收藏中为数不少,其多为晚唐宋初中原窑口产品。当年故宫博物院调查河南巩义(巩县)古窑遗址时,就曾采集到此类标本(图3)。不过,过去所见的中原窑口绞胎器,一般都是黄、绿、灰、褐等釉色的,多为低温釉陶胎,像眼前这件青釉瓷胎的品种,我还是头一次看到。从出土地和

图1 越窑青瓷荷叶托盏　宁波和义路唐码头遗址出土

图2 越窑青瓷绞胎虎枕　宁波和义路唐码头遗址出土

图3 绞胎枕残片　河南巩义窑址采集

胎、釉特征上推断，它应当是越窑产品。只是，它与北方绞胎器显然有着一脉相承的关系。那么，究竟是越窑效法北方窑，还是北方窑模仿越窑呢？这件虎枕约出土于九世纪遗址（遗址中同出有"大中二年"铭碗），而根据考古资料可知，中原地区迟至七世纪末或八世纪初已开始烧造绞胎器。再从绞胎器的遗存情况看，也是北方多见。越窑绞胎器除此件外，不知还有无发现。我本想找馆里的专家了解一下，只是来得不巧，正赶上一个有关藏书文化的研讨会开幕，专业人员都开会去了。

上林湖

"上林"是古名，似与帝王家有关，是专供其打猎的园囿。西汉的司马相如有一名篇《上林赋》，写的就是天子率众臣在京畿方圆数百里的上林苑游猎的情景。今慈溪之上林，确然早已不是帝王家的园囿了，至迟晚唐五代，这里已窑烟四起，成为越窑青瓷的一个重要产地。今天已知各地出土的越窑高档青瓷，包括杭州吴越国王室贵族墓葬、陕西扶风法门寺塔地宫和河南巩义宋太宗元德李后陵中出土的"秘色"，多出自这儿的"贡窑"。

从上林湖大坝（今上林湖已是一座大水库）到侧岸的越窑遗址文物保护所，好像只有水路可行，因很少有人去那儿，没有固定的客船，我只好一人包了条游艇，五十元，两小时往返。

文保所坐落于湖边一小山下。一幢二层白色小楼，独居一隅，远离市声，真仙居也。我叫门时，屋里一位中年男子正伏案写作。他就是文保所的负责人童兆良。平时这儿也只住着他一个人。楼上标本室里还有两位先生，正对着瓷片绘图。童兆良介绍，他们是市里（慈溪）文物管理部门的专家，因编一本窑址发掘报告，临时过来工作。

标本室里，瓷器破片残件堆了一地。瓷片很漂亮，像是精心筛选过的，多为刻花和"线刻"青瓷，花纹有卷草、花卉、龙（图4、图5）、鹦鹉、蝶、婴戏等，其中有的花纹很是眼熟。釉色青绿或青灰，而越窑最寻常的青黄釉色却不多见。瓷片中甚至有几枚淡蓝釉色的，其与龙泉窑和南宋官窑的粉青很接近——这当然很容易让人联想

图4　越窑青瓷刻花龙纹残片　慈溪上林湖窑址出土

图5　越窑青瓷海水龙纹碗
美国纽约大都会博物馆藏

到与浙江青瓷血脉相通的汝窑天青了。中国古代顶级青瓷的发展，从越窑到汝窑（中经耀州窑），反过来又从汝窑到南宋官窑和龙泉窑，这可说是一条主线；这一主线贯穿了整个两宋时代。说到汝窑，无独有偶，残器中有件荷花碗，造型与清宫旧藏的汝窑荷花式托碗（参看页330图1）竟也十分相像。童兆良认为是本地窑场五代或北宋初制品。不管怎样，越窑荷花碗的年代应早于汝窑，对汝窑的影响是显而易见的（两天后在浙西南松阳县博物馆参观时，又见到一只当地出土的青瓷荷花碗，只是这只碗被同行的老前辈朱伯谦先生判定为龙泉窑制品。图6）。晚唐五代以来，随着越窑青瓷长期不断地输入中原（图7、图8），耀州窑、定窑以及河南诸窑都曾受到越窑的深刻影响，像浅浮雕式刻花和"线刻"等装饰，都直接承袭越窑（图9—图13）。标本中，也有年代明显偏晚且产地尚不够确定者，如一件乳浊釉三足盘残件，釉色灰白间蓝，釉汁呈流淌状，类似唐代河南地区的"鲁山花瓷"，其造型与工艺迥异于越器，倒是与元代金华铁店窑的乳浊釉产品相若。童兆良说，乳浊釉瓷器在上林湖地

图 6 青瓷荷花式温碗 浙江松阳水南乡塘寮村出土

图 7 越窑青瓷划花枕 河南巩义芝田北石村出土

图 8 越窑青瓷瓜棱注子 河南三门峡出土

图 9 越窑青瓷线刻对蝶纹盘 辽开泰七年（一〇一八）
内蒙古奈曼旗青龙山镇陈国公主墓出土

图10 定窑白瓷线刻对蝶纹盘 北宋太平兴国二年(九七七)
河北定州静志寺塔基地宫出土

图11 越窑青瓷线刻卷草纹碗　　图12 耀州窑青瓷线刻卷草纹碗　　图13 登封窑白瓷线刻卷草纹盘
河北赤城辽壁画墓出土　　　　　耀州窑遗址出土　　　　　　　　郑州私人藏

区发现较少,更无发现生产遗迹,由此推测,这类瓷器可能来自上林湖以外窑口。不过,童兆良也认为,上林湖越窑遗址是一座"取之不尽的宝库",不断有新的发现,因此一切都未有定论,一切皆有可能。比如说过去认为越窑盛于五代衰于北宋,如今越来越多的证据表明,至少在北宋中期前,上林湖越窑依然保持着旺盛活力,生产规模和产品质量都不亚于前代。而且,北宋产品更加注重装饰,生活气息浓郁(图14—图16),不管是官用器还是民用器都如此。(今按:考古发掘证实,一直到南宋早期,上林湖地区窑业也并未完全中断。而且,在宋室南渡定都临安后,由于宫廷需求的不断增长,该地区窑业可能还曾再度兴盛。拙著《宋辽金纪年瓷器》越窑一节中曾把十世纪至十二世纪上林湖地区窑业发展划分为两个重要阶段:"前一阶段,产品上承晚唐,秘色瓷大量烧造并在工艺上有所创新。吴越归宋前后,由于贡瓷数量激增,窑务'置官监理',秘色瓷烧造达到鼎盛。随后渐趋衰微。后一阶段,随着宋室南渡,青瓷烧

图14　越窑青瓷刻花牡丹纹盒　慈溪樟树出土

图15　越窑青瓷鸳鸯形砚滴　上虞下管镇同郭村出土

图16　越窑青瓷"官样"碗残片　慈溪上林湖窑址出土

造再度兴起。只是在宫廷'制样须索'等政治、经济和文化因素的共同作用下,产品造型、釉色和装饰上不同程度地融入宫廷文化以及北方文化因素,风格为之一新。"本文图17、图18所示即为南宋早期制品。前者为上林湖地区寺龙口和低岭头窑址都有出土的所谓"官窑型"青瓷标本,其釉质和釉色与传统越窑青瓷不同,而与汝窑相近。也就是说,这类"官窑型"青瓷在配釉及烧成工艺上曾受到过汝窑的直接影响。浙江考古工作者也认为,这类青瓷具有承上启下的性质,把越窑、汝窑与南宋官窑等连成了一个有机整体。后者亦应属寺龙口窑或上林湖其他窑口产品,在二十世纪九十年代末文物考古机构发掘的寺龙口窑址南宋早期地层中即出有纹饰相同的盘、碗标本。详见浙江省文物考古研究所等编著的《寺龙口越窑址》彩图五十六、一百二十等。此类以"斜刀行削"的刻花青瓷,或同样受到北方瓷器——如当时通过榷场贸易等渠道大量进入宋土的定窑刻花白瓷等的影响,而且,寺龙口窑址所出者及日本

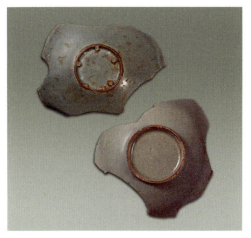 

图17　南宋早期天青釉盘残件　慈溪低岭头窑址出土　　　图18　浙江青瓷刻花盘　日本大阪市立东洋陶瓷美术馆藏

大阪藏品，也可能是"制样须索"的宫廷用器，杭州等地即发现刻有"御厨"字样的同类青瓷标本，如图19所示。）

　　标本室一角摆着几只匣钵，有漏斗形和桶形两种。与质地粗糙的普通匣钵不同，这几只是瓷胎的，密封性更好。童兆良介绍，秘色瓷就是用这种匣钵烧出来的。所谓"秘色"，就其色调而言，当为青绿如翠之色，而与越窑普通青瓷釉色有别。晚唐五代时秘色瓷得以大量烧造，有赖于装烧方法的改进，即采用这种瓷质匣钵，一钵一器，并用釉浆封口，在密封条件下焙烧。这样，瓷器釉色就比使用普通匣钵装烧的要纯正、清亮得多。童兆良说，瓷质匣钵主要发现于上林湖沿岸的黄鳝山、司角斗等窑址，这几处都是当年的贡窑（今按：在寺龙口窑址考古发掘中也出土有这种瓷质匣钵。图20）。使用瓷质匣钵，叠成钵柱体烧造，容易造成钵体间的粘连，而且开窑后往往必须打破钵体才能取出成品，可见成本高昂，一般民窑是用不起的。

图 19 "御厨"盘残件 杭州中河南路馒头山附近采集　　图 20 越窑瓷质匣钵残件 慈溪寺龙口窑址出土

童兆良家在慈溪城里,被单位派到这儿工作已近十年了。谈起上林湖已发现的数十处古窑址,他如数家珍。我真想和他多聊一会儿,但一直等候在湖边的船老大已上门催了两次了,只好告辞。分手时,童兆良送我一份他的论文《上林窑工》和两枚窑址标本。《上林窑工》已提交当年年初上海博物馆举办的越窑秘色瓷学术研讨会。童兆良平日注意采集刻有窑工姓名和其他文字的标本,所得渐夥。这些标本中,有的窑工姓氏、窑工别号(如"巧手王"等)和瓷器商号重复出现,似可说明当时上林湖窑场已出现一批制瓷名手和在资金、技术力量上雄厚的窑主。(今按:五年后,即二〇〇一年十月底,我与几位同事结伴再访上林湖,萧瑟秋风今又是,文管所也一切如故,唯不见了童先生。他因患癌症,已于两年前离开这里。听接任者说,他目前病情还算稳定,只是往后不会再来上林湖工作了。)

朱伯谦

从杭州去龙泉,交了好运:动身前,我给朱伯谦先生打电话,原只想约时间登门拜访,不料他在电话里说:"我陪蔡和璧去龙泉,马上就走。蔡和璧,你知道啦,台北故宫博物院的,很有名。你想去就一起走,有车,请十分钟后赶到。"他的语气急迫而恳切。蔡和璧?抱歉,我还真不知道是何方神圣,不过我对龙泉可是向往已久了,只是山高路远的,去一趟没那么方便。朱伯谦盛情相邀,真让我喜出望外,于是挂了电话便匆匆赶往约定地点。

看起来,好像我有挺大的面子,其实我与朱伯谦的"交情",不过是数天之前远隔千里通过一个电话而已。如果说世间有缘分的话,这就算是吧。

朱伯谦是老前辈。自二十世纪五十年代起,他跟随陈万里、冯先铭等陶瓷考古的先行者调查古窑址,几乎走遍了浙江全省的古代瓷乡,并参与或主持过对一些重要古窑址的发掘。正是在他们获得的大量一手资料的基础上,陶瓷考古取得了阶段性重要突破,即把我国瓷器相对成熟的时间上推到东汉晚期,从而修正了过去所谓"魏晋有瓷"说。在龙泉青瓷的研究上,他投入的精力最多。我这次出门时,还专门复印了他的《龙泉青瓷简史》带在身上。我对龙泉青瓷现有的一点了解,主要是从这篇文章中来的。

朱伯谦现已年逾古稀,从省文物考古研究所领导位置上退下来也有多年,但研究工作并未停止。这次来龙泉,也是顺便为一个新的研究课题搜集资料。对此,他再三嘱我"保密"。其实,我并不知道"密"底,因为他始终也没向我透露课题的具体内容。(今按:这个"密"我直到两年后见到由朱伯谦主编、台湾"艺术家"出版的

《龙泉窑青瓷》一书时才知晓。）我觉得，谨言慎行在他身上似已成一种习性或说是职业素养。在龙泉博物馆，连着两天，他带我们在展厅外阴冷的过道里看瓷片。长期实践，使他在判断龙泉等浙江古瓷窑口、年代等方面积累了丰富经验，但他总是出言谨慎，愿意多听别人的意见。当地有收藏古瓷的人慕名找他鉴定，他也是推谢再三，坦言自己不擅此道。（今按：此言信非故作谦抑也。在今天，考古学家与鉴定家，虽常常"同室操戈"，却渐行渐远，各成一行。不过，近年来因工作关系，我总会从古玩商和古玩爱好者那里见到一些已退休的文博专家以个人名义开具的文物鉴定证书，其中朱先生亲笔签名并钤有其私印者竟也屡屡可见。原"不擅此道"的考古专家朱先生何时成了鉴定专家？只是在他的鉴定证书中，一些被断定为"南宋官窑""龙泉仿官"的瓷器，或有明显误判以及似是而非者——这当然并非我一人之见。由此也招来诟病。我虽有护惜之心，然亦未敢悉为先生辩也。）在我们相处的几天里，他一直寡言少语，偶有一次，在龙泉大窑，经过村里那条古老的石径时，他向我细谈起冯先铭先生。当年他陪冯先铭来这里考察，这条路不知一同走过多少回。故人长逝，往事已矣，然当时情景他仍记忆犹新。对冯先铭，他更有知遇之感："当年编写《中国陶瓷史》，冯先铭一再邀我出任副主编，并撰写部分章节；没有他的帮助，我不可能完成书稿写作。"其言诚厚，冯先铭泉下有知，也会为这份人琴之谊感动吧。

松阳博物馆

到龙泉途中，我们绕道去了一趟松阳。同行的丽水地区文物管理部门的王国平先生说，松阳藏有几件宋墓出土的龙泉青瓷，是目前丽水地区最好的，值得一看。

车进松阳，一路盘山。

当松阳博物馆叶馆长把一件凤耳瓶、一件带盖梅瓶摆在我们面前时，我竟发现，这两件东西我本是见过的，那是在北京一九九〇年全国出土文物精华展上。想不到数年之后，我又与它们在这儿重逢。

凤耳瓶（图21），出土时是一对，一只稍残，便被打入"冷宫"，很少抛头露面。叶馆长说，好的那件已被北京的专家定为"国宝"。蔡和璧说，日本也藏有一件凤耳瓶，与眼前这只相似，被日本政府定为"重要文化财"。此式瓶，除凤耳外，还见有龙耳等（图22）。松阳的这两件凤耳瓶均为粉青釉色，白胎厚釉，釉面微泛荧光。朱伯谦说是龙泉大窑的产品，当年他在那里发掘，曾出土过这种青瓷。而龙泉的其他窑址尚未发现过此种器物。其烧造年代约在南宋末至元初。

弦纹瓶（图23），一九七九年出土于松阳南宋庆元元年墓。宋时称"经瓶"，盛酒器。覆盖，平肩，腹上部丰满，往下渐削，通体作"出筋"弦纹，内外施釉，晶莹光亮，青灰釉面上满布开片。器物可能为两次施釉烧成，上手观察，可从器盖内口缘看到两层釉融合的痕迹。由于它是从有确切纪年的墓中出土，所以可视为龙泉青瓷断代的标准器。

叶馆长是当年的上海知青，因在此地结婚生子，返城时就没走，分配到县文化站工作，后又调入博物馆（前身为县文物保管所）。这位女馆长，衣着打扮甚至口音都已相当"土著"，人也更是"梦里不知身是客"了。我也是知青出身，知道她是一个有故事的人。中午，馆里请饭，她陪大家喝了几杯米酒，神色和语调都有些迷离飘忽地说，她十七岁离开家门，把自己一生最好的时光都给了这个远离上海的地方。二十多年来，日子过得清简却也充实。这个馆是在她手上好不容易建起来的，虽还十分简

图 21　龙泉窑青瓷凤耳瓶　松阳出土　松阳博物馆藏　　图 22　龙泉窑青瓷鱼龙耳瓶　韩国新安沉船出水　　图 23　龙泉窑青瓷弦纹瓶　浙江松阳南宋庆元元年（一一九五）墓出土

陋，但对一个还不富裕的山区县来说，已很不错了，好在又藏有几件国宝，引得国内外大专家和上面领导常光顾，县里也觉得有面子，知足了。我也喝了点酒，心有戚戚，听得出她的话里有几分怅惘，但同时更感到一种很美的诗情诗感，发乎于情，止乎于礼；哀而不伤，怨而不怒，犹《诗经》中的那个意象：昔我往矣，杨柳依依；今我来思，雨雪霏霏。……

龙泉博物馆

　　龙泉博物馆坐落在城北九姑山上，站在馆前石坪上，可俯瞰全城。馆舍敞亮，一楼陈列的全是当今本地制瓷名家的作品，古代龙泉青瓷陈列只占了二楼一角。接待我

图 24　龙泉窑青瓷双系长颈罂
龙泉茶丰乡墩头村出土

图 25　龙泉窑青瓷刻花缠枝牡丹纹
多嘴罂　龙泉博物馆藏

图 26　龙泉窑青瓷划花注子
日本私人藏

们的石庭园馆长和保管部杨冠富先生，都年富力强。

馆藏的龙泉青瓷，多为当地出土和征集，珍品中有北宋的双系长颈罂（图 24）、六棱双系罂和刻花缠枝牡丹纹多嘴罂（图 25）等。至于龙泉窑鼎盛期（约南宋晚期至元初）的制品，可观者较少。

北宋中早期的龙泉窑，以龙泉南部的金村、庆元等窑场为主。早期釉色淡青（图 26），可能是受了瓯窑的影响；中期以后，釉色青黄，盛行刻划花装饰，产品多与婺州窑相近。北宋龙泉窑的"粮罂"，多有出土，在馆藏中也较多。这种小口大肚、一般口沿下插有几根管子（当地俗称"嘴"）的瓶子，过去都认定为越窑制品，其实是龙泉窑特有品种，只是在形制上受了唐代以来越窑、婺州窑多嘴罂的影响。罂也有不带"嘴"的（图 27），属明器，内可盛谷物，故名"粮罂"，又称"谷仓"。"嘴"有

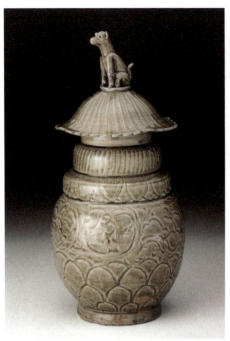

图 27　龙泉窑青瓷刻花缠枝牡丹纹罂
美国芝加哥美术馆藏

图 28　龙泉窑青瓷琮式瓶
龙泉道太龚村明正德戊寅年（一五一八）墓出土

四嘴、五嘴、七嘴甚至更多的,以五嘴最常见(今多称"五管瓶")。五嘴似含有五谷丰登之意,有的器物上的嘴干脆就做成稻穗状。馆藏的一件多嘴罂,盖子内壁上墨书"张氏五娘,五谷仓柜;上应天宫,下应地中;荫子益孙,长命富贵",这就把罂的用途、性质揭示得很清楚了。

有只展柜里陈列的一批青瓷较精致,有印花盘(盘心印有蝠、鹿图案,寓意"福禄")、盖罐、玉壶春瓶、琮式瓶(又形似宝塔,图28)等,多为青绿釉色。这批青瓷是从同一墓中出土的,被省里专家定为元代龙泉窑产品。但杨冠富有不同看法,他说已发现这座墓的碑铭,证明此墓年代为明正德年间,这批青瓷也应为其时产品。杨冠富曾参加这座墓的发掘,他介绍说,青瓷器物在棺中是分开摆放的,罐的位置在死者的头部,玉壶春瓶和盘、碗分别置于死者的手部。他据此推测,罐为"官"字的谐音,将其置于头部,有头顶乌纱、官运亨通之意。玉壶春瓶是酒器,所以置于手部,以便取饮。

博物馆的一个角落里堆满瓷片,它们按窑口分别装在编织袋里,多得难以数计。驳杂的瓷片里浓缩着一部龙泉青瓷史,更勾起我们的兴趣。

"鼎盛期"的龙泉窑瓷片,特别是大窑的标本,质量普遍较高。大窑的粉青、深粉青等瓷片,釉厚而滋润;粉青极佳者,质地细嫩,色调鲜爽,真美得不可思议,令人顿生怜香惜玉之感。这种粉青瓷器,也就是旧时鉴赏家所称道的"粉骨龙泉"吧。大窑瓷片中可辨出器形的,除一般日用器外,还有凤耳瓶、贯耳瓶、鬲式炉、鼎式炉等陈设器和祭器。金村和溪口等窑址出土的瓷片,也很漂亮,许多简直与大窑无法区分。实际上,在龙泉窑鼎盛时期,这些窑场由于相距不远,联系紧密,因此工艺上相互影响,不会有太大差别。溪口瓦窑垟窑多烧造黑胎青瓷,其标本厚釉薄胎,釉面开或大或小的纹片,蔡和璧视之惊呼"郊坛下"(南宋宫廷在杭州所建窑场之一）。这类产品确与南宋官窑几无二致。更令人感兴趣的是，瓦窑垟窑的白胎青瓷片中，竟也发现有在釉色、纹片等特征上直追南宋官窑的品种。"天下大乱了！"蔡和璧连连惊叹。

入元后的龙泉窑，由于产品大量出口，窑场迅速增加。特别是水陆交通便利的龙泉东部瓯江两岸，新窑林立。韩国新安沉船共打捞出一万六千多件瓷器，其中龙泉青瓷就占了半数以上。元明时代的龙泉青瓷，釉色青黄，多以刻、划、印、贴、堆等手法装饰产品。在盘、碗等日用器中，印花者最多。明代的一种直口深腹式碗，喜用历史人物图案装饰，如"孝子图"，其中有董永、曾参等。江苏淮安弘治六年墓出土一对龙泉窑青瓷印花碗，其中一件内壁印有"孔子忆颜回""贞子破棋开""李白功书卷""韩信武之才"四组楷体文字及相应的人物图案（图29）。植物花卉纹中，带文字的也很多，字体正书篆写不一，最常见的有"吉利""福寿""秀""良女"以及"张""王""刘"各姓氏等。蔡和璧很想看到带"顾仕成"铭记的标本，但两天下来，终未如愿。相传顾仕成为明代制瓷名手，所制瓷器釉厚色青，造型规整，是当时龙泉青瓷的代表（图30）。不过，龙泉县志里说："正统时顾仕成所制者，已不及生二章远甚。""生二章"即民间传说版中宋代的制瓷名家，亦为宋代龙泉窑之代称。

哥窑传说

提到"生二章"，自然就会联想到哥窑传说。我记得自己最早是从台湾的一本介绍中国古陶瓷的小书中读到哥窑传说的。那时我还没入行（我是一九九三年调入文博单位的），对古陶瓷只是有兴趣而已。许多年过去了，这个传说还记得很清楚：

图29 明龙泉窑青瓷印花历史人物纹碗
江苏淮安东郊闸口村明弘治六年（一四九三）墓出土

图30 "顾氏"青瓷盘残件
龙泉大窑遗址出土

宋朝时,浙江龙泉县琉田村有章生一、生二兄弟俩,从小跟父亲烧瓷。父亲死后,二人分家各主一窑。哥哥的窑称琉田窑,又称哥窑;弟弟的窑称龙泉窑,又称弟窑。因哥哥烧的瓷更精美,弟弟很是嫉妒,一天傍晚,他便偷偷摸到哥哥的窑上,用毛竹将溪水引进烈焰熊熊的窑内,结果出窑后瓷器表面满布裂纹,全成了"废品"。哥哥又纳闷又心疼,拣了只瓷杯回家,想琢磨出一个补救办法。他将桌上记账用的墨汁与釉水调和,刷在杯子表面,使其渗入裂纹中,然后入窑复烧,烧成后只见裂纹黑褐相间,看上去如片片鱼鳞,比没裂纹的瓷器更新奇有趣,人们见了都很喜欢。

对哥窑传说,今天行内人士大都不当回事,研究中已很少正面提它了。而龙泉这边则不然。这次来龙泉,在我们所接触的本地人中,文博专家不说,其他无论是政府官员还是普通百姓,都不仅熟知"生二章"的故事,而且还十分熟悉哥窑青瓷的工艺面貌,即便是对今天烧造的龙泉青瓷,也常以"哥窑"或"弟窑"相称,而对哥窑传说的真实与否,好像并不关心。这个情况是我没想到的。我曾与接待我们的一位当地政协领导谈起哥窑,我问他是否真的相信哥窑的存在,章氏二兄弟烧瓷的故事会不会是编造的。当时这位领导并未正面回答,而是反问我:古人为什么要编造这个故事呢?我一时语塞,不得不佩服他看问题的角度。是啊,简单的问题往往容易复杂化。其实,上述台湾版的哥窑传说,不免有点添油加醋,是一个"再创作"的文学版本,而"正史"中的哥窑传说却是平淡无奇的。如明嘉靖四十年《浙江通志》记载:"(龙泉)县南七十里曰琉华山……山下即琉田,居民多以陶为业。相传旧有章生一、生二兄弟,二人未详何时人,主琉田窑造青器,粹美冠绝当世。兄曰哥窑,弟曰生二窑。"嘉靖四十五年《七修类稿续稿》则进一步说:"哥窑与龙泉窑皆出处州龙泉县，南宋时有章生一、生二弟兄各主一窑。生一所陶者为哥窑，以兄故也。生二所陶者为龙泉，以地名也。其色皆青，浓淡不一；其足皆铁色，亦浓淡不一。旧闻紫足，今少见焉，唯土脉细薄，釉水纯粹者为最贵。哥窑则多断纹，号曰百圾破。"之后的文献大都与之附和。看，文献中对哥窑传说的记载，一切都显得真真切切、实实在在，一点都没有"再创作"的痕迹。这次在龙泉，直觉告诉我，哥窑在历史上可能确实存在，而它的历史或许正是用"传说"书写的。关于这个问题，我想还有讨论的余地，容另致之。

那个台湾版的哥窑传说，虽说"再创作"的痕迹较重，但从烧窑的角度看，却一点也不离奇。我们知道，一切物质都会因温度的变化而变化，高温时膨胀，冷却时缩小。瓷器坯体和釉也是这样。高温下釉比坯体膨胀得更大，冷却时釉比坯体收缩得也多，胎、釉间膨胀系数不一致，即导致釉面龟裂现象的产生。龟裂程度的大小与冷却过程的快慢有直接关系。假如将炽热的瓷器骤然冷却，釉的弹性就会变小，从而产生裂纹。台湾版的哥窑传说，正透露出一点瓷器"开片"的奥秘。也说明"创作"这个传说的人，至少是懂得一点烧窑门道的。当然，传说中弟弟将溪水引入哥哥窑炉的做法或很难令人相信，实际烧窑中采用将冷空气过早地放入窑中以加快瓷器冷却而引发"开片"的方法倒是更有可能的。至于用墨汁"染色"，即在出窑后不久的瓷器上涂以墨汁或其他染料，使之渗入裂纹中以突出装饰效果，这也是哥窑类瓷器惯用的技法。

从技术上说，"开片"是瓷器的一种缺陷。不过，若是人为地控制它，使之均匀、重复而有节奏有韵律地产生，那么这个缺陷便转化为一种富有特殊美感的装饰了。哥窑瓷器就是这样。

蔡和璧

我这次能来龙泉,其实也是托蔡和璧的福(图31)。朱伯谦枉驾,当地官员热情迎候,都是看在她这个"外来和尚"的面上。

蔡和璧早年留学东洋,中年后返台,现就职于台北故宫博物院。她长期关注清代官窑瓷器,曾主持过台北故宫博物院"清宫官窑展",近年兴趣转向宋瓷,把研究重点放在了龙泉窑青瓷上。

蔡和璧是已故日本著名历史学家三上次男的学生。三上次男也是古陶瓷专家,他对波斯陶器和中国贸易陶瓷都有研究。二十世纪六十年代,他曾参与埃及福斯塔特遗址出土的古陶瓷调查和整理工作,并对七世纪至十七世纪与中国陶瓷贸易密切的西亚、中亚一些国家和地区进行了实地考察。他的《陶瓷之路》一书记述了这些不平凡的经历。虽然这本书是为岩波书店写的通俗读物,但还是在我国陶瓷界引起较大反响。我很喜欢这本书,译得也好,装帧也朴素。中译本(李锡经、高喜美译本)一九八四年初版,恰是我刚迷上古陶瓷的时候。作者笔下的福斯塔特遗址、托普·卡普·撒莱博物馆以及横跨欧亚大陆的名城伊斯坦布尔、位于丝绸之路上的内沙布尔……至今我犹为之神往。

此行虽与蔡和璧相伴,但几天里除行路外就是看瓷片、跑窑址,大家都紧张、

图31 蔡和璧、朱伯谦与我合影于大窑岙底

疲惫；直到离别龙泉的前一天晚上，才稍稍放松，我也才有了一个问学请益的机会。

谈到台湾和国外的中国古陶瓷研究，蔡和璧说：近二十年来，大陆陶瓷考古不断有新发现，这给大陆、台湾以及国外陶瓷界都带来很大冲击，却也促使中国古陶瓷研究逐渐走上科学轨道。在国外，特别是日本，研究上很讲秩序，研究人员首先要找到自己的位置，确定研究范围和课题，而不可对自己不熟悉的领域随便发表意见，你研究的课题就是你的，发表演说和写文章，别人就信你。当然，国外学者由于缺乏一手资料，在某些方面的研究上很困难。如对龙泉窑，过去往往把它与越窑弄混；即使现在，不少人一看到龙泉窑瓷器，也只会说"噢，龙泉"，别的就再说不出什么了，好像问题很简单似的。

蔡和璧此次已是三进龙泉，问她对龙泉窑的认识和感受，她说：问题还多得很。就发展脉络而言，龙泉窑应是从外围向大窑一带发展，并逐渐在这里形成中心。但发展中的诸多环节还搞不大清楚，而且来的次数越多越感到情况复杂。

从事龙泉窑研究的大陆学者，好像也有这样的困惑。诸如"先龙泉"与"龙泉早期"缺环问题，龙泉窑与瓯窑等浙南瓷区以及与境外窑业的关系问题，似乎都还没有完全解决。

"不过，爱上陶瓷真是件快乐的事，"蔡和璧说，"我不但搞研究，而且还动手做陶。我们台北故宫博物院内部有个小窑，我常去做些小玩意儿，乐在其中。"做陶看起来是一种粗工，但摸过泥巴的人都有体会，做陶并不是只花力气而已，人在拉坯时，用指头感触，并将其传于心；在成型阶段，这里多压一下，那里多按一下，这小小的动作里，其实都包含着观念和思考。做陶的乐趣也就在这里。

我与蔡和璧有同感。过去在大学工作时，工美系的学生到瓷厂实习，我也随他们去过多次。那时我对陶瓷还不像今天这么痴迷,拉坯、旋坯、上釉、烧窑,只是觉得有趣而已。鄙人不贤识小,少时即喜欢"动手",如鼓捣航模、无线电之类。成人后最大的理想是学一门手艺,像那时("文革"后期)社会上顶吃香的打家具或修理收音机、照相机什么的。喜欢上陶瓷以至后来改行从事文物工作,完全是无心插柳。我周围的人都纳闷:你一个学中文的怎么会迷上这东西?当时自己也说不清楚,现在想来,在大学时做陶的那点经历,或许算是一个因由吧。

大窑遗址

龙泉城外,山清水秀,虽已入冬,依然满目葱郁。车窗外,一溪如带,这就是著名的秦溪。

秦溪之有名与一个叫欧冶子的铸剑大师有关。相传越国宝剑冠绝天下,而当年欧冶子就是用了一种采自秦溪的稀有矿石才铸造出坚韧锋利的龙泉宝剑。宝剑与青瓷,今天更成为龙泉的两块金字招牌。

中午赶到小梅镇。大窑便隶属此镇。镇长、书记都出面接待,在街上一家小饭馆里安排下饭菜。场面不铺张,吃得却可口,特别是香菇炖鸡,很有滋味。镇长介绍,香菇是本地特产,现已成为农民主要的收入来源。

吃完接着上路,这以下的七公里全是土路,坑坑洼洼很难走。想当年,大窑的瓷器就是从这条路运出来的吧?那时只能靠肩挑,真不容易。

终于路尽,汽车停在大窑村口(图32)。

一座"全国重点文物保护单位"的石碑赫然入目。浙江现发现的近两千处古窑址中，获此殊荣的好像只有两处，另一处就是我刚去过的上林湖越窑遗址。

大窑村及其周围，古窑密集，我们只能就近走走。

沿岙底溪进了村子。溪涧两边，黑瓦房黄泥屋高低错落，脚下的条石路坑洼不平。傍水而居者，都在门前搭一竹台，颤巍巍伸向水中，上面晾满刚采下的香菇。

穿过村子，爬上一面坡，行不远就到了岙底窑址（图33）。"岙"在浙闽方言中称山

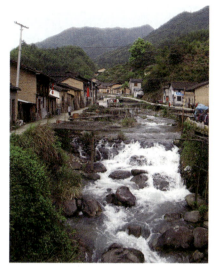

图32　龙泉大窑村　摄于二〇〇八年

图33　岙底

间平地。同来的杨冠富介绍，这儿曾出土不少具有"龙泉仿官"特征的瓷器，有白胎的，也有黑胎的，质量都较高。群山环抱的平畴间，有条青砖铺就的古道，在荒草中时隐时现。古道虽已废弃，但有些路段用扁扁的砖条拼成的细密规则的路面，依然平整如初。杨冠富说，这条路叫"官作路"，当地老百姓至今都还这么叫，"官作"就是官窑，这更可证实，南宋龙泉的官窑就在这儿。（今按：近年岙底一带确有重要考古发现，不过与所谓南宋"龙泉官窑"无关，而是出土大量"与景德镇御窑厂明初瓷器相似的青瓷"。二〇〇六年九月至二〇〇七年一月，浙江省文物考古研究所和北京大学考古文博学院等单位联合对这儿的"枫洞岩窑"进行了考古发掘，初步证实，该窑"烧造于元、明时期，明初曾生产官用瓷器"。至于窑场性质，发掘者认为，"应是一座承接官府订货的民间窑场"。这一发现刷新了人们的认识——明代龙泉窑，特别是大窑并未衰颓，而是在制瓷工艺上愈益精进并攀上新的高峰。二〇〇七年一月，因参加窑址考古发掘成果观摩活动，我又得以重访大窑。）

  朱伯谦开口谨慎，只是说，他过去在这儿发掘过，但发掘面积不大。当年陈万里来调查，在这儿也发现有黑胎瓷器。不过，这类瓷器在大窑其他窑址中同样有发现。南宋晚期，大窑这儿还是以烧造白胎瓷器为主，黑胎瓷器主要产在溪口。在窑址中，黑胎瓷器与白胎瓷器是混杂在一起的，至今还未发现一座专烧黑胎瓷器的窑场。

  荒草下，砾石间，田头地垄，碎瓷片俯拾即是，有些地方还可见到残器。我们一行人中，就有人拣到半残的渣斗、印花牡丹纹大瓶、菱口大盘等宋元遗物。这个情况超出我的意料。如今，许多古代名窑遗址或已建成博物馆而沧桑感尽失，或已落得"白茫茫大地"而徒具其名。大窑有今天，除僻处荒陬外，大概也得益于当地文物管理部门的保护。听龙泉博物馆石馆长说，他们在大窑等主要窑址所在地都雇有文保员,这些人是拿工资的,因此很有责任心;当地的老百姓,警惕性也高,见陌生人来拣瓷片,就会上前阻止,不听劝告的,还可能会被抓起来。

瓷片中,青黄、青灰等厚胎薄釉者居多,薄胎厚釉、粉辉玉润(粉青)者也不少,而最为鉴赏家称道的所谓梅子青,却几乎不见。我仅得一枚,还是蔡和璧在村里拾到送给我的,瓷片似为瓶或壶的肩下部分,色类碧玉,委实可爱。梅子青与粉青等相比,釉面玻化程度高些,胎的细白度似乎也高,只是由于釉层厚,仍给人以酥润之感。从烧成上来说,梅子青的呈色极为敏感,对烧成温度和还原气氛的控制技术要求更严格,因此很难烧出。在龙泉青瓷中,梅子青算是一个特殊的稀有品种。这次我在龙泉城内见到不少新仿制的青瓷,粉青、豆青、淡青等都仿得不错,只是梅子青一件都未见到。

离开呑底,返经村子时,应邀到村长家小坐。村长搬出一篓新橘招待大家。知道我是从外省来的,村长说:"你该多住几天,我带你各处转转,这一带有几十个窑址,好瓷片多得很。"

感谢村长的好意。要说在这个"高山青涧水蓝"的地方住几天,再拣些好瓷片,真不错呢。可我还是感到,此行该结束了。更感谢朱伯谦、蔡和璧,还有丽水地区文物管理部门的王国平以及龙泉博物馆的同人,托你们的福,我已经很幸运了。

一九九七年二月初稿,二〇一二年十月改定

闽北宋瓷行旅：古窑遗痕之三

闽北地区的古代窑业，以建窑为中心，兴盛于两宋时期。多年来，从南到北，我已跑过好几十个窑口了，不曾去过的只有闽北；我最关注的"宋窑"如定、耀、汝、官（修内司与郊坛下）、饶、建以及磁州、吉州、龙泉等诸窑口，算来也只剩建窑一处没跑过。研究一个地方的窑业，不实地走走，总还是感觉隔膜。庚子年夏秋之交，应邀赴景德镇开会，返程特意取道闽北，于是便有了这次"宋瓷行旅"。

从景德镇到建阳

八月十七日上午八时许，我们一行五人驱车从景德镇出发去建阳。

五人中除了我们夫妇二人，还有抚州的老陈、北京的小于和小陈。老陈是古玩商，这两年经营仿古建盏，在深圳开了家小店，专卖柴烧建盏。小于学的是陶瓷考古，一个月前才拿到博士学位。小陈是学美术史的，不过他更感兴趣的是不入美术史主流的古陶瓷，待硕士毕业后，打算去日本深造，研修东亚瓷器。

我此行的目的，主要是考察建窑等闽北古窑址，顺便也了解一下当地仿烧建盏的情况。跑窑口，对我来说就是一种生活、一种乐趣。

水吉窑址

水吉是座小镇，今隶属建阳。离小镇几公里之外的池中村、后井村一带，就是当年建窑的中心了。所以建窑又有水吉窑之称。此行的向导是老陈，建阳这边熟得很。经过镇子时，老陈说，镇上有"建盏一条街"，街上都是卖仿古建盏的，不过多是"水货"（指私人小作坊烧制的低档货），不值得看。这些年仿古建盏在当地已形成一门产业，据说大大小小的窑场就有三千家之多。

我们在后井村附近一处叫"大路后门"的龙窑遗址前下车。这处宋代的龙窑遗址已经过考古发掘并被保护起来，山坡上残存的窑体，被一座砖木结构、阶梯状的长廊遮盖（图1）。遗址管理员介绍，这座窑原长超过一百三十五米，是目前世界上发现的最长的龙窑。我大概知道两宋时期的龙窑长度多在四十米左右，超过百米的龙窑似乎仅见于闽北地区。我们现在看到的窑体其实是两座窑的"叠压"。当年在窑炉的更新改造上，为节省人力物力，往往以旧翻新，即新窑建在旧窑基础上，这样就造成了考古工作者所说的"叠压"现象。这两座窑的考古编号分别为一号窑（Y1）和三号窑

图 1　水吉大路后门龙窑遗址

（Y3）。一号窑叠压打破三号窑。管理员所说的原长一百三十多米的为三号窑，而一号窑的长度也有一百二十多米，同样为超长型龙窑。据测算，这种龙窑可一次装烧大小茶盏十万件，数量大得实在惊人。

长廊两边的坡地上，堆积着一些当年烧窑的废弃物，如匣钵和垫饼，细找还会拣到不少黑釉和青釉瓷片。我们几个都拣到一些，其中还有典型北宋特征的建盏残片。窑址管理员说，过去这里及邻近的几处窑址，废弃的窑具堆积如山，破碎的建盏也随处可见，完整一点的被村民拣去，早年用来喝茶，如今都拿去卖钱了。老陈则说，现在连瓷片都可以卖钱了，附近村里就有卖，二百元一袋，还代办邮寄。

建窑废品率高，一只品质优良的建盏是在大量废品的基础上产生的。建盏的各色花纹，均为铁黑釉在高温焙烧和还原气氛中"窑变"所致，烧成难度极高。有着二十多年仿烧建盏经验的工艺大师李达先生有个估计：无起泡变形或脱釉、粘底等重大缺陷的建盏所占比率不到百分之一，无明显缺陷且斑纹流畅通达的褐兔毫建盏所占比率不到万分之一，而鹧鸪斑和曜变建盏则分别属于十万分之一和百万分之一的产品。按李先生的估计，我们眼前这座一次可装烧十万件茶盏的窑炉，成品数量也是极低的。即使是出品率为百分之一的普通建盏，一窑所能得到的成品也不过千件左右。

建盏如此高的废品率，在我国古代所有瓷器品种中恐怕绝无仅有。我想：或许正是因为废品率高，为增加出品数量，建窑烧造黑釉盏才需要窑身更长、容积更大的窑炉吧。披沙拣金，以数量换取质量，这可说是两宋窑业独特的"建窑现象"。如此高的生产成本造成的"建窑现象"，似乎也只能发生在商品经济发达、禅宗盛行以及世风奢华的两宋之际。从文献和考古资料看，当时建盏的使用对象，主要是宫廷内府和寺院道场，当然还包括士大夫等精英阶层。可以说，正是上流社会的大量需求，成就了建盏这个本质上最奢华的瓷器品种。

暨子文与传古堂

传古堂建盏，是当地知名品牌，这个品牌隶属于行业中规模最大的一家经营实体——传古堂建盏文化创意园。该园独处一个山脚下，离水吉镇不远。进入园区，迎面是一排高大的厂房，厂房前的斜坡上，卧着一条龙窑，窑炉被高低错落的长廊遮盖，就像大路后门那条被保护起来的龙窑一样。园区不小，显得有点空旷。老陈

图2　暨子文工作照

指着一大片空地说,上次我来时那里还堆满烧窑的木柴,这么快就空了,看来生产形势不错。

一中年男子迎上来,老陈介绍,这位就是传古堂掌门人暨子文。暨师傅是土生土长的水吉人,五年前开始学做建盏,如今已是行业中的后起之秀(图2)。

暨师傅以茶水和西瓜招待我们。茶台上摆着十来只大大小小的建盏,都是传古堂产品,有的显然是刚出窑的,足根上还粘着一些白色粉末(烧成时起隔垫作用的石英砂)。这些盏子确实不错,釉面莹润,花纹或隐或现,上手也很有分量感。借老陈的话说,它们很有"老味儿"——当地人评价一只好的仿古建盏,都喜用"老味儿"这个词。茶台上还摆着三只玻璃小罐,里面分别盛满制作建盏的三种原料:瓷土(高岭土)、纯红土(当地又叫"黄泥巴")和赤铁矿石。暨师傅介绍,这三种原料都取自本

图3　传古堂仿古油滴盏

地，高岭土掺入一定比例的纯红土用来制坯，赤铁矿石做釉，古法烧建盏，就用这三种原料。纯红土和赤铁矿石中都含有较多的铁的氧化物，在一千三百度左右的高温焙烧中，这些铁元素就会从胎釉中"逼"出，冷却时在釉的表面形成所谓兔毫或油滴（图3、图4）。

　　古法烧建盏，除天然矿物原料外，还有一个也很重要，就是龙窑柴烧。传古堂有句广告词，就是"传习古法，专注柴烧"。暨师傅说，起初我们烧窑用的都是电炉，直到前年建起这座传古堂，才改用龙窑柴烧，烧出的建盏也才更有市场。这不，刚出了一窑，马上就又要装下一窑了。我们现在是满负荷运转，产品供不应求。果然像老陈估计的那样，传古堂产销两旺，形势大好。

　　制瓷原料和龙窑柴烧，这都是很专业的问题，我没资格置喙。不过我还是很认同

兔毫　　　　　　　　　　油滴　　　　　　　　　　鹧鸪斑

图4　传古堂仿古建盏

传古堂"传习古法"的理念。我相信仿古建盏要有"老味儿",就必须照古法烧造。什么才是"老味儿"?依我看,"老味儿"可能是一种有"缺陷"或说"不完美"的工艺现象。比如,我们要求建盏的胎骨不能太细,要粗厚一点,并有"颗粒"感;釉表不能太平滑光亮,花纹清晰、均匀中最好再有些变化,等等。若按现代制瓷标准衡量,粗厚、失光等都可说是工艺上的缺陷或不足。再从烧窑的角度看,龙窑柴烧这种"古法",在各项技术指标上是很难量化和标准化的,也就是说,在窑炉升温与冷却速率、气氛转化等关键技术环节上是很难控制的,产品也就很容易出现种种缺陷或不完美现象。如轻度的"生烧"使得釉面不甚光亮,升温过快和"过烧"导致"干口"(盏口沿处釉薄而干涩)、鼓包、起泡等。而在一定条件下,有的缺陷便会转化为一种特殊的趣味和美感,成为"老味儿"的一部分。所以说,"传古"不是噱头,不是姿态,而是一种实实在在的需要。

暨师傅带我们去生产线上参观,备料、陈腐、拉坯、旋坯、上釉……最后来到厂房外的龙窑前。与我们刚才在大路后门看到的宋代龙窑相比,这座窑短了不少,长度只有二十五米多一点。不过,石砌的窑墙、顶部拱起的窑室,敦敦实实的,看起来仍是一个庞然大物。燃烧室和烟室(烟孔及烟囱)分别设在前后两端,窑身中段开有一门,用于装窑和出窑,门两边等距离设有投柴孔。进入窑室,里面热烘烘的。经炉火煅烧，敷有耐火土的窑壁表面已融结成一层黑褐色琉璃质硬壳；倾斜的窑床呈台阶状分为十二目（窑位）。暨师傅介绍，这个炉子一次可装烧茶盏五六千只。由于受火不同，各个窑位的烧成效果也是不同的。窑头（靠近燃烧室）位置最佳，一窑中最好的产品基本上都出自那里。

几位师傅正在做装窑准备，燃烧室前和窑身一侧的台阶上，一堆堆的木柴码得整整齐齐（图5）。暨师傅说，这是松木。松木含油脂，热量高、升温快、火力持续时间长，最适合烧窑。不过成本也很高，一窑就得消耗十吨。

图5 传古堂龙窑

柴烧还有一大问题，就是污染环境。我们从大路后门窑址过来的路上，也见到几家仿烧建盏的作坊，有的好像刚刚点火烧窑，只见山脚下绿树丛中，一根粗大的烟囱正呼呼喷着浓烟。看来，"传古"也是要付出代价的。只是能不能想想办法，把这个代价减少到最小？

窑炉外围一隅，有个用水泥砌成的大池子，里面堆满废弃的盏子。这些废品中，其实不少并没什么大毛病，甚至有的在我们看来还相当完好。老陈让我们拣几只带走。他说："暨师傅要求高，稍有点毛病的就当废品处理掉了，所以他的建盏品质就有保证。本来这些废品是不允许外人带走的，我替暨师傅做主，让你们带走几只。你们是搞研究的，拿回去作个参考。"

老土和他的古玩店

建阳是座小城（现为南平市的一个区），可位于城北的大宋古玩城规模却不小，一条长街两旁的店铺几乎都是卖建盏的，据说如此规模的"建盏文化街"在城内还不止这一条。老土的古玩店就开在大宋古玩城街上。

老土其实不老，最多也就四十来岁吧，看上去还是个利利索索、风风火火的大小伙子。老土也不姓土，姓暨名培贤，老土只是他的网名和店号。老土的店铺，与别的古玩店不同，货架上摆的大多是破碎的建盏标本，而且还都是非卖品。与其叫古玩店，不如叫标本室。老土说自己是水吉人，从小就喜欢玩建盏瓷片，对上面的各种斑纹和款识十分着迷。如今他收藏的标本已达三千多件，建盏的各个花色品种、款识类型大抵齐全。比如与宋代宫廷官府相关的款识标本就多达一百余件，其中除大家熟悉的"供御""进琖"外，还有"都监""监匠""奉""公""官""官皿"等，有的存世极少，难得一见。

老土一讲起建盏，就滔滔不绝，这些年，他不仅收藏更潜心研究，在一些专业问题上都有自己的看法和观点。比如他认为，建盏烧造的高峰在北宋晚期的徽宗朝。这一时期的建盏，底小口大，造型舒展大气，胎骨厚薄适中，釉面也显得深沉滋润。而南宋时期的建盏则给人厚重笨拙的印象。他还认为，凡是带有"供御""进琖"款的建盏，均出自北宋晚期。北宋建盏主要是供奉之物，而南宋建盏则多为"高端商品"。他对建盏的制作工艺也很关注。他说那些品质最好的"供御"款建盏，部分制瓷原料取自河床里的"腐泥"。这种原料中富含有机物，可塑性强，用来制坯和配釉，烧成后质地更密实，釉面肌理也更细腻。"供御"款建盏中，有在黑釉面上点缀白斑并经二次烧成的所谓鹧鸪斑品种，很少见很名贵。不过他认为，此品种在装饰工艺上并不成功。由于是二次烧成，后来人工点上去的白釉斑与已烧结的黑釉往往不能很好熔融，结果就造成白斑起泡或剥落，严重一点就成了废品。所以这个品种在当时不可能成为建盏的主流。他取出几件黑釉白斑标本给我们看，果然如他所言。

  作为水吉人，老土对建盏的认识主要来自他的耳濡目染和收藏经历。他的一些说法，与时下学界的所谓主流观点并不完全相合。比如对建窑鼎盛期的认识，学界似乎更倾向于把鼎盛期的年代下限由北宋中晚期延至南宋中期；对"供御""进琖"款建盏年代的看法，学界也普遍认为是北宋中晚期至南宋中前期。不过，在这两个问题上，老土的认识似乎也有考古方面的证据。他说，直到目前，杭州南宋宫廷遗址范围内还没有发现一件"供御""进琖"款的建盏遗存。这类建盏是两宋建窑的最高端产品，也是建窑鼎盛期的标志。南宋宫廷遗址不见出土，说明北宋之后这类建盏已不再生产，也说明建窑的鼎盛期已经过去。老土的这个推论，合乎逻辑、言之成理。自二十世纪八十年代以来，杭州的南宋宫廷遗址范围内出土了大量宋元瓷器，这些遗存几乎包括了南宋以来南北各大窑口的产品。但确如老土所说，迄今还未发现过"供御""进琖"款建盏遗存。如果说此类建盏到南宋后仍在烧造的话，那么这个情况就有点反常了。

  晚饭后继续喝茶、聊天、看标本。当话题转到新烧建盏时，老土的一位在市场监管部门任职的朋友说，现在新烧建盏的问题很多，比如有的用工业釉，这种釉中含重金属汞等有害元素。一次一位副市长去市场调研，看到明晃晃亮晶晶的新烧建盏，忧心忡忡地问商家，这样的建盏还能用来喝茶吗？

图6 遇林亭龙窑遗址

遇林亭窑址

宋元时期,由于点茶、斗茶之风盛行,受建窑影响,闽北地区涌现了一批烧造黑釉茶盏的窑场,如武夷山遇林亭窑、浦城大口窑、光泽茅店窑、顺昌河挡窑、南平茶洋窑等。其中遇林亭窑与建窑相距不远,是建窑以外规模较大也较有特色的窑场。

遇林亭窑址位于武夷山风景区内,从建阳出发,一个来小时就赶到了。窑址僻处景区西北,游人稀少,满眼都是翠绿的茶园和山林。窑址分布在几面山坡上,多年前曾经过考古发掘,有两条龙窑的遗迹被保护下来,平面略呈弧形或曲线形的窑床上面也搭建起遮阳避雨的长廊。老土说长廊等保护设施是由景区管理方投资兴建的,由于更舍得花钱,长廊建得比水吉大路后门的更轩敞更漂亮(图6)。两条龙窑均为砖石结构,编号Y2的,长达一百一十多米,窑床最宽处两米,估算一次可装烧盏坯八万件,容积和长度仅次于大路后门三号窑。山脚一隅建有窑址陈列馆,大屋顶宫殿式建筑,也够气派。只是大门紧闭,暂停开放,说是疫情的原因。

对遇林亭窑,老土介绍说,该窑的黑釉茶盏,由于原料中铁含量较低,胎骨多呈灰白色,不如建盏致密厚重,釉层也较薄,很少见兔毫等窑变花纹者。该窑的最大特色是描金装饰(图7、图8)。之所以出现这种装饰,就是因为胎釉中含铁量不

图 7　遇林亭窑金彩花草纹碗　武夷山博物馆藏　　　　图 8　遇林亭窑金彩"寿山福海"碗　日本五岛美术馆藏

高,很难烧出像建盏那样自然窑变的花纹,只好代以人工装饰。不过——老土又认为,建盏也有描金装饰,虽然发现数量较少,因此描金装饰的工艺源头问题还值得探讨。遇林亭窑描金装饰的工艺问题本身也值得研究。我听同行的小陈说,有人认为这种"描金",其实用来描绘的并非纯金而是一种矿物原料。我也知道,定窑瓷器上的金彩装饰,用的虽是纯金,但并非"描金"而是"贴金",即将金箔裁制成纹样,用胶油粘贴在瓷器釉面上,宋人周密《志雅堂杂钞》中有"用大蒜汁调金描画"的说法,是不是真的可能还有待证实。瓷器描金——用纯金加工提炼的金粉调以胶水,在瓷器表面描绘花纹经低温烘烤而成,这种工艺可能在我国出现得较晚,入清后始得以流行。

与黑釉茶盏相关的工艺技术问题,值得探讨的可能还有"曜变"的生成机理。建窑的"曜变"茶盏,釉面焕发出日晕般的光彩,美妙而神秘(图9)。过去认为"曜变"也是那种一次烧成的结晶釉,是"鹧鸪斑"的变异品种。如今已有证据表明,

图9 建窑曜变盏残件
杭州私人藏

"曜变"的晶斑和虹彩，更可能是"二次烧"后才能产生的一种特异现象。小陈说他一直在关注这个问题，正进一步搜集资料，完善证据链，准备写成文章。

小魏的洪塘窑酱釉小罐

小魏是小陈的朋友，在延平（旧称南平，现为南平市的一个区）一家事业单位上班，喜欢收藏瓷器。他和小陈年纪也差不多，都还不到三十岁吧，可在古董市场上经过多年摸爬滚打，已相当老到。就我所知，而今玩古董的，像他们这样年纪轻轻的"老手"已有不少。新生代的崛起，也是这些年古董圈——包括文物考古学界的一个

图10　洪塘窑酱釉小罐　南平私人藏

显著变化。许多人——当然多是圈外人——迷信老专家，其实要论眼力和实战经验，真正厉害的还是一线的年轻人。在市场和资讯空前发达的当下，无论是古董收藏还是文物考古研究，年轻人无疑都更具优势。

到延平的当晚，小魏一连泡了三种茶给我们喝，铁观音、大红袍，另一种没分清是水仙还是肉桂。小魏给我们看的藏品，也与茶有关。这是一种酱釉小罐，宋元时期福州洪塘窑产品。其胎骨细薄、小口大肚、腹下露胎、釉色不匀，有的釉面呈窑变蓝灰彩斑纹，造型各异，大小也不同（图10）。这种小罐当年曾输出日本，被用来盛茶粉（日本人称"茶入"），并为茶人所重。其实，当初它只是盛香料及调味品的普通容器。据说在日本的战国时代（一四六七至一五六八），这种小罐价值连城，成为财富

图11 洪塘窑酱釉小罐（日本传世"九十九发茄子"茶入）日本东京静嘉堂文库美术馆藏

和权力的象征，武将们甚至不惜为之一战。如何使用和欣赏这种高贵的"唐物"，在日本茶道中也有一套方法和标准。比如在欣赏上，要求小罐造型庄重、富有个性、分量轻、手感温润、釉汁流淌自然、别有生趣，无釉的部位要胎色柔和并与釉色协调统一等。

这种酱釉小罐及同类制品，在福州地区宋元墓葬和遗址中也多有出土。不过，国人过去似乎并不怎么看重。在小魏收藏的小罐中，有的配有精致的象牙盖子（图11），一看即知是原藏于东瀛，新近才较多出现在国内古董市场上的"回流"文物，因为只有日本人会给这种小罐配上象牙盖子以示珍重。日本茶道所崇尚的自然和朴素之美，或说"无心的艺术"，被国人理解和欣赏还是近几十年的事情，尽管这种美和艺术的源头可追溯到中国古代的禅宗。

老杨的茶洋窑瓷器

延平地区历史上也烧造瓷器，最著名的窑口是宋元时期的茶洋窑。延平为形胜之地，闽江上游的三大支流建溪、富屯溪和沙溪交汇于此，航运可直达福州出海口。在窑业兴盛的宋元时期，延平是闽西北地区瓷器外运的必经之地。独特的地理位置和自然条件，也使得茶洋窑产品呈现博采众长、丰富多元的面貌。从它的青白釉、青釉、黑褐釉、绿釉、三彩及其刻花、划花、篦划、印花、釉下黑褐花等各个品种来看，我们能明显感受到景德镇窑、吉州窑、建窑和龙泉窑等不同制品的影响。

这次来福建之前，我曾在深圳一家民办博物馆看到一件绿釉黑花瓶，从造型、装饰及胎釉看，应为宋元时期江西或福建地区制品，只是具体窑口是吉州、磁灶还是茶洋，还不敢断定。因此

图12　茶洋窑酱釉划花卷草纹扁壶　杨惟喜藏

这次来福建，我也想多了解一点茶洋窑。据说南平市博物馆（位于延平区中心）陈列有茶洋窑瓷器，但该馆自有疫情以来就处于半开放状态，文物展厅一直关闭。好在小魏的同事老杨，专收茶洋窑和建窑，他的办公室里就放有几件茶洋窑瓷器，我们得以上手并向他请益。老杨先给我们取出一件褐釉扁壶。他说这是刚收来的，是他见到的这种扁壶中最精美的一件。这种器物我还没见过。扁腹平底、小口短流，壶身上下基本对称，尾部贴一模印龟钮，肩上刻划卷草纹，直径约15厘米左右，造型精巧别致（图12）。老杨说，这是元代茶洋窑最具代表性的器物，除酱釉外还见有青白釉、绿釉和类似钧釉等品种。其用途目前尚无定论。从造型看多数无柄可执，因此推测可能是灯具而非茶酒器。我同意这个说法。我过去也收过古代陶瓷灯具，其中就有几件这种带"流"（灯嘴，灯芯由此而出）的油灯。

茶洋窑最负盛名的，当然还是黑釉茶盏，亦即日本人所称的"灰被天目"。老杨拿出一件给我们看，器物很典型，只是灰白胎青黄釉与我印象中的"灰被"似有不

图 13　茶洋窑灰釉盏　南平私人藏　　图 14　茶洋窑盏底部"平肩"

同。所谓"灰被",按日本古陶瓷学家小山富士夫的说法,是指一种釉色多为灰黑或灰白,烧成工艺上不够成功的制品。从日本传世的灰被天目茶盏看,造型深腹宽底,胎骨多呈灰或灰褐色,质地较粗且修坯略嫌草率,先后挂釉两遍,上下"釉界"明显,釉面灰黑相杂并泛金属光泽(与建盏相比,由于胎釉含铁量低,故兔毫较少,油滴更难得一见。图 13)。十六世纪中期以来,随着日本茶道的进一步庶民化,这种朴拙的茶盏开始受到重视和推崇。其情形与前面所提到的洪塘窑酱釉小罐大抵相同——这个有关茶道习俗变迁和中日审美文化比较的话题,经常挥之不去。

在林林总总的宋元时期福建地区黑釉茶盏中,茶洋窑产品的可辨度也是很高的,除造型、胎釉外,它的一个显著特征更体现在修坯的工艺细节上。对此,老杨指点道:茶盏腹下与圈足之间切削成平面直角,那一圈窄窄的平台当地又叫"平肩",为茶洋窑独有标记(图 14);只要看到"平肩",就可断定为茶洋窑。

图15　茶洋窑绿釉黑花牡丹纹盖瓶　深圳翰熙博物馆藏　　　图16　茶洋窑绿釉黑花牡丹纹瓶　南平私人藏

老杨说他收藏茶洋窑瓷器已有二十余载,这几年工作以外的精力,大都用在了茶洋窑研究和推广上了。他投资并主编的《灰被天目·福建茶洋窑》一书刚刚出版。此书图文并茂,收入的瓷器,几乎包括了历代茶洋窑的所有品种,不仅可供鉴赏,有的还具有较高的研究参考价值。如书中的几件绿釉黑花瓷器,与我前面提到的深圳同类藏品风格十分相近,据此可将深圳那件"绿釉黑花瓶"初步判定为茶洋窑产品(图15、图16)。不过,书中或也有可商榷之处。比如将深腹"灰被"类茶盏断为宋代产品,就觉得证据不足。从现有的考古资料看,茶洋窑黑釉茶盏的烧造主要还是在元代。日本学者也注意到,"灰被"茶盏可能从十四世纪后半叶开始烧造,它是作为建盏的"复古品"销往日本的。

祥云轩将乐窑博物馆

　　这次闽北之行,本来最后一站就是延平,然后经省城福州打道回府。可听小魏讲,离延平百余公里的将乐县,有家民办的将乐窑博物馆,东西很好,值得一看。于是我们欣然前往。

　　从延平出发前,先逛了旅馆附近的一家古玩市场。中午开门的店铺不多。一家店里有只茶洋窑青黄釉小盏,釉色与老杨那只差不多,只是浅腹敞口。开价三万八。另一家店里摆着几只酱釉小罐,也就是小魏所藏的洪塘窑那种罐,粗看还不错,似为手工成型,不甚规整,也有修坯留下的旋痕,可细瞅就不灵光了,比如胎质过硬,釉面也不够温润,露胎处更有染色做旧的痕迹。小魏说,这种洪塘窑茶末罐真品在当地市场上其实是很难见到的。

　　将乐窑博物馆刚刚乔迁,新馆坐落在尚未完全竣工的文博小镇内。这个由当地政府与旅游企业重金打造的以文物考古和博物馆为特色的文化景点,包括所谓"六馆四基地",将乐窑博物馆便是其中之一。该馆全称"祥云轩将乐窑博物馆","祥云轩"是馆长余学云的斋号。余馆长约莫五十来岁,人很随和,我们参观时他全程陪同,话不多更愿意听别人意见。展览按碗盏、执壶、瓶罐等器物类别分为几个单元,数百件瓷器几乎件件精美,较系统地展现出将乐窑丰富多彩的面貌,令人大开眼界。

　　据余馆长介绍,将乐县现存古瓷窑址十六处,其中遗存规模较大的南口下窑、万

图17　将乐窑青白瓷模印花草纹台盏　祥云轩将乐窑博物馆藏　　图18　将乐窑酱釉台盏　祥云轩将乐窑博物馆藏

全碗碟墩窑的窑址已经过考古发掘，初步摸清了古代窑业发展状况。将乐窑盛烧于两宋时期，产品有青釉、青白釉和酱釉等，而以青白釉为大宗。南口下窑的青白釉制品釉面莹润，白中泛淡淡的青绿色，有的釉层较厚且不甚透明，有点元代景德镇枢府釉的味道（图17）。酱釉又包括酱褐、酱红、酱黑以及诸色交融的"酱花"，各有其美，尤以色调鲜明的酱红釉最富特色（图18）。将乐窑在历史上长期湮没无闻，今天了解的人也不多。其实，在两宋时东南地区同类制品中，将乐窑瓷器的"颜值"和辨识度还是很高的。

　　我参观时还注意到，展品中茶具如各式茶瓶、托盏等占有相当数量，以青白釉和青釉的居多，也有酱釉的。酱釉中还有所谓"白覆轮"盏（即口沿内外加饰白

图 19　将乐窑青釉褐彩凤首瓶
祥云轩将乐窑博物馆藏

边的茶盏）。茶具多也不奇怪，两宋时期将乐所属的南剑州地区亦为产茶重地，茶风之盛自可想见，据说至今当地还保留着家家户户喝擂茶的习惯。两宋时期黑釉盏广为流行，不过饮茶并非都适用黑釉盏，而是需要根据茶品和茶色的不同选择使用釉色相宜的茶盏。茶之佳品，其色白，"皆点啜之"（点茶和斗茶），适用黑釉盏。而茶之常品，其色绿，多"煎啜之"，则更适用釉色素净的茶盏。因此，白釉、青白釉和青釉茶盏在当时同样流行。闽北地区的不少窑口都既烧黑釉也烧青白釉和青釉等。

参观私人博物馆，对业内人士往往会有特殊待遇，可以看到主人平时"秘而不宣"的藏品。这些"秘藏"当然多是珍品中的珍品、重器中的重器。在博物馆二楼的接待厅，余馆长先后取出三件让我们上手。两件将乐窑青釉凤首瓶（图19），一件月白乳浊釉扁壶。北宋时期的凤首瓶，是从六世纪左右波斯输入的"胡瓶"演变而来，主要见于东南地区窑场如广州西村、潮州笔架山和将乐万全等窑。从已发现的遗存看，将乐万全窑的青瓷凤首瓶数量较多，类型多样，工艺也精美，最引人瞩目。余馆长的这两件凤首瓶，一光素无纹，一剔刻褐彩，都是同类中翘楚，弥足珍贵。

三件"秘藏"中，月白乳浊釉扁壶（图20）最值得研究。此壶的釉质、釉色与北方钧瓷（月白釉多见"元钧"）颇为相似，听余馆长讲，也确有不少业内人士将它认定为河南钧瓷。但从胎骨、垫烧工艺和造型看，却又分明带有东南一带窑口制品特征，如胎骨灰白，泥珠垫烧（垫痕较大），造型与延平老杨的那件茶洋窑褐色扁壶基本相同（唯一不同的是尾部无钮）。而且，这件扁壶出土于本县高塘镇，是一村民刨坑栽种果树时发现的，

图20　月白乳浊釉扁壶　祥云轩将乐窑博物馆藏

同时出土的还有将乐窑谷仓罐和湖田窑青白瓷台盏等。如此看来，它真有可能是将乐窑抑或茶洋窑产品。不过，余馆长对此并不认同。他说自己多年来一直很用心，但至今也没发现将乐窑和茶洋窑烧造"钧釉"的蛛丝马迹。他倒是认为，出自浙江金华铁店窑和建阳麻沙窑或有可能，二窑已知都曾烧造"钧釉"产品。只是目前证据还不够充分，难以定论。

二〇二〇年十月二十日完稿

后　记

《宋瓷笔记》是我临退休前出版的，至今已逾五个年头。这本小书本是我的"告别"之作——与多年从事的文物工作告别，也与曾经迷恋过并研究过的古陶瓷告别。可让我没想到的是，已收手多年的古陶瓷研究，却因这本小书的出版又被重新勾起兴趣。退休后，我给自己订了个研究计划，其中包括再出一两本这样的"笔记"。因此，平时在既定的课题研究之外，也会不惮琐屑，关注点小问题，写点小东西。不经意之中，这种小文章到今天竟已积攒了二三十篇之多，又够出本集子的分量了。于是选出十来篇，汇成一集。后遵责任编辑吴彬先生之嘱，以增补、整合旧著的方式出版，终成这部《新编宋瓷笔记》。

增补篇目大抵如前，有论文，也有杂录、琐记等，新书仍是多种文体的混搭，多副笔墨的杂糅。《宋瓷笔记》出版多年，其中存在的各种问题逐渐显现，遂趁此次"新编"之机，勘误纠谬，并增加了一些新的内容，而文字表述和观点则一仍其旧。

我曾在《宋瓷笔记》后记中说，即使研究性的文字，我也更中意不拘一格的"信笔书写"一类。我觉得以非学术的方式把学术的问题说清楚了，那一定是好文章。只是，中意归中意，我知道自己其实并不大擅长写这种"好文章"。尽管也想写得轻松一点、好读一点，但书中有的篇目还是显得过于拘谨和"学术"了。这些文章可能更适合有些专业基础的读者。我想，这一点是要向读者——特别是那些对古陶瓷还比较陌生的读者做个交代并请他们谅解的。

书稿整理工作始自庚子初春。此时，一场突如其来的新冠肺炎疫情正在大半个中国肆虐，每个人都无法置身事外。本来我案头的工作计划十天搞定的，可结果整整一个月过去也没能完成。无心做事，一天多半时间都用到刷微信乱翻书上了。活了大半辈子，好像还从不曾这么无所事事、心烦意乱过。世事无常，徒唤奈何！姑妄在此记上一笔。

感谢老友扬之水、吴彬一如既往的关心帮助；感谢新朋友于陆洋对部分书稿提出修改意见、提供研究资料。目前还在南开学习古陶瓷、攻读博士学位的陆洋是我的忘年交，也是"畏友"。他对北方各地宋金窑业遗存和相关考古资料的熟悉程度，他的细心、刻苦和坦率，都令我印象深刻并自愧弗如。书稿的整理和出版还得到多位师友的指点帮助，这里一并致谢，恕不一一。

刘涛
记于庚子芒种